KB030813

조선 최고의 개발자

김정호

나의 삶은 항상 신제품 개발이었다

조선 최고의 개발자 김정호

초판 1쇄 발행 | 2021년 11월 30일
저자 | 이기봉
펴낸이 | 이연숙

펴낸곳 | 도서출판 덕주
출판신고 | 제2018-000137호.(2018년 12월 13일)
주소 | 서울시 종로구 인사동길 19-2(와담빌딩) 7층
전화 | 02-733-1470
팩스 | 02-6280-7331
전자우편 | duckjubooks@naver.com
홈페이지 | www.duckjubooks.co.kr

ISBN 979-11-963795-9-9 (03990)

나의 삶은 항상
신제품 개발이었다

조선 최고의 개발자

김정호

이기봉 지음

덕주

김정호를 떠나보내며

2002년 2월 1일, 박사학위를 따자마자 규장각에 특별연구원으로 오는 행운을 가졌다. 주어진 업무는 고지도의 영인본 간행 및 온라인업로드 그리고 지리지의 영인본 간행이었다. 그렇게 연구 천국의 삶을 7년 2개월 동안 살다가 국립중앙도서관의 고지도 분야 채용 공고에 원서를 내고 2009년 4월 1일 국립중앙도서관 고전운영실의 고서전문원으로 이직하였다.

나의 박사학위논문은 신라 왕경에 대한 것이다. 그러니 고지도나 지리지는 아무런 관련이 없었는데, 규장각에서부터 국립중앙도서관까지 20년 가까이 신라 전문가도 역사도시 전문가도 아닌 고지도 전문가로 알려졌다. 더불어 지명 전문가, 독도 전문가란 타이틀도 나를 따라다녔고, 잘 알려지진 않았지만 또 따라다닌 것이 김정호다.

23년 전 박사학위논문 주제를 잡을 때 내 평생 연구의 주제로 잡은 것은 '문명사'다. 그때부터 퇴직 후 '문명이란 무엇인가?'란 책을 쓰고 있는 나를 상상하며 살아왔고, 지금도 살고 있다. 차곡차곡 그 책을 쓸 수 있는 능력을 키우기 위해 준비해 왔고, 이제 퇴직이 6년 앞이다. 그런데 그 책을 시작하려면 업무를 하면서 만난 다른 주제들도 곱게 보내 주어야 했다.

지명을 보내 주기 위해 2권의 지명책을 썼고, 독도를 보내 주기 위해 1.5권의 독도책도 썼다. 고지도와 김정호를 보내 주기 위해서는 무려 4권의 책을 썼는데, 김정호가 그중에 2권이다. 하지만 김정호는 내게서 떠나가질 않는다. 김정호 탓이 아니라 내 탓이다. 너무나 멋진 삶을 살았는데, 너무나 훌륭한 삶을 살았는데 그 삶을 표현할 내 능력이 부족하니 김정호가 떠나가질 않더라. 아휴….

왜 하필 멋지고 훌륭하게 살아서 나를 괴롭히는가. 그저 그렇게 살았으면, 아니면 조금만 덜 멋지게, 조금만 덜 훌륭하게 살았다면 떠나보내기 위해 이렇게까지 힘들어하지 않아도 되는데 말이다. 김정호, 작품을 통해 들여다본 그의 삶은 참 범접하기 어려운 경지였고, 평범한 내가 감당하기에는 너무 어려웠다. 그래도 떠나보내야 한다. 나도 내가 이루고 싶은 작품을 시작하기까지 6년밖에 안 남았다.

너무 이른 시기에 써서, 내 삶이 좀 슬플 때 써서 제대로 담아내지 못한 그의 삶을 담아내고자 썼다 지웠다 꽤 많이 반복했다. 그러다 '이거다!' 하는 느낌이 온 것이 지금의 글이다. 김정호의 삶에 대한 왜곡이 너무 심하고 많은데, 그 왜곡 하나하나에 대해 풀어 나가야 할 때 대화체보다 좋은 것은 없었다.

나는 이 책에서 그의 삶에 대한 오래되고 단단한 왜곡을 부수기 위해 그의 작품과 기록만 보지 않았다. 우리의 근대가 만들어 낸, 아니 세계의 근대가 만들어 낸 근대에 대한 강박관념, 그리고 그것이 왜곡한 전통사회에 대한 오해를 풀지 않으면 김정호의 삶과 그의 작품을 이해하기 어렵다. 얼마나 잘 풀어냈는지는 잘 모르겠으나 독자들이 이런 관점에서 이 책을 읽어 주면 더 좋을 것이 없겠다. 역사 속에서 멋지고 훌륭한 삶은 과거와 현재 그리고 미래를 모두 담는 법이다.

이 책의 큰 줄거리는 당연히 필자인 내가 다 만든 것이다. 다만 모든 줄거리의 세세한 아이디어까지 다 만들어 냈을 리는 당연히 없다. 선후배 동료 연구자들로부터 받은 도움이 크다. 이상태 회장님, 이태호 교수님, 김기혁 교수님,

양보경 총장님, 오상학 교수님, 장상훈 관장님, 양윤정 박사님의 아이디어가 글 곳곳에 들어가 있다. 도움 받은 아이디어 하나하나를 다 언급해 드리지 못함을 이해 부탁드린다.

이 글 한 부 한 부를 완성할 때마다 읽어 주고 소감을 전해 주어 좀 더 완성된 글을 쓸 수 있게 도와준 동료 유종연 선생님께 감사드린다. 떠돌아다닐 뻔한 글을 계약 출판해 준 덕주출판사 이연숙 대표님, 글과 사진을 정성껏 다듬어 준 최향금 편집장님 그리고 좋은 책 나오는 데 도와주신 모든 분께 감사의 마음을 전한다.

2021년 11월 15일
개봉동 컴퓨터방에서 개웅산 구로올레길을 바라보며
아끔말 이기봉 쓰다

차례

1부 전국을 한 번도 답사하지 않았고 백두산은 근처에도 안 갔다

1. 전국 답사와 백두산 등정 · 14
2. 『신증동국여지승람』과 『동국문헌비고』 · 17
3. 그림식 전국 고을지도책 · 26
4. 중앙집권 국가와 지리지의 나라 · 34
5. 전국 답사설과 백두산 등정설의 탄생과 지속 · 38

2부 대동여지도 들고 길 찾아가면 무조건 헤맨다

1. 지도와 길 찾기 · 45
2. 걸어서 다닐 때의 길 찾기 · 50
3. 대동여지도는 길 찾기용 지도가 아니었다 · 58
4. 지도는 왜 만들었는가? · 65

3부 전통 시대에 근대식 측량은 쓸모가 없었다

1. 지도의 정확함은 어디에서 오는가? · 75
2. 거리와 방향이 정확한 위치 정보를 측량하지 않은 이유 · 79
3. 정확한 지도를 그리기 위해 어떤 노력을… · 84
4. 우리나라의 길은 엉망이었는가? · 89
5. 그러면 근대식 측량 지도를 왜 만든 거지? · 98

4부 슬픈 근대, 우리나라 고지도의 역사를 왜곡하다

1. 슬픈 근대와 근대식 측량 지도에 대한 강박관념 · 111
2. 나의 삶과 대동여지도가 왜곡되다 · 117
3. 일제가 왜곡했다? · 122
4. 거리와 방향이 정확한 지도만이 지도다? · 127
5. 지도 이용의 문제를 가볍게 여기도록 만들다 · 136

5부 '정확한'이란 타이틀은 정상기에게

1. 정상기와 신경준은 김정호보다 한 수 위였다 · 143
2. 지도의 크기를 무심코 지나치지 마라 · 146
3. 정확한 지도 제작의 달인을 상상할 수 있어야 · 157
4. 지도는 국가의 기밀이었다? · 164
5. 백리척, 제작이 아니라 이용의 관점에서 바라보아야 · 168

6부 '자세한'이란 타이틀은 신경준에게

1. 자세한 것이 좋은 것만은 아니다 · 177
2. 거리와 방향이 정확한 전국 고을지도책을 만들다 · 187
3. 초대형의 도별지도와 전국지도, 멋있지만 별로 쓸모가 없었다 · 195
4. 고을지도책이 이용하기 편리하게 개선되다 · 198

7부 나는 각수로 시작해 지도 출판사의 사장에 오른 평민이었다

1. 나는 양반도 중인도 아니었다 · 209
2. 나는 지도를 팔려고 만들었다 · 216
3. 양반과 중인이 평생 동안 지도를 만들어 팔면 집안에서 쫓겨났다 · 227
4. 1800년대 전반의 조선은 변화와 기회의 시대였다 · 231

8부 전국을 모두 연결해서 그린 후 지도첩과 지도책으로 만들다

1. 제대로 개선해서 만들면 잘 팔리겠는데… · 241
2. 전국을 연결해서 그린 후 지도첩으로 만들다 · 247
3. 지도첩을 지도책으로 바꾸다 · 255
4. 지도책의 이어보기와 축척의 문제를 차선책으로 해결하다 · 260

9부 청구도, 신분의 벽을 깨고 세상에 태어나다

1. 찾아보기의 문제를 해결하다 · 269
2. 축척의 문제를 해결하다 · 278
3. 기호를 정교하게 만들고 고을의 통계정보를 수록하다 · 282
4. 청구도로 이름을 바꾸다 · 294

10부 청구도, 세계에서 찾아보기 가장 쉬운 지도책으로 완성되다

1. 세계 최고의 찾아보기지도를 만들다 · 303
2. 역사 정보를 강조하다 · 311
3. 통계와 기호 정보를 약화시키다 · 316
4. 지도의 외곽선 등을 목판에 새겨 인쇄하다 · 319
5. 이용자의 목소리에 귀 기울이다 · 323

11부 찾아보기 편리한 청구도에서 이어보기 편리한 대동여지도로

1. 서울을 자세하게 그려 넣다 · 333
2. 산줄기를 없애다 · 338
3. 지도책에 대한 설명문, 청구도범례를 써서 가장 앞쪽에 수록하다 · 342
4. 더 정확한 지도, 더 자세하고 체계적인 지리지를 국가에 부탁하다 · 347
5. 생각보다 평이 좋지 않았다 · 353
6. 이어보기 편리한 대동여지도를 향하여··· · 358

12부 이어보기 편리한 대동여지도, 새로 시작하다

1. 찾아보기와 축척 표시의 편리함을 포기하다 · 363
2. 기호의 사용을 다시 강화시키다 · 368
3. 우리나라를 다시 그리기 시작하다 · 374
4. 찾아보기와 기호의 사용··· 여러 가지가 다시 고민되다 · 383
5. 두 개의 서울지도, 사고의 도그마를 깨다 · 390

13부 목판본 대동여지도, 끝나지 않은 꿈

1. 완전한 내 작품을 꿈꾸다 · 395
2. 지도첩의 크기와 찾아보기 · 402
3. 축척의 표시 · 408
4. 기호 사용의 세분화와 서울지도 · 413
5. 네 번째 목판본 대동여지도, 마지막 아이디어를 쏟아 붓다 · 418
6. 다섯 번째 대동여지도, 끝나지 않은 꿈 · 427

14부 전국 고을지리지, 진정한 지리학자 김정호의 꿈

1. 나는 책 속에 파묻혀 살았다 · 433
2. 『동여편고』 2책, 편찬할 때 참고할 지리지를 편찬하다 · 440
3. 『동여도지』 20책, 나만의 첫 번째 전국 고을지리지 · 447
4. 『동여도지』 3책, 지도와 지리지의 결합을 시도하다 포기하다 · 453
5. 『여도비지』 20책, 최성환과 합작한 전국 고을지리지 · 458
6. 『대동지지』 20책, 미완성의 작품은 꿈을 가진 자의 특권이다 · 462

15부 낱장 목판본 지도들, 나에겐 효자 상품이었다

1. 지도의 수요를 창출하다 · 471
2. 수선전도, 김정호답지 않은 것처럼 보이지만 김정호다운 서울지도 · 475
3. 우리나라 전도인 해좌전도, 최고의 히트 상품 · 480
4. 도리도표, 길 정보와 지도의 결합 · 488
5. 여지전도, 김정호답지 않게 보이지만 역시 김정호다운 세계지도 · 492
6. 21세기에 '김정호다움'의 의미를 되새긴다면… · 498

1부

전국을 한 번도
답사하지
않았고
백두산
근처에도
안 갔다

사회자 시청자 여러분 안녕하십니까, 역사방송 아나운서 안시리입니다. 새해 프로그램 대개편의 일환으로, 우리가 잘 알고 있다고 생각하지만 실제로는 잘못 알고 있는, 심지어는 완전히 거꾸로 알고 있는 우리 역사를 골라서 속속들이 뒤집어 보는 '역사 환생 인터뷰'를 신설했습니다. 시청자들에게 사랑받는 장수 프로그램이 될 수 있도록 부단히 노력하겠습니다. 먼저 저와 함께 진행하며 재미를 더해 줄 역사 도우미, 개그맨 궁금 씨를 소개합니다. 역사에 관심이 깊은 개그맨으로 자자한데요, 시청자를 대신해 재밌고 유익하게 질문해 주실 것이라 생각합니다.

궁금이 안녕하세요, 개그맨 궁금이입니다. 저는 '저 사람은 어떤 웃음 폭탄을 선사할까' 궁금해하는 개그맨이 되고자 이름을 '궁금이'로 정했습니다. 진짜 제 이름에 딱 맞는 프로그램에 초대를 받은 것 같습니다. 시청자들이 궁금해할 만한 질문들을 콕콕 짚어서 초대 손님의 입을 술술 열어 보겠습니다.

사회자 궁금 씨, 감사합니다. 일반인 청중 열 분도 자리를 함께해 주셨습니다. 청중분들께도 궁금한 점을 질문할 시간을 드리도록 하겠습니다. '역사 환생 인터뷰'는 저승에서 21세기의 우리들이 이러쿵저러쿵 떠드는 이야기를 듣고는 너무나 어이가 없고 황당해서, 심하게는 너무 억울해서 자신의 진짜 모습을 알려 주고자 환생하여 우리와 끝장 인터뷰를 진행하는 프로그램입니다.

궁금이 그럼 저승에서 이승으로 진짜 살아 돌아온다는 건가요?

사회자 왜 안 믿기나요? 진행자가 안 믿으면 시청자들께서는 어떻겠습니까. 궁금 씨 믿으세요. 조금 있으면 진짜 환생 인터뷰 체험을 할 겁니다.

궁금이 아차차… 죄송합니다. 믿~~~습니다. 그럼 환생 인터뷰 첫 번째 초대 손님은 누구신가요? 진~~짜 궁금합니다.

사회자 우리 국민들께 우리나라의 역사 위인을 조사해 보면 열 손가락 안에 꼭 들어가는 분인데요, 그분의 대표적인 작품을 스튜디오가 작아서 제 뒤의 화면으로 준비했습니다. 한번 보시죠.

궁금이 아~ '대동여지도' 아닌가요? 박물관 로비에 한 층을 넘는 높이로 걸려 있는 모습을 보니까 정말 크다는 게 금방 느껴지네요.

사회자 맞습니다. 남북 6.6m, 동서로 4m의 초대형 우리나라 지도입니다. 역시 역사에 조예가 깊으신 궁금 씨입니다. 한 번 보고도 딱 맞추시네요.

궁금이 우리나라 사람이라면 다 아는 거 아닌가요? 그런데 정말 크네요. 제 키가 165cm로 작은 편

남북 6.6m, 동서 4m 크기의 대동여지도, 국토지리정보원지도박물관

인데요, 165×4 하면 660이 나오니까 남북으로 저 같은 사람이 네 명이나 이어져 있는 거네요. 그럼 오늘 저 '대동여지도'를 만든 김정호 선생님이 나오신다는 건가요? '대동여지도'를 그리기 위해 전국을 세 번이나 답사하고 백두산을 여덟 번이나 올라갔다 왔다는 전설적인 그분….

사회자 예, 맞습니다. 대동여지도 하면 저절로 이름이 불리는 그분, 김정호 선생님께서 환생하시어 이 자리에 오셨습니다. 여러분 박수로 맞아주십시오. 환영합니다!

궁금이 대~박! 저도 환영합니다.

김정호 안녕하세요. 반갑습니다. 한 달 전만 해도 하늘나라에 살고 있었는데, 이렇게 '역사 환생 인터뷰'에 출연하게 되어 정말 영광입니다. 게다가 첫 출연자라 부담도 되는군요. 저의 삶과 작품에 대해 궁금하신 것 모두 확실히 풀어 드리고 다시 하늘나라로 돌아가려 합니다.

궁금이 선생님, 그런데 하늘나라에서 오신 분 맞나요? 중년의 말쑥한 외모에 말투도 옛날 말투가 전혀 아니신데요.

김정호 하하, 저승의 하늘나라에서는 자신이 가장 좋아하는 이승 사람의 모습을 선택해 10년씩 바꾸어 가며 그 모습으로 살아가는 것이 원칙입니다. 바로 1년 전 저는 여러분들이 보고 있는 지금 이 모습을 선택했습니다. 그리고 저승 사람들도 이승에서 무슨 일이 벌어지고 있는지 궁금해 이승 세계를 늘 관찰하며 살고 있는데요, 말투가 다르면 알아들을 수가 없잖아요. 그래서 말 공부 정말 많이 합니다. 이승 사람들과 똑같은 말투가 될 때까지요.

궁금이 와~, 전혀 상상도 못했던 말씀을 하시네요. 안시리 아나운서께서는 혹시 상상하셨나요?

사회자 아… 아니요. 조금 당혹스럽긴 한데요, '역사 환생 인터뷰'란 이름이 괜히 붙여진 게 아니었구나 하는 생각이 듭니다. 그럼 이제부터 본격 인터뷰를 시작해 보겠습니다.

1 전국 답사와 백두산 등정

사회자 궁금 씨, 김정호 선생님께 가장 궁금했던 게 뭔가요?

궁금이 지금 보니까 체격이 많이 호리호리하신데요, 걸어서 전국을 세 번이나 답사하고 백두산을 여덟 번이나 올라갔다 올 수 있었던 체력의 비밀이 무엇인지 제일 먼저 궁금합니다. 저도 그런 체력을 갖고 싶거든요.

김정호 저는 간단한 여행은 해 봤지만 전국 답사는 한 번도 하지 않았는데요. 백두산도 여덟 번은커녕 근처도 가 본 적이 없습니다.

궁금이 아… 아니, 그게 무슨 말씀인가요?

사회자 선생님께서 처음부터 정말 세게 시작하시는 것 같습니다. 궁금 씨도 놀랐지만 대부분의 시청자분들도 놀라시지 않았을까 하는데요, 청중 여러분도 그렇지 않으셨나요?

궁금이 안시리 아나운서는 놀랍지 않았다는 뉘앙스네요.

사회자 놀라지는 않았습니다. 저도 고지도 연구자들 사이에서는 선생님의 전국 답사와 백두산 등정이 잘못된 이야기라고 인식되고 있다는 말을 들었거든요. 하지만 아직도 대부분의 국민들은 선생님의 전국 답사와 백두산 등정을 철석같이 믿고 있는데요, 2009년에 나온 소설 『고산자』와 2016년 그걸 영화로 만든 작품 〈고산자〉에서도 선생님의 전국 답사와 백두산 등정이 주요 줄거리가 되었습니다. 선생님께서도 소설 『고산자』와 영화 〈고산자〉 소식을 들으셨지요?

김정호 소식만 들은 것이 아니라 소설과 영화 다 봤습니다.

궁금이 예? 하늘나라에도 책과 영화관이 있단 소린가요?

김정호 당연히 있죠. 다만 여기처럼 돈 내고 책을 사고 영화를 보는 것이 아닐 뿐이죠. 누구든 보고 싶으면 볼 수 있게 되어 있습니다.

사회자 선생님, 농담이시죠? 잠시 하늘나라에 가서 확인했다가 다시 이승으로 돌아올 수만 있다면 가서 확인해 보겠지만 그럴 수는 없는 노릇이니…. 선생님의 말씀 그대로 다 믿겠습니다. 어쨌든 선생님, 다 보신 소감을 짧게 표현하신다면….

김정호 어떻게 세계 최고의 나라를 세계 최하의 나라로 만들 수 있지? 이것이 었습니다.

궁금이 우리나라, 아니 선생님께서 사시던 조선이란 나라가 세계 최고의 나라 였다고요?

김정호 하하하! 우리나라가 세계 최고의 나라라니까 너무 의아해하시네요. 분야에 따라 세계 최고인 것도 있었고, 세계 최하인 것도 있었고, 뭐 중간 것도 있었습니다. 다만 정확한 지도를 그리는 데 필요한 정보의 양이란 면에서는 세계 최고였음을 분명히 말씀드리도록 하겠습니다.

사회자 그러면 소설과 영화에서처럼 선생님께서 전국을 답사하고 백두산을 올라갔다 왔다고 보는 것이 세계 최고의 나라 조선을 세계 최하의 나라로 만들었다는 뜻인데요, 좀 더 자세히 설명해 주시겠어요?

김정호 제가 전국을 답사하고 백두산을 올라갔다 왔다는 생각은 조선에 정확한 지도를 그릴 수 있는 정보가 없어서 제가 직접 조사하거나 측량하러 다녔다는 뜻 아닌가요? 저는 앞서 전국 답사를 한 번도 하지 않았고 백두산 근처에도 가 본 적이 없다고 말했습니다. 그 말은 '대동여지도'가 하늘에서 뚝 떨어진 것이 아닐 테니까 뭔가 정확한 지도를 그리는 데 필요한 정보가 충분히 있었다는 뜻이 아니겠습니까?

궁금이 지도를 그릴 수 있는 정보가 많았다는 말씀이시죠? 그런데 얼마나 많았기에 세계 최고의 나라라고 표현하셨나요?

김정호 '대동여지도'를 그리기 위해 자료를 정리할 때 정보가 너무 많아서 힘들었다고 말씀드리면 대답이 될까요?

궁금이 너무 많아서 힘드셨다고요? 어휴~ 상상이 잘 안 되는데요, 좀 쉬운 사례를 들어서 설명해 주시면 좋겠습니다.

김정호 『세종실록지리지』들어보셨죠?

사회자 우리나라 사람 중에 『세종실록지리지』모르는 사람은 간첩이겠죠. "울릉도 동남쪽 뱃길 따라 200리 외로운 섬 하나 새들의 고향… 세종실록지리지 오십 페이지 셋째 줄…" 국민가요 '독도는 우리 땅'을 모르는 우리나라 사람이 없을 테니까요.

김정호 저도 하늘나라에서 익히 들어 알고 있습니다. 그런데 우리나라 국민들이 『세종실록지리지』만 알고 있어서 문제죠. 『세종실록지리지』는 전국 약 330개의 고을 모두를 동일한 항목과 형식에 따라 도별로 정리한 전국 고을지리지거든요. 그런데 이런 전국 고을지리지란 차원에서 볼 때 『세종실록지리지』는 대단한 게 아닙니다. 그보다 훨씬 대단한 게 있는데 우리나라 국민 중 아는 사람이 극히 드뭅니다.

2   『신증동국여지승람』과『동국문헌비고』

궁금이 훨씬 대단한 거라고 하시니까 진~짜 궁금해지는데요, 선생님 그게 뭔
가요?

김정호 『신증동국여지승람(新增東國輿地勝覽)』이라는 지리집니다.

사회자 『신증동국여지승람』이『세종실록지리지』보다 훨씬 대단한 전국 고을
지리지라는 말씀인데요, 이름만 갖고는 잘 모르겠네요. 간단하게 설명 좀
해 주시면 좋겠습니다.

김정호 예, 요즘 사람들에게는 무척 어려운 이름일 겁니다. '신증(新增)'은 '새로
늘렸다'는 뜻이고요, 동국(東國)은 중국을 중심으로 동쪽에 있는 우리나라를
가리킵니다. 여지(輿地)는 땅을 수레에 담듯이 땅의 정보를 정리했다는 뜻으
로 요즘 말로 '지리'라고 보시면 됩니다. 그리고 끝으로 승람(勝覽)에서 승(勝)
은 '이길 승' 자인데요, '모두, 다'라는 뜻도 갖고 있습니다. 그리고 람(覽)은
'볼 람' 자니까 승람은 '다 볼 수 있게 했다'는 의밉니다. 전체적으로 뜻을 풀
어보면, 우리나라 지리를 다 볼 수 있게 만든 지리지인 '동국여지승람'을 새
로 늘려서 편찬한 책이라는 의밉니다.

사회자 '우리나라 지리를 다 볼 수 있게 만든 지리지'라고 설명해 주시니까 확
다가옵니다. 얼마나 자세하게 만들었길래 '우리나라 지리를 다 볼 수 있다'

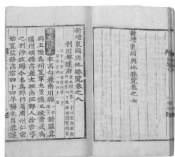

『신증동국여지승람』(한貴古朝60-3), 국립중앙도서관

는 말을 책 제목에 붙였는지 궁금합니다.

김정호 엄청나게 많은 양을 담고 있는데요, 말로 하면 감이 잘 오지 않을 것 같아 사진을 준비해 왔습니다. 안시리 아나운서, 화면에 띄워 주시죠.

사회자 아니 언제 이렇게까지 준비하셨는지….

김정호 미리 준비하는 게 나은 것 같아 한 달 전에 하늘나라에서 내려와 여러 가지를 준비해 봤습니다. 어쨌든 저 화면을 보세요. 25책이나 되는 대작인데요, 국가 조직과 조선 최고의 학자들을 동원하여 『신증동국여지승람』으로 완성되기까지 무려 60년 넘게 걸렸어요. 1531년에 지도는 목판으로, 글씨는 금속활자로 찍어 냈고요, 임진왜란을 겪으면서 많이 사라지자 1611년에는 지도와 글씨 모두 목판으로 찍어 내서 지금도 많이 전해지고 있답니다. 저 안에는 지도를 그릴 수 있는 정보가 가득해요. 자, 다음 화면 한번 봐

『세종실록지리지』와 『신증동국여지승람』 찾아보는 방법

국사편찬위원회는 홈페이지를 통해 우리나라의 주요 고문헌 번역본과 원문 이미지를 대량으로 서비스하고 있는 대표적인 기관 중의 하나이다. 국사편찬위원회의 홈페이지에서 '조선왕조실록 → 제4대 세종 → (아래쪽의) 지리지' 순서로 들어가면 『세종실록지리지』의 번역본과 원문을 모두 볼 수 있다. 한국고전번역원 또한 홈페이지를 통해 우리나라의 주요 고문헌 번역본과 원문 이미지를 대량으로 서비스하고 있는 대표적인 기관 중의 하나이다. 한국고전번역원 홈페이지의 '한국고전종합DB'에서 '신증동국여지승람'으로 검색하면 『신증동국여지승람』의 번역본과 원문 이미지를 모두 볼 수 있다.

북성산(北城山) 고을 서쪽 7리에 있으며 진산(鎭山)이다. 옛 성터가 있다. 오압산(烏鴨山) 고을 남쪽 10리에 있다. 강금산(岡金山) 고을 남쪽 25리에 있다. 장연산(長淵山) 주 북쪽 7리에 있다. 유우산(流牛山) 고을 동쪽 5리에 있다. 환희산(歡喜山) 고을 서쪽 25리에 있다. 봉미산(鳳尾山) 고을 동쪽 7리에 있다. 혜목산(慧目山) 고을 북쪽 25리에 있다. 상두산(象頭山) 천령현 서쪽에 있다. 승산(勝山) 고을 남쪽 5리에 있다…(중략)…입암(笠巖) 고을 서쪽 5리 강구(江口)에 있다. 팔대수(八大藪) 고을 북쪽 3리에 있다. 옛날에는 패다수(貝多藪)라 일컬었는데, 주위가 5·6리 된다. 여강(驪江) 곧 한강 상류이며 고을 북쪽에 있다. 강을 베개 삼아 객관(客館)을 지었다.

『신증동국여지승람』(한貴古朝60-3) 경기도 여주 부분, 국립중앙도서관

주세요. 경기도 여주의 한 면입니다.

궁금이 선생님, 그런데 다 한자로 되어 있어 무슨 내용인지 모르겠어요.

김정호 궁금 씨, 그래서 제가 우리말로 번역한 한글 화면 하나 더 준비했어요. 북성산(北城山)이 여주 고을의 중심지로부터 서쪽으로 7리에 있고, 오압산(烏鴨山)은 남쪽으로 10리에 있으며, 강금산(剛金山)은 남쪽으로 2리에 있다는 등등 산의 거리와 방향이 적혀 있어요. 산만 보여줬지만 강, 나루, 고개, 여울, 군사기지, 산성, 봉수, 역, 원, 사찰, 왕릉, 고적 등 주요 지점까지의 거리와 방향이 자세히 적혀 있는데, 여주뿐만 아니라 전국 모든 고을이 다 이래요. 이런 게 다 정확한 지도를 그릴 때 사용할 수 있는 정보들이에요.

궁금이 선생님, 하나 궁금한 게 있어요. 뜬금없다고 생각하실 수도 있는데요, 혹시 선생님도 『신증동국여지승람』을 갖고 계셨나요?

김정호 하하! 설마 '대동여지도'를 그린 제가 『신증동국여지승람』을 갖고 있지 않았다고 생각하는 건 아니겠죠? 당연히 갖고 있었고요, 제가 지도를 그릴 때 가장 중요한 정보 중의 하나로 사용했어요.

궁금이 엄청 비쌌을 것 같은데, 선생님 부자셨나 봐요.

김정호 하하!『신증동국여지승람』을 구할 수 있을 정도의 재산은 있었어요. 사
람들은 제가 상당히 가난했을 거라고 생각하는 것 같은데 그렇지 않았어요.
엄청 부자는 아니었지만 그렇다고 가난하지도 않았어요. 지도 그리는 데 부
족함이 없고 먹고살 만하게 살았어요. 제 재산에 대해서는 나중에 다시 이
야기할 기회가 있을 테니까, 여기서는 지도를 그릴 수 있는 정보에 대해서
만 이야기할게요.『신증동국여지승람』은 국가는 물론 민간에서도 가장 중
요하고 표준적인 전국 고을지리지였어요. 우리나라의 국토 정보와 관련한
국가적인 논란이 생겼을 때 항상『신증동국여지승람』을 찾아서 거기 있는
내용을 기준으로 삼았어요.

사회자 『신증동국여지승람』이 갖고 있는 중요성에 대해서는 저도 익히 들어서
알고는 있었습니다. 그래도 선생님께 직접 들으니 제가 생각했던 것보다 훨
씬 더 중요한 지리지였던 것 같네요. 아까 지도를 그릴 정보가 너무 많아서
힘들었다고 하셨는데요,『신증동국여지승람』이 아무리 대단해도 그거 하나
만 갖고 그렇게 말씀하신 건 아니시죠?

김정호 당연히 아니죠. 조선은 지리지의 나라였어요. 임진왜란 이전을 대표하
는 전국 고을지리지가『신증동국여지승람』이라면 임진왜란 이후를 대표하
는 것은 영조 임금 말년인 1765년경에 만들어진, 무려 55책의『여지도서(輿
地圖書)』란 지리지예요. '여지도'는 요즘 말로 하면 지도, '여지서'는 지리지란
뜻이에요. '여지도서'는 '여지도'와 '여지서'를 합한 이름인데요, 고을의 지도
와 지리지를 합한 전국 고을지리지였어요. 저는 아쉽게도 보지 못했는데요,
목판이나 금속활자로 찍어 내지 않고 붓으로 쓴 필사본으로만 편찬하여 관

『여지도서』 찾아보는 방법
현재『여지도서』(55책)는 한국교회사연구소에 소장되어 있는데, 이미지를 서비스하고 있지는 않다. 다만 전주대
학교 고전국역총서로 모두 번역되어 2009년에 디자인흐름이란 출판사에서 간행되었다. 개인적으로 구입해 참
고할 수 있으며, 구입이 어려우면 국립중앙도서관 등 번역본을 소장한 도서관에서 열람할 수 있다.

청에서만 볼 수 있었기 때문이에요. 하늘나라에 가서 마음대로 볼 수 있게 된 후에야 그런 게 있었다는 것을 알았어요.

궁금이 이승에서는 『여지도서』를 볼 수 없었다고 말씀하시니까 제 마음이 너무 안타깝고 아쉬워요. 선생님께서는 지금도 많이 아쉬울 것 같은데요, 어떠세요?

김정호 당연히 아쉽죠. 하지만 엄청 아쉽지는 않아요. 『여지도서』말고도 지도를 그리는 데 도움을 받을 수 있는 전국 지리지가 또 있었고, 그것을 제가 수집해서 갖고 있었으니까요.

사회자 임진왜란 이후 『여지도서』보다 더 훌륭하거나 그것에 버금가는 전국 고을지리지에 대해서는 듣거나 읽은 바가 없습니다. 제가 모르고 있는 어떤 것이 있다는 말씀인데요….

김정호 예, 그렇습니다. 그것은 바로 영조 임금의 명을 받아 최고의 학자들을 동원하여 1770년에 편찬한 40책의 『동국문헌비고(東國文獻備考)』라는 책입니다. 편찬하자마자 금속활자로 인쇄하여 배포했기 때문에 저도 수집해서 갖고 있을 수 있었습니다. 제가 『신증동국여지승람』만큼 중요하게 여긴 책이기 때문에 전체 40책 중에서 지리 부분에 해당되는 「여지고」 7책의 사진을 준비해 왔습니다. 자, 화면에 띄워 주시죠.

궁금이 역시 화면으로 보니까 말로만 들을 때보다 분량이 엄청난 대작이라는

『동국문헌비고』(한古朝31-20)의 「여지고」(7책), 국립중앙도서관

느낌이 확 다가오는데요, 「여지고」만 봐도 정말 많네요.

김정호 하하, 궁금 씨가 '대작'이란 단어를 사용하니까 제가 다 뿌듯하네요. 우리나라 사람들은 우리나라 작품에 대해 대작이란 말 붙이는 것을 너무 어려워하는 것 같아요. 화면에서 보여 드리니까 『신증동국여지승람』이든 『동국문헌비고』든 다 대작 맞지요? 대작! 게다가 『신증동국여지승람』과 『동국문헌비고』 둘 다 우리나라가 자랑하는 금속활자로 찍어서 국가기관과 지위 높은 대신들에게 배포했잖아요. 민간에서는 금속활자본을 기초로 붓으로 필사하거나 목활자로 인쇄한 것도 많았어요. 처음에 금속활자로 찍어 내지 않았다면 저 같은 민간인이 『신증동국여지승람』과 『동국문헌비고』를 수집하여 갖고 있겠다는 것은 꿈도 꾸지 못했을 거예요.

사회자 그런데 선생님. 제가 미리 간단하게 조사해 본 바에 따르면 『동국문헌비고』는 당시 '우리나라 각종 문물과 제도의 연혁, 내용 등을 계통적으로 보기 쉽게 분류 정리하여 국가의 통치에 활용하기 위해 편찬한 백과사전'이라고 들었습니다. 그걸 전국 고을지리지인 『신증동국여지승람』과 같은 선상에서 말씀하시는 이유를 듣고 싶습니다.

김정호 안시리 아나운서께서 사회자인 만큼 준비 많이 하셨네요. 여러분! 『강

『동국문헌비고』 찾아보는 방법

『동국문헌비고』(40책)는 국립중앙도서관을 비롯하여 여러 기관에 다수 소장되어 있는데, 국립중앙도서관 홈페이지에서 '동국문헌비고'로 검색한 후 청구기호 '한古朝31-20'의 『동국문헌비고』를 찾아가면 원문 이미지를 모두 볼 수 있다. 『동국문헌비고』의 번역본은 아직 편찬되지 않았지만 세종대왕기념사업회에서 1903년부터 1908년 사이에 편찬한 『증보문헌비고』(250책)를 모두 번역하여 간행하였다. 『증보문헌비고』에는 『동국문헌비고』의 내용이 모두 들어가 있다. 개인적으로 구입하여 참고할 수 있으며, 구입이 어려우면 국립중앙도서관 등 번역본을 소장한 도서관에 가서 열람할 수 있다.

신경준의 지지 관련 작품을 찾아보는 방법

일제강점기인 1939년에 신경준의 저술을 모아서 그의 호를 딴 『여암전서』(7책)가 간행되었고, 그 번역본은 '한국고전번역원' → '한국고전종합DB'의 순서로 들어가서 '여암전서'로 검색하면 『강계고』, 『도로고』 등의 지리 관련 저술도 모두 볼 수 있다.

계고(彊界考)』, 『도로고(道路考)』, 『산경표(山經表)』 이런 책 들어보신 적 있죠? 신경준(1712~1781) 선생께서 편찬한 작품 중 가장 유명한 책들인데요, 그거 말고도 『산수경(山水經)』, 『산수위(山水緯)』, 『사연고(四沿考)』, 『가람고(伽藍考)』, 『군현지제(郡縣之制)』 등 우리나라 국토 정보에 대한 책을 많이 편찬하셨어요. 선생을 아는 많은 관료와 학자들이 선생의 이런 전문성을 익히 알고 있어서 『동국문헌비고』를 편찬할 때 우리나라의 지리, 옛날 말로 하면 「여지고(輿地考)」 부분의 편찬 적임자로 추천을 했고요, 영조 임금께서 추천을 받아들여 「여지고」의 편찬 책임자로 임명했어요. 『동국문헌비고』에는 신경준 선생께서 책임자로 편찬한 「여지고」가 전체 40책 중에서 무려 7책이나 될 정도로 많은 비중을 차지합니다. 7책의 「여지고」 내용 대부분은 신경준 선생께서 평소에 쓰신 내용을 좀 다듬어서 실었습니다. 자, 신경준 선생께서 편찬한 「여지고」 중 산천의 한 부분을 화면으로 준비했습니다.

鶯峰(앵봉) 고을 서쪽 8리에 있다.
北城山(북성산) 고을 서쪽 7리에 있다.
趙掛山(추읍산) 고을 서북쪽 40리에 있다. 지금까지의 모든 산은 총론 편에도 있다.
烏岬山(오갑산) 고을 남쪽 20리에 있다. 충주 편에도 보인다.
歡喜山(환희산) 고을 남쪽 25리에 있다.
慧目山(혜목산) 세상에서 牛頭(우두)라 칭한다. 고을 북쪽 15리에 있다.
.....

『동국문헌비고』(한古朝31-20)의 「여지고」 산천 부분. 국립중앙도서관

궁금이 이번에는 우리가 모르는 한문 원문뿐만 아니라 우리도 알 수 있게 번역한 한글까지 띄우시네요. 하하, 이젠 센스가 만점이 되신 것 같습니다.

김정호 궁금 씨, 관찰력이 좋네요. 앞으론 여러분들이 금방 읽을 수 있도록 한

글 번역문 위주로 띄우는 것을 원칙으로 하겠습니다. 어쨌든 화면에 나타난 「여지고」 부분에는 전라도 전주의 산(山)과 천(川)의 정보가 정리되어 있습니다. 우리나라 약 330개의 모든 고을이 다 이렇게 정리되어 있어요. 『동국문헌비고』는 산천뿐만 아니라 우리나라 옛 국가의 영역, 고을의 연혁, 땅 길, 성곽, 해안 방어, 바닷길, 궁실 등 주제별로 나누어 정리를 했어요. 고을별로 여러 정보를 합해서 정리한 『신증동국여지승람』과는 다른 것인데요, 어느 것이 더 좋은지는 상황에 따라 달라요. 『동국문헌비고』의 「여지고」 7책에 정리되어 있는 많은 정보들도 다 정확한 지도를 그릴 때 사용할 수 있는 정보들이에요.

사회자 지금까지 들은 것만으로도 선생님께서 지도를 그릴 수 있는 정보가 너무 많아서 힘드셨다는 말씀이 조금 이해가 가는 것 같습니다. 하지만 우리나라, 정확히는 조선이 '지리지의 나라'란 말씀을 하셨으니까 『신증동국여지승람』과 『동국문헌비고』에만 그칠 것 같지 않은데요, 선생님 어떻습니까?

김정호 예, 안시리 아나운서의 말씀이 정확합니다. 『신증동국여지승람』과 『동국문헌비고』는 제가 이용한 대표적인 전국 지리지일 뿐이고요, 요즘의 도청인 감영에서 편찬한 도별 고을지리지, 각 고을에서 자체적으로 자기 고을 하나만 편찬한 읍지 등이 넘쳐 나는 나라였습니다. 물론 『여지도서』 이후 국가의 전국 고을지리지 편찬도 끊임없이 지속되었고요, 개인이 편찬한 지리지들도 많았어요. 그런 지리지들 모두는 아니지만 제가 구할 수 있는 한 최대한 수집하거나, 빌려서 붓으로 필사한 후 지도 그릴 자료를 정리하는 데 활용했습니다.

궁금이 정확한 지도를 그릴 수 있는 정보가 가득한 이런 지리지들이 있었음에도 우리가 아직 모르고 있었다는 사실이 부끄럽습니다.

김정호 여러분들의 잘못이 아니니 부끄러워하지는 마세요. 제가 지금까지 소개한 지리지는 이미 연구자들 사이에서 다 알려진 것들이에요. 국립중앙도서관, 한국고전번역원, 국사편찬위원회, 규장각한국학연구원 등 고문헌 소장 기관의 홈페이지에 들어가서 검색하면 누구든 쉽게 볼 수 있어요. 다만 그 안에 가득한 정보가 정확한 지도를 그릴 때 사용할 수 있는 정보라는 사실을 연구자들이 제대로 파악해 내지 못한 게 문제였죠.

사회자 이제 좀 정리를 해 보겠습니다. 선생님께서 처음에 정확한 지도를 그릴 수 있는 정보의 양이란 차원에서 '세계 최고의 나라를 어떻게 세계 최하의 나라로 만들 수 있지?'라고 하신 말씀을 이제 이해할 수 있을 것 같습니다. 그리고 그렇게 많은 정보가 있었다는 사실을 염두에 두니까, 선생님께서 정확한 지도를 그리기 위해 전국 답사와 백두산 등정을 통해 지도 정보를 직접 조사하거나 측량했으리라고 여겼던 게 얼마나 잘못된 것인지도 깨닫게 되었습니다.

3 그림식 전국 고을지도책

김정호 정확한 지도 제작에 활용할 수 있는 정보들은 그 밖에도 많았습니다. 조선에서는 전국의 모든 고을을 그린 그림식 전국 고을지도책도 편찬해서 이용했어요. 저도 수집해서 주요 자료 중의 하나로 사용했습니다만, 지금까지 전해지는 가장 오래된 것은 1720년 안팎에 편찬한 그림식 전국 고을지도책이에요. 전국 그림식 고을지도책은 보통 6책으로 이루어져 있는데요, 전라도 전주의 그림식 지도를 화면에 준비했습니다.

사회자 화면에 보여 주신 전주 지도를 보면 꼭 그림처럼 보입니다. 그래서 '그림식' 전국 고을지도책이라고 말씀하신 것 같은데요, 딱 봐도 지도 전체적으로 거리와 방향이 정확하지는 않은 것 같습니다. 그런데 저게 '대동여지도'처럼 정확한 지도를 제작하는 데 도움을 주었다니 어떻게 그럴 수 있는지 궁금합니다.

궁금이 저도 딱 그런 생각이 들었습니다. 아무리 봐도 거리와 방향이 정확한 지도는 아닌 것 같네요. 설명을 좀 자세히 해 주셔야 할 것 같습니다.

김정호 두 분의 말씀 다 이해합니다. 전주읍성을 중심으로 산이 겹겹이 둘러싸고 있는 전주 지도를 보면 삼척동자 어린애가 봐도 거리와 방향이 정확하다고 말할 수는 없을 겁니다. 전주 지도는 '우리 고을이 풍수의 최고 명당이

해동지도(古大4709-41) 전주 지도, 규장각한국학연구원

에요'라고 외치듯이 그려져 있는데요, 지도책에 들어 있는 전국 거의 모든 고을의 지도가 비슷합니다. 모두 해당 고을에서 직접 그려 올린 것을 감영과 중앙정부에서 편차를 줄이기 위해 약간만 편집한 지도들이거든요. 조선이란 나라는 수도 서울도, 지방 도시도, 마을도, 궁궐도, 관아 건물도, 사찰

1720년 전후 제작된 전국 그림식 고을지도책 계통 찾아보는 방법

규장각한국학연구원에는 전국 그림식 고을지도책(1720) 계통으로 『해동지도』(8첩, 古大4709-41), 『지승』(6책, 奎15423), 『여지도』(6책, 古4709-68)가 있다. 그리고 경상도만 다른 계통을 수록한 『광여도』(7책, 古도4790-58)가 있으며, 이외에 일부 지역만 포함된 『안동도회[좌통지도]』(1첩, 古4709-25)와 『경주도회[좌통지도]』(1첩, 古4709-26) 등이 있다. 규장각한국학연구원의 홈페이지에서 '바로가기 구(舊) 원문검색서비스 → 고지도 → 필사본(회화식) → 지도 이름'의 순서로 찾아가면 원문 이미지를 볼 수 있다. 국립중앙도서관에도 완질본으로 『여지도』(6책, 한貴古朝61-4)와 『대한지도』(6책, 한貴古朝61-27)가, 결본으로 『팔도여지도』(5책, 古貴2702-14)가 있다. 홈페이지에서 지도의 이름으로 검색한 후 청구기호를 확인하여 찾아가서 '원문보기'를 누르면 원문 이미지를 모두 볼 수 있다.

도, 집도, 무덤도 모두 풍수의 명당에 들어선 것을 최고로 쳤습니다. '야, 명당이네 명당이야!' 이런 평가는 조선 사람 누구나 듣고 싶어 했던 최고의 칭찬이었기에 고을지도를 풍수의 최고 명당처럼 그리려고 했던 것은 당연하고 자연스런 것으로 이해해 주셔야 합니다. 그런데….

궁금이 선생님, 갑자기 '그런데…'라고 강조해서 말씀하시니까 이젠 궁금한 것을 넘어 조금 무섭기도 합니다. 또 무슨 파격적인 말씀을 하시려고 저러시나…, 이런 무서움요.

김정호 하하! 좋은 무서움이라고 말할 수 있겠죠? 그런 무서움은 앞으로도 더 많이 경험하실 것 같으니 이제 좀 익숙해지면 좋을 것 같네요. 계속하겠습니다. 그런데…, 고을의 중심지가 실제로 풍수의 명당에 들어선 고을은 많지 않았어요. 그런데도 풍수의 최고 명당인 것처럼 그리려고 하니까 거리와 방향이 더 어그러질 수밖에 없는 거예요. 풍수의 주산이나 좌청룡, 우백호, 안산이 너무 멀리 있으면 가까이 끌어왔고, 작거나 없으면 크거나 있는 것처럼 꾸몄으며, 방향이 틀리면 원하는 방향으로 바꾸어 그렸어요. 명당수 또한 발원지가 너무 멀면 가까운 것처럼 그렸고, 휘돌아 갈 곳에서 직선으로 빠져나가면 휘돌아 가는 것처럼 바꾸었어요. 그러니 실제의 거리와 방향이 지도 위에서는 더욱 어그러질 수밖에 없지 않았겠어요?

사회자 풍수의 명당이 아닌 곳을 풍수의 명당인 것처럼 그리려 했다…, 그러다 보니까 거리와 방향이 더욱 어그러지게 되었다…, 그런데 이렇게 정리될수록 더 이해가 안 갑니다. 그렇게 더욱 어그러졌기 때문에 그림식 고을지도 위의 정보는 '대동여지도'처럼 정확한 지도를 그릴 때 쓸모가 없어야 되는 것 아닌가요?

김정호 안시리 아나운서의 말씀, 반은 맞고 반은 틀렸습니다.

궁금이 '반은 맞고 반은 틀렸다' 이런 말이 정말 무서운 말입니다. 아니…, 좋으면서도 무서운 말이라고 바꾸겠습니다. 맞은 반은 무엇이고, 틀린 반은 무엇일까, 더 궁금하게 만드는 말이거든요.

김정호 어쨌든 더 궁금하다니 저로선 좋습니다. 그림식 고을 지도 위의 거리와 방향 정보는 분명 엄청나게 틀린 것이기에 그것이 정확하다고 잘못 판단하여 '대동여지도' 위에 그대로 그렸다면 엉망진창이 되었을 겁니다. 그렇다고 그림식 고을지도 위의 정보가 쓸모가 없었느냐 하면 그렇지 않았어요. 더 정확하게 말하면 엄청나게 쓸모가 있었어요.

궁금이 그러면 선생님, 그림식 고을지도 위에 쓸모 있는 정보에 대해서는 아직 말씀을 안 하셨다는 거네요.

김정호 그렇죠. 이제부터 말하려고 하는 거지요. 풍수에서 명당을 설명할 때 가장 중요한 것은 산줄기와 물줄기의 흐름이에요. 풍수의 명당이 아닌 곳을 풍수의 명당처럼 그려 냈던 그림식 고을지도에서 거리와 방향 정보는 왜곡했을지라도 산줄기와 물줄기의 실제 흐름은 왜곡하지 않았어요. 그래서 고을에서 직접 그려 올린 것을 감영과 중앙정부에서 약간만 편집했던 그림식 고을지도를 통해 산줄기와 물줄기의 실제 흐름을 알아낼 수 있어요. 이 정보는『신증동국여지승람』과『동국문헌비고』등에 글로만 적혀 있는 내용만으로는 파악하기가 쉽지 않은 정보예요. 게다가 그림식 고을지도에는 길 정보도 자세해요. 역시 길의 거리와 방향 정보는 맞지 않지만 산줄기와 물줄기의 흐름과 비교해서 보면 길의 실제 흐름도 이해할 수 있어요. 그래서 그림식 고을지도책에서는 산줄기와 물줄기, 길의 흐름 정보를,『신증동국여지승람』과『동국문헌비고』등의 지리지에서는 거리와 방향 정보를 취하여 비교해 보며 그리면 정확한 지도를 그리는 데 많은 도움이 돼요. 산, 고개, 나루, 여울, 역, 원, 창고, 성곽 등 다른 정보들도 그림식 고을지도와 지리지의 정보를 비교해 가면서 그리면 더 정확하고 자세해질 수 있어요.

사회자 거리와 방향이 어그러진 그림식 고을지도 위의 정보가 정확한 지도를 그릴 때 그렇게 도움이 될 것이라는 점은 상상도 못했습니다. 그런데 앞에서 선생님께서도 그림식 고을지도책을 수집해서 갖고 계셨다고 하셨는데요, 갑자기 궁금해집니다. 지도책이니까 『신증동국여지승람』과 『동국문헌비고』처럼 금속활자나 목판으로 찍어 냈을 리는 만무한데요….

김정호 맞습니다. 잘 보셨어요. 다만 『신증동국여지승람』과 『동국문헌비고』 정도는 아니라고 하더라도 진짜 구하려고 하면 구할 수 있을 정도는 민간에서 돌아다니고 있었어요. 국가기관에서 그림식 전국 고을지도책을 편찬했다는 소식이 들리니까 고위 관리들을 중심으로 화공을 시켜 붓으로 똑같이 필사해서 집으로 가져간 사람들이 꽤 되었고요, 다시 친지나 지인들이 그 지도책을 보고 똑같이 필사해서 집으로 가져간 사람들도 생겼어요. 그렇게 그림식 전국 고을지도책이 퍼져나갔기 때문에 저 같은 사람도 수집할 수 있게 되었답니다.

궁금이 선생님, 만약입니다만 그림식 전국 고을지도책이 없었다면 정확한 지도를 그리는 데 문제가 있었을까요?

김정호 음…, 미처 생각해 보지 못했던 문제인데, 지금 잠시 생각을 해 보니 그림식 전국 고을지도책이 없었더라도 자료가 많았기 때문에 정확한 우리나라 지도는 나왔을 것이라고 봅니다. 다만 어느 정도였는지는 모르겠으나 산줄기, 물줄기, 길 등의 정확함에서 지금 우리가 보는 것보다는 덜 정확했을 것 같다, 이런 정도로만 말씀드리도록 하겠습니다.

사회자 '대동여지도'를 만드신 전문 지도 제작자셨으면서도 정보가 부족했을 때의 한계를 솔직하게 말씀해 주신 것 같습니다. 나올 수는 있지만 약간은 부족했을 거다…, 뭐 이렇게 말씀해 주신 것이 아닌가 합니다. 선생님, 이제 다음 주제로 넘어가야 할 것 같은데요, 혹시 더 말씀해 주실 것이 있으신가요?

김정호 예, 있습니다. 저는 보지 못한 것이지만 하늘나라에서 검토해 보니 정확한 지도를 그린 다른 분들이 참조한 고을지도가 있었습니다. 우선 1750

년경에 국가기관에서 정확한 고을지도를 확보하기 위해 감영을 통해 전국 모든 고을에 가로세로 1리 간격으로 눈금을 그어 정확한 고을지도를 그려 올리게 한 적이 있습니다. 이 눈금들은 거리를 정확하게 표시하는 기준으로 삼으라는 것이었는데요, 지금 충청도, 전라도, 경상도, 황해도의 것이 남아 있습니다. 그런데 아쉽게도 정확성에서는 상당히 떨어지는데요, 말로만 하면 역시 감이 오지 않을 것 같아 전라도 전주 지도를 한번 준비해 봤습니다. 화면에 띄워 주시죠.

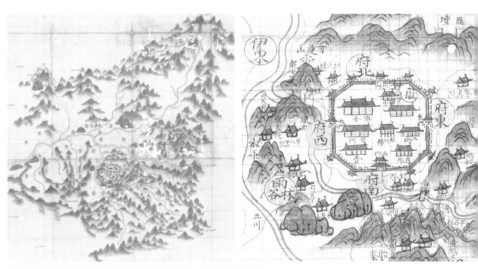

호남지도(奎12155) 전주지도(좌), 전주 중심 부분 확대(우), 규장각한국학연구원

궁금이 전주 지도가 엄청 크네요. 지도 위에 가로세로의 눈금이 엄청 촘촘하고요. 선생님, 그 간격이 1리라는 것이죠?

김정호 예, 맞아요. 아까 보았던 그림식 전국 고을지도책 속의 전주지도와는

1리 눈금식 고을지도 계통 찾아보는 방법
규장각한국학연구원의 홈페이지에서 '바로가기 구(舊) 원문검색서비스 → 고지도 → 필사본(방안식) → 비변사인 방안지도 → 지도첩 이름 → 고을 이름'의 순서로 찾아가면 원문 이미지를 볼 수 있다.

느낌이 상당히 다를 겁니다.

궁금이 예. 전주 중심지의 모습이 크지 않고 하천도 멀리서 발원하여 서쪽으로 흘러 나가는 것 같고…. 솔직히 자신은 없지만 느낌상 상당히 정확해진 것 같다고 말할 수 있을 것 같은데요.

김정호 가로세로 1리 간격의 눈금을 그어서 거리와 방향을 정확하게 그리는 기준으로 삼았기 때문에 그림식 전주지도에 비해 거리와 방향이 상대적으로 정확해진 것은 맞아요. 하지만 전체적으로는 정확하다고 말하기 어려워요.

사회자 1리 간격의 눈금을 기준선으로 놓고 그렸는데도 전체적으로 정확하다고 말하기 어렵다고 한 이유가 무엇인가요?

김정호 1리 간격의 눈금을 기준선으로 놓고 그리게 한 시도는 좋았습니다. 하지만 하나를 몰랐어요.

궁금이 방법은 좋았지만 뭔가 부족했다는 의미로 들리는데요….

김정호 궁금 씨의 지적이 정확합니다. 방법은 훌륭했고요, 저 또한 저런 식으로 정확한 지도를 그려 나갔어요. 하지만 방법이 아무리 훌륭해도 그 방법을 통해 정확한 지도를 그리는 것은 오랫동안 그 일을 해 와서 능숙하게 해낼 수 있는 전문가의 영역이에요. 아무나 할 수 있는 일이었다면 저 같은 사람은 필요 없었겠죠. 그때 국가기관에서 몰랐던 것이 바로 정확한 지도를 그리는 것이 전문가의 영역이라는 사실이었고요, 그런 전문가는 정말 소수였기 때문에 고을마다 있을 수는 없었어요. 고을을 넘어 8도의 감영에도 있기가 힘들었고요, 아마 조선 전체에서도 몇 사람 없었을 겁니다.

사회자 우리가 미처 생각하지 못했던 부분을 또 지적해 주신 것 같습니다. 그런데 선생님, 비록 방법은 좋았지만 전체적으로 정확하다고 말하기는 어려운 저 지도들도 정확한 지도를 제작할 때 도움이 되었겠죠? 선생님의 말씀을 들으면 도움이 되지 않는 것을 찾기가 어려워서 이런 말씀드리는데요,

어떻게 생각하시나요.

김정호 하하! 안시리 아나운서께서는 이제 제 생각을 읽어 나가고 계시네요. 맞아요. 저는 비록 보지 못해서 도움을 받지 못했지만 정철조 선생, 신경준 선생 등이 정확한 지도를 그릴 때 저 지도들을 참조하여 도움을 받았습니다. 이분들에 대해서는 나중에 다시 말씀드릴 기회가 있을 겁니다. 저 지도들도 고을에서 직접 그려 올린 것에 기초하여 감영과 중앙정부에서 일부 편집한 것이기 때문에 산줄기, 물줄기, 길의 흐름을 이해하는 데 아주 도움이 됩니다. 산, 고개, 나루, 여울, 역, 원, 창고, 성곽 등 다른 정보에서도 마찬가지고요.

사회자 들으면 들을수록 정확한 지도 제작에 필요한 정보가 우리나라에 정말 많았네요. 고을지도가 또 있을 것 같은 느낌이 드는데요….

김정호 맞아요. 또 있어요. 이것 역시 저는 보지 못했던 것이지만요. 『여지도서』라고 앞에서 말한 적이 있지요? 『여지도서』는 고을의 지도와 지리지를 합해 놓은 전국 고을지리지라고 말했는데요, 거기 있는 고을의 지도도 고을에서 직접 그려 올린 것을 중앙에서 약간 편집한 거예요. 그 지도들도 그림식 전국 고을지도책이나 1리 간격으로 눈금을 그어 그린 고을지도책과 똑같은 도움을 줘요. 그리고 감영에서 편찬한 도별 고을지리지에도, 각 고을에서 개별적으로 만든 한 고을만의 읍지에도 고을지도가 꽤 수록되어 있어요. 그런 지도들도 다 똑같은 도움을 줘요.

4   중앙집권 국가와 지리지의 나라

사회자 네, 잘 알겠습니다. 앞의 청중분들께도 질문할 기회를 드려야 할 것 같습니다. 혹시 질문하실 분 있으면 손을 들어 주십시오. 어, 많이 드시네요. 앞쪽 가운데에 손 드신 분, 간단한 자기소개 후 질문 부탁드립니다.

청중1 안녕하세요. 저는 한국대학교 지리학과 4학년에 재학하고 있는 학생입니다. 선생님께서 우리나라, 정확하게 말하면 조선은 지리지의 나라라고 말씀하셨고, 그 말씀에 합당하게 많은 지리지를 소개해 주셨습니다. 다만 지리지의 나라라는 것은 알겠는데요, 왜 지리지의 나라가 될 수 있었는지 그 이유를 듣고 싶습니다.

사회자 좋은 질문인 것 같습니다. 선생님께서는 '왜'에 대해서는 아직 말씀하지 않으셨는데요, 조선이 지리지의 나라가 된 이유를 들을 수 있을까요?

김정호 이 질문 안 나오면 제가 먼저 나서서 말하려고 했습니다. 역사 현상과 관련해서 '왜'라는 질문에 대해 분명한 답을 내릴 수 있는 경우는 그리 많지 않습니다. 너무 복잡한 이유들이 얽히고설켜 있는 경우가 많아서이기도 하고요, 시간이 지나면 이유를 알아볼 수 있는 근거 자료가 많이 사라져 버리기 때문이기도 해요. 그런데 다행히도 조선이 지리지의 나라가 된 이유는 상당히 분명하게 대답할 수 있는 것입니다.

궁금이 저도 그게 궁금했는데요, 질문할 기회를 놓쳐 버렸습니다. '왜 지리지의 나라가 됐지?' 아마 시청자분들도 궁금해하실 이야기가 아닐까 합니다.

김정호 다 궁금해하시는 것 같으니까 저로서는 기분이 좋습니다. 중요한 문제거든요. 여러분, 『춘향전』의 줄거리는 다 아시죠? 이 도령의 아버지가 남원을 다스릴 사또, 즉 지방관으로서 수도 서울에서 파견되면서 이야기가 시작됩니다. 이런 시작 장면에 대해 우리나라 사람들은 아무런 저항감이 없는데요, 다시 말해 당연하고 자연스러운 현상이기 때문에 그냥 지나갑니다. 그런데 이건 중국을 제외하면 중세 유럽과 이웃 나라 일본을 비롯하여 대부분의 나라 사람들이 신기하게 생각할 만한 장면이에요. 고을을 다스리는 우두머리가 중앙에서 파견된다? 그것도 2~3년이라는 짧은 간격으로 교체된다? 조선은 약 330개의 모든 고을에 지방관을 파견하여 다스린 나라였고요, 이런 나라를 중앙집권 국가라고 해요. 우리는 최근의 역사인 조선이 중앙집권 국가였기 때문에 세계 문명의 역사에서 중앙집권 국가가 다수였던 것으로 착각을 해요. 하지만 중앙집권 국가는 소수였어요. 일본의 경우도 1868년의 메이지유신 전까지 중앙집권 국가를 경험한 적이 거의 없어요. 지방은 지방 유력자가 각기 알아서 다스리면서 세금, 군대, 외교 등 국가의 핵심적인 사항에 대해서는 중앙에 절대 복종하는 지방분권 국가를 이루었는데요, 이런 경우가 세계 문명의 역사에서는 다수였어요.

사회자 선생님. 그러면 중앙집권 국가와 지리지의 나라가 깊은 연관 관계가 있다는 의미로 들리는데요, 맞나요?

김정호 안시리 아나운서께서 정확하게 짚었어요. 중앙집권 국가는 지방관을 파견해 고을을 직접 다스렸기 때문에, 그것도 2~3년마다 교체해야 했으므로 지방 고을의 정보를 제대로 알고 있지 못하면 직접 통치가 잘 이루어지고 있는지 확인할 방법이 없었어요. 지방의 향리들이 농간을 부릴 수도 있고요, 중앙에서 파견된 지방관이 땡땡이를 칠 수도 있잖아요. 이를 방지하기 위해서는 중앙에서 지방 고을의 정보에 대해 상당히 세세하게 체계적으로 정리하고 수시로 체크를 해야 하는데요, 이런 중앙집권 국가에서 발달할 수밖에 없는 것 중의 하나가 전국 모든 고을의 정보에 대해 동일한 항목과 형식으로 정리해 놓는 전국 고을지리지예요. 그림식 전국 고을지도책도 같은 선상에서 볼 수 있어요. 무려 25책이나 되는 『신증동국여지승람』과 같은 전국 고을지리지는 중앙집권 국가가 아니라면 만들 필요가 별로 없는 것이라서 세계적으로 그런 전국 고을지리지를 갖고 있던 나라는 많지 않았어요.

궁금이 아, 인터뷰의 앞쪽에서 말씀하신 것이 이제야 이해가 되네요. 지도를 그리는 데 필요한 정확한 정보는 전국 고을지리지에 담겨 있는데, 조선은 중앙집권 국가였기 때문에 전국 고을지리지가 가장 발달할 수밖에 없는 나라였다. 그러니 정확한 지도를 그리는 데 필요한 정보의 양이란 관점에서 조선은 세계 최고의 나라일 수밖에 없다. 이런 거 아닌가요?

김정호 궁금 씨, 정리 너무나 잘해 주셨어요. 지리지의 나라가 된 이유에 대해서는 더 덧붙일 말이 필요 없겠네요. 다만 오해를 피하기 위해 딱 두 가지만 더 말씀드릴게요. 먼저 정확한 지도를 그리는 데 필요한 정보의 양이란 관점에서 조선은 세계 최고의 나라라고 말했지만, 정확하게는 세계 최고의 나라 중 하나였다고 이해해 주시면 좋겠어요. 중국의 명나라와 청나라도 조선처럼 중앙집권 국가였기 때문에 그 나라도 지리지의 나라였어요. 제가 세계 모든 나라를 다 살펴보지는 못했는데요, 중앙집권 국가가 있다면 그런 나라들도 지리지의 나라였을 거예요. 다만 그리 많지는 않았을 거라는 점은 확실하게 말씀드릴 수 있습니다. 그렇다고 지리지가 발달하지 않은 나라는 정확한 지도를 제작하지 못했는가? 그건 아니에요. 그런 나라도 자기 나라에 대해서는 정확한 지도를 그렸어요. 다만 우리나라 정도의 영토 규모에서 '대동여지도'처럼 남북 6.6m에 이를 정도로 정확하고 큰 지도, 그건 다른 말로 하면 정확한 지도를 만든 나라가 거의 없을 거라는 거예요. 그렇게 크고 자세하려면 정보가 자세해야 하는데, 그러려면 지리지의 나라란 말을 들을 수 있는 정도는 되어야 할 거에요.

궁금이 선생님, 그럼 남북 6.6m가 되는 대동여지도는 크기나 자세함의 측면에서 세계에 대 놓고 자랑해도 된다는 의미로 이해해도 되나요?

김정호 제가 제작자니까 스스로 말하면 푼수라는 소릴 들을 것 같아 조심스럽긴 하지만요 대 놓고 자랑해도 괜찮지 않을까 합니다. 다만 하나 꼭 조건을 달아야 해요. '근대 이전 전통 시대에 제작된 지도들 중에서….' '근대의 측량 성과를 반영하여 제작한 근대 지도가 아니라 전통 방식으로 제작한 지도들 중에서….' 이런 식으로요. 근대의 측량 지도가 등장하면서 지도는 훨씬 자세해지기 시작하거든요. 전통 시대의 지도와 근대의 측량 지도는 분명히 구분해서 생각해야 합니다.

궁금이 아, 전통 시대의 지도 중에서요. 비교 기준을 분명히 해야 한다는 말씀으로 들리는데요, 이것이 오해를 피하기 위해 말하고 싶으셨던 두 번째의 것인가요?

김정호 그렇죠. 오해를 피하기 위해 꼭 말하고 싶었던 두 가지 중의 하나죠.

5 전국 답사설과 백두산 등정설의 탄생과 지속

사회자 이제 시간이 얼마 안 남아서, 청중 한 분의 질문만 더 받아보겠습니다. 두 번째 줄 끝에서 손 들어 주신 분, 자기소개 간단하게 부탁드리며 질문해 주시죠.

청중 2 저는 백두대간 종주를 끝낸 사회인인데요, 백두대간 종주를 할 때 전국을 세 번이나 답사하고 백두산을 여덟 번 오르내렸다는 전설 속 김정호 선생님을 마음속 깊이 존경하며 다녔습니다. 그런데 김정호 선생님께서 직접 돌아다니신 게 아니라니까 처음에는 충격적이면서도 허탈했는데요, 이제는 왜 아닌지 알게 되면서 더 흥미로운 이야기를 기대하는 마음으로 바뀌었습니다. 그런데 왜 이렇게까지 완전히 잘못된 이야기가 만들어졌고, 지금까지도 계속 바뀌지 않았는지 궁금합니다.

김정호 사람들은 저의 전국 답사와 백두산 등정 이야기가 일제에 의해 만들어진 것이라고 잘못 알고 있습니다. 실제로는 1925년 10월 8일과 9일 두 차례에 걸쳐 『동아일보』에 톱기사로 연재된 '고산자를 회(懷)함', 요즘 말로 하면 '고산자를 돌아봄'이란 기사에서 먼저 만들어졌고요, 이후 1934년에 조선총독부가 보통학교의 우리말(조선어) 교재로 편찬한 『조선어독본(朝鮮語讀本)』의 제 전기에서 그대로 이어받은 겁니다. 그렇다면 『동아일보』 기사에서는 왜 전혀 사실이 아닌 저의 전국 답사와 백두산 등정 이야기를 했느냐 궁금하실 건데요, 시대 상황을 먼저 이해해야 합니다. 일본에서는 1868년 메이지유신의 성공 후 제국주의 국가 대열에 합류하면서 메이지유신 이전부터 이미 근대의 씨앗이 자라나고 있었다고 선전하기 시작했어요. 지도 분야에서는 전국을 직접 돌아다니며 경위도를 측정해 '일본여지전도'라는 대축척 지도를 그린 이노 다다타카(伊能忠敬, 1745~1818)가 눈에 띄었고요. 그래서 이노 다다타카를 근대 지도의 아버지로 대대적으로 선전했습니다. 『동아일보』에 저의 전기를 쓰신 분은 우리나라도 그런 사람과 지도가 있었는데, 다시 말해 우리도 근대의 씨앗이 있었는데 아쉽게 인정을 받지 못해 조선이 망하게 되었을 뿐이라고 말하고 싶었던 겁니다. 조선에서는 근대적인 측량이 이루어진 적이 없었으니까, 제가 직접 다니며 조사하고 측량해 정확한 대동여지도를 그렸다는 이야기를 만들어 '우리나라에도 근대적인 측량 지도가 있었다' 이렇게 말하고 싶었던 거지요.

사회자 그렇게 잘못된 이야기가 만들어진 지 거의 100년이 다 되어 가는 지금까지도 잘 고쳐지지 않은 이유는 무엇인가요?

김정호 제가 혼자서 고생을 해가며 전국을 세 번 답사하고 백두산을 여덟 번이나 올라갔다 와서 정확한 대동여지도를 만들었다는 이야기 구조가 사람들에게 감동적인 스토리로 강하게 각인되었기 때문에 그랬던 것 아닌가 싶네요. 실제로 저는 전국을 답사하고 백두산을 올라갔다 오는 것 못지않게, 아니 그것보다 더 심하게 고생했는데요, 제 고생은 감동적인 스토리로 각인되기에는 쉽지 않을 것 같은 아쉬움이 있습니다.

궁금이 전국을 세 번 답사하고 백두산을 여덟 번 올라갔다 오는 것보다 더 고생했다고 말할 수 있는 것이…. 잘 상상이 안 되는데요.

김정호 제가 처음에 우리나라에는 정확한 지도를 그릴 수 있는 정보가 너무 많아서 힘들었다고 말씀드렸죠? 제 방 안에는 책으로 가득했는데요, 사람들이 이런 상상을 잘 못하더라고요. 제가 죽기 전에 쓴『대동지지』란 전국 고을지리지의 앞쪽에 제가 평생 동안 참조했던 책의 이름을 기록해 놓았는데요, 연구자들조차도 주목하는 사람이 별로 없어서 화면으로 준비해 봤습니다. 책 이름만 소개하면 적다고 생각할 것 같아서 각 책마다 몇 권인지도 써놓았습니다. 어떤가요?

번호	책 이름	저자	책수	연도	나라
1	사기(史記)	사마천	[31]	[기원전 108-91]	
2	전한서(前漢書)	반고	[24]	[50~92]	
3	후한서(後漢書)	범엽	[50]	[300년대 전반]	
4	삼국지(三國志)	진수	[20]	[200년대 후반]	
5	진서(晉書)	방교 등	[20]	643	
6	남사(南史)	이연수	[20]	659	
7	북사(北史)	이연수	[20]	659	
8	수서(隋書)	위징	[20]	636	
9	당서(唐書)	유후 구양수, 송기	[43]	945 1060	
10	송사(宋史)	탁극탁	[167]	1345	중국
11	요사(遼史)	탁극탁	[8]	1344	
12	금사(金史)	탁극탁	[20]	1345	
13	원사(元史)	송렴	[32]	[1369~1370]	
14	명사(明史)	장정옥	[120]	1735	
15	통감집람(通鑑輯覽)		[40]	1768	
16	명일통지(明一統志)	이현 등	[50]	1461	
17	성경지(盛京志)		[20]	1779	
18	광여기(廣輿記)	채방병	[14]	[1600년대 후반]	
19	개국방략(開國方略)		[16]	1769	
20	고려도경(高麗圖經)	서긍	[3]	1123	
21	문헌통고(文獻通考)	마단임	[120]	1310	
22	조선부(朝鮮賦)	서긍	[1]	[1488]	
23	삼국사기(三國史記)	김부식	[10]	1145	
24	고려사(高麗史)	정인지	[75]	1451	
25	동국사략(東國史略)	권근, 이첨	[2]	[1403]	조선
26	동국통감(東國通鑑)	서거정	[28]	1485	
27	동사강목(東史綱目)	안정복	[20]	[1700년대 후반]	
28	역대총목(歷代総目)	홍만종	[1]	1705	

29	동국유사(東國遺事)	안홍		
30	주관육익(周官六翼)	김경숙		고려후기
31	국조보감(國朝寶鑑)		[19]	1782
32	여지승람(輿地勝覽)	노사신, 서거정	[25]	1531
33	선원보략(璿源譜略)			
34	대전통편(大典通編)		[5]	1785
35	문헌비고(文獻備考)		[40]	1770
36	만기요람(萬機要覽)		[11]	1807
37	화성지(華城志)		[3]	1831
38	남한지(南韓志)	홍경모	[7]	1847
39	송경지(松京志)		[5]	1830
40	강도지(江都志)		[2]	1783
41	관북지(關北志)		[7]	[1776-1800]
42	관서지(關西志)			[1776-1800]
43	호남지(湖南志)			[1800-1834]
44	강역고(疆域考)	정약용	[3]	[1811]
45	발해고(渤海考)	유득공	[1]	1784
46	탐라지(耽羅志)		[1]	[1653]
47	택리지(擇里志)	이중환	[1]	1751
48	연려기술(燃藜記述)	李令翊		[1740-1780]
49	연려전고(燃藜典故)	李令翊		[1740-1780]
50	군국총목(軍國總目)			1828
51	통문관지(通文館志)		[4]	[1778]
52	서포만필(西浦漫筆)	김만중	[1]	[1687]
53	연암외집(燕岩外集)	박지원	[2]	[1800년 전후]
54	부계기문(涪溪記聞)	김시양	[1]	[1600년대 전반]
55	관북연혁고(關北沿革考)	정약용		
56	박씨소원록(朴氏溯源錄)		[2]	1768
57	존주록(尊周錄)	이서구	[5]	1716
58	이계집(耳溪集)	홍양호	[17]	1843
59	수경(水經)	정약용	[4]	[1800년대 전반]
60	동국지리변(東國地理辯)	한백겸		[1800년대 전반]
61	지리군서(地理群書)	유형원		
62	조두록(俎豆錄)		[2]	[1776-1800]
63	정리표(程里表)	이곤수		[1762-1788]
64	와유록(臥遊錄)			
65	여지도(輿地圖)			
합계			[1,163]	

조선

* 표 안의 책수 [ ]는 국립중앙도서관 현재 소장 책수를 의미하고, 연도의 [ ]는 추정을 의미함.

사회자 와~ 엄청납니다. 선생님이 사셨던 시대에는 책을 구하기도 어려웠을 텐데요, 저렇게나 많이 수집하여 보셨다는 게 놀라울 뿐입니다. 당시 공공 도서관이 있던 것도 아니니 도서관에서 빌려 볼 수도 없으셨을 테고요.

김정호 빌려 보기도 했습니다. 우리나라나 중국의 책을 엄청나게 수집했던 친구 최한기에게서요. 최한기 집이 제게는 공공도서관이었죠. 그리고 제가 항상 가지고 있으면서 표시하며 검토해야 할 책들은 시중에서 사거나 빌려다 직접 베껴서 갖고 있었어요. 최한기가 빌려줄 때 흔쾌히 기한 없이 빌려주었기 때문에 저 책들의 대부분이 제 방 안에 있었다고 보면 됩니다. 저는 평생 방 안 가득했던 저 책들에 파묻혀서 읽고, 표시하고, 비교하며 정리하고, 정리한 내용을 다시 편집해서 지리지로 편찬하고 지도로 만들고 등등 늘 그렇게 살았습니다. 궁금 씨, 이렇게 한번 살아 보실래요?

궁금이 아~ 아니요. 책 읽는 걸 좋아하지만 책에 파묻혀 살고 싶지는 않아요.

김정호 그렇게 살고 싶어 하는 사람은 별로 없을 거예요. 좋아서 하지 않으면 힘든 고통으로만 다가올 테니까요. 게다가 그렇게 살았던 사람 이야기를 들으면 대단하기는 하지만 감동적인 삶이었다고, 아까 청중분께서 말씀하신 것처럼 마음속 깊이 존경했다고 여겨 주는 사람도 별로 없을 거예요. 하지만 저는 그렇게 살았어요. 감동적이지도 존경스럽지도 않겠지만, 그게 저의 삶이었을 뿐이에요. 이승에서 살 때도 만족했지만 하늘나라에 가서 생각해 봐도 저는 만족스러웠어요.

사회자 마지막 말씀이 가슴을 울리는데요, 아쉽게 이제 정해진 시간이 다 되었습니다. 청중분들과 시청자 여러분 중에도 더 질문하고 싶은 것이 많겠지만 1부는 시간이 다 되어 다음 주의 2부를 기약하기로 하고, 오늘은 이만 정리해야 할 것 같습니다. 김정호 선생님 새로운 역사 알려 주시느라 수고 많으셨고요, 궁금 씨, 열 분의 청중분들, 시청자 여러분들께도 감사드립니다.

2부

대동여지도
들고
길 찾아가면
무조건 헤맨다

사회자 시청자 여러분 안녕하십니까. 지난주 저승의 하늘나라에서 환생해 오신 김정호 선생님을
모시고 우리가 너무 당연하게 여겨 왔던 김정호 선생님의 전국 답사설과 백두산 등정설이 왜 잘
못된 것인지에 대해 자세히 들었습니다. 요약하자면 중앙집권 국가 조선은 정확한 지도를 제작
할 수 있는 정보의 양이란 측면에서 세계 최고의 나라 중 하나였기 때문에 김정호 선생님이 전국
을 답사하고 백두산을 오르내리며 직접 조사하고 측량했다는 이야기는 세계 최고의 나라를 세계
최하의 나라로 만든 것이어서 잘못된 것을 넘어 역사를 완전히 거꾸로 본 대표적인 사례라고 결
론 내릴 수 있겠습니다. 자, 오늘도 궁금 씨와 청중 열 분과 함께 김정호 선생님과의 환생 인터뷰
를 시작해 보도록 하겠습니다. 궁금 씨, 청중 여러분 시청자분들께 인사하시죠.

궁금 안녕하세요~~ 다시 만나 뵙게 되어 반갑습니다. 개그맨 궁금입니다. 오늘도 시청자 여러분께
서 궁금해하실 만한 이야기를 콕콕 짚어서 질문 잘할 수 있도록 집중 또 집중해 보겠습니다.

사회자 그리고 오늘도 또 어떤 흥미롭고 충격적인 말씀을 해 주실지 궁금하게 만드시는 바로 그분,
김정호 선생님을 모시겠습니다. 모두 열렬한 환영의 박수로 맞아주시기 바랍니다.

김정호 감사합니다. 지난번엔 처음이라 이 자리가 많이 낯설었는데, 이제 두 번째가 되니까 조금
익숙해진 느낌입니다. 오늘도 여러분의 궁금증을 해소해 드릴 수 있도록 최선을 다하겠습니다.

사회자 지난주를 떠올려 보면, 오늘은 어떤 이야기를 해 주실지 시작부터 정말 궁금해집니다. 오늘
도 첫 질문의 기회는 궁금 씨에게 드리겠습니다. 어떤 첫 질문을 준비해 오셨나요?

1

지도와 길 찾기

궁금이 네, 첫 질문 드리겠습니다. 소설과 영화 〈고산자〉에서는 선생님의 아
버님을 포함하여 스물네 사람이 홍경래의 난을 진압하기 위한 진압군으로
강제 차출되어 황해도의 토산에서 봉산으로 향하다가 관에서 준, 길이 잘못
그려진 지도 때문에 길을 잃고 헤매다 모두 얼어 죽는 장면이 나오는데요,
영화에서 이 장면을 리얼한 영상으로 보여 주니까 정말 안타까움과 억울함
의 감정이입이 자연스럽게 되었습니다. 그리고 어린 선생님께서 다시는 이
런 억울한 죽음이 발생하지 않도록 꼭 정확한 지도를 제작해서 길을 잃고
헤매거나 죽는 사람이 없게 하겠다는 굳은 결심을 하는 장면을 보면서 역시
대동여지도의 제작에 평생을 바친 김정호 선생님다운 출발이라고 생각했
습니다. 아버지의 억울한 죽음에 대한 한을 가족만의 문제로 보지 않고 이
웃과 사회, 나아가 국가 전체의 문제로 보고 풀어내려는 그런 모습 정말 감
동적이었습니다. 선생님께서도 하늘나라에서 소설과 영화 〈고산자〉를 보
시면서 구체적으로야 좀 틀릴 수도 있겠지만 큰 틀에서는 '음, 나름 잘 묘사
했는데…' 이렇게 생각하셨을 것 같은데요, 실제로 선생님의 느낌은 어떠했
는지 궁금합니다.

김정호 궁금 씨의 질문을 들으니, 그 장면이 사람들에게 감동을 주고 인상적

으로 느껴진 거 같네요. 음… 그런데 저는 많이 아쉬웠습니다. 소설과 영화가 꼭 사실을 전해야 하는 것은 아니기에 이해는 하면서도 전혀 사실이 아닌 것을 사실로 믿게 하는 힘도 갖고 있기 때문에 실제 사건이나 역사를 다룰 때는 충분한 고증을 바탕으로 하려는 노력도 최대한 기울여야 한다고 생각합니다. 그 장면에 대해 짧게 표현하라고 한다면 이렇게 답하겠습니다. 제가 살던 그 시절, 우리나라 조선에서는 지도를 갖고 길을 찾아다닌 사람이 '한 명도' 없었습니다.

궁금이 예? 한 명도요?

김정호 다시 말하지만 '한 명도' 없었어요.

사회자 도저히 믿기지 않는데요. '한 명도'라고 특별히 강조하시니 지난주에 보았던 선생님의 성향상 빈말은 아닌 것 같은데요, 그래도 선뜻 믿기가 쉽지 않다는 것이 솔직한 심정입니다.

김정호 하하! 그러실 거예요. 하지만 분명한 사실입니다.

궁금이 그럼 몇 날 며칠에 걸쳐 처음 가는 먼 길을 지도 없이 어떻게 가나요? 지도 없이 가면 길을 잃고 헤매는 경우가 많지 않았나요?

김정호 왜 여러분들은 처음 가는 먼 길을 갈 때 꼭 지도를 가지고 가야 하는 것처럼 생각하는지 저는 그게 더 신기합니다. 이승에서 여든 살을 넘게 살다가 하늘나라에 온 우리나라 사람 열 분에게 물어봤어요. 젊은 시절 처음 가는 먼 길을 갈 때 지도를 갖고 다닌 적이 있습니까? 라고요. 이 질문을 받고서는 모두 조금 생각해 보더니 멋쩍은 듯 웃으면서 '생각해 보니 전혀 없었네요.' 이렇게 대답하더라고요.

궁금이 어~ 저는 많았는데요. 그분들이 잘못 기억하신 것 아닌가요?

김정호 궁금 씨의 말도 맞아요. 왜냐면 우리나라에서 지도를 갖고 처음 가는 먼 길을 찾아다니기 시작한 시기는 바로 1990년대부터기 때문이에요. 1960년대부터 시작했던 우리나라의 경제개발이 1990년대 들어서 꽃을 피워서,

선진국 사람들의 전유물이라 생각해 왔던 자가용이 우리나라에서도 대중화되기 시작했어요. 자가용이 대중화되니까 자가용을 끌고 한 번도 가 보지 않은 우리나라 곳곳을 여행하며 돌아다니고 싶어 하는 사람들이 나타났고요, 그래서 대히트를 쳤던 책이 바로 유홍준 전 청장의『나의 문화유산답사기』예요. 1993년에 나온『나의 문화유산답사기』1편이 100만 부 넘게 팔렸다고 하지요? 그렇게 많이 팔린 건 유홍준 전 청장의 글솜씨와 말솜씨가 대단했기 때문이기도 하지만, 자가용의 대중화와 맞물리지 않았으면 불가능했을 거에요. 그때『나의 문화유산답사기』처럼 큰 주목을 받지 못했지만 소리 소문 없이 엄청나게 많이 팔린 책이 바로 '10만:1 도로지도책'이었어요. 내비게이션이 본격화되기 전, 자가용으로 여행하는 사람들의 차 안에는 거의 대부분 '10만:1 도로지도책'이 있었다고 보면 돼요. 축척이 그 정도는 자세해야 처음 가는 곳의 길을 찾는 데 도움을 받을 수 있거든요. 이 '10만:1 도로지도책'이 1990년대 이전에는 대중용으로 상업화되지 못해서 나오지 않았어요.

사회자 선생님 말씀을 듣고 보니 지도를 보면서 길을 찾아다니는 것이 그리 오래된 일이 아니란 걸 알 것 같습니다. 저나 궁금 씨나 1990년대에 10대를 보냈고, 자가용을 타고 가족과 함께 여행을 다닐 때 부모님이 '10만:1 도로지도책'을 보며 길을 찾는 걸 어렸을 때부터 봐 왔기 때문에 지도를 갖고 다니며 처음 가 보는 길을 찾아가는 게 당연하게 여겨졌거든요.

김정호 네, 맞습니다. 여러분들의 경험에만 입각해 보면 처음 가는 먼 길을 갈 때 지도를 갖고 다니며 찾아다녔다고 생각하는 것은 당연하고 자연스러운 것이에요. 하지만 1990년대 이전에 젊은 시절을 보낸 분들이라면 그런 경험이 젊은 시절에 전혀 없었어요. 안시리 아나운서와 궁금 씨 모두 부모님 살아 계시죠?

사회자 예, 제가 삼남매 중 둘째라 이미 칠십 대 초반이시지만 저의 부모님 모두 건강하십니다.

궁금이 예, 저는 형제 중 맏이라 저의 부모님은 육십 대 후반이신데요, 모두 건강하십니다.

김정호 그럼, 오늘 집에 돌아가시면 부모님께 젊은 시절 먼 길을 갈 때 지도를 갖고 다니며 길을 찾아보신 적이 있는지 여쭤보기 바랍니다. 그 시대의 분들이라면 만 명 중의 한 분이나 천 명 중의 한 분 정도가 아니라면 모두 그런 적 없다고 대답하실 겁니다.

궁금이 예, 선생님의 말씀을 들어 보니 그러실 것 같기는 한데요, 달리 생각해 보면 우리 부모님 세대는 젊은 시절 처음 가는 먼 길을 가 보신 적이 없어서 그렇게 대답하실 수도 있는 것 아닌가요?

김정호 글쎄요, 두 분의 부모님이 젊은 시절에 두 분의 젊은 시절만큼 처음 가는 먼 길을 많이 가 보시지는 않았겠지만 그렇다고 가 본 적이 없지는 않으실 거예요. 취직하러 고향인 저 강원도 골짜기나 전라남도 바닷가에서 서울로 올라오거나 부산이나 인천으로 갔을 수도 있고요, 친척을 방문하러 생판 모르는 도시에 갔을 수도 있어요. 1970년대부터는 도시에서는 직장 단위로, 시골에서는 마을 단위로 단체 여행이 꽤 있었어요. 단체 여행으로 가는 곳은 거의 대부분 처음 가는 곳이었어요.

사회자 그런 경우도 처음 가는 먼 길로 생각해야 한다는 말씀이네요. 저의 경우에는 처음 가는 먼 길이란 혼자나 가족 단위로 여행하는 것만 떠올렸는데요, 선생님 말씀을 들으니 자신의 경험만으로 과거를 안다고 생각하거나 재단하는 것이 위험하다는 생각이 듭니다.

김정호 안시리 아나운서가 역사를 이해할 때 어떤 태도를 취해야 하는지 잘 말해 준 것 같아요. 어쨌든 두 분의 부모님도 자주는 아니었더라도 젊은 시절에 처음 가는 먼 길을 가긴 갔는데 지도를 갖고 찾아가지는 않았어요. 그런데도 길을 잃고 엄청 헤맨 경험이 없어요. 이유는 간단합니다. 저 강원도

골짜기든 전라남도 바닷가든 서울로 올 때 군청 소재지까지는 시외버스를 타고 갔다가 거기에서 고속버스나 장거리 시외버스, 그것도 아니면 기차를 타고 서울로 올라왔을 테니 헤맸을 리가 없지요. 또 서울에 내려서는 미리 몇 번 버스나 어디 가는 버스를 타야 한다는 것을 알고 왔을 테니 헤매지 않았을 거구요. 버스에서 내려서 잠깐 헤맬 수는 있지만 이미 준비한 주소나 건물 이름 등을 물어물어 결국엔 목표 지점에 잘 도착했을 거예요. 단체 여행이라면 헤맨 적이 더 없을 거구요. 버스 기사가 다 알아서 척척 여행지로 안내했을 테니까요. 두 분의 부모님은 처음 가는 먼 길을 갈 때 잠깐 헤맨 적이 있더라도 그것이 엄청나게 힘들었던 기억으로 남아 두고두고 얘기할 정도는 아니었을 거예요.

2 걸어서 다닐 때의 길 찾기

궁금이 선생님의 말씀을 들으니 우리 부모님 세대가 젊은 시절 처음 가는 먼 길을 갈 때 지도를 갖고 다니며 찾아다니지 않았다는 것, 그래도 길을 잃고 엄청 헤맨 경험이 없다는 것에 대해서는 충분히 이해할 것 같아요. 그런데 선생님, 버스나 기차가 전혀 없어서 걸어만 다니던 시절에는 다르지 않았을까 하는 생각이 좀 드는데요, 어떻게 생각하시나요?

김정호 이제 진짜 옛날로 들어가는 것 같네요. 궁금 씨, 좋은 질문입니다. 여기서도 안시리 아나운서와 궁금 씨에게 부모님을 만나 뵙고 꼭 여쭤보라고 하고 싶은 것이 있어요.

궁금이 예에? 처음 가는 먼 길과 관련된 다른 것이 또 있나요? 뭘 여쭤보라 하시는지….

김정호 두 분의 부모님에게 아버지나 어머니, 또는 할아버지나 할머니로부터 처음 가는 먼 길을 갈 때 지도를 갖고 다니며 길을 찾거나 엄청 헤맨 이야기를 들은 적이 있는지 한번 여쭤보시기 바랍니다. 두 분의 부모님 연세를 들어보니 1940년대 후반과 1950년 초반생이신 것 같습니다. 그렇다면 아버지와 어머니는 1890~1910년대쯤, 할아버지와 할머니는 1860~1890년대쯤 되실 텐데요, 그때는 정말 가깝든 멀든 거의 모든 사람들이 걸어 다니던 시절입니다. 처음 가는 먼 길을 걸어서 갈 때 지도를 갖고 찾아갔거나 엄청 헤맨 적이 있다면 독특한 경험이었을 테니까 무용담처럼 이야기했을 겁니다.

궁금이 선생님, 말씀하신 대로 여쭤보긴 할 텐데요, 여쭤보나마나 대답은 같을 것이라는 뉘앙스로 들립니다. 맞나요?

김정호 맞아요. 처음 가는 먼 길을 지도를 갖고 찾아갔거나 엄청 헤맸던 이야기를 들어본 적이 없다고 대답하실 거예요. 이유는 간단해요. 그렇게 다녀도 길을 헤맸던 사람이 전혀 없었으니까요. 아니⋯ 여기서도 '전혀'라고 말하면 좀 심하려나요? 천 명 중의 한 명, 만 명 중의 한 명 정도 경험했다고 말하면 되려나요?

사회자 선생님, 하루 이틀이 아니라 엿새 이상, 아니 열흘 이상 걸리는, 처음 가는 먼 길을 지도 없이 헤매지 않고 어떻게 길을 찾아갔나요? 정말 궁금합니다. 저라면 엄청 헤맸을 것 같은데요.

김정호 네, 아마 궁금 씨도, 청중과 시청자 여러분들도 다 그렇게 질문하고 싶었을 겁니다. 여기서 또 질문드릴게요. 안시리 아나운서가 말했듯이 엄청 헤맬 것 같은 상황이 분명해 보이는데도 그냥 가진 않겠지요? 헤매지 않을 어떤 조치를 취하지 않았겠어요?

사회자 당연히 그랬겠지요. 집 떠나서 엄청 헤매며 개고생하고 싶은 사람은 없을 테니까요. 그럼 어떤 조치를⋯?

김정호 그건 이미 가 봐서 그 길을 알고 있는 사람과 함께 가는 거예요. 한 번 가고 나면 길을 알잖아요. 그때부터는 혼자 가도 길을 잃고 헤매지 않겠죠. 양반들의 경우 길을 알고 있는 하인이 끌고 가는 조랑말을 타고 다녔고요, 생판 모르는 고을에 파견되는 지방관이나 암행어사의 경우 그 길을 아는 수행원들이 모시고 갔어요. 그러니 길을 잃고 헤매는 사람이 없었던 거예요.

궁금이 선생님, 하루 이틀 길이라면 몰라도 열흘 이상이라면 아무리 아는 사람과 갔다고 해도 다 외우기 어렵지 않나요?

김정호 저는 궁금 씨가 요즘 여행을 다니는 사람의 입장에서 그렇게 대답했다고 생각해요. 여행할 때 같은 곳을 두세 번 가는 경우도 가끔 있긴 하지만 보통은 한 번 가고 안 가잖아요. 그래서 사람들이 여행을 갈 때 누군가를 따라가면서 길을 외우지 않는 경우가 많은데요, 옛날에는 그렇지 않았어요. 먼 길을 다니는 사람이 요즘보다 당연히 훨씬 적었지만 그래도 꽤 있었고요, 이렇게 먼 길을 다니는 사람은 그 길을 자주 가야 하는 사람이 대부분이었어요. 그래서 여행 가듯이 그 길을 가지는 않았어요. 다시 가도 길을 잃지 않으려고 신경 써 가며 가요. 그렇다고 100m마다 외우면서 간다는 건 아니에요. 고개, 나루, 술막, 정자나무, 갈림길 등 중요한 지표만 신경 쓰며 가면서 이미지와 이름으로 외우면 돼요. 어디쯤 가면 뭐가 나오고, 오늘은 점심쯤 어디에 도착하고, 저녁에는 어디에 도착하여 머물고 등등….

궁금이 선생님, 그래도 열흘 이상이면 다 외우기 어려운 거 아닌가요?

김정호 동일한 먼 길을 여러 번 가야 하는 사람은 열흘 이상이라도 처음부터 다 외워요. 여행을 가더라도 다음에 안내할 생각을 갖고 다니는 사람은 길을 신경 쓰며 가기 때문에 다 외우듯이요. 혹시 다 외우지 못하면 미리미리 점검하고 가라고 『정리표(程里標)』라는 길 안내책도 있었는데요. 서울을 중심으로 전국 모든 고을과 주요 군사기지까지 길의 일정을 주요 지점 사이의 거리[里]에 따라 정리한 노선도예요. 많은 사람들이 갖고 있으면서 이용하던 책이었는데요, 말로만 하면 어려울 것 같아 대표적인 정리표 하나를 화면으로 준비했어요. 자, 화면에 띄워 주시죠.

사회자 선생님의 준비성은 알아주어야 할 것 같습니다. 그런데 선생님 한자로 적혀 있을 뿐만 아니라 좀 복잡해서 우리들은 이해하기가 쉽지 않은데요, 자세한 설명을 해 주서야 할 것 같아요.

김정호 알고 보면 정말 간단한데요, 여러분들이 처음 봐서 그럴 거예요. 한자는 여러분들이 어려워하니까 제가 이렇게 당시에 사람들이 부르던 한글로

적어 놓았어요. 자, 한번 볼까요. 『정리표』의 표지를 넘기면 나오는 첫 번째 면인데요, 서울에서 '서북쪽으로 의주, 즉 평안도의 의주에 이르는 첫 번째 길[西北抵義州第一]'이라고 적혀 있어요. 길이 지나가는 지명은 세로로 이어지는데요. 서울부터 보면 서울[京]-새원[新院]-고양(高陽)-파주(坡州)-장단(長湍)-개성부(開城府)-청석골[靑石洞]-금천(金川)-옛금천[舊金川]-평산(平山)-수레고개[車嶺]로 이어지는 길이 의주로 가는 줄기길[幹線]이었어요. 지명 왼쪽에는 앞 지명과의 거리가 몇 리인지 적혀 있는데요, 전국이 모두 이렇게 정리되어 있어요.

궁금이 복잡한 길을 단순하게 그린 지하철노선도랑 비슷한 거네요.

김정호 기본적인 아이디어가 같은 거죠. 이 정리표만 갖고 있으면 서울에서 먼 곳을 내려갈 때 대략적인 일정을 짤 수 있고요, 거꾸로 먼 곳에서 서울로 올라올 때도 마찬가지였어요. 물론 이 정리표가 없어도 먼 길을 늘 오가던 사람들은 이미 그 길의 일정을 대부분 다 외우고 있었기 때문에 별 문제는 되지 않았지만요. 『춘향전』에 이 도령이 장원급제하여 암행어사가 되어 서울에서 전라도 감영이 있는 전주로 내려가는 일정이 나오는데요, 프린트해 드린 것 한번 볼까요? 자, 궁금 씨가 개그맨답게 빠른 속도로 읽어 보시죠. 판소리처럼 음률을 넣어 주면 더 좋고요.

궁금이 으흠… 옛날에 잠깐 판소리 공부를 했는데요, 부족하긴 하지만 그때의 배움을 기초로 한번 음률을 넣어 읽어 보도록 하겠습니다.

부모님께 하직 인사드리고 전라도로 갈 때, 남대문 밖 썩 나서서 서리 중방 역졸 등을 거느리고 청패역(靑坡驛)에서 말 잡아 타고 칠패 팔패 배다리[舟橋] 얼른 넘어 밥전거리 지나 동적이[銅雀津]를 얼른 건너 남태령을 넘어 과천(果川)읍에서 점심 먹고 사그내[沙斤川] 밀령당이[彌勒堂] 지나 수원(華城)에서 하룻밤 자고 대황교(大皇橋), 떡전거리[餠店], 진개울, 중밋[中底] 지나 진위읍(振威)에서 점심 먹고 칠원 소새[素沙] 애고다리 지나 성환역(成歡驛)에서 하룻밤 자고 상유천 하유천 새술막 지나 천안(天安)읍에서 점심 먹고 삼거리 도리티 짐계역[金溪驛]에서 말 가라타고 신구 덕평(德坪)을 얼른 지나 원터에서 하룻밤 자고 팔풍정 화란 광정(廣亭) 모란을 지나 공주 금강을 건너 금영(공주 금영)에서 점심 먹고 높은한길 소개문 어미널틔 지나 경천역(敬天驛)에서 하룻밤 자고 노성(魯城) 풋개[草浦橋] 사다리[沙橋] 은진(恩津) 간치당이 황화정 장 애미고개 지나 여산(礪山)읍에서 하룻밤 자고 이튿날 서리 중방 불러 분부하되 …[중간 생략]… 분부하여 각기 분발하신 후에 어사또 행장을 차리는데 모양 보소. 숫사람을 속이려고 모자 없는 헌 파립(破笠)에 벌이줄 총총이 매어 초사(草紗)에 갓끈 달아 쓰고, 당만 남은 헌 망건에 갓풀 관자(貫子) 노끈 당줄 달아 쓰고, 의뭉하게 헌 도복(道服)에 무명실 띠를 흉중에 둘러매고, 살만 남은 헌 부채에 솔방울 선추 달아 일광을 가리고 내려올 때 통새암 지나 삼례역(參禮驛)에서 하룻밤 자고 한내 주엽쟁이 가리내 생금정 구경하고 숲정이 공북루 서문을 얼른 지나 (전주읍성) 남문에 올라 사방을 둘러보니 서호강남(西湖江南) 여기로다.

김정호 궁금 씨, 다 읽어 보고 나니 어떤가요?

궁금이 서울에서 전주 가는 일정이 훤하게 보이는 것 같아요. 안시리 아나운서는 어떠세요?

사회자 저도 궁금 씨처럼 훤하게 보이는 것 같긴 한데요, 그렇다고 다 외워질 것 같지는 않네요. 서울에서 전주까지 6일 반쯤 걸린 것 같은데요, 그 사이에 많은 지명이 나와서 외우기가 쉽지 않을 것 같아요.

김정호 6일 반 거리나 되는, 가 보지 않은 길 위에 있는 많은 지명을 다 외운다는 것은 쉽지 않을 거예요. 하지만 그 길을 오가는 사람들에겐 어떤 곳 다음이 어떤 곳으로 연결되는지는 단지 지명의 암기 문제가 아니었거든요. 길을 오가는 사람은 강, 나루, 고개, 산, 읍내, 역, 원, 술막, 마을, 느티나무 등등 길 위의 많은 이미지가 지명과 함께 떠오르기 때문에 쉽게 외울 수 있어요. 아니, 외운다기보다는 연속적인 이미지와 지명으로 자연스럽게 떠오른다고 하는 게 더 맞을 것 같네요.

사회자 선생님의 말씀을 듣고 보니 암기의 문제는 분명 아닌 것 같습니다. 저의 어린 시절 고향 친구도 이름보다는 이미지가 더 먼저 떠오르는데 그것과 비슷한 게 아닐까 합니다. 이름을 기억하지 못하는 친구라도 이미지로 기억되는 경우가 많거든요.

김정호 예, 맞아요. 우리의 기억에서 이미지의 연상 작용이 이름보다 강하고 길 위에서도 마찬가지예요. 재작년에 하늘나라에서 보니까 2019년 4월 9일부터 21일까지 13일 동안 서울의 봉은사에서 경북 안동의 도산서원까지 걸어서 가는 퇴계 선생 마지막 귀향길 450주년 재현 행사가 도산서원 주관으로 열렸더라고요. 퇴계 이황 선생은 1501년에 태어나서 1570년에 하늘나라로 가신 분인데요, 예순아홉 살이었던 1569년에 옆에 있으면서 나랏일을 도와달라는 열여덟 젊은 선조 임금의 간곡한 부탁이 있었음에도 고향에 돌아가 학문에 정진하며 제자들을 가르치며 키워내고 싶은 마음이 너무 커서,

좋은 임금이 되기 위해 필요한 가르침을 남긴 채 선조 임금의 허락을 받아 선생의 생애 마지막으로 낙향했어요. 그때 퇴계 선생이 서울 경복궁의 광화문부터 경북 안동의 도산서원까지 귀향한 길 전 구간을 지도에 그린 후, 도산서원 관계자들과 함께 직접 걸어가는 전 구간 답사를 안내했으며 이후에도 그 길이 너무 좋아서 세 번이나 더 걸어갔다는 사람과 잠깐 만나 이야기를 나누었는데요, 첫 번째 안내할 때는 자신이 그린 지도를 들고 다니며 길의 구체적인 구간을 확인해 보며 갔지만 두 번째 갈 때부터는 눈 감고 가도 될 수 있을 정도였다고 하더라고요.

궁금이 그런 행사가 있었나요? 돌아가서 찾아봐야겠네요. 13일 거리를 두 번째부터는 눈 감고 가도 될 수 있을 정도였다니…. 전 그렇게 먼 길을 걸어가 본 적이 없어서 아직 확 다가오지는 않지만 그래도 가 본 사람의 말이라니까 일단 믿겠습니다.

김정호 행사는 경복궁이 아니라 봉은사부터 도산서원까지 13일이었지만, 퇴계 선생 실제의 낙향길은 경복궁부터 도산서원까지 14일 걸렸어요. 당시 퇴계 선생이 너무나 유명한 분이라 여기저기서 송별식 행사가 있었고, 연세가 많아 서울 한강가의 두뭇개, 요즘의 지명으로는 서울 지하철 3호선의 옥수역부터 충주까지는 배를 타고 갔기 때문에 14일이나 걸렸어요. 옛날에 평범하게 걷는 사람들은 같은 구간을 6일 만에 갔었는데요, 네 번 걸어갔다는 분의 말에 의하면 주말마다 끊어서 갈 때는 하루에 여덟 시간 정도씩 8일, 매일 이어서 갈 때는 9일 걸렸다고 하네요. 걸어 다니는 것이 일상이어서 걷기 달인이었던 옛날 사람들의 속도에 맞추지 않고 가끔 걸어 다니는 현대인의 속도로 갔기 때문에 더 걸린 것이라고 하더라고요.

궁금이 광화문부터 도산서원까지 네 번 걸어갔다는 그분도 처음엔 지도를 갖고 다니며 길의 구체적인 구간을 확인해 보며 갔다고 했잖아요. 이건 선생님이 말씀하신 것과 좀 어긋나는 것 같은데요?

김정호 궁금 씨, 질문이 예리하시네요. 우리나라에 기차가, 버스가, 자가용이 일반화된 후 근 100년 가까이 그 길 전 구간을 걸어 다닌 사람이 없어지면서 어떤 길을 걸어갔는지조차 알지 못하는 상황이 되어 버렸어요. 그래서 그 길을 찾아서 지도 위에 그리고, 그 지도를 갖고 도산서원의 행사 주요 관계자들을 안내하면서 실제로 맞는지 확인해 볼 필요가 있었다고 하더라고요. 만약 그 길을 걸어 다니는 사람이 아직도 많아서 이미 알고 있는 사람이 있었다면 굳이 고생스럽게 지도를 그려서 갖고 다닐 것이 아니라 그런 사람을 섭외해서 따라가기만 하면 되는 일이었을 것이라고도 말하더라고요.

3   대동여지도는 길 찾기용 지도가 아니었다

사회자 선생님 말씀 잘 들었습니다. 그런데 의문스러운 것이 하나 있습니다. 선생님의 대동여지도는 조선에서 가장 자세하고 정확하며 크다고 알고 있는데요, 걸어 다니던 시절, 지도를 갖고 길을 찾아다닌 사람이 '한 명도' 없었다는 말씀에 따르면 선생님의 대동여지도조차도 가지고 다니며 길을 찾는 용도로 사용한 사람이 '한 명도' 없었다는 뜻으로 들립니다. 선생님 혹시 맞나요?

김정호 안시리 아나운서가 말한 그대로입니다. 맞습니다. 저의 대동여지도조차도 가지고 다니며 길을 찾아다니는 용도로 제작하지 않았고, 당연히 그런 용도로 사용된 적도 없습니다. 제가 저의 대동여지도를 구매해 갔던 분들에게 '저의 대동여지도만은 정확하고 자세하니 갖고 다니면서 길을 찾는 용도로 사용하세요.'라고 말했다면 저는 나중에 몰매를 맞아 죽었을지도 몰라요.

궁금이 왜요?

김정호 간단하게 말해서⋯ 저의 대동여지도만 갖고 처음 가는 먼 길을 찾아다녔다면 그 사람은 거의 무조건 길을 잃고 헤맸을 것이다⋯ 이렇게 답하겠습니다.

사회자 예에? 조금 더 분명하고 자세하게 알려 주시면 좋겠습니다.

김정호 하늘나라에서 어렵게 환생하여 내려왔는데 당연히 의문은 풀어 드려야죠. 첫 번째 이유! 저의 대동여지도는 길을 찾아다닐 수 있을 만큼 자세하지 않았습니다!

사회자 예에? 그럼 소설과 영화 〈고산자〉에서 아버지를 포함한 스물네 분의 억울한 죽음을 보면서 다시는 길이 잘못 그려진 지도 때문에 길을 잃고 헤매다 죽거나 고생하는 사람이 없도록 평생을 바쳐 정확한 지도를 제작하겠다는 다짐은 실제로는 없었다는 이야기네요.

김정호 맞아요. 앞에서 저는 '10만:1 도로지도책' 정도의 축척은 되어야 처음 가는 길을 찾는 데 가지고 다니며 도움을 받을 수 있다고 말했잖아요. '10만:1 도로지도책'에 대한 감이 없는 세대도 있을 수 있으니, '10만:1 도로지도책'의 경기도 여주 부분을 화면으로 준비했습니다.

　　보시는 것처럼 복잡한 도시의 시내만 제외하면 찻길은 다 나오고요, 큰 마

10만:1 도로지도책 경기도 여주 부분, 『지도대사전』(2009, 성지문화사)

을길도 노란색으로 그려져 있어요. 이 정도는 되어야 차가 갈림길이 나올 때마다 어느 방향으로 갈지 참고할 수 있지 않겠어요? 그런데….

궁금이 선생님, 또 힘주어 말씀하시니까 괜히 겁나잖아요.

김정호 하하, 궁금 씨 너무 겁먹지 마세요. 사람들은 저의 대동여지도가 엄청 나게 크고, 따라서 엄청나게 자세하다고 생각하는 경향이 있지만 결코 '엄청 나게'는 아니에요. 대동여지도의 축척은 대략 166,000:1의 지도인데요, 지 도의 축척은 숫자가 작을수록 크고 자세합니다. '10만:1 도로지도책'에서의 100,000이 대동여지도의 축척 166,000:1에서의 166,000보다 작으니까 더 자세하다는 건데요, 실제의 거리 100,000cm=1km를 '10만:1 도로지도책'에 서는 1cm로, 대동여지도에서는 1/1.66km≒0.6km를 1cm로 줄여서 그린 거예요. 거리로만 따지면 같은 거리를 '대동여지도'가 '10만:1 도로지도책'의 0.6, 즉 60%의 크기로 줄여서 작게 그린 건데요, 이것을 가로 세로의 면적 으로 따지면 0.6×0.6=0.36, 즉 36% 크기로 비율이 더 낮아져요. 그런데 말 로만 하니까 좀 어렵죠?

궁금이 예, 선생님. 솔직히 좀 어려워요. 머릿속으로 열심히 그림을 그려 가며 들었습니다만 숫자가 자꾸 나오니까 헷갈리더라고요.

김정호 축척을 말하면 다른 분들도 다 그렇게 말하더라고요. 그래서 그림 으로 준비해 봤습니다. 그림 위에서 초록색을 포함하는 노란색의 사각형 은 '10만:1 도로지도책', 초록색의 사 각형은 '대동여지도'를 가리키는데 요, 지표면에서 동일한 크기의 면적 을 지도 위에 그린 크기를 비교한 거 예요. 작은 사각형의 개수로 비교하면 '10만:1 도로지도책'이 100개, '대동여지도'가 36개로 대동여지도는 '10만:1 도로지도책'의 36% 크기밖에 안 되는 게 금방 느껴지지 않나요?

궁금이 그림으로 보니까 확실히 이해가 됩니다.

사회자 저도 말로만 들을 때는 궁금 씨처럼 헷갈렸는데요, 그림으로 보니까 확실히 이해가 됩니다. 축척의 원리는 쉽다고 하는데요, 저나 궁금 씨 같은 일반인들에게는 많이 헷갈리는 개념이었습니다. 선생님께서 그림으로 그려서 잘 설명해 주신 것 같아요. 그러니까 선생님 말씀은 '10만:1 도로지도책'의 내용을 대동여지도에 36%의 크기로 축소해서 그려 넣어야 하므로 내용이 '10만:1 도로지도책'보다 자세하지 않다는 뜻이네요.

김정호 맞아요. '10만:1 도로지도책'의 내용을 대동여지도에 36%로 축소해서 그려 넣어야 한다고 생각해 보세요. '10만:1 도로지도책'에 그려진 찻길과 마을길을 과연 다 그려 넣을 수 있을까요? 당연히 그럴 수가 없겠죠. 말로만 하면 이해가 어려울 것 같아서 '10만:1 도로지도책'과 동일한 대동여지도의 여주 부분 이미지를 준비해 봤습니다. 자, 어떠세요?

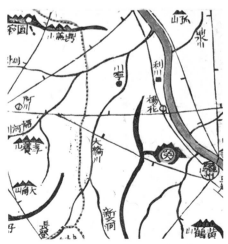

대동여지도(奎 10333) 여주 부분, 규장각한국학연구원

사회자 저렇게 비교해 보니 대동여지도에 길이 정말 적게 그려져 있네요.

김정호 금방 비교되고 이해되죠? 그런데 사람들이 걸어 다니던 옛날에는 '10
만:1 도로지도책'에 나오는 길보다도 더 많은 길이 얽히고설켜 있었어요.
그래서 갈림길이 찻길보다도 훨씬 더 많을 수밖에 없었고요, 그런 갈림길에
서 한 번이라도 잘못 판단하면 길을 잃고 헤매는 것은 당연한 것이잖아요.
그런데 대동여지도에는 그렇게 많은 길과 갈림길을 정말 조금밖에 담을 수
가 없었고요, 그래서 대동여지도만 갖고 처음 가는 먼 길을 간다면 수많은
갈림길에서 최소 몇 번이라도 잘못 판단할 것이기 때문에 거의 무조건 길을
잃고 헤맸을 것이라고 말한 거예요.

궁금이 선생님, 뜬금없는 말인 것 같지만, 그럼 금강산을 구경 갈 때도 길을 아
는 사람의 안내를 받아서 갔나요?

김정호 금강산 가는 길이라고 다를 게 있나요? 금강산 여행을 가기 전에 사람
들은 보통 기존에 금강산 갔다 온 사람들의 여행기를 읽어요. 그 여행기에
금강산 가는 일정이 대부분 적혀 있어서 며칠 걸리는지, 어느 날은 어디에
서 잘지 대략적인 일정을 잡고 갑니다. 그때 정리표를 펴 놓고 일정을 점검
해 보기도 했어요. 하지만 아무리 여행기와 정리표를 참고했다고 하더라도
처음 가는 길에서 만나는 무수한 갈림길을 잘 갈 수 있는 거는 아니에요. 그
래서 이미 그 길을 갔던 사람을 대동하고 가는 거죠. 물론 금강산을 여행하
는 전 구간을 한 사람이 모두 대동하며 안내했다고 볼 필요는 없어요. 금강
산 여행을 하는 사람들은 대부분 양반이었고 양반이 아니더라도 재력이 있
는 사람들이었기 때문에 구간마다 친척이나 지인의 집 또는 지방관 관아에
들러 숙박한 후 안내를 받는 것이 일반적이었어요. 물론 양반 친척이나 지
인이 직접 안내를 했던 것은 당연히 아니에요. 그 길을 알고 있는 양반의 하
인이나 관아의 서리들이 안내를 했어요. 막상 금강산에 가서는 절에서 숙박
하는 것이 일반적이었고요, 그러면 그 절의 스님이 금강산 여기저기를 안내

해 줘요. 금강산뿐만 아니라 지리산을 비롯한 각 지역의 명산을 여행하더라도 마찬가지였어요. 지방관일 때 금강산 구경을 하는 경우도 많았는데요, 길을 아는 수행원들이 따라다녔으니까 더 말할 필요가 없다고 보면 돼요.

사회자 우리나라 어디를 가든 처음 가는 먼 길은 이미 그 길을 알고 있는 사람의 안내를 받거나 그와 동행한다는 것을 분명하게 말씀해 주신 것 같습니다. 여기서 하나 더 여쭙겠습니다. 앞에서 선생님께서 '첫 번째 이유! 저의 대동여지도는 길을 찾아다닐 수 있을 만큼 자세하지 않았습니다!' 이렇게 말씀하셨는데요, 그렇다면 두 번째 이유도 있다는 말이 아닙니까?

김정호 맞습니다. 두 번째 이유도 있습니다. 다만 첫 번째 이유가 핵심이고 두 번째 이유는 곁가지 정도 됩니다. 그럼 말씀드리죠. 두 번째 이유! 저의 대동여지도에는 틀린 정보가 생각보다 많다! 이겁니다.

궁금이 예? 우리들이 알아 왔던 '대동여지도는 자세하고 정확하다'에서 자세하다는 것의 의미는 앞에서 이미 들었는데요, 정확하다는 것까지도 우리가 잘못 알았다는 의미인가요?

김정호 궁금 씨의 말이 맞아요. 저의 대동여지도는 큰 흐름에서 정확하다고 봐야지 구체적으로 모두 정확하다고 보면 큰 낭패를 볼 수 있어요. 길의 정보도 마찬가지고요. 제가 100% 정확하게 그리려 무지 노력한 것은 맞지만 그렇다고 100% 정확하다고 장담할 수 없다는 것을 저는 잘 알고 있었어요. 제가 지도를 그리기 위해 참고한 정보들 자체가 100% 정확할 수 없었기 때문인데요, 이 부분에 대해서는 다음 시간에 자세히 말씀드릴게요. 오늘은 그냥 '대동여지도의 제작자가 대동여지도가 100% 정확하지는 않다고 스스로 말하더라.' 이 정도만 알고 지나가시면 될 것 같습니다.

궁금이 어휴… 우리가 알고 있던 것 중에 제대로 맞는 것이 없다는 식으로 들리네요.

사회자 선생님의 말씀을 듣고 보니 대동여지도를 보면서 '엄청나게' 크고 자세하며 정확하다고 너무 쉽게 생각해 온 것 같습니다. 저만 그런 것이 아니라 궁금 씨도, 청중과 시청자 여러분도 모두 그랬을 것 같은데요. 이제 시간이 많이 지나고 있는데, 남은 시간에도 우리가 정말 오해하고 있었던 많은 이야기가 기다리고 있을 것 같습니다. 이제는 청중분들께 질문의 기회를 드려야 할 시간인 것 같습니다. 질문하실 분 있으면 손 들어 주세요. 예, 오늘도 손을 드신 분이 대다수일 만큼 분위기가 뜨겁습니다. 두 번째 줄 왼쪽 끝에 앉아 계신 분, 간단한 자기소개와 함께 질문해 주십시오.

4   지도는 왜 만들었는가?

청중1   안녕하세요. 저는 내비게이션 관련 회사에 다니고 있는 회사원인데요, 오늘도 충격적이면서도 흥미로운 이야기 많이 들을 수 있어서 좋았습니다. 저의 질문은 짧습니다. 길 찾기용이 아니라면 그렇게 자세하고 정확한 대동여지도를 왜 만드신 건가요?

김정호   예, 직설적이면서 참 좋은 질문이라고 생각합니다. 다만 그 질문에 대한 답은 생각보다 길어져야 충분한 설명이 될 것 같은데요, 먼저 소설과 영화 〈고산자〉에서 우리 아버지를 포함한 스물네 사람이 관에서 준, 길이 잘못 그려진 지도를 갖고 황해도의 토산에서 봉산으로 가다가 길을 잃고 헤매다 모두 얼어 죽는 장면을 다시 한번 상기해 주세요. 지도를 갖고 다니며 처음 가는 먼 길을 찾아다닌 사람도 없었고, 지도 없이 가도 길을 잃고 헤맨 사람도 없었다고 했으니까, 이젠 이 장면이 옛날에는 있을 수 없는 일이었다는 걸 확실히 아시겠죠? 그럼 여기서 '전쟁과 지도'란 주제를 한번 생각해 보면 어떨까 합니다. 먼저 '전쟁을 수행하는 데 지도 없이 할 수 있을까?'에 대해 생각해 보죠. 혹시 궁금 씨는 어떻게 생각하세요?

궁금이   잘 모르지만 질문하셨으니까 생각나는 대로 말씀드리겠습니다. 임진 왜란 때 왜군이 우리나라 지도를 구하려고 무지 애를 썼다는 이야기를 방송

에선가 어디선가 어렴풋이 들은 적이 있는 것 같은데요, 지도 없이 전쟁을 수행하기 어려워서 그랬던 것 아닌가요?

김정호 딩~동~댕~입니다. 지도 없이 전쟁을 수행한다는 것은 거의 있을 수 없는 일이에요. 전쟁에서 지도가 없다면 백전백패(百戰百敗)는 아니어도 백전필태(百戰必殆), 즉 백 번 싸운다면 모두 반드시 위험한 상황에 처할 가능성이 높다고 볼 수 있어요. 왜 그럴까요? 전쟁에서 지도가 어떤 역할을 했기에…. 이번에는 안시리 아나운서께 질문드릴게요. 전쟁에서 지도가 어떤 역할을 했다고 생각하나요?

사회자 선생님께서 우리나라에서 가장 크고 자세하며 정확하다는 대동여지도를 포함하여 지금까지 계속 지도가 길 찾기용으로 사용된 적이 없다고 말씀하셨기 때문에 선생님의 성향상 '전쟁에서는 예외였다'고 말씀하실 것 같지는 않고요, 그렇다면 어떤 용도였을까… 생각은 해 보는데요, 솔직히 잘 떠오르지가 않습니다. 그냥 선생님께서 설명해 주시죠.

김정호 안시리 아나운서가 한 번 더 짚어 주네요. 전쟁에서도 지도는 길 찾기용으로 사용될 수 없다는 건 이제 더 이상 말 안 해도 되죠? 소설과 영화 〈고산자〉에서처럼 내란 토벌군을 차출하여 보내는 일이 발생했을 때도 당연히 길을 아는 사람과 함께 가도록 했기 때문에 길을 잃고 모두 얼어 죽는 일은 발생하지 않았겠죠? 그건 외국과의 전쟁 때도 다르지 않았을 것이고요. 침략해 들어가는 나라의 길을 모르는 침략군도 그 길을 알고 있는 사람의 안내를 받아야 길을 잃지 않고 전쟁을 수행할 수 있지 않았겠어요? 그 안내자의 대부분은 침략 받는 나라를 배반하고 도망해 온 앞잡이거나 배반까지는 아니더라도 항복한 후 회유에 넘어간 사람이었어요. 물론 가끔은 전쟁 전에 미리 첩자를 보내서 길을 알아본 후 길 안내자로 쓴 경우도 있었겠지만요. 그런데 전쟁에서는 지도가 꼭 필요했어요. 왜일까요? 듣고 나면 이유가 아주 쉬운데요, 여러분들에게 지도가 길 찾기용이었다는 생각이 너무 강하게 각인되어 있어서 다른 생각을 못 하는 것이 아닌가 해요. 실제로 여러분들은 근대 이전의 전쟁 드라마나 영화에서 '전쟁에서 지도가 어떤 역할을 하는지'에 대한 답을 할 수 있는 장면을 꽤 봤어요.

궁금이 선생님 잠깐만요. 우리들이 꽤 봤다고요? 혹시 전쟁에서 작전 회의할 때 지도를 펴 놓고 하던 그 장면 아닌가요?

김정호 바로 그거예요! 지도가 길 찾기용으로 사용할 수 있을 정도로 정확하고 크며 자세하지는 않았지만, 국가 영토의 모습, 산줄기와 물줄기의 흐름, 도시와 군사기지 그리고 성곽의 위치, 군사적으로 중요한 고개와 나루·여울·섬, 우리가 여기에서 중요하게 다루고 있는 땅 길과 바닷길의 흐름 등의 정보를 잘 담고 있어요. 이런 정보를 담고 있는 지도를 펴거나 걸어 놓고 작전 회의를 하는 거예요. 방어하는 측에서는 작전 회의에서 지도를 펴거나 걸어 놓고 적이 어느 방향 어느 곳을 통과해 올 테니까 우리는 어느 방향 어느 곳에서 매복하거나 기다리고 있다가 전투를 벌인다…, 침략하는 측에서도 작전 회의에서 지도를 펴거나 걸어 놓고 적이 어느 방향 어느 곳에서 매복하거나 기다리고 있을 테니까 우리는 어느 방향 어느 곳을 통과해 적과 전투를 벌인다…, 이런 식으로요. 작전 회의는 여럿이 하는 것이기 때문에 만약 지도 없이 말로만 하면 참여한 지휘관들 사이에서 혼선이 자주 벌어질 거예요. 그런 혼선을 방지하고 크게는 전쟁 전체, 작게는 주요 지역에서의 전투를 어떻게 수행해야 할지 논의할 때 작든 크든 지도가 꼭 필요했어요.

궁금이 맞혔다고 하시니까 좋으면서도 그냥 찔러나 보는 심정으로 말한 것이라서 좀 쑥스럽기도 합니다. 결국 그런 거였군요. 전쟁과 전투의 전체적인 흐름을 계획하고 지휘하며 논의하는 데 지도가 꼭 필요했다….

김정호 예, 맞아요. 궁금 씨가 임진왜란 때 왜군이 우리나라 지도를 구하려고 무지 애를 썼다는 것을 어디선가 봤다고 했는데요, 앞에서 말한 것과 같은 이유에서였다고 보면 돼요. 임진왜란 때만 아니라 병자호란, 몽골의 우리나라 침략 등등 큰 전쟁이 벌어졌을 때 침략군들은 어떻게든 침략하려는 나라의 지도를 구하려 했을 거예요. 지도가 없어도 침략할 수는 있지만 지도가 있을 때보다 위험에 처할 가능성이 높다는 사실을 누구나 알고 있었을 테니까요. 저의 대동여지도처럼 크고 자세한 지도까지는 별로 필요 없었고요, 전쟁의 전체적인 흐름을 설명하며 작전을 짤 수 있는 수준의 지도면 충분했어요. 실제로 전투가 벌어지는 좁은 지역에서는 길과 지형에 대한 간단한 지도만 있어도 작전 회의를 하는 데 별 지장은 없었어요.

사회자 선생님, 전쟁에서 지도가 왜 필요했고 무슨 용도로 사용되었는지 이제 분명하게 이해할 수 있게 된 것 같습니다. 이제 시간이 10분도 채 안 남았는데요, 지난주처럼 한 분의 청중께 마지막으로 질문할 기회를 드려 보도록 하겠습니다. 앞쪽 가운데에 앉아 계신 파란 셔츠 입은 분, 아까 손 드셨죠? 역시 간단한 자기소개와 질문 부탁드립니다.

청중 2 저는 역사학을 전공하고 있는 대학교 4학년생인데요, 역사학도의 입장에서도 선생님의 이야기는 충격적이면서도 흥미로웠습니다. 새로운 지식을 얻고 가는 것 같아 감사드립니다. 제 질문도 짧은데요, 선생님께서는 우리가 흥미롭게 생각할 전쟁을 사례로 미처 주목하지 못했던 지도의 쓰임새를 설명한 후 더 중요한 쓰임새를 말씀하시려는 것으로 여겨지는데요, 선생님 제 생각이 틀렸나요?

김정호 질문하신 분께서 정확히 맞았습니다. 지도는 전쟁 때만이 아니라 평상시에도 활발하게 사용되었어요. 그러면 전쟁이 아닐 때 지도의 가장 중요한 쓰임새가 무엇이었느냐 하면 바로 국가의 통치 행위였어요. 국가의 최고 통치자인 임금은 궁궐 밖에 나가지 않은 채 국가 전체의 가장 중요한 일들을 결정해야 했고요, 임금을 보좌하는 최고의 신하들 또한 수도 서울의 바깥을 나가지 않은 상태에서 국가 전체의 중요한 일들을 처리해야 했어요. 이때가 보지 않고도 파악해야 할 국토의 정보가 필요한 경우가 꽤 있었는데요,

이를 기록으로 정리한 것이 지리지고요, 이미지로 그린 것이 지도예요. 지도의 가장 큰 쓰임새는 바로 국가의 전국 통치에 있었고요, 그래서 인류의 역사에서 지도의 탄생은 국가의 탄생과 함께 이루어졌어요. 그런데 국가의 탄생은 곧 문명의 탄생이기도 했기 때문에 지도의 탄생은 문명의 탄생과 함께 이루어졌다고 보면 돼요. 전쟁도 문명과 국가의 탄생과 함께 시작되었으니 전쟁에서 지도의 쓰임새와 국가 통치에서 지도의 쓰임새는 동시에 나타난 것이죠.

궁금이 선생님, '가 보지 않고도 파악해야 할 국토의 정보가 필요한 경우'라는 말이 가장 핵심인 것 같은데요….

김정호 네, 궁금 씨도 이야기의 흐름을 정확하게 파악하고 있네요. 지도는 가 보지 않고도 파악해야 할 국토의 정보, 더 넓게 말하면 지구 위의 땅과 바다의 정보에 대한 욕구나 필요가 있는 곳에서 그것을 만족시키기 위해 제작되는 것이고요, 국가의 전국 통치나 전쟁은 그런 욕구와 필요의 가장 대표적인 것이었어요. 이외에도 그런 욕구와 필요가 충분히 있을 수 있는데요, 예를 들어서 지적 호기심 같은 거요. 하지만 국가의 전국 통치나 전쟁과 비교하여 지도의 제작을 추동시키는 데 지적 호기심 같은 욕구와 필요는 생각보다 크지 않았어요. 우리나라, 즉 조선에서 지도의 가장 주된 수요자는 국가기관이었고요, 그다음이 양반이었어요. 국가기관이 주 수요자였다는 것은 지금까지 말한 그대로이니 더 말할 필요가 없을 텐데요, 양반이 왜 지도의 주 수요자였는가 하는 것은 좀 생각해 볼 필요가 있어요.

궁금이 선생님, 그게 바로 지적 호기심 아닌가요? 조선에서 지식인의 대다수는 양반들이었으니까요.

김정호 그 질문에 대해서는 어떻게 말해야 할지 잠시 고민되는데요…, 아… 이렇게 생각하면 되지 않을까 싶네요. 양반이라고 모두 지적 호기심을 갖고 있는 지식인은 아니었다…, 아니다… 그보다는 지적 호기심을 갖고 있으면서 그것을 풀어 가는 데 삶의 많은 부분을 소비하는 사람을 지식인이라고 정의한다면 양반 중에 지식인이라고 말할 수 있는 사람은 생각보다 많지 않았다…, 이 말이 정답인 것 같습니다. 모든 양반은 글을 읽고 쓸 줄 알았지만 삶에서 그들 대부분의 꿈이자 목표는 관리가 되는 거였어요. 철저하게 세습적이고 불평등한 신분 사회였던 옛날에는 집안 대대로 양반 신분의 지위를 계속 유지시키는 데 필요한 여러 요소 중 높은 관리로 진출하는 것이 가장 중요했어요. 그래서 양반 대부분이 과거 급제를 위한 공부에 몰두했고요, 과거 급제가 안 되더라도 진사나 생원이 되려는 공부에 전념했어요. 결국 모든 양반은 관리 예비군이었고요, 그래서 그들에게는 국가 전체의 통치에 필요한 정보를 습득하고 싶은 욕구와 필요가 있었어요. 그런 욕구와 필요 중의 하나가 지도였던 것이지 단순히 지적 호기심의 문제는 아니었어요. 비록 소수지만 양반들 중에 지적 호기심을 갖고 있으면서 그것을 풀어 가는 데 삶의 많은 부분을 소비하는 지식인이 있었던 것도, 그리고 그들 중에서도 극히 일부가 지적 호기심을 만족시키기 위해 새로운 지도의 제작에 매진한 것도 사실이에요. 하지만 그런 지적 호기심에 의한 지도 제작도 궁극적으로는 국가의 전국 통치나 전쟁에서의 방어에 도움을 주려는 것이 최고의 목적이었어요.

사회자 그런데 선생님, 첫 번째 청중분의 질문에 대한 답을 아직 안 하셨는데요. 그러면 선생님의 대동여지도도 국가 전체의 통치나 전쟁에서의 방어에 필요한 정보를 습득하고 싶은 욕구와 필요를 만족시켜 주기 위해 만든 것인가요?

김정호 예, 당연한 것이지만 저의 대동여지도도 예외가 될 수 없죠. 대동여지도를 일반 백성들이 사용하라고 만든 것처럼 생각하는 분들이 많은데요, 절대 그렇지 않아요.

궁금이 선생님 진짜요? 선생님께서는 평범한 사람들도 쉽게 사용할 수 있도록 대동여지도를 만들었다고 일반적으로 알려져 있는데요….

김정호 그건 지도의 쓰임새를 전혀 모르는 사람들이 만들어 낸 잘못된 이야기
일 뿐이에요. 저는 훌륭한 지도를 만들어 임금과 관리들이 나라를 잘 다스
려 백성들의 삶이 조금이라도 좋아지는 데 도움이 됐으면 하는 바람은 당연
히 가지고 있었지만, 백성들이 쉽게 이용할 수 있는 지도를 만들겠다는 생각
은 전혀 없었어요. 평범한 사람들, 즉 일반 백성들에겐 지도가 필요 없었어
요. 대부분 농민들이었던 백성들은 국가의 전국 통치에 관여할 수도 없고 관
리자가 되지도 못했잖아요. 그런 백성들에게 지도가 왜 필요했겠어요. 게다
가 지도의 값이 일반 백성들이 감당할 수 없을 정도로 비싸서 단지 호기심만
으로 살 수 있는 것도 아니었어요. 대동여지도의 고객도 국토 정보에 관심을
갖고 있던 국가기관과 양반이 대부분이었고요, 양반은 아니었어도 국토 정
보에 대한 관심과 재력을 갖고 있는 중인 정도가 고객일 수 있었어요.

궁금이 선생님, 그럼 상인들은요? 제가 기존의 연구를 좀 조사해 보고 왔는데
요, 조선 후기의 지도 발달이 상업 발전과 관계있다는 글이 꽤 있더라고요.

김정호 저도 하늘나라에서 그런 연구가 있다는 것을 알고 나서 찾아보았는데
요, 개인적으로 좀 안타깝습니다. 지도를 갖고 다니며 장시를 돌아다니는
장돌뱅이도, 지도를 갖고 다니며 바다와 강에서 물건을 나르기 위해 배를
모는 뱃사공도 당연히 없었어요. 그들은 말 그대로 어렸을 때부터 앞 사람
들로부터 온갖 설움을 다 받으며 그 일을 배워왔기 때문에 땅 길이든 물길
이든 가깝든 멀든 모두 훤히 알고 있는 사람들이었어요. 겨우 지도를 들고
다니며 길을 가야 하는 장돌뱅이라면, 겨우 지도를 갖고 다니며 물길을 저
어 가야 하는 뱃사공이라면 그는 초보자 중의 초보자일 뿐이에요. 그런 초
보자라면 길을 잃고 헤매거나 난파될 가능성이 아주 높죠. 조선에 겨우 그
런 장돌뱅이나 뱃사공만 있었다는 상상이 말이 되나요? 만약 상인 중에 지
도가 필요한 사람이 있었다면 그 상인은 전국을 대상으로 상업을 하는 거상

이었을 거예요. 물론 그 거상도 지도를 갖고 다니며 길을 찾기 위한 용도로 사용한 적은 당연히 없었고요, 집이나 가게에 걸어 놓고 상업과 관련된 물길이나 땅 길, 도시 등의 큰 흐름을 살펴보는 용도로만 사용했을 거예요.

사회자 시간이 거의 다 되어 끝날 때가 된 것 같습니다. 마지막 정리를….

김정호 안시리 아나운서, 끝내기 전에 하나만 간단하게 더 말할게요.

사회자 예~ 시간이 없으니 짧게 하시죠.

김정호 지도 중에 국가의 전국 통치나 전쟁과 관련 없는 지도도 있긴 있었어요. 대표적인 것이 대대손손 알려 주고 싶어서 족보의 앞쪽에 수록해 놓은 것인데요, 조상의 산소가 풍수의 명당에 자리 잡았음을 보여 주려고 그린 산도(山圖), 즉 산소의 풍수명당도예요. 실제 모습에 기초하면서도 풍수의 명당임을 보여 주기 위해 산줄기와 물줄기 등의 흐름을 풍수의 명당 구도에 맞추어 재구성한 지도입니다. 우리나라, 즉 조선은 특이하게도 세계에서 족보와 풍수가 가장 발달한 나라여서 풍수명당도인 산도 또한 엄청나게 많이 제작되었어요. 다만 요즘 사람들이 산도를 중요한 지도로 보지 않아 잘 알려져 있지 않을 뿐이에요. 그 밖에 함흥, 전주, 진주처럼 조선왕조의 발상지이거나 풍경이 뛰어난 도시의 지도는 감상용으로도 제작되었어요.

사회자 네, 알겠습니다. 이제 '역사 환생 인터뷰' 두 번째 시간을 끝낼 때가 되었습니다. 오늘도 흥미롭고 파격적인 이야기 많이 해 주신 김정호 선생님께 감사드립니다. 함께해 주신 궁금 씨, 청중과 시청자 여러분! 오늘도 새로운 역사 지식 많이 가져가셨기를 바라면서 다음 주를 기약하며 이만 인사드리겠습니다.

3부

전통 시대에
근대식
측량은
쓸모가
없었다

사회자 시청자 여러분 안녕하십니까. 역사방송 아나운서 안시리입니다. 지난주에도 저승의 하늘
나라에서 환생해 오신 김정호 선생님을 두 번째로 모시고 우리가 너무 당연하게 여겨왔던, 우리
나라에서 가장 크고 자세한 대동여지도가 갖고 다니며 길을 찾기 위해 이용되었을 것이라는 생
각이 왜 잘못된 것인지에 대해 자세히 들을 수 있었습니다. 요약하자면 옛날에는 지도를 갖고 다
니며 먼 길을 찾아다닌 사람이 '한 명도' 없었다⋯, 처음 가는 먼 길은 이미 그 길을 알고 가는 사
람과 동행하거나 안내를 받아서 가기 때문에 길을 잃고 헤맨 사람이 '한 명도' 없었다⋯, 지
도는 가 보지 않고도 파악해야 할 땅과 바다 위의 정보를 파악하기 위해 제작되었는데, 국가의 전
국 통치나 전쟁 때의 작전 회의 등이 대표적이었다⋯, 선생님께서 만드신 대동여지도도 예외가
아니었다⋯, 이런 것들이었습니다. 오늘도 함께하며 윤활유 같은 질문을 해 주실 개그맨 궁금 씨
와 청중 열 분이 자리를 함께해 주셨습니다. 그리고 우리에게 놀라운 이야기를 해 주실 김정호 선
생님께서도 오셨습니다. 환영의 박수 크게 부탁드립니다.

김정호 안녕하세요. 김정호입니다. 벌써 세 번째 주가 되었는데, 언젠가는 초대 손님으로서의 이
자리가 끝날 텐데 스포츠는 끝날 때까지 끝난 게 아니라는 말이 있듯이 '역사 환생 인터뷰' 김정
호 편도 끝날 때까지 끝난 게 아니라는 긴장감을 끝까지 유지할 수 있도록 노력해 보겠습니다.

사회자 네, 감사합니다. 궁금 씨, 첫 질문 잘 준비해 오셨죠? 포문을 열어 주시죠.

1 지도의 정확함은 어디에서 오는가?

궁금이 선생님께서는 첫 주에 조선은 지도를 그릴 정보의 양이란 측면에서 세
계 최고의 나라 중 하나였고 동시에 정보가 너무 많아서 지도를 그릴 때 힘
들었다고도 말씀하셨어요. '정보가 많아서 힘들이지 않고 쉽게 그릴 수 있
었다'고 해야 자연스러운 게 아닌가 생각되는데요, 혹시 잘못 말씀하신 것
은 아닌지 질문드립니다.

김정호 네, 일반적으로 생각할 때는 궁금 씨의 생각처럼 '정보가 많아서 힘들
이지 않고 쉽게 그릴 수 있었다.'라고 말해야 맞는 것 같은데요, 저는 그 반
대로 '너무 많아서 힘들었다.'고 말했습니다. 궁금 씨가 혹시 제가 실수한 것
은 아닌지 물어 왔는데요, 실수한 것 아닙니다. 너무 많아서 정말 힘들었습
니다.

사회자 저도 궁금 씨처럼 선생님의 말씀을 이해하기가 쉽지 않습니다. 아무래
도 선생님께서 자세히 설명해 주셔야 할 것 같습니다.

김정호 여러분들은 제가 살았던 근대 이전의 사회를 자꾸 여러분들에게 익숙
한 근대 이후의 사회와 동일시하면서 사고하는 습관을 가지고 있는 듯해요.
근대 이전이나 이후나 사람 사는 세상이라는 측면에서는 변함이 없는 것도
분명 있지만 너무 큰 변화가 있었다는 것도 잘 알잖아요. 정확한 지도의 제

작이라는 면에서도 달라지지 않은 것도 있고, 엄청나게 달라진 것도 있어요. 먼저 변하지 않은 것부터 말해 보면요, 정확한 지도를 그리는 방법의 원리는 달라지지 않았어요. 실제 땅 위에서 측정된 정확한 거리와 방향 정보만 있으면 종이 위에 일정한 축척으로 줄여서 측정된 방향에 따라 그려 나가면 정확한 지도를 그릴 수 있는데요, 그래서 지도의 정확함은 제작 기술의 문제가 아니라 거리와 방향의 위치 정보가 얼마나 정확하냐에 달려 있어요.

사회자 선생님, 그런데요, 아무리 정확한 위치 정보를 갖고 있다고 하더라도 그것을 지도 위에 정확하게 그릴 수 있는 제작자의 능력이 부족하다면 그 경우에도 지도가 정확하게 그려지기 어려운 것 아닌가요?

김정호 안시리 아나운서의 지적이 맞습니다. 단, '정확하게 그릴 수 있는 능력이 부족하다면'이란 전제 조건이 있을 때만 맞는 지적입니다. 여기서 제가 안시리 아나운서께 질문을 하나 할게요. 저는 근대 이전의 지도 제작자인데요, 평생 동안 지도를 제작했던 저를 보면서 '정확하게 그릴 수 있는 능력이 부족하다고' 말할 자신 있나요?

사회자 예? 아~ 아니요. 감히 제가 어떻게 그런 말을….

김정호 제가 너무 유명하고 제 앞이니까 그렇게 말하는 거 아닌가요? 그럼 저만큼 우리나라의 모습을 잘 그린 신경준 선생은요? 정상기 선생은요? 어떻게 생각하나요?

사회자 아~ 아니요.

김정호 제가 너무 강하게 말해서 안시리 아나운서가 당황한 듯한데, 미안합니다. 그런데 사람들이 이 부분에 대해 너무 큰 선입견을 갖고 있는 거 같아요. 신경준 선생도 정상기 선생도 베테랑 지도 제작자였고요, 정확한 지도를 그리는 방법의 원리는 생각보다 간단했기 때문에 다 터득하신 분들이에요. 만약 그분들에게 근대 지도의 제작 기법이나 도구 등을 익힐 시간을 준 후 근대식으로 측량한 정보만큼 정확한 위치 정보를 제공했다면 근대 지도만큼 정확한 지도를 제작했을 거라고 저는 장담해요. 물론 저도 마찬가지고요.

궁금이 선생님, 이번엔 제가 말씀드리겠는데요, 그럼 근대 이전에는 근대식 측량 정보만큼 정확한 위치 정보가 없었다는 이야기네요.

김정호 맞아요. 없었어요.

궁금이 어~ 선생님께서 우리나라는 지도를 그릴 수 있는 정보가 세계 최고 수준으로 많다고 하시지 않았나요? 그런데 갑자기 근대식 측량 정보만큼 정확한 위치 정보가 없었다고 말씀하시면 앞뒤가 좀 맞지 않는 거 아닌가요?

김정호 저는 지도를 그릴 수 있는 정보가 세계 최고 수준으로 많다고 했지 근대식 측량 정보만큼 정확한 위치 정보가 많다고 하지는 않았어요. 어찌 들으면 말장난처럼 들릴 수도 있는데요, 우리나라, 즉 조선의 지도를 이해하려면 아주 중요한 문제예요. 근대 이전에 전통식으로 측정된 정보와 근대 이후 근대식으로 측량된 정보는 분명하게 구별해야 해요. 경위도 측정이나 삼각측량 같은 근대식 측량이 이루어지면서 거리와 방향의 정보가 정말 정확해지는데요, 근대 이전의 조선에서는 근대식 측량을 한 적이 없었어요. 사람들이 자꾸 이런 점을 구별하지 않고서 근대 이전의 우리나라 지도를 근대 이후의 지도처럼 바라보려 해서 늘 답답했어요.

사회자 선생님, 그럼 짧게 정리해 보면요, 조선에는 지도를 그릴 수 있는 정보가 아주 풍부했지만 근대식 측량 정보만큼 정확하지는 않았다…, 그래서 근대식 측량 지도만큼 정확하게 그리기가 어려웠는데 그래도 상당히 정확한 지도는 그려낼 수 있었다…, 이렇게 볼 수 있는 건가요?

김정호 안시리 안나운서는 역시 사회자답게 이야기의 큰 흐름을 정말 잘 파악하고 정리하네요. 제가 말하고 싶은 것이 바로 그거였어요. 지도를 그릴 수 있는 정보는 풍부했는데요, 근대식 측량 정보만큼 정확하지는 않았기 때문에 저도 근대식 지도만큼 정확하게 그리려 무지 노력했지만 그 정도로 정확하게 그릴 수는 없었어요. 그래도 여러분들이 대동여지도를 보면 정확하고 자세하다고 생각할 만큼 잘 그리지 않았나요? 제가 봐도 이 정도면 잘 그린 것 같은데요.

사회자　예, 정말 잘 그렸다고 생각합니다. 인공위성도 없던 시절에 어떻게 저렇게 정확하고 자세한 우리나라 지도를 그렸지? 이런 문구가 선생님의 대동여지도를 소개하는 책에서 늘상 나오던 것이 기억납니다. 그때는 정확하고 자세한 대동여지도를 그리는 데 필요한 정보가 없어서 선생님께서 직접 전국을 세 번 답사하고 백두산을 여덟 번 오르내리며 조사한 줄로 알았는데, 그게 사실이 아니라는 것은 첫 번째 시간에 말씀해 주셨으니까….

김정호　하하! 그 얘기가 갑자기 또 나오네요. 어쨌든 나라에서 지도를 그리는 데 필요한 정보를 조사하여 정리해 놓은 것이 엄청 많았고요, 그렇게 엄청 많았던 것이 저를 정말 힘들게 했어요. 만약 그런 정보가 근대식 측량에 의해 이루어진 것이었다면 그렇게 힘들었을 리가 없겠죠. 그냥 그 정보를 그대로 정확한 지도를 그리는 데 사용하기만 하면 되었을 테니까요. 하지만 제가 살던 시대에 있던 위치 정보는 여러 자료를 비교 검토하여 거리와 방향 정보를 조정해야만, 근대식 측량 정보와 똑같지는 않더라도 비슷한 수준으로 정확해질 수 있는 정보들이었어요. 그래서 저는 그렇게 조정하는 일에 인생에서 가장 많은 시간을 투자하지 않을 수 없었고요, 이것이 지도를 그리는 데 필요한 정보가 너무 많아서 힘들었다고 말한 이유입니다.

2　　　　　　　거리와 방향이 정확한 위치 정보를
　　　　　　　　　측량하지 않은 이유

궁금이 그런 거였군요. 선생님의 이야기를 듣고 나니 '지도를 그릴 정보가 너
　　무 많아서 힘들었다'고 말씀하신 이유를 분명하게 알겠습니다. 그런데 선생
　　님, 근대 지도처럼 정확한 지도를 그리려면 우리나라 전체에 걸쳐 근대식
　　측량을 해야 했다는 이야긴데요, 그러면 하면 되지 왜 안 한 건가요? 기술이
　　없어서 그런 거 아닌가요?

김정호 궁금 씨, 좋은 질문입니다. 두 번째 질문부터 대답하면 정확한 지도 제
　　작에 필요한 위치 정보를 전국적으로 조사하기 위해 근대식 측량을 할 수
　　있는 정교한 기술이나 도구를 개발하지는 않았어요. 하지만 정교한 시계가
　　개발되어야 정확한 측정이 가능한 경도는 아니더라도 위도 측정이나 삼각
　　측량을 할 수 있는 천문학적, 수학적 원리에 대한 지식은 이미 있었는데요,
　　이건 조선만이 아니라 세계 대부분의 지역에서 이미 고대부터 쌓아 놓은 지
　　식이었어요. 그럼에도 왜 근대식 측량 기술이나 도구를 개발하지 않았느냐
　　하면 개발할 필요가 없었기 때문인데요, 이것이 첫 번째 질문에 대한 대답
　　이에요. 이것 역시 조선만이 아니라 근대 이전 세계 대부분의 지역에 해당
　　되던 것이니까 '왜 조선만?' 이런 식으로 생각할 필요는 없어요.

궁금이 선생님, 개발할 필요가 없어서 개발하지 않은 것이라는 말씀이 잘 이

해가 안 되는데요, 근대식 측량으로 측정한 거리와 방향 정보가 있으면 좋은 것 아닌가요? 정확하니까 어디 갈 때 참고하기도 좋고요, 정확한 지도를 제작하기도 좋고요.

김정호 하하! 네, 근대식 측량으로 측정한 거리와 방향 정보가 있으면 정확한 지도를 제작하는 데는 분명히 좋아요. 하지만 일상생활에서는 있으면 좋은 것이 아니라 불편한 것이었어요. 세상사 천태만상이라 더 편리한 것을 버리고 일부러 불편한 것을 선택하는 경우나 사람도 간혹 있다지만 일반적으로는 그렇지 않잖아요. 여러분이라면 불편한 것을 선택하겠어요? 아니면 편리한 것을 선택하겠어요?

사회자 대부분의 사람이 편리한 것을 선택할 거라고 생각합니다. 하지만 선생님, 일상생활에서 근대식 측량으로 측정한 거리와 방향의 정확한 정보가 있으면 왜 불편했는지 선뜻 이해가 안 갑니다.

김정호 그럴 거예요. 하지만 조금만 설명을 들으면 금방 수긍이 갈 거예요.

사회자 정말로요? 더 궁금해지는데, 어서 설명을 듣고 싶습니다.

김정호 그럼, 먼저 방향부터 해 볼게요. 안시리 아나운서가 만약 저와 같은 시대에 태어나서 살았다면 길을 갈 때 걷거나 조랑말을 타고 가는 것 외에 다른 방법이 없었을 텐데요, 하루 종일 걸리는 먼 길을 갈 때 360°를 1° 단위로 세분된 방향 정보에 따라 안내 지시를 받는다고 생각해 보세요. 예를 들어 어느 삼거리에 가면 서북쪽으로 27°, 어느 사거리에 가면 동북쪽으로 64°, 어느 삼거리에서는 서남쪽으로 53° 이런 식으로 계속 안내 지시를 받는다면요. 그러면 어떤 기분이겠어요?

사회자 아휴…, 방향 정보에 대해서는 무슨 말씀인지 금방 이해할 것 같습니다. 그런 식으로 세분화된 방향 정보에 따라 안내 지시를 계속 받는다면 머리가 돌아 버릴 것이라는 뜻이네요. 그러니까 선생님께서는 그렇게 세분된 방향 정보는 걷거나 조랑말을 타고 다니던 시대의 일상생활에서는 필요 없었다는 뜻으로 말씀하신 거구요.

김정호 안시리 아나운서도 곧바로 수긍하네요. 제대로 보신 거예요. 일상생
활에서 1° 단위로 세분화된 방향 정보는 있으면 좋은 것이 아니라 불편하고
쓸모없는 거예요. 그렇게 불편하고 쓸모없는 세분화된 방향 정보를 왜 측정
해야 하나요? 걸어 다니는 일상생활에서는 왼쪽·오른쪽·앞·뒤 네 방향 정
보, 방위를 넣어 생각하면 동·서·남·북 네 방향 정보만 있으면 되고요, 더
세분화된 방향 정보는 있으면 좋은 게 아니라 불편하고 머리만 복잡하게 만
드는 거예요. 그래서 옛날에는 세분화된 방향 정보를 측정할 수 있는 지식
과 기술은 있었지만 걸어가는 등 일상생활과 관련해서는 굳이 세분해서 측
정하지 않았던 거예요. 물론 도시를 건설하거나, 궁궐을 짓거나, 왕릉을 조
성할 때 등 세분화된 방향 정보가 필요한 분야에서는 당연히 세분화된 방향
정보를 측정해서 사용했습니다. 이 정도면 방향 정보에 대해서는 충분히 말
한 것 같은데요, 궁금 씨 어때요?

궁금이 충~~분한 것 같습니다.

김정호 그럼, 이제 거리 정보에 대해서 이야기해 보겠는데요, 만약 궁금 씨가
높은 산길을 걸어서 넘어갈 때 근대식으로 측량한 정확한 직선거리의 정보
만 갖고 있다면 무슨 일이 발생할까요?

궁금이 이 질문은 좀 어려운 것 같긴 한데요, 다행히 제가 사전에 약간 공부를
해 왔습니다. 우리나라 정도의 영토 규모에서 근대식 측량은 지구 평면 위
두 지점 사이의 직선거리를 재는 거더라고요. 그런데 선생님께서 걷거나 조
랑말만 타고 다니던 시절이라고 말씀하실 때 머리를 퍼뜩 스치는 생각이 있
었어요. 걷거나 조랑말만 타고 다니던 길은 산 넘고 물 건너 구불구불 돌아
가는 가는 길이었잖아요. 그런 길을 갈 때 두 지점 사이의 직선거리는 아무
런 의미가 없겠다는 생각이 들었는데요, 선생님께서 말씀하시고자 하는 것
이 이것 아닌가요?

김정호 와~~ 궁금 씨가 사전 공부를 정말 많이 해 오는 것 같네요. 더 설명이 필요 없을 정돕니다. 두 지점 사이에 산 넘고 물 건너 구불구불 걸어가는 가는 길의 거리와 지구 평면 위 두 지점 사이의 직선거리는 절대로 같을 수가 없어요. 직선거리가 당연히 짧았고요, 길이 높은 산을 넘어갈수록, 구부러진 정도가 심할수록 실제로 걸어가는 거리는 직선거리보다 점점 더 길어져요. 그러니 근대식 측량으로 측정된 직선거리의 정보는 걷거나 조랑말을 타고 가는 사람에게는 불편하고 쓸모없는 것을 넘어서 괜히 있으면 방해만 되는 정보였어요. 그래서 근대식 측량으로 거리를 측정할 필요가 없었던 거예요.

궁금이 선생님, 그럼 옛날에는 거리를 어떻게 측정했나요?

김정호 제가 보기엔 궁금 씨가 제 이야기를 들으며 깨달은 것이 있으면서 일부러 물어본다는 느낌이 좀 오는데요, 틀려도 좋으니 한번 말해 보세요.

궁금이 예, 그럼 쑥스러움을 무릅쓰고 해 보겠습니다. 걸어 다니는 것이 일상인 시대에는 걸어 다니는 사람들에게 쓸모 있도록 거리를 측정하면 되는 것 아닌가요?

김정호 거의 90% 맞췄어요. 나머지 10%도 맞출 수 있을 것 같은데요, 궁금 씨가 마저 해 보는 게 어때요?

궁금이 아~ 아닙니다. 여기서 멈추겠습니다. 걸어 다니는 사람들에게 쓸모 있도록 측정했을 거라는 저의 생각이 맞았다는 것으로만 만족하겠습니다. 과연 그게 어떤 방식인지는 구체적으로 잘 떠오르지가 않아서요.

김정호 거의 다 맞혔는데 아깝습니다. 그럼 어쩔 수 없이 제가 말해야겠네요. 답은 간단합니다. 걸어 다니는 사람들에게 적합한 측정 방식은 당연히 걸어 다니면서 측정하는 것입니다. 이를 걸음걸이 측정[步測]이라고 해요. 옛날에는 길이 단위가 주척(周尺) 여섯 자[6尺] = 한걸음 즉 1보(步)였고요, 360보가 1리(里)였어요. 길이 단위에 '걸을 보(步)'란 한자가 사용된 이유는 바로 걸어 다니는 사람들에게 적합하게 측정하는 것이 아주 중요했기 때문이에요. 이는 우리나라뿐 아니라 중국과 일본 모두에 통용되던 것이었고요, 아마 다른 문명도 대부분 마찬가지였을 거예요. 여기서 옛날 사람들은 하루에 보통 90리를 갔다는 것을 알려드리고 싶네요. 조선시대의 거리 정보는 약 20.62cm의 주척으로 측정했는데요, 그래서 10리는 요즘 사람들이 일반적으로 말하는 4km가 아니라 10리 = 21,600보 × 0.2062m = 4,454m였어요. 그러니까 4.454m × 9리 ≒ 40.1km가 되어서 옛날 사람들은 하루에 지형의 험한 정도에 따라 40km 안팎 정도를 갔다고 보면 별로 틀리지 않을 거예요. 옛날 사람들은 걷기가 일상이었고, 그래서 지금 사람들의 상상으로는 불가능할 것 같은 거리를 걸어가는 걷기의 달인이었어요.

사회자　옆에서 선생님이 궁금 씨와 주고받으신 이야기를 들어보니, 거리에 대해서도 제가 곧바로 수긍하지 않을 수가 없네요. 이 시점에 사회자로서 중간 정리를 해 보면 걷는 것이 일상인 시대에는 걸음걸이로 측정된 거리 정보가 일상생활에서 가장 합리적이고 쓸모가 있었다…, 근대식 측량에 의해 측정된 직선거리 정보는 아무리 정확해도 쓸모없는 것을 넘어 있어서는 안되는 것이었다…, 이렇게 정리할 수 있을 것 같습니다.

3 　정확한 지도를 그리기 위해 어떤 노력을…

김정호 안시리 아나운서가 중간 정리를 해 주니까 다음 단계의 이야기로 넘어 가기가 쉬워지는 것 같습니다. 그런데 일상생활에서는 아주 편리했던 동· 서·남·북 네 개의 방향 정보와 산 넘고 물 건너 구불구불한 길을 걸어가며 측정한 거리 정보가 정확한 지도를 제작하는 데는 아주 불리했다는 점이 중 요해요. 그 문제는 저도 경험했지만 저보다 앞서 사셨던 정상기 선생도, 신 경준 선생도 겪었던 것인데요, 다만 우리 모두 그 문제를 잘 극복했기 때문 에 근대 지도와 똑같지는 않더라도 비슷한 수준으로 정확하게 우리나라의 모습을 그릴 수 있었다는 점 잊지 말아 주세요.

궁금이 아~ 선생님께서 지도를 그릴 정보가 너무 많아서 힘들었다고 말씀하 신 이유가 이제야 좀 이해가 되는 것 같아요. 지도를 그릴 위치 정보가 지리 지에 차고 넘쳤지만 정확한 지도의 제작에 사용하기 위해서는 방향과 거리 모두 일정한 조정 과정을 거쳐야만 했다…, 그리고 그런 조정 과정에 시간 과 노력이 많이 필요했다…, 이런 것 아닌가요?

김정호 궁금 씨의 말이 정확한데요, 좀 더 구체적으로 말해 보겠습니다. 먼저 방향 정보부터 해 보면요, 동·서·남·북 네 방향이 대부분인 정보는 90°의 오류 가능성을 갖고 있어요. 그림을 준비했는데요, 화면에 띄워 주시죠. 예

를 들어 기준점에서 동북-동-동남 방향에 있는 위치는 일반적으로 모두 '동'으로 기록했는데요, 만약 '동'으로 기록한 동북의 어떤 지점을 정 동쪽에 그리면 45°, 동남쪽에 그리면 90°나 잘못된 것이잖아요. 이런 오류가 겹치고 겹치면 정확한 지도는 그려지기가 어려워요. 그래서 저나 정상기 선생이나 신경준 선생이나 방향 정보의 오류를 최소화시켜 지도 위에 그리기 위해 많은 자료를 참조 비교하여 조정하는 데 심혈을 기울였어요. 그때 전국 고을지리지만큼 도움을 받은 자료가 전국 그림식 고을지도책과 1리 눈금식 고을지도책이었어요. 지리지에 있는 방향 정보와 지도책에 있는 방향 정보를 비교하며 검토하면 오류를 최소화시킬 수 있었거든요.

궁금이 선생님, 여기서도 하나 여쭤보고 싶은 게 있는데요, 선생님의 말씀대로라면 동북에 있는 것은 '동'으로도 '북'으로도 기록될 수 있는 것 아닌가요? 동일하게 동남에 있는 것은 '동'으로도 '남'으로도…, 이런 식으로요.

김정호 궁금 씨의 추론 능력에 다시 한번 감탄합니다. 제가 그것을 깨닫는 데 꽤 오래 걸렸거든요. 제가 여러 지리지를 수집하여 검토하는데, 지리지에 따라 '동'과 '북'으로, '북'과 '서'로, '서'와 '남'으로, '남'과 '동'으로 다르게 기록되어 있는 위치 정보가 아주 많이는 아니었지만 꽤 나오더라고요. 처음에는 '뭐야 이거. 나보러 어떤 걸 선택하라고' 하면서 당황했었는데요, 나중에는 그게 더 정확한 위치를 아는 데 중요한 힌트를 주고 있다는 걸 알게 됐어요. '동'과 '북'으로 기록되어 있으면 '아, 이 위치는 동북에 있어서 어떤 사람은 동으로, 어떤 사람은 북으로 기록한 것이구나!' 이렇게 생각하게 된 거예요. 같은 방식으로 하면 '북'과 '서'라면 서북을, '서'와 '남'이라면 서남을, '남'과 '동'이라면 남동을 선택하면 돼요.

사회자 선생님의 말씀도 놀랍지만 궁금 씨의 추론 능력도 놀랍네요. 어쨌든 방향 정보에 대해서는 잘 알게 되었습니다. 선생님, 그럼 이젠 거리 정보 이야기를 해 주시는 거죠?

김정호 예, 이젠 거리 정보 이야기를 해야죠. 자, 다시 시작해 보면 지도 위에 그려야 하는 거리는 평면 위 두 지점 사이의 직선거리잖아요. 그런데 걸어가며 측정한 거리는 산 넘고 물 건너 구불구불 걸어간 길 위의 실제 거리여서 평면 위 두 지점 사이의 직선거리보다는 항상 길어요. 그래도 평지의 길 위에서 측정한 것이라면 직선거리와의 편차가 크지 않아서 정확한 지도를 그리는 데 별로 문제가 되지는 않아요. 하지만 산이 많은 지역의 길을 걸으며 측정한 거리라면 편차가 많아져서 정확한 지도를 그리는 데 문제가 될 수 있어요. 만약 산길을 걸어가며 측정한 거리 정보를 지도 위에 그대로 그리면 직선거리보다 훨씬 멀게 그려지게 되잖아요. 그래서 그런 편차를 평면의 직선거리로 조정하지 않으면 지도가 상당히 부정확하게 그려질 수밖에 없는데요, 그 문제를 해결하기 위해 산이 많은 지역의 120~130리 거리는 지도 위에서 평지 100리의 거리와 같게 조정하여 그리는 등의 변화를 줘요.

궁금이 선생님, 이야기를 들으며 고개가 끄덕여지다가도 머릿속에 잘 그려지지 않을 때도 있어요. 이런 건 그림으로 설명해 주시면 더 좋을 것 같은데요, 어떠세요?

김정호 네, 말로만 설명하면 쉽지 않은 부분이죠. 궁금 씨의 요청에 부응하기 위해 저도 그림을 그려왔습니다. 자, 화면에 띄워 주시죠.

궁금이 선생님, 그림만 봐도 이해가 되는 것 같아요.

김정호 그럼 이번엔 궁금 씨가 그림을 보며 설명해 주면 어떨까 하는데요.

궁금이 그래도 선생님이 설명하시는 게 당연히 낫다고 생각하는데요.

김정호 제가 더 잘 설명할 수는 있을 것 같긴 한데요, 그래도 시청자들께서는 궁금 씨가 설명하면 더 재미있게 더 잘 이해할 수도 있다고 봐요.

궁금이 음…그럼 제가 용기 내어 한번 설명해 보겠습니다. 앞쪽의 그림에서 검은 선은 '가' 지점에서 '나' 지점까지 산을 넘어가는 길의 거리를, 파란 선은 평면 위의 직선거리를 가리켜요. 지도 위에는 파란 선의 직선거리로 그려야 정확한 것이기 때문에 산 넘어 가는 길을 걸어가며 측정한 검은 선의 거리 정보는 조정 과정을 거쳐 파란 선의 직선거리 정보로 바꿔 주어야 지도가 정확해질 수 있다는 것을 보여 주는 그림 아닌가 하는데요….

김정호 궁금 씨의 설명이 정확합니다. 제가 더 붙일 이야기가 없습니다. 두 번째 그림도 설명하시면….

궁금이 두 번째 그림은 평지의 구불구불한 길을 그린 것 같아요. 검은 선이 '다' 지점에서 '라' 지점으로 가는 길인데, 지도 위에는 파란색의 직선거리로 바꿔 주어야 지도가 정확해질 수 있다는 것을 보여 주는 그림이라고 봅니다.

김정호 이번에도 정확했습니다. 실제로 걸어가며 측정한 거리 정보를 평면의 직선거리로 조정할 수 있어야 정확한 지도를 그릴 수 있어요. 이제는 다들 충분히 아시겠죠?

사회자 저도 이야기만 들을 때는 이해되는 듯하다가도 알쏭달쏭하게 맴도는 부분이 있었는데요, 궁금 씨가 그림으로 설명해 주니까 재밌게 잘 이해가 되었습니다.

궁금이 그런데 선생님, 질문이 하나 더 있습니다. 실제로 가 보지 않고 산이 얼마나 높고 험한지, 길은 얼마나 구불구불한지 어떻게 알 수 있나요?

김정호 이번에도 정곡을 찌르는 질문입니다. 100% 정확할 수는 없지만 전국 고을지리지의 문자 기록과 고을지도책의 이미지 정보를 비교하면 산이 많은지 아닌지, 많다면 얼마나 많은지, 길은 얼마나 구부러졌는지 등을 대략적으로 알 수 있어요.

사회자 선생님, 대략적으로만 알 수 있다면 정확성에 꽤 문제가 생길 수도 있는 것 아닌가요?

김정호 안시리 아나운서의 말이 맞아요. 정확성에서 문제가 생길 수도 있고, 심하면 우리나라 전체의 모습이 확 뒤틀릴 수도 있어요. 하지만 그런 문제가 있더라도 그것을 감수하면서 여러 자료를 수집하여 비교한 후 신중하게 판단하는 것 이외는 달리 방법이 없었어요. 그래서 세부적으로 들어가면 틀린 부분이 꽤 나올 수 있다고 말한 거구요, 그런 판단의 결과를 담은 지도가 저의 대동여지도니까 엄청 많이 틀린 건 아니죠? 안시리 아나운서 어때요?

사회자 아~ 예. 우리나라 전체의 모습이란 차원에서는 정말 정확하게 그렸다고 말하지 않을 수 없는데요, 세부적으로 들어가면 틀린 부분이 꽤 나올 수 있다는 생각은 잘 못해 봤습니다. 선생님께서 솔직하게 말씀해 주시니까 이제 세부적으로 들어가면 틀린 부분이 있나 좀 찾아봐야겠어요.

김정호 그렇다고 뭐 찾아보실 것까지야. 아니~ 찾아보세요. 그래야 대동여지도가 전체적으로 정확하다고 말할 수 있으면서도 세부적으로 들어가면 오류도 꽤 있다는 사실을 분명히 알 수 있을 테니까요. 너무 '무오류의 신화'처럼 띄우지 말고 있는 그대로 봐주는 것, 그게 정말 좋은 거예요. 편차가 있을 수밖에 없는 방향과 거리 정보를 가지고 우리나라 전체의 모습을 정확하게 그리려 노력했다는 것을 꼭 알아주시고요, 발견되는 오류는 방향과 거리 정보의 편차를 극복하려 무지 노력했지만 완전히 극복하지는 못했기 때문에 나타난 현상이라고 봐주시면 좋겠습니다.

4   우리나라의 길은 엉망이었는가?

사회자 '너무 무오류의 신화처럼 띄우지 말고 있는 그대로 봐주는 것이 정말 좋은 거'라는 선생님의 말씀이 가슴에 와 닿습니다. 그동안 우리는 김정호 선생님의 일대기를 생각하면서, 그리고 우리나라에서 최고의 지도로 여겨 왔던 대동여지도를 보면서 무오류의 신화를 만들어 온 것이 아닌가 반성해 봅니다. 지난 두 주에 걸쳐 청중 여러분의 질문이 상당히 날카롭고 핵심을 찔렀는데요, 그래서 오늘은 조금 일찍 청중의 질문을 받아 보기로 하겠습니다. 질문하실 분 있으면 손을 들어 주십시오. 와~ 열 분 모두 손을 드셨네요. 뒷줄 오른쪽에서 두 번째 자리에 앉아 계신 여성 분, 간단한 자기소개와 함께 질문해 주십시오.

청중1 안녕하세요. 질문할 기회를 주셔서 감사드립니다. 저는 역사지리학에 관심을 갖고 대학원에 진학하려고 하는 대학 졸업반 4학년생인데요, 그동안 궁금했던 것 중의 하나를 김정호 선생님께 질문하려고 합니다. '로마' 하면 떠오르는 것 중의 하나가 길에 돌을 깐 포장도로인데요, 선생님이 사셨던 조선에도 그런 포장도로가 있었는지 궁금합니다. 그리고 조선에서는 길을 만들고 정비했는지도 궁금합니다.

김정호 역사지리학에 관심을 갖고 대학원에 진학하려는 졸업반다운 좋은 질문을 해 주셨네요. 감사드립니다. 저도 언젠간 우리나라의 길에 대해서도 이야기하고 싶었거든요. 첫째, 제가 지금까지 아는 한 로마와 같은 포장도로는 없었습니다. 둘째, 서울과 같은 도시의 길이나 임금이 멀리 행차할 때의 길 같은 경우를 제외하면 길을 특별히 정비한 경우도 없었습니다.

궁금이 선생님, 제가 길에 대해 조금 공부해 온 것이 있는데요, 청나라의 수도 북경에 사신으로 다녀온 실학자가 쓴 글 중에 청나라와 달리 우리나라에서는 수레를 사용하지 않는 것에 대해 매우 안타까워하면서 우리나라의 낙후된 길에 대해 언급한 것이 있었습니다. 선생님의 말씀과 이것이 서로 연결되는 것 같은데요, 어떻게 생각하시나요?

김정호 궁금 씨가 예습 정말 많이 해 왔네요. 저도 이승에서 살 때 그런 글을 읽고 처음에는 공감한 적이 있었는데요, 나중에는 그렇지 않았어요. 다만 제가 청나라에 가 보지 못해서 확실하게 비교하며 생각해 볼 수 없는 것이 안타까웠는데요, 그래서 하늘나라에 가서 그 분야의 공부를 많이 해 봤어요. 그러고는 '좀 더 좋은 세상 좀 더 좋은 나라를 만들고 싶어 하는 글쓴이의 진심은 충분히 이해하겠으나 실천할 수 있는 거였느냐 하면 실천할 수 없는 것이었다.'고 결론을 내렸어요.

궁금이 선생님 왜요? 좀 이해가 안 되는데요.

김정호 수레를 강조한 이유는 물자를 실어 나르는 데 수레를 쓰자는 것인데요, 근대 이전에는 우리나라뿐 아니라 전 세계 어디에서도 물자의 장거리 운송은 모두 배로 했습니다. 옛날에 수레로 나르는 비용이 100이었다면 배로 나르는 비용은 1밖에 안 되었다고 보면 돼요. 이런 상황에서 물자의 장거리 운송을 배가 아니라 수레로 하는 바보는 없었을 거예요. 조선의 수도 서울은 우리나라에서 물이 가장 풍부하여 배가 자유롭게 드나드는 한강가에 접해 있어서 전국 모든 곳의 물자가 바다와 강을 타고 모두 배로 운송되어 왔어요. 아주 합리적인 물자 운송시스템이었죠. 완전 평지 도시이면서 강수량이 많지 않은 북경에는 가까이에 큰 강이 없었는데요, 그래서 시내 가까이까지 운하를 뚫어 배로 먼 곳에서 물자를 날라 왔어요. 운하가 끝나는 곳에서 북경 시내까지만 수레를 이용했던 것 같은데요, 평지가 많지 않은 우리나라에서도 그렇게 하자는 주장이 있다면 좀 더 좋은 세상 좋은 나라를 만들고 싶어 하는 마음은 충분히 이해하겠으나 세상물정 모르는 너무 순진한 생각이라고 보면 돼요.

궁금이 아 그런 거였나요? 실학자의 글이라고 하여 모두 맞는다고 보면 안 되는 거였네요.

김정호 하하! 모두 맞는다고 보는 것은 바보 같은 짓이죠. 아무리 뛰어난 실학자였다고 해도 틀릴 수 있다는 것을 늘 명심하고 보길 바랍니다. 역사는 늘 비판적으로 봐야 하고 여러분들이 알고 있는 지식이 그 실학자보다 더 많을 수도 있다는 자신감을 가지세요.

궁금이 아~ 예. 자신감을 가져도 된다는 말씀에 더욱 용기를 내어 보겠습니다.

김정호 진짜 그러길 바라요. 물자의 장거리 운송에 대한 이야기를 조금 더 하면요, 영국에서 산업혁명이 일어났을 때 장거리 물자를 실어 나르기 위해 처음으로 혁신시킨 것은 수레가 다닐 수 있는 길이 아니라 배로 나르기 위한 운하였어요. 운하를 정말 많이 만들려고 노력했죠. 그리고 운하 다음도 수레는 아니었어요. 증기기관을 이용한 철도였어요. 철도가 배보다 운송비가 더 비싸긴 했지만 수레보다는 훨씬 적었어요. 비용이 상대적으로 비쌌던 철도가 배와 경쟁할 수 있었던 것은 첫째 훨씬 더 빨리 나를 수 있었고요, 둘째 운하를 놓을 수 없는 곳에도 철길을 놓을 수 있었기 때문이에요. 수레를 장거리 물자 운송에 사용한 것은 인류의 역사에서 존재한 적이 없어요. 그러니 도시가 아닌 곳에서 수레가 다닐 수 있는 길을 만들고 수시로 정비한다는 것도 있을 수 없는 것이었죠. 도시가 아닌 곳의 길을 만들고 정비하기 시작한 것은 수레가 아니라 자동차가 등장하고 나서부터예요.

사회자 궁금 씨의 질문 덕택에 길과 운송에 대해 새로운 역사 사실을 알게 된 것 같습니다. 그런데 선생님, 궁금 씨의 질문에 답하시느라 청중분의 질문에 충분한 설명이 없었던 것 같은데요….

김정호 아차~ 맞아요. 궁금 씨의 질문이 중요해서 깜빡했는데요, 청중분의 질문으로 다시 돌아가겠습니다. 도시 안은 모르겠으나 도시와 도시를 연결하는 로마의 포장도로도 장거리 물자 운송을 위한 것은 아니었어요. 로마인들이 만약 그런 포장도로를 이용하여 수레로 장거리 물자 운송을 하려 했다면 천하의 바보 로마인이란 비웃음을 받았을 거예요. 로마의 포장도로는 군대를 신속하게 움직이기 위한 것으로 보면 되는데요, 그렇다고 그게 효율적이었다고 볼 필요도 없어요.

궁금이 효율적이었다고 볼 필요가 없다고요? 포장도로면 군대를 신속하게 효율적으로 움직일 수 있었던 것 아닌가요?

김정호 하하! 포장도로가 없더라도 군대를 신속하게 움직이는 것은 문제가 없었어요. 세계 역사의 많은 제국 중 장거리를 이동하기 위한 포장도로로 유명한 제국이 거의 없었다는 걸 상기해 보면 돼요. 당시의 입장에서는 지중해를 둘러싸고 세계의 제국을 이루었던 로마가 효율성보다는 제국의 위대함을 과시하기 위한 목적으로 포장도로를 만들었다고 보는 것이 옳다고 봐요. 걸어 다니거나 말을 타고 다니는 것이 일상이던 시절에 포장도로를 만들고 그것을 유지하려고 노력하는 것은 비용 대비 효율성이 별로 없었거든요. 걸어 다니거나 말을 타고 다니기 위한 길은 그렇게 넓을 필요가 없었어요, 사람이 걸어 다니거나 말이 지나가는 데 지장이 없을 정도의 길이면 되었고요, 그래서 길은 사람이 많이 다니면서 저절로 만들어지고 유지되는 것이에요. 시골 출신의 60대 이상 분들은 대부분 경험했을 거예요. 그때까지도 길면 고조선이나 삼국시대로부터 수천 년, 짧으면 수백 년에서 수십 년 동안 자연스럽게 만들어졌던, 걸어 다니던 길이 홍수로 사라져서 보수하는 것을 경험한 적이 거의 없었을 것이니까요. 홍수로 길이 없어지면 바로 옆으로 새로운 길이 만들어지거나 쓸려간 위로 그냥 다시 다니면서 길이 계속 유지되는 것이지요. 물론 일제강점기 때 수레나 자동차 두 대가 지나갈 수 있는 넓이로 새로 만든 신작로나 새마을운동으로 수레가 지나갈 수 있게 새로 만든 마을길은 홍수로 쓸려 가면 보수를 했지만요. 하지만 그것은 근대 이전 걸어 다니거나 말을 타고 다니기 위해 저절로 만들어진 길들은 아니니까 논외로 삼아야 해요.

궁금이 선생님, 그것은 선생님이 사시던 조선에만 적용되던….

김정호 하하! 궁금 씨에게도 일제강점기의 식민지, 해방 후의 좌우 대립으로 인한 대혼란, 한국전쟁으로 인한 폐허와 세계 최빈국 등의 경험 때문에 오랫동안 우리나라 사람들의 머릿속을 사로잡아 왔던, 우리와 우리의 역사를 스스로 비하하는 인식이 강하게 남아 있는 것 같아요. 우리나라의 길은 엉망이었던 반면 다른 나라는 아니었을 거라고 보고 싶은 심정인 것 같은데요, 그렇지 않았어요. 로마제국처럼 제국의 위대함을 선전하고 싶은 마음에서 만든 특별한 경우를 제외하면 근대 이전 전통 문명국가들의 길은 다 그랬어요. 굳이 넓게 만들 필요가 없는데 비용을 엄청 들여가면서 넓은 길을 만들고 그 길을 유지하고자 수시로 정비하는 바보 같은 문명국가가 있었을까요? 저는 상상이 잘 안 되는데요.

궁금이 아휴~ 저는 우리나라가 먹고살 만한 시대에 태어나서 자라났기 때문에 우리와 우리의 역사를 스스로 비하하는 어른들과는 다르다고 생각했는데요, 그게 아니라는 말씀이네요. 앞으로도 깊이 성찰해 봐야 할 문제라는 생각이 듭니다.

사회자 네, 저도 궁금 씨와 비슷한 생각을 갖고 있었는데요, 선생님의 말씀을 듣고 반성해야겠다는 생각이 듭니다. 첫 번째 청중분의 질문에 대해서는 이 정도면 충분한 대답이 되지 않았나 생각합니다. 자, 그럼 또 한 분의 청중께 질문의 기회를 드리겠습니다. 앞줄 왼쪽 끝에 앉아 계신 분, 역시 간단한 자기소개와 궁금한 것에 대해 질문해 주시기 바랍니다.

청중 2 저는 고등학교 2학년 학생인데요, 두 주 동안 텔레비전으로 이 프로그램을 보면서 너무 흥미롭고 충격적인 이야기가 많아서 청중으로 꼭 참여해 질문하고 싶어서 신청했습니다. 제 질문은 조선시대 먼 길을 가는 것이 위험하지는 않았는지 하는 것입니다. 호랑이도 있었고, 산적도 있었고….

사회자 고등학교 2학년 학생인지는 몰랐습니다. 요즘은 외모만 보고는 나이를 알아보기가 쉽지 않다는 것을 잘 보여 주는 분 같습니다. 선생님, 학생의 질문 어떻게 생각하세요?

김정호 좋은 질문이에요. 요즘 하늘나라에 온 사람들로부터도 많이 들었던 질문이에요. 그때마다 안전했다고 말하면 다들 믿기지 않는다는 반응이었어요. 그래서 '젊은 시절 본인이 먼 길을 갈 때 호랑이나 산적 때문에 위험했던 경험이 있었느냐'고 물어보면 '없다'고 말하면서 자신들의 젊은 시절에는 우리나라의 호랑이가 이미 다 사냥꾼의 총에 맞아 사라졌고 일본 순경과 독재 시대의 경찰이 엄청나게 강하게 통제해서 산적도 없었기 때문에 그런 경험을 하지 않았다고 말해요.

궁금이 선생님, 그럼에도 안전했다고 말씀하시는 것은 그 전에도 호랑이가 없었고 순경이나 경찰 같은 사람들의 통제가 잘 이루어졌기 때문에 안전했다는 건가요?

김정호 반은 맞고 반은 틀렸어요. 호랑이는 있었지만 그것 때문에 먼 길 가는 것이 위협받은 적은 거의 없었어요. 호랑이가 사람을 물어가거나 해치는 이야기가 우리나라 여기저기에 전해지지만 실제로 그런 일은 거의 없었어요. 궁금 씨, 호랑이가 사람을 더 무서워했을 것 같나요? 아니면 사람이 호랑이를 더 무서워했을 것 같나요?

궁금이 예? 호랑이와 사람이 만나면 호랑이가 사람보다 훨씬 강하니까 당연히 사람이 호랑이를 더 무서워했던 것 아닌가요?

김정호 하하! 그야 1:1로 우연히 만나 맞붙었다면 그랬겠지요. 하지만 1:1로 맞붙은 경우는 거의 없었고요, 전반적으로는 호랑이가 사람을 더 무서워했어요. 호랑이는 웬만하면 사람의 눈에 띄지 않고 살아가려고 엄청 노력했어요. 아니 노력했다기보다는 태어나 자라나면서 어미의 행동으로부터 자연스럽게 터득했다고 보는 것이 맞을 거예요. 웬만하면 사람 근처에 가지도 눈에 띄지도 마라…, 한두 번은 무사히 넘어갈 수 있지만 그것이 자주 일어나면 너는 죽는다….

사회자 진짜인가요? 설마….

김정호 진짜예요! 호랑이든 사자든 아무리 강한 포식동물이라고 해도 사람과 경쟁해서 이긴 사례가 없어요. 한두 번이야 호랑이나 사자가 사람을 잡아먹을 수 있지만 그게 반복되면 활과 창, 칼 등으로 무장한 사람들이 그 호랑이와 사자를 사냥할 때까지 끝까지 따라다녀요. 그렇지 않으면 사람을 먹잇감으로 여겨서 자꾸 잡아먹으려고 할 것이고, 그런 불안이 지속되면 지역사회든 국가든 유지될 수 없으니까 미리 싹을 싹 잘라 버리는 거죠. 호랑이의 위협 때문에 사람들을 일상적으로 벌벌 떨게 한다면 그게 나라인가요? 조선이란 나라는 그런 수준의 나라가 아니었어요. 물론 조선만이 아니라 세계 모든 문명의 나라가 다 그랬지만요. 우리나라에 사람을 잡아먹은 호랑이의 전설이 여기저기 많이 내려오는 것은 그런 일이 거의 벌어지지 않아서 두려우면서도 재밌는 이야기가 될 수 있었기 때문이에요. 전설이 만들어질 정도로만 아주 가끔, 진짜 아주 가끔 벌어졌다고 말하면 더 실감 나려나요?

궁금이 선생님, 아주 가끔이지만 그런 일이 벌어지면 어떻게 하나요?

김정호 아주 가끔이라도 그런 일이 벌어지면 국가에서 전문 사냥꾼이나 훈련받은 대규모의 군사들을 동원하여 바로 호랑이 사냥을 시작하게 되고 호랑이는 쫓기는 신세가 되어 살기 위해 엄청 고군분투하겠죠. 일반적으로 호랑이 사냥은 성공적으로 끝날 때까지 계속될 것이고요, 성공하지 못하더라도 혼쭐이 난 호랑이는 다시는 사람 근처에 얼씬도 하지 않을 거예요. 영화에서 괴물 같은 호랑이가 화살 세례를 받으면서도 살아남아 전문 사냥꾼이나 훈련받은 군사들을 몰살시키는 장면이 나오는 경우가 있는데요, 실제로는 있을 수 없는 일이에요. 호랑이에게 본능적으로 중요한 것은 살아남는 것이지 전문 사냥꾼이나 훈련받은 군사들에 대한 복수심으로 몰살시키는 것이 아니에요. 설사 몰살시키더라도 그 과정에서 큰 부상을 입은 호랑이는 결국 사냥을 할 수 없어 죽게 돼요. 야생의 세계에서 포식자든 피식자든 큰 부상을 당한다는 것은 결국 죽는다는 걸 의미해요. 인간을 제외한 생명체는 살기 위해 존재하지 복수하기 위해 존재하지 않아요. 역사 속에 존재했던 인간과 동물의 관계를 잘 이해하기 위해서라도 여러분들이 재밌는 동물의 세계를 열심히 보면 좋겠어요.

사회자 선생님의 말씀을 들어보니 그랬을 거 같다는 생각이 듭니다. 그러면 산적은요?

김정호 산적도 다르지 않았어요. 호랑이와 마찬가지로 산적이 들끓는 나라가 나라인가요? 조선은 그런 수준의 나라가 아니었고요, 이것도 조선만이 아니라 세계 모든 문명의 나라가 다 그랬어요. 우리에게 의적으로 알려진 임꺽정이든 장길산이든 다 중앙정부의 입장에서는 도적이었는데요, 아무리 사람들 사이에 동정적인 여론이 컸다고 해도 결국엔 관에 의해 모두 잡혀서 소탕당해요. 물론 나라가 쇠퇴기에 접어들어 여기저기서 반란이 일어나 통제가 잘 이루어지지 않을 때는 그런 경험을 할 확률이 좀 높아지겠지만, 그렇다고 해도 일상적으로 누구나 산적을 경험할 수 있을 정도로 혼란한 사회나 국가는 그렇게 많지 않았어요. 산적 때문에 몇십 명이 모여야 고개를 넘었다는 이야기도 실제로는 그런 일이 거의 벌어지지 않았는데, 고개가 크고 험한 것을 강조하기 위해 재미있는 이야기로 만들어 전한 것일 뿐이에요.

궁금이 전설은 재밌는 전설로만 들어야 하는데 그걸 일상적으로 벌어졌던 현상인 것처럼 잘못 알아왔던 우리에게 큰 울림을 전해 주시는 것 같습니다.

김정호 큰 울림이라…, 사람들이 실제로 경험을 하지도, 실제로 경험했던 사람의 이야기를 들어 보지도 않았으면서 재밌는 전설 속의 이야기를 일상적으로 벌어졌던 일인 것처럼 착각하고 있는 것이 호랑이와 산적 이야기 말고도 의외로 많아요. 궁금 씨가 그런 것들에 대해 한 번 더 생각해 보는 계기가 되었다고 생각하여 '큰 울림'이라고 말했다면, 저는 감사한 마음으로 그 말을 받겠습니다.

사회자 선생님, 저도 '큰 울림'이라는 궁금 씨의 말에 전적으로 공감합니다. 이제 마지막으로 세 번째 청중께 질문 기회를 드려야 할 것 같습니다. 앞줄 가운데에 앉아 계신 분, 간단한 자기소개와 질문해 주시죠.

5   그러면 근대식 측량 지도를 왜 만든 거지?

청중 3   저는 역사에 관심이 많아 역사 강연이 있으면 여기저기 찾아다니며 듣
는 평범한 회사원인데요, 선생님의 말씀 재밌고 유익하게 잘 들었습니다.
선생님께서는 옛날, 더 정확하게 말해서 근대 이전의 이야기를 주로 하고
계신데요, 혹시 근대식 측량 지도의 제작이 왜 시작되었는지에 대해서도 말
씀해 주실 수 있나요?

김정호   아, 예~ 그것도 좋은 질문입니다. 저도 서른 살 즈음에 친구 최한기에
게서 서양에서 그린 정확한 근대식 세계지도에 기초하여 청나라 사람 장정
부가 그린 세계지도를 목판에 새겨 달라는 부탁을 받아, 지구전도(地球前圖)
와 지구후도(地球後圖)를 목판에 새긴 적이 있어요. 그때 처음 알았어요. 지
구는 둥글고 오대양 육대주가 있다는 사실을요. 다만 그때 저는 우리나라의
지도를 그리는 데 집중했기 때문에 그것을 어떻게 만들 수 있었는지에 대해
서는 큰 관심을 두지 않았었는데요, 대신 하늘나라에 가서 근대식 측량 지
도의 제작에 대해 공부해 봤어요. 이와 관련해 먼저 땅 길 위주의 국가나 지
역에서는 방향과 거리가 정확한 근대식 측량 정보가 불편하고 쓸모없었다
는 것을 다시 한번 강조하고 싶네요. 이것은 우리나라만이 아니라 땅 길 위
주의 모든 나라에 해당되는 이야기라는 점도 잊지 말아야 해요. 일본이나

영국과 같은 섬나라는 바닷길 위주였던 것처럼 착각하면 안 돼요. 바닷길은 언제 폭풍을 만날지 몰라 땅 길보다 죽을 확률이 더 높았고요, 그래서 어느 지점에서 어느 지점으로 사람이 무사하게 도착하는 것이 목적이었다면 땅 길로 갔지 바닷길을 이용하는 사람은 거의 없었어요. 땅 길이 없는 곳에서만, 땅 길이 있지만 갈 수 없는 특별한 사정이 있을 때만 바닷길을 이용했다고 보면 돼요. 물론 장거리 물자 운송은 목숨보다는 이익이 우선이었기 때문에 땅 길과 바닷길 두 개가 모두 있었다면 당연히 바닷길로 갔고요.

사회자 선생님의 말씀을 듣고 보니 역사다큐멘터리를 보면서 들었던 의문 하나가 풀리는 것 같습니다. 조선의 사신들이 청나라의 북경에 갈 때, 그리고 청나라의 사신들이 북경에서 서울로 올 때 배를 타고 서해 바다를 건너오면 편할 텐데 군이 힘들게 만주를 거쳐 땅 길로 오고가는 것이 이해가 안 갔거든요. 이제야 이해가 갑니다. 죽기 싫으면 바닷길이 아니라 땅 길로 가라…, 뭐 이런 식으로 생각하면 될까요?

김정호 안시리 아나운서가 좋은 사례를 말해 줬어요. 사신단은 죽지 않고 살아서 두 나라 사이의 외교 관계를 돈독하게 지속시키는 것이 목적이었잖아요. 그러니 죽을 확률이 적은 땅 길을 택하는 것은 아주 자연스러운 것이죠. 조선에서 중국에 사신을 보낼 때 서해의 바닷길로 갔던 시기가 딱 한 번 있었는데요, 바로 임진왜란 후 후금이 성장하여 만주를 장악하고는 조선에서 명나라의 북경으로 가는 사신 길을 차단했을 때에요. 그 시기 말고는 조선과 중국의 사신단은 모두 만주를 거치는 땅 길로 오고갔어요. 최대한 안전한 땅 길로! 어쩔 수 없을 때만 위험한 바닷길로! 이런 원칙은 고려 때도, 통일신라 때도, 삼국시대 때도 모두 동일하게 적용되었고요, 다른 지역이나 나라에서도 마찬가지였다고 보면 돼요. 어쩔 수 없이 바닷길로 가야 하는 상황이더라도 웬만하면 폭풍우가 칠 때 언제라도 피할 수 있는 해안가를 따라 연안항로로! 그것이 어려울 때만 큰 바다를 가로질러서! 이런 원칙도 조선뿐 아니라 우리나라의 역사 전체, 그리고 다른 지역 다른 나라에서도 동일하게 지켜졌다고 보면 돼요.

궁금이 선생님, 정말 재밌고 유익한 역사 지식이라 저도 귀를 쫑긋하며 듣고 있었는데요, 청중분이 질문한 것은 근대식 측량 지도의 제작 이야기였던 것 잊지 않으셨지요?

김정호 예, 잊지 않고 있어요. 지금 근대식 측량 지도의 이야기를 하고 있는 중입니다.

궁금이 예? 지금 선생님께서 근대식 측량 지도의 이야기를 하고 있다고요?

김정호 맞아요. 지금까지 이야기한 것을 잘 들었다면 사람들이 큰 바다를 가로질러 항해하는 일은 되도록 피하고 싶어 했다는 것을 알게 되었을 겁니다. 죽을 확률이 아주 높아지는 것이었으니까요. 그런데 신기하게 그냥 큰 바다가 아니라 대양이라 부르는 큰 바다를 가로질러 항해하려는 사람들이 나타났어요.

궁금이 선생님, 세상에 죽을 확률이 높은 것을 선택하고 싶은 사람은 없을 텐데요. 모험이나 탐험을 목숨만큼 소중하게 생각하는 사람들이 나타났나 봐요?

김정호 하하! 요즘은 모험이나 탐험이 삶의 목적인 경우가 있지만 근대 이전에는 모험이나 탐험 그 자체가 목적이었던 경우는 없었어요. 경제, 정치, 군사, 종교 등의 차원에서 분명히 얻을 것이 있다는 것을 전제로 이루어졌을 뿐이에요. 그중에서 근대식 측량 지도의 제작을 추동시킨 원동력은 대서양과 인도양의 대양 항해를 통해 인도산 향신료를 유럽에 가지고 와서 팔 때 생기는 경제적인 이익이었어요. 아니 그냥 이익이라 말하면 안 되겠네요. 엄청나게 큰 떼돈을 벌 수 있게 해 주는 경제적 이익이라고 말해야 사실에 가깝겠네요. 유럽인들이 인도에서 향신료를 가져와 유럽에 팔던 초창기, 그 이익이 무려 600배나 되었다고 하더라고요.

궁금이 그런 엄청난 이익이 대양 항해를 하게 만들었고, 그 대양 항해가 근대식 측량 지도의 제작을 추동시켰다는 말씀인 것 같은데요, 맞나요?

김정호 맞아요. 여러분들이 심하면 몇 달을 가도 섬 하나 보기 어려운 망망대해만 있는 대양 항해에 나섰다고 생각해 봐요. 배를 언제라도 바닷속으로 난파시킬 수 있는 폭풍이나 암초 등이 당연히 무섭겠죠. 그런데 그것보다 더 무서운 것이 있었어요.

궁금이 폭풍이나 암초보다 더 무서운 것이라고요? 잘 상상이 안 되는데요.

김정호 땅이라면 길도 이미 만들어져 있고요, 산과 강, 마을과 정자나무, 술막과 나루 등 길 가는 데 참고할 수 있는 지표가 풍부해서 자신이 어디쯤 왔고 얼마나 어느 방향으로 더 가면 목표점에 도달할 수 있는지를 대부분 알 수 있잖아요. 그런데 심하면 몇 달을 가도 섬 하나 보기 어려운 망망대해에서는 온통 바다와 하늘 뿐, 땅 길처럼 자기가 어디쯤 왔고 어느 방향으로 더 가야 목표점에 도달할 수 있는지를 알 수 있는 지표가 없잖아요. 만약 아무런 대비도 하지 않고 이런 대양 항해에 나섰다면 여러분들은 어떤 마음이겠어요? 자신들이 어디에 있고 어느 방향으로 얼마만큼 가야 목표점에 도착할 수 있는지를 전혀 알 수 없으니 죽음에 대한 공포가 마구 밀려오지 않을까요?

사회자 아~ 선생님, 그런 이유 때문에 망망대해에서 자신의 위치, 그리고 가고자 하는 목표점까지의 정확한 거리와 방향을 알아야 했고, 그것이 근대식 측량 지도의 제작에 추동력이 되었다는 뜻인가요?

김정호 안시리 아나운서의 말이 정확해요. 근대식 측량 지도의 제작은 땅 길이 아니라 바닷길, 그중에서도 대양 항해 때문에 시작된 현상이에요. 인류의 역사에서 떼돈을 벌 수 있게 해 주는 인도산 향신료를 향한 유럽인들의 대양 항해가 없었다면 근대식 측량 지도의 제작은 싹을 틔웠어도 꽃을 피우지는 못했을 겁니다.

사회자 선생님의 말씀이 점점 더 흥미로워지고 있는데요, 아쉽게도 시간이 다 되어서 마무리 지어야 할 것 같습니다. 재밌고 유익한 역사 지식 많이 전해 주신 김정호 선생님께 감사드리고요, 궁금 씨, 청중 열 분, 시청자 여러분 다음 주에 만날 것을 기약하면서 이만 인사드리겠습니다.

『동아일보』의 "고산자를 懷함"

고산자를 懷함(上)
근대 조선의 최대 국보

일(一)

아직 알려지지 않았지만 알려지기만 하면 조선 특히, 요즈음의 조선에도 (이러한) 초인초업(超人超業)이 있었느냐고 반드시 세계가 놀라 감탄하게 될 자는 고산자 김정호 선생과 그가 제작한 『대동여지도』의 큰 업적이다. 그렇다. 그는 대성공을 거두었다. 누구에게든지 보일만 하고 언제까지든지 전해질 위대한 업적이다. 누구라 말해줘도 무엇을 한 사람인지 얼른 아는 이가 세상에 그리 많지 못할 정도로 그는 아직 알려지지 못한 불운한 사람이다.

그러나 어떠한 의미로든지 조선이나 조선인이 그가 있다는 사실 한 가지만으로도 우리 스스로 심적(心的) 강자(强者)임을 위로도 하고 남에게 자랑할 수 있는 것이 김정호나 『대동여지도』라는 조선의 국보이다. 조선에 어떤 보배가 있느냐고 남이 물을 때에 다만 몇 가지로 한정하더라도 반드시 끼워 넣어도 낭패 보지 아니할 것이 진실로 이 사람(김정호)의 일이다. 사람도 있지만 그보다 더 한 것이 그 물건(『대동여지도』)이고, 물건도 있지만 그보다도 그 속에 담겨 있는 정신적 감응과 분발의 끝없는 샘은 단지 조선의 보배라고만 하기에 아까운 것이 그 사람의 그 물건이다.

이(二)

김정호 선생은 고산자(古山者)라는 이름으로 간혹 세상에 알려진 『대동여지도』의 제작자이고 각자(刻者)이며 또한 그에 대한 순사자(殉死者)니, 진정한 의미로 국보적 인물이 조선에서 한결같이 밟는 운명의 궤적(軌跡)을 유난히 선명하게 밟아서 가장 의미 있고 가치 있는 업적임에도 가장 도리 없고 말할 수 없는 화액(禍厄)을 당한 이가 그이다.

혹 황해도에서 출생했다는 것밖에 세계(世系)도 분명하지 않은 그는 생애에 대한 전기적 자료가 거의 다 소멸되었다. 다만 아무것도 다 없어지더라도 그것(『대동여지도』) 하나만 남아 있고, 그것이 그의 손끝에서 나온 한 가지만 알려졌으며, 그로 하여금 조선에서는 물론이요 세계에까지 영원한 생명의 소유자이게 하기에 넉넉한 『대동여지도』만은 다행히 온전하게 남아 있다.

그렇다 다행히 남아 있다. 옛날이나 지금이나 그들의 큰 공로가 함께 할 수많은 조선가치의 완성자이더라도 그들에 관한 기록이 다 없어지고, 또 한 편의 작품이라도 전하기만 하면 반드시 인류의 영원한 정신적 양식이 됨직한 그의 인격 충족의 아름다운 행적이 이제 와서 도무지 미궁에 빠지게 되었지마는, 그 인물의 전적인 표현이요 정신의 표현인 『대동여지도』는 갈수록 빛나는 힘으로써 그 권위를 학계에 떨쳐간다. 이것이 있는 곳에 김정호의 생명은 한결같이 약동(躍動)하여 만인의 심금을 울리고, 이것이 있는 곳에 김정호를 지주(支柱)로 하여 그 위대한 찬란함을 구름 비늘 같이 보여준 조선의 마음이 무엇이랄 수 없는 큰 활기를 우리의 축 쳐진 신경에 전달함을 생각하면 구구한 일생이 전해지고 전해지지 않음은 별로 문제가 아닐지도 모른다.

삼(三)

그는 그때의 사람이 꿈도 꾸지 못하는 마음의 씨앗을 어디선가 얻어 가졌다. 무슨 인연으로 말미암아서였는지 그 씨앗이 가장 이상적인 육성을 이루어, 드디어 조국의 완전한 영유(領有)는 그 정확한 도적(圖籍)의 성립에서 비롯한다는 거룩한 열매를 맺게 되었다. 온갖 생활의 무대요, 온갖 문화의 밭인 국토의 현실적 이해가 온갖 경험과 조치의 첫 번째임을 깊이 깨달은 그는 한참 밀려들어오는 세계의 풍조에 면하여 새로 태어나지 않으면 안 될 조국에 대해 국토적 자각이 필연적으로 요구하게 될 참되고 올바른 지도를 자기의 손으로 제작하리라는 큰 꿈을 세우게 되었다. 깊은 자각이 큰 결심으로 바뀔 때 이를 위해 온갖 희생을 하리라는 의연한 빛이 그의 눈썹 사이에 가득하였다.

정확한 현황을 알기 위해서는 전국의 산천을 샅샅이 답사함을 사양치 아니하였으며, 진실된 역사를 찾기 위해서는 온갖 서적을 낱낱이 조사하여 검토하기를 어려워하지 않았다. 이를 위해 백두산을 일곱 번이나 올라갔으며, 이를 위해 수십 년 동안 과객(過客)이 되었다. 그만큼 하면 삼천리 산하의 형승이 긋지 않아도 지도로 눈앞에 선명해질 때, 어떤 측면에서도 당시의 지식과 기술의 극치를 보인 조선 공전(空前)의 정확한 지도가 한 폭 한 폭씩 그의 손끝으로 만들어져 나왔다. 말하자면 객관적 존재일 따름이던 조선의 국토가 그의 업적으로 말미암아 가장 밝고 확실하게 조선인의 주관적 영토로 변하는 것이었다.

이렇게 조선 국토의 주관적 창조 노력이 시간이 지남에 따라 진보하고 쌓여서 그 역학적 변화의 산물인 학문적 광휘(光輝)가 거의 포화 상태로 저의 내부에 넘쳐나건마는 임자인 조선은 이를 깨닫지 못하였다. 이 때문에 그의 배가 곯고 옷을 몸에 걸치지 않아 생기는 것은 멀쩡한 미친놈이라는 조롱뿐이었건만 빛나는 조국의 큰 사명을 스스로 짊어진 그의 뜨거운 손을 멈추게 할 것은 아무것도 있을 수 없었다.

인간의 모든 것인 소유와 욕망 및 사랑하는 처까지 이런 와중에 빼앗겼으나 이 대사(大事)의 앞에는 아무것도 아까운 것이 있지 않았다. 오직 하나 남은 과년한 딸과 함께 안 것은 그림이고, 그린 것은 판각(板刻)으로 차례차례 한 손 끝에서 알파와 오메가를 이루어 나갔다. 북풍참우(北風慘雨)의 생활을 보낸 지 수십 년에 속으로 쌓이기만 하던 대광명(大光明)이 마침내 겉으로 드러나는 곳에 『대동여지(도)』란 위대한 보물이 철종 신유년(1861) 조선의 소반 위에 덩그러니 얹히게 되었다. 그렇다 그것은 위대한 보물이었다. (『동아일보』 1925년 10월 8일)

고산자를 懷함(下)
드러나가는 대잠룡(大潛龍)

사(四)

조선에 지도 있는 지도 오래고 또 그 발달도 자못 볼만한 것이 있었다. 그러나 과학적 방법으로 측량하여 그린 것은 고산자의 『대동여지도』로 효시를 삼으니 엄밀한 눈금선[方眼] 속에 정확한 배치를 하되, 온갖 자연·인문적 사항을 가장 인상적으로 실어서 산하의 형세가 마치 부조 같은 느낌으로써 우리의 머리에 박히게 만든 그 수완은 진실로 경탄하지 않을 수 없다. 과학적 조사의 미술적 표현에 지나는 지도식(地圖式)이 다시 없을 것이라 할진대, 우리 고산자의 『대동여지도』 같은 것은 그 선구인 동시에 일품일 것이다.

그런데 홀로 지금까지 아무도 하지 않은 대업(大業)을 아름답게 완성한 학계의 위인에게 조선과 조선인은 무엇으로 보답했는가. 재주 있는데 과문하여 공부하지 않는 어리석은 놈이라 함과, 가정을 버려가면서 먹을 것 생기지 아니하는 일에 골몰하는 미친놈이라고 욕함은 그에게 도리어 단 꿀 같은 후대(厚待)였다. 그 재주가 암만해도 서양 사람에게서나 왔을 것이라는 혐의는 필경 국가의 험요(險要)를 외국인에게 알릴 장본이 되겠다는 죄를 씌워 반평생의 심혈과 일가의 희생으로써 고심하여 쌓았던 조선 최고의 보탑(寶塔)인 『대동여지도』는 그만 몰이해한 관헌에게 그 판목을 몰수당하고, 너무 뛰어나 시비거리가 된 그 제작자는 인간의 가장 비참한 운명으로써 그 뜨거운 마음의 불을 끄지 아니하지 못하게 되었다.

도처에 있는 "골고다"(예수가 사형당한 곳)는 그 독한 어금니로 또 한 번 이 의인을 씹어버렸다. 그러나 씹어도 없어지 못한 『대동여지도』만은 그 짊어진 값을 흐리는 수 없어 마음 있는 사람의 탄성을 받음이 날로 깊었다. 그중에도 갑오년 일청전쟁이 시작되며, 지금 같은 육지측량부 제작의 지도를 갖지 못한 일청 양군은 다 같이 이 지도로 그 군용(軍用)에 쓰니 이 때문에 그 정밀한 구성과 위대한 가치가 비로소 실제로 나타나게 된 것은 혹시 다행일지 모르거니와, 제작자의 본의가 아니게 외국인의 이용물이 되어 도리어 트집 잡던 당시 관헌의 견해가 옳음을 드러낸 듯함이 이 무슨 "패러독스"일까. 어떻게 상처를 위로해야 옳을지 모를 큰 비극이 이것이다.

오(五)

(어떤) 사람이 혹 고산자로서 일본의 이노 다다타카(伊能忠敬)에 비교할는지 모른다. 이노가 근대 일본이 낳은 과학적 한 위인임과 그가 그린 "일본여지전도(日本輿地全圖)"가 근대 일본이 가진 세계적 위업임은 사실이며, 또 그가 오랜 고생을 해가며 십여 년의 공부로 국토의 실측에 종사하여 드디어 자기 국토를 이전에 없을 정도로 정밀하게 그린 지도를 제작한 점은 우리 고산자의 업적에 비슷하지 않은 것은 아니다.

그러나 조건의 좋고 나쁨, 재력의 수준, 설비와 도움의 정도로 말하면 이노의 호사에 비해 우리 고산자의 외롭고 가난함은 진실로 같다고 할 수 없다. 이노가 부유하지 않지만 가족을 기르고 남음이 있었으며, 높지는 않지만 벼슬이 오히려 시중드는 사람을 데리고 다니기에 모자람이 없었으며, 당시에 있던 가장 고명한 사부에게 비호를 받기도 하고, 가장 진보한 기계의 도움을 받기도 하였으며, 또 그 업적은 실상 국가의 명령 아래 국가의 힘으로써 성취한 것으로, 일찍이 목숨의 위태함과 재력의 곤란함을 걱정하지 아니하였으니, 다만 가난하고 고생스러웠을 뿐만 아니라 박해를 받으며 죽을 고비를 넘기는 평생의 독자적 노력이 그가 믿고 의지한 유일한 자산이었던 고산자를 그에게 견주려 한다면 고산자가 원통해 하기 전에 이노 스스로가 지레 겁먹고 겸손하게 물러나지 않지는 못할 것이다. 이노는 할 만한 일을 될 만큼 이루었음에 반해 고산자는 못될 일을 억지로 하여 할 수 없는 큰일을 만들어 낸 것이다.

관의 힘으로 한 일일망정 『일본여지전도』도 물론 불후의 명작이요, 시대를 넘는 뛰어난 일이 아닐 것은 아니다. 그러나 고산자의 『대동여지도』는 그것 위에 다시 사람의 영혼이 생각하기 어려운 발현임을 겸하였으니 그것이 어떻게 단지 병렬할 수 없는 하나의 작은 공로이겠는가. 그뿐인가. 이노는 생전부터 벗과 이웃의 도움과 보호, 국가의 장려가 있어 물심양면으로 그 노고만큼 보답도 되고, 사후에는 그 업적이 크게 드러나서 우뚝 솟은 동표(銅標)는 그의 큰 공로를 기록하고, 우월한 포상은 그의 영화를 더하고, 찬란한 사적은 국민의 교과서에 실려 길이 후손으로 하여금 감탄하고 사모하는 정성을 이루게 하며, 제국학사원(帝國學士院)이 그를 위해 상세히 전하는 것을 수집·편찬하니, 즐거이 거금을 들어 이것을 간행하여 배포하는 부자도 있는 등 그 명성과 업적이 점차 세계적인 밝은 빛을 띠게 되었으니 위로와 장려의 도리가 이루어졌다 하기도 할 것이거늘, 오호라 그의 몇 배나 되는 실적과 그를 멀리 뛰어넘는 정신적 교훈이 되는 우리 고산자는 어떠한가. 생전에는 비참함이 있었을 뿐이오, 사회에도 오히려 적막(寂寞)이 걷히지 아니하니 어느 것보다 먼저 동일한 진리의 용사로서 민족적으로 받아들여지지 못함에 대하여 탄식을 금하지 못할 것이다. 이 사람이 이렇게 묻히니 하늘의 도리가 옳은가 아닌가.

육(六)

지난해 조선광문회가 조선의 지도로 『대동여지도』가 있음을 알고 고심하여 찾아본 결과, 그 제작자가 김정호임과 김정호의 비참한 사적을 약간 조사하여 얻어내서 그 유업을 거듭 빛나게 하는 의미로 22첩 수백 폭의 도판을 번각 준성하고, 남대문 밖에 약현의 유허에 하나의 기념비를 건립하기 위해 다방면으로 노력하였으나 아직 그 완성을 보지 못하고 있음을 실상 조선인의 민족적 수치로서 말할 일이다. 그러나 국경 없는 학술은 조선인에게 푸대접받은 고산자와 그의 업적은 차차 세계적으로 알아주게 하는 단서를 지으니 최근 우리에게 보내온 한 외국인 친구의 논저 중에 이것을 논평하여, "22첩으로 이루어진 이 대지도(大地圖)를 대할 때에 참으로 거장의 신공(神功)에 접하는 듯한 감동이 있음은 아마 나 한 사람뿐 아니리라"고 한 것은 오래지 아니하여 세계의 정론일 것을 예상케 하는 말이다.

저 5일의 경성(京城)에 개설된 고지도전람회가 마치 『대동여지도』의 한 마리 학을 빛나게 하기 위해 짐짓 여러 마리의 닭을 총집합시켜 놓은 듯한 것을 보고, 아직도 잘 알려지지 아니하였지만 마침내 아무개보다도 더 드러나게 될 이 잠룡적(潛龍的) 위인에 대해 사모하고 우러러 보는 것이 새로워짐을 스스로 깨닫지 못하노니 조선이 은인(恩人)을 구박한 잘못을 크게 뉘우치고 깊게 책망할 날이 과연 언제나 오려나. 오호라.

(동아일보 1925년 10월 9일)

※ 원문은 띄어쓰기가 안 되어 있을 뿐 아니라 옛날 어투라서 이해하기 어려워 알아보기 쉬운 현대어로 바꾸었다.

조선총독부의『조선어독본』에 수록된 김정호 전기

제4과 김정호(金正皡)

지금으로부터 백 년쯤 전의 일이다. 황해도 어느 두메, 다 쓰러져가는 초가집 뜰에, 황혼을 띠고 서 있는 한 소년이 있었다. 연하(煙霞)에 싸인 산줄기가 서로 통해 있는 저편을 아득히 바라다보며 무엇인가 골똘히 생각하다가 의문이 가득한 얼굴로 혼자 중얼거리기를,

> "대체 저 산줄기가 어디서 일어나서, 어디로 가서 그쳤는지, 그림 그린 것이라도 있었으면, 앉아
> 서 알 도리도 있으련마는, 우리들 배우는 책에는 도무지 그런 것이 없으니 어쩌면 좋을까."

이 소년의 성은 '김'이오, 이름은 '정호'다. 가난한 집에 태어났으나, 연구하고 배우기에 돈독하여 한번 마음에 생긴 의문은 이것을 풀지 않고는 그대로 내버려 두는 성미가 아니었다. 그럼으로 그날 밤에도 전과 같이 서당에 가자, 곧 스승에게 산에 대한 여러 가지 이야기를 물어보았다. 그러나 스승은, "그런 것을 알아 무엇을 할 것이냐." 하며, 다시는 대꾸도 하야 주지 않았다. 수업 때 그 자리에서는 그대로 넘겼으나, 궁금한 마음은 좀처럼 사라지지 않았다.

그 후 몇 해가 지나서, 친한 벗으로부터 읍도(邑圖) 한 장을 얻었는데, 펴본 즉 산도 있고 내가 있고, 향리의 모양이 손을 보이듯이 자세하였다. 그는 뛸 듯이 기뻐하여 자기가 몸소 이것을 가지고 동네마다 돌아다니며, 일일이 맞추어 보았더니, 생각하는 바와는 아주 딴판으로 틀리고 빠진 것이 많고, 부합되는 것은 극히 드물었다.

너무도 실망한 그는 그 후 경성에 정확한 지도가 있다는 말을 듣고 상경하여 여기저기 물어서 궁중의 규장각에 있는 조선팔도지도 한 벌을 얻었었다. 그러나 그 지도도 그가 다시 황해도로 가서 실지로 조사한 결과, 그 소략함은 역시 먼저 읍도(邑圖)와 하등 다름이 없음을 알았다.

> "이거 원, 지도가 있다 하나 이 같이 틀림이 많아서야 해만 되지 이로움은 없을 것이다."

하며, 탄식한 그는 이에 자기 손으로 정확한 지도를 만들기 외에는, 다른 도리가 없다는 것을 깨달았다.

원체 지도를 만드는 일이 기차나 기선 할 것 없이 모든 교통기관이 완비된 오늘날에도 오히려 많은 금력(金力)과 인력을 요하는 지난한 사업이거든, 다만 한 사람의 미약한 힘으로, 더구나 교통이 불편한 그 당시에 이것을 감행하려는 그의 결심이야말로 참으로 장렬하다 아니할 수 없는 일이다.

그리하여 춘풍추우십여성상(春風秋雨十餘星霜)에 그의 천신만고의 긴 여행은 시작되었던 것이다. 본시 노잣돈도 없는 여행이고 보니, 어느 때는 돌 위에서 쉬고, 어느 때는 나무 밑에서 잠을 잤다. 찌는 듯한 삼복더위에, 땀이 비 오듯 흐른 때도 많았고, 살을 에는 듯한 추위에 손발이 언 것도 한두 번이 아니었다. 광막한 벌판에서 굶주렸으나, 며칠씩 밥을 못 먹은 때도 있었고, 깊은 산중에서 병들었으나, 물 한 모금 얻어 마실

도리도 없이 신음한 일도 있었다.

그러나 어디까지 의지가 굳센 그는 백난(百難)이 앞에 닥칠 때마다 용기를 더욱 더 내어, 이 고을에서 저 고을로, 이 도에서 저 도로 십여 년 후에 마침내 유명한 『대동여지도』의 원고를 완성하였다. 그동안, 팔도를 돌아다닌 것이 세 번, 백두산에 오른 것이 여덟 차례라 한다.

이리하여 22첩의 『대동여지도』의 원고는 되었으나, 본시 이것은 자기 자신을 위하여 만든 것이 아니고, 널리 세상 사람들에게 알리려고 만든 것이니까 다시 이것을 인쇄하지 않을 수 없을 것이다. 인쇄를 하려면 판을 만들어야 한다.

원래 돈 없이 하는 일이고 보니 그 어찌 용이하랴마는 철석과 같은 그가 이런 것을 구애하겠는가. 즉시 경성 서대문 밖에 집을 잡고, 소설을 지어 얻은 돈으로 근근이 일가의 생계를 삼아가는 한편, 하나둘씩 판목을 사 모아서, 틈틈이 그의 딸과 함께 지도판을 새겼다.

그리하여 다시 십여 년의 세월을 걸려서 이것도 완성하였으므로 비로소 인쇄하여 몇 벌은 친한 친구에게 나누어 주고, 한 벌은 자기가 간수하여 두었다. 그런지 얼마 안 되어 병인양요가 일어나므로 자기가 간수하였던 것을 어느 대장에게 주었더니 그 대장은 뛸 듯이 기뻐하며 곧 이것을 대원군께 바쳤다.

그러나 대원군은 다 아는 바와 같이 배외심(排外心)이 강한 어른이시라, 이것을 보시고 크게 노하시어 "함부로 이런 것을 만들어서, 나라의 비밀이 다른 나라에 누설되면 큰일이 아니냐." 하시고, 그 지도판을 압수하시는 동시에, 곧 정호 부녀를 잡아 옥에 가두셨더니, 부녀는 그 후 얼마 아니 가서, 옥중의 고생을 견디지 못하였는지 통탄을 품은 채 전후하야 사라지고 말았다.

아아, 비통한지고, 때를 만나지 못한 정호……, 그 신고(辛苦)와 공로의 큼에 반하여 생전의 보수가 그 같이 참혹할 것인가.

비록 그렇다고 하나 옥이 어찌 영영 진흙에 묻혀 버리고 말 것이랴. 명치 37년(1894) 러일전쟁이 시작되자 『대동여지도』는 우리 군사에게 지대한 공헌이 되었을 뿐 아니라, 그 후 총독부에서 토지조사사업에 착수할 때에도 둘도 없는 좋은 자료로 그 상세하고도 정확함은 보는 사람으로 하여금 경탄하게 하였다 한다. 아, 정호의 난고(難苦)는 비로소 이에 혁혁한 빛을 나타내었다 하리로다.

※ 원문은 띄어쓰기가 안 되어 있을 뿐 아니라 옛날 어투라서 이해하기 어려워 알아보기 쉬운 현대어로 바꾸었다.

4부

슬픈 근대,
우리나라 고
지도의
역사를
왜곡하다

사회자 시청자 여러분 안녕하십니까. 우리 '역사 환생 인터뷰' 프로그램에서는 지난 3주에 걸쳐 저승의 하늘나라에서 환생해 오신 김정호 선생님을 모시고 이야기를 들었습니다. 오늘도 김정호 선생님의 재밌고 유익한 이야기를 끌어내기 위해 날카로운 질문 준비해 오셨을 궁금 씨와 청중 열 분이 함께 자리를 해 주셨습니다.

궁금 안녕하세요. 역사 도우미 개그맨 궁금 인사드립니다. 오늘도 흥미롭고 깊이 있는 질문을 하기 위해 나름대로 예습 복습을 열심히 해 왔습니다. 즐거우면서도 진지하게 임해 보도록 하겠습니다.

사회자 예, 그럼 이제 '역사 환생 인터뷰 김정호 편' 네 번째 주를 시작하도록 하겠습니다. 오늘도 우리에게 재밌고 유익한 역사 이야기를 해 주실 김정호 선생님께서 오셨습니다. 환영의 박수 크게 부탁드립니다.

김정호 안녕하세요. 환영해 주셔서 감사합니다. 이젠 이 자리와 여러분들이 아주 오래전부터 함께 했었던 것처럼 정겹게 느껴지네요. 오늘도 준비해 온 이야기 잘 풀어 보도록 하겠습니다.

사회자 네, 그럼 오늘의 '역사 환생 인터뷰' 시작하도록 하겠습니다. 오늘도 궁금 씨 준비 많이 해 오셨다니까 첫 질문 부탁드립니다.

궁금 지난 3주에 걸쳐 그동안 우리가 어렴풋이 알고 있던 우리나라의 고지도 관련 지식의 상당수가 잘못된 것이라는 사실을 깨닫게 된 것 같은데요. 그래도 혹시나 더 깊게 알고 싶은 것이 있지 않을까 해서 집에서 3주치의 인터뷰 내용을 복습해 봤습니다. 그랬더니 이런 궁금증이 생기더라고요. '이렇게 잘못된 지식이 왜 어떻게 만들어지게 되었는지…, 그렇게 잘못된 지식이 지식정보화 시대인 21세기까지도 잘 고쳐지지 않은 이유가 뭐지?' 이런 거요.

1 슬픈 근대와 근대식 측량 지도에 대한 강박관념

김정호 궁금 씨가 복습까지 하면서 궁금해진 문제라니 당연히 풀어 드려야죠. 첫 주에 너무 간단하게 언급해서 '좀 더 자세하게 이야기했으면 좋았을걸' 하는 진한 아쉬움이 들었던 것이 있습니다. 저 김정호의 삶과 대동여지도에 대한 왜곡된 이야기가 바로 그것인데요, 아무래도 궁금 씨의 궁금함을 풀어 줄 이야기의 출발은 그 왜곡이 왜 어떻게 만들어지게 되었는지를 좀 더 자세하게 추적하는 것부터 시작되어야 할 것 같습니다.

궁금이 저도 그 부분이 좀 짧지 않았나 하는 생각이 들어 아쉬웠습니다.

김정호 네, 그럼 이제 시작해 볼까요? 신기하게도 제가 하늘나라에 올라가자마자 곧바로, 18세기의 유럽에서 시작되어 전 지구로 퍼져 나가며 과거를 고집하는 무수한 나라들을 집어삼키던 근대의 거대한 파도가 우리 동아시아에도 거칠게 밀려들더라고요. 그러고는 문명국가 중에서는 거의 마지막으로 우리나라까지 덮쳐서 개방의 문호를 열지 않으면 안 되게 만드는 모습을 하늘나라에서 똑똑히 지켜봤습니다. 그 이후는 다 아시다시피 이미 오랜 세도정치에 허약해질 대로 허약해진 조선 정부의 미숙한 대응, 세계의 변화를 따라잡지 못하고 옛것만 고집하며 변화를 거부하던 양반 지배층의 고리타분하고 폐쇄적인 세계관 등등 여러 이유가 겹치면서 결국엔 일본의 식민지로 전락하여 일제강점기 35년을 보내야 했던 '슬픈 근대'가 되고 말더군요.

궁금이 선생님, 우리나라의 근대를 '슬픈 근대'라고 말하는 분은 처음 본 것 같습니다. '슬픈 열대'라는 책을 읽은 적이 있는데요, 뭔가 짠한 느낌이 들었던 기억이 납니다.

김정호 예, 뭔가 짠한 느낌의 근대! 우리의 못난 근대도 너무 자학하지 말고 그냥 짠하게 보면 좋겠다는 생각에서 쓴 거예요. 짠한 역사는 소설이나 만화, 드라마나 영화, 노래나 춤의 창작 소재가 되어 우리 삶을 풍부하게 해줄 수 있지만 우리 스스로 자학한 역사는 그게 쉽지 않잖아요. 이미 지나간 역사를 바라보는 인식의 전환에 대해 한 번쯤 생각해 보기 위해 쓴 용어예요.

사회자 아무리 못난 역사라도 우리 역사를 너무 자학하지 말고 그냥 짠하다고 보면 우리 삶을 풍부하게 해 주는 창작의 소재로 삼을 수 있다…, 말씀이 멋진데요?

김정호 하하! 멋지긴요. 괜히 쑥스럽네요. 이야기가 잠깐 옆길로 빠졌는데요. 계속하면요, 우리의 그 슬픈 근대는 해방 후 극심한 좌우 혼란과 민족상잔(民族相殘)의 한국전쟁이란 아픈 역사로 계속 이어지면서 세계 최빈국의 하나로 떨어지는 악순환이 계속되었잖아요. 그런데 그렇게 슬픈 근대로만 영원히 남을 것 같았던 우리의 역사가 1960년대부터 시작된 경제개발이 꽃을 피우기 시작하면서 슬픔을 떨쳐 내기 시작했고요, 세계의 모든 선진국과 대등하고 당당하게 경쟁을 펼치고 있는 21세기, 우리의 일상생활에서 슬픈 근대는 아련하고 어렴풋한 오래전의 역사가 되었습니다. 그런데 우리의 기억과 마음속에는 아직도 슬픈 근대를 떨쳐 내지 못하고 있는 것이 꽤 있는 것 같아요. 다른 것 다 떠나서 지금으로부터 겨우 150년에서 200년 정도밖에 안 된, 저 김정호의 삶과 대동여지도가 우리의 슬픈 근대를 거치며 너무 많이 왜곡되었는데도, 그 왜곡의 대부분이 아직도 고쳐지고 있지 않잖아요.

사회자 지난 3주에 걸쳐 이루어진 이야기만으로도 선생님의 그런 말씀에 대해 고개를 끄덕일 수밖에 없었던 것 같은데요, 이제부턴 너무 방대해지면 이해하기가 쉽지 않을 수도 있으니까 좀 좁혀서 질문드릴까 합니다. 슬픈 근대가 선생님의 삶과 대동여지도를 왜곡시킨 이유를 하나의 키워드로 말씀해 주실 수 있나요?

김정호 좋습니다. 키워드 하나를 제시해 보겠습니다. 우리의 슬픈 근대가 저의 삶과 대동여지도를 왜곡시킨 가장 중요한 키워드는⋯, 바로 근대식 측량 지도에 대한 강박관념이었다고 생각합니다.

궁금이 근대식 측량 지도에 대한 강박관념요? 우리의 근대가 슬픈 근대여서 근대식 측량 지도에 대한 강박관념을 강하게 갖게 되었다는 의미로 들리는데요, 선생님 맞나요?

김정호 맞아요. 우리만이 아니라, 뒤늦게 슬픈 근대를 맞이한 모든 나라가 그랬다고 보면 돼요. 유럽에서 근대가 먼저 성취되었다는 것은 다 아는 사실이잖아요. 지금이야 근대로부터 아주 멀리 왔고, 근대에 세워진 세계 체제가 엄청나게 많이 바뀌어서 감이 잘 오지 않을 수도 있어요. 근대가 막 진행 중일 때는 근대를 먼저 성취한 유럽 제국주의 국가들의 역사에 있던 모든 것이 근대적 성공의 원인이었다고 생각했고요, 제국주의 국가의 침략을 받아 식민지나 반식민지로 전락하는 국가들의 역사에는 그런 것들이 없어서 근대를 성공적으로 이루어 내지 못했다고 자조석인 한탄으로 가득했어요. 한편으론 유럽 제국주의 국가들의 역사에 있던 것이 자기 국가의 역사에도 있었다는 것을 찾아내려는 흐름도 만들어졌어요. 우리도 원래 갖고 있었지만 제국주의 국가들의 침략 때문에 스스로 근대를 꽃피우지 못한 것이라고 보면서 민족 또는 국가의 자존감을 높이고 싶었던 거죠. 지금 와서 다시 살펴보면 두 경향 모두에서 유치한 수준이었던 것이 꽤 발견되기 때문에 역사 공부의 차원에서만 살펴보면 좋겠는데요, 어쨌든 그땐 그랬어요. 지도 분야에서는 제국주의 국가들이 침략의 도구로 사용한, 거리와 방향이 정확한 근대식 측량 지도가 그런 거였어요.

궁금이 아…, 선생님의 말씀을 듣고 나니 다음 이야기가 좀 짐작되는 것 같은
데요. 누군가 그때 우리나라의 지식인 사이에서 꽤 알려져 있던 선생님의
대동여지도를 보고는 '우리도 근대식 측량 지도가 이미 있었다…, 우리도 근
대의 씨앗이 있었는데 일본 제국주의의 침략 때문에 스스로 꽃피우지 못했
다….'고 말하고 싶었다는 이야기로 이어질 것 같은 느낌이 확…. 물론 이미
여러 번 말씀하셨듯이 선생님의 대동여지도는 근대식 측량 지도가 아니었
지만요.

김정호 궁금 씨의 짐작이 거의 맞습니다. 다만 한 단계만 더 설정하면 좋겠어
요. 그때 우리는 일본 제국주의의 식민지였잖아요. 당시까지만 해도 일본은
지구 전체에서 유럽 계통의 국가나 민족이 아니면서 근대를 성공시켜 제국
주의 국가의 반열에 오른 유일한 나라였고요, 일본이 왜 이런 성공을 거둘
수 있었는지에 대해 일본 국내는 물론이고 국외에서도 관심이 많았어요. 그
래서 무엇을 찾았느냐 하면…, 너무 쉬운 건데요, 일본은 근대에 성공하기
전부터 유럽의 역사와 닮은 거의 유일한 나라였다! 그래서 유럽 계통을 제
외하면 거의 유일하게 성공한 나라가 될 수 있었다! 이런 거였어요. 일본 말
고도 우리나라와 대만을 비롯하여 슬픈 근대를 훌륭하게 극복하고 경제적
으로 성공한 나라가 꽤 많아진 지금 보면 좀 유치한 발상이긴 한데요, 그때
는 일본 국내든 국외든 거의 아무도 이의를 제기하지 않았어요.

궁금이 선생님, 그러면 지도 분야에서도 일본은 유럽에 있던 근대식 측량 지
도가 이미 있었다고 말하고 싶었겠네요.

김정호 이 부분에 대해서는 첫 주에 약간 말한 적이 있는데요, 오늘은 겹치더
라도 좀 더 자세히 말하려고 하니 이해해 주세요. 당연한 것이지만 궁금 씨
가 말했듯이 일본은 지도 분야에서도 근대식 측량 지도를 찾아 나섰고요,
이노 다다타카(伊能忠敬, 1745~1818)란 사람이 에도막부의 지원을 받아 직접

전국을 돌아다니며 삼각측량은 아니지만 경위도를 측정해서 제작한 대축척 지도인 일본여지전도(日本與地全圖), 더 정확하게 말하면 대일본연해여지전도(大日本沿海與地全圖)가 눈에 확 띈 거죠. 일본은 우리도 유럽과 비슷한 것이 원래부터 있었다는 것을 국내는 물론 세계만방에 알리고 싶어서 이노 다다타카를 근대 지도의 아버지로 격상시켜 대대적으로 선전을 했고요, 일본의 식민지였던 우리나라에도 그 소식이 전해져서 우리나라의 지식인들도 알게 되었죠.

사회자 저도 궁금 씨처럼 선생님의 말씀에 입각해서 다음 이야기를 한번 짐작해 보고 싶은데요, 우리나라의 지식인 중에 '너희만 있었냐…, 우리도 있었다….' 이렇게 말하고 싶은 사람이 있었다는 식으로 이야기가 흘러갈 것 같은….

김정호 안시리 아나운서의 짐작도 거의 정확해요. 1925년 10월 8일과 9일 두 차례에 걸쳐 『동아일보』에 톱기사로 연재되면서, 저의 삶과 대동여지도를 처음으로 완벽하게 왜곡한 '고산자를 회(懷)함'이란 글이 바로 그렇게 만들어진 거예요. 제가 안시리 아나운서의 말을 듣고 '정확하다'가 아니라 '거의 정확하다'고 말한 것은 이 글에서는 단지 '너희만 있었냐…. 우리도 있었다….'에서 멈추지 않았기 때문이에요.

사회자 이것보다 더한 생각이 담겨 있다는 뜻인가요?

김정호 '너희만 있었냐…, 우리도 있었다….'가 아니라 '우리가 너희보다 더 훌륭한 것을 갖고 있었다!'라고 말하고 싶어 했어요.

궁금이 선생님, 좀 샛길로 빠지는 듯한 질문인 것 같지만요, 실제로는 어땠어요?

김정호 저의 삶과 대동여지도, 이노의 삶과 대일본연해여지전도 중 어느 것이 더 훌륭했느냐 이걸 물어보고 싶은 건가요?

궁금이 예. 난처하시겠지만 좀 그렇습니다.

김정호 뭐 난처할 것까지는 없어요. 사람의 삶이 누가 더 훌륭했느냐는 것은 주관성이 강한 것이니까 제 입으로 말하지는 않겠습니다. 대신 지도에 대해서만 말하면…, 이용의 편리함에서는 저의 대동여지도가 훨씬 뛰어났고요, 지도의 정확함과 자세함에서는 직접 돌아다니며 경위도를 측정하여 지도를 제작한 이노의 대일본연해여지전도가 훨씬 뛰어났어요. 저는 이용을, 이노는 정확함과 자세함을 제1의 목적으로 놓고 지도를 제작한 차이라고 보면 돼요. 이노의 대일본연해여지전도는 대동여지도보다 훨씬 자세하고 큰 지도인데요, 이노가 지도를 제작할 당시 일본은 근대가 아니라 전통 시대였기 때문에 그렇게 크고 자세한 지도에 대한 이용 욕구는 아마 제로였을 거예요. 그럼에도 이노가 10여 년에 걸쳐 직접 경위도를 측정하여 정확하고 자세한 대일본연해여지전도를 제작한 것은 아주 높은 그의 지적 호기심이 만들어 낸 결과로밖에 생각할 수가 없네요.

궁금이 선생님, 그럼 1승 1패네요.

김정호 누가 이기고 졌는지보다는 각 지도의 장단점이 무엇인지…, 아니 각 지도를 제작한 제1의 목적이 무엇이었는지를 먼저 봐주면 좋겠어요. 이 부분은 언젠가 자세하게 얘기할 수 있으면 좋겠는데요, 시간이 좀 걸리니 여기서는 일단 넘어가도록 할게요.

2 나의 삶과 대동여지도가 왜곡되다

사회자 역사나 현상을 변화 가능성이 사라진 결과의 승패로만 보지 말고 상황에 따라 변화 가능성을 담고 있는 장단점의 발현으로 이해하면 좋겠다는 말씀으로 들립니다.

김정호 안시리 아나운서가 그렇게까지 정리해 주시니 감사할 따름입니다. 어쨌든 일본에서는 1868년 메이지유신의 성공 후 20~30년 사이에 제국주의 국가의 대열에 동참하면서 사회·정치·경제·철학·기술 등 여러 분야에서 '유럽의 역사에 있던 것이 우리의 역사에도 있었다!'라고 말할 만한 것을 찾기 시작했어요. 그리고 지도 분야에서는 유럽의 근대식 측량 지도에 걸맞은 것이 없나 살펴보다가 대동여지도보다 자세하고 큰 대축척 지도여서 제작 당시에는 별로 쓰임새가 없던 이노의 대일본연해여지전도가 눈에 딱 들어온 거죠.

궁금이 똑같은 거였는데 상황에 따라 그 가치가 다르게 평가되었다는 이야기네요.

김정호 맞아요. 당시에는 너무 커서 실질적인 쓰임새가 거의 없던 지도였는데요, 메이지유신의 성공 이후 일본 제국주의의 성공을 선전하는 데는 큰 쓰임새가 있었던 거죠.

궁금이 선생님, 그럼 우리나라는 어땠나요?

김정호 우리나라는 일본이 제국주의 국가로 발돋움할 때 청나라, 일본, 러시아 등 주변 강대국의 각축 속에서 이리 치이고 저리 치이고 살아남기 위해 온 힘을 쏟아야 했기 때문에 '유럽의 역사에 있던 것이 우리의 역사에도 있었다!' 이런 것을 생각할 겨를도 여유도 없었잖아요. 그러다가 일본의 식민지로 떨어지고 나니까 역설적이게도 오히려 과거를 돌아볼 수 있는 여유를 찾은 것 같아요. 다수는 '제국주의 국가로 성장한 유럽이나 일본의 역사에 있던 것을 아무리 찾아봐도 우리의 역사에서는 찾기가 어려우니 우리는 망할 수밖에 없었다!'는 경향으로 기울어지면서 민족적 자존심을 버리고서라도 무조건 일본과 유럽을 배우자는 쪽으로 갔고요, 일부는 '유럽의 역사에 있던 것이 우리의 역사에도 있었으나 일본 제국주의의 침략으로 미처 꽃을 피우지 못하고 식민지로 떨어졌다!'는 경향이 나타나 배우긴 배우되 민족적 자존심을 세우면서 배우자는 쪽으로 갔어요. 『동아일보』에 '고산자를 회(懷)함'이란 글을 쓴 사람은 후자 쪽이었다고 보면 되는데요, 지금 와서 생각해 보면 둘 다 틀렸을 수도 있으니 어느 쪽이 옳았다고는 쉽게 판단하지 말고 그냥 예전의 역사 현상으로만 보면 좋지 않을까 해요.

사회자 선생님의 이야기를 쭉 들어보니까 무엇을 말씀하시고자 하는지 어렴풋이나마 짐작할 수 있을 것 같아요. 선생님의 삶과 대동여지도의 왜곡에는 우리도 근대식 측량 지도를 갖고 있었다고 보고 싶은 강박관념이 마음속 깊이 깔려 있었다…, 이런 거 아닌가요.

김정호 정확히 맞혔어요. 왜곡의 핵심에 근대식 측량 지도에 대한 강박관념이 있었던 거예요. 그런 인식은 근대식 측량 지도가 아닌 대동여지도를 근대식 측량 지도인 것처럼 왜곡하는 이야기를 만들어 내게 했고요. 조선에서 근대식 측량이 이루어진 적이 없었다는 것을 알고 있었기 때문에 제가 직접 전국을 세 번 답사하고 백두산을 여덟 번 오르내리며 측량하여 조사했다는 식으로 줄거리를 만들었어요.

궁금이 선생님, 오늘 예습으로 『동아일보』에 게재된 '고산자를 회(懷)함'이란 글을 읽어 봤는데요, 궁금한 게 있어요. '아니 우리가 너희보다 더 훌륭한 것을 갖고 있었다!'라는 인식은 어떻게 담겨 있나요? 전 잘 찾지 못한 것 같아서….

김정호 하하! 궁금 씨가 찾지 못했다고요? 그럼 찾아보죠 뭐. 이노는 집안도 괜찮게 살았고 게다가 국가의 지원도 받아서 대일본연해여지전도를 만든 반면에 저는 가난했고 국가의 지원도 못 받아서 혼자 죽을 고비를 넘기며 개고생하면서 전국을 세 번이나 답사하고 백두산을 여덟 번이나 오르내리며 직접 조사해서 대동여지도를 그렸다고 나오잖아요. 이노보다 훨씬 어려운 여건 속에서 엄청 더 고생해 가며 만든 저의 대동여지도가 더 감동적인 스토리를 갖고 있는 작품이었다고 말하고 싶었던 거예요. 물론 국가의 지원을 못 받은 것은 사실이지만 제가 군이 국가의 지원을 받으려고 시도하지도 않았으니까 별 문제는 안 되고요, 이미 여러 번 말했듯이 저는 가난하지도 혼자서 전국을 돌아다니며 죽을 고비를 넘기면서 개고생하지도 않았어요. 저의 삶을 높여 주고 싶은 글쓴이의 마음 충분히 고맙기는 한데요, 지금이라도 가능하다면 사실이 아닌 것으로 높여 주는 것은 극구 사양한다고 말하고 싶네요. 저는 사실로만 이야기되고 전해지면 좋겠어요.

사회자 사실이 아닌 것으로 높여 주는 것은 극구 사양하고 싶다는 선생님의 말씀이 가슴에 와 닿습니다. 우리가 알아 왔던 선생님의 잘못된 전기처럼 역사 속의 위인을 이 세상의 인물이 아닌 신화 속의 신처럼 만들어 버린 경우가 없지 않았는지 한번 되돌아보게 하는 말씀인 것 같습니다. 아니…, '없지 않았는지'가 아니라 '많았던 것에 대해'가 더 적절하다는 생각입니다.

김정호 안시리 아나운서가 바로 고치네요. 저도 '없지 않았는지'보다는 '많았던 것에 대해'가 더 사실에 가깝다고 봐요. 그런데 제가 가난했고 국가의 지원을 받지 못한 채 전국을 돌아다니며 죽을 고비를 넘기면서 개고생했다는 왜곡된 이야기에는 저의 삶을 높여 주려는 것 그 이상의 의도도 담겨 있어요.

궁금이 예? 그 이상의 무슨 의도가요?

김정호 비록 일본의 식민지로 떨어지는 비참한 역사를 경험하고 있지만 그 근본 이유가 백성이 아니라 국가 지도자에게 있었다는 것을 강조하고 싶었던 거예요. 대동여지도와 같은 훌륭한 지도와 저, 즉 김정호와 같은 훌륭한 지도 제작자가 있었음에도 국가 지도자들은 전혀 알아보지도 인정해 주지도 않았을 뿐만 아니라 더 나아가 비참하게 만들었다는 식으로요. 물론 그런 일은 당연히 없었어요. 국가에서 특별히 인정해 주지도 않았지만 비참하게 만들지도 않았으니까요. 이 점은 다음에 이야기할 기회가 있을 거예요. 계속하면요, 비록 지금은 일본의 식민지지만 앞으로 노력하면 능력 있는 백성 또는 국민이 있는 나라이기 때문에 언젠가는 식민지로부터 벗어나 성공한 근대국가를 만들어 낼 수 있다…, 이런 희망의 메시지를 우리나라 사람들에게 전해 주고 싶었던 거죠. 물론 그런 목표 때문에 저의 삶과 대동여지도는 완전히 왜곡되었지만요.

궁금이 근대식 측량 지도에 대한 강박관념이 선생님의 삶과 대동여지도의 진실한 모습을 왜 어떻게 가리고 왜곡시켰는지 이제는 분명하게 알게 된 것 같아요. 너무 아쉬운 일이네요.

김정호 하하! 그렇게까지 아쉬워하진 말아요. 슬픈 근대 속에 살았던 웬만한 사람은 그런 왜곡을 하지 않기가 더 힘들었을 거예요. 이미 다 지나간 역사예요. 지금의 입장에서 보면 오히려 이미 일어난 왜곡의 역사도, 그것을 고쳐 가려는 역사도 우리에게 소중한 자산이 될 수 있을 거라고 봐요. 근대를 앞장서서 끌고 갔던 나라들은 둘 다 경험하지 못한 역사잖아요. 우리는 그들이 갖고 있지 못한 두 개의 역사를 더 갖고 있는 셈이고, 그것이 소설이나 만화, 드라마나 영화, 노래나 춤의 좋은 창작 소재가 될 수 있다고 봐요. 게다가 지구 위에는 식민지나 반식민지의 슬픈 근대를 경험하여 우리의 역사를 공감할 수 있는, 아니 공감하고 싶어 하는 나라의 사람들이 식민지를 경험하지 않은 나라의 사람들보다 훨씬 많잖아요. 그러니 시장도 엄청 넓을 거예요.

궁금이 선생님께서는 역사를 엄청 긍정적으로 보시는 분 같아요.

김정호 아휴~ 그렇진 않아요. 이미 지나간 역사고 지금 우리가 슬픈 근대를 다 극복했으니까 이제 스스로 자학하는 것은 그만두고 우리나라뿐 아니라 인류의 역사에서도 풍부한 역사의 자산이 될 수도 있다는 새로운 관점으로 보면 좋겠다고 말하는 것일 뿐이에요. 만약 우리나라가 아직도 슬픈 근대를 극복하지 못해서 경제적으로, 정치적으로 엄청 어려운 상황에 처해 있다면 저도 그렇게 말하기가 쉽지 않을 거예요. 그런 상황이라면 저도 이미 지나간 역사에 대해 국가 지도자의 책임을 묻고 어떻게든 경제적으로 잘사는 나라, 정치적으로 민주화된 나라를 만들고자 선진국을 모방하며 따라가려는 것에 온 힘을 집중시키지 않았을까 해요.

3   일제가 왜곡했다?

사회자 '슬픈 근대에 대해 이제 자학하는 것은 그만두고 풍부한 역사의 자산으로 만들 수도 있다는 새로운 관점으로 보면 좋겠다'는 말씀에 공감합니다. 막힐 것 없이 승승장구하여 성공한 경우보단 수많은 우여곡절의 과정을 거치며 어렵게 성공한 경우가 더 풍부하고 흥미진진한 스토리를 제공한다는 것은 자연스러운 이치가 아닌가 합니다. 슬픈 근대로부터 시작된 근대식 측량 지도에 대한 강박관념, 그리고 선생님의 삶과 대동여지도에 대한 왜곡 이야기는 이 정도면 충분히 이해되지 않았을까 합니다. 혹시 궁금 씨 또 준비해 온 질문 있나요?

궁금이 예, 있습니다. 제가 지난 내용을 복습하게 위해 『동아일보』의 '고산자를 회(懷)함'이란 글을 읽어 봤는데, 그 글에서 우리가 알아 왔던 것과 다른 것을 직접 확인하고 나니 이미 선생님께 들은 이야기였음에도 솔직히 많이 놀랐습니다. 우리나라 사람 대부분은 아니지만 최소한 김정호 선생님의 삶과 대동여지도에 관심을 갖고 있던 사람들은 선생님의 전국 답사설이나 백두산 등정설이 잘못되었다는 것을 이미 알고 있었잖아요. 그런데 그분들조차도 일제가 1934년에 보통학교의 조선말, 즉 우리말 교재로 만든 「조선어독본(朝鮮語讀本)」에서 우리나라의 역사를 비하하기 위해 그렇게 왜곡했다고 생각해 온 것 같은데요, 『동아일보』의 '고산자를 회(懷)함'이란 글에 선생님의 전국 답사설과 백두산 등정설이 핵심 내용으로 담겨 있음에도 그렇게 생각한 이유를 어떻게 봐야 하나요?

김정호 하하! 궁금 씨가 정말 놀란 것 같네요. 첫째 주에 이야기했듯이 전국 답사설이나 백두산 등정설은 1934년의 「조선어독본」이 아니라 1925년의 『동아일보』에서 만들어진 것이니 일제가 왜곡했다는 것은 당연히 잘못된 것이에요. 이 두 기록에 대한 내용은 인터넷에서 간단하게 검색만 해 봐도 쉽게 찾을 수 있는 것이었으니까, 심하게 말하면 보고 싶은 것만 보고 생각하고 싶은 대로만 생각하는 대표적인 사례가 아닌가 해요. 일제가 우리 민족과 국가를 무능의 아이콘으로 만들기 위해 우리 역사를 왜곡한 것이 당연히 많았지만, 일제가 왜곡했다고 생각해 온 것 중에 우리 스스로 왜곡한 것도 꽤 돼요. 좀 더 깊이 연구하고 생각해 보지도 않은 채 무조건 일제가 왜곡했다고 생각하는 것, 그것도 슬픈 근대의 잘못된 유산 중 하나예요. 일제가 그렇게 왜곡을 마음대로 저지를 수 있을 정도로 전지전능한 신은 아니었지 않을까요?

사회자 '아차~!' 하는 마음이 생기는 것을 선생님께서 또 지적해 주시네요. 일제가 그렇게 왜곡을 마음대로 저지를 수 있을 정도로 전지전능한 신은 아니지 않았는가라는 선생님의 말씀…. 음…, 우리가 새겨들어야 할 것 같습니다. 그럼 선생님, 「조선어독본」의 선생님 전기에 대해서는 어떻게 이해하면 좋을까요?

김정호 음…, 저의 삶과 대동여지도와 관련해서 「조선어독본」이 했던 가장 큰 역할은 왜곡된 이야기를 세상에 확실하게 알렸다는 겁니다.

궁금이 예? 확실하게 알렸다고요?

김정호 예, 확실하게…. 「조선어독본」이 아니었다면 저의 삶과 대동여지도가 그렇게 유명해지지는 않았을 거예요. 『동아일보』에 '고산자를 회(懷)함'이란 글이 이틀에 걸쳐 톱기사로 실렸다고 하더라도, 그걸 읽고 기억하는 사람이 얼마나 되었겠어요. 그런데 저의 전기를 수록한 「조선어독본」은 보통학교의 조선어, 즉 우리말 교과서였잖아요. 요즘과 비교하면 초등학교의 국어 교과서잖아요. 그러니 보통학교를 졸업한 사람은 그것을 모두 읽게 되고요, 여러분들도 경험했겠지만 초등학교 때 교과서에서 반복적으로 공부했던 기억은 오랫동안 강하게 남아 있어요. 그래서 「조선어독본」은 저와 대동여지도를 엄청나게 유명하게 만들어 주었으니 고맙기도 하고 왜곡을 너무 강한 기억으로 만들었으니 아쉽기도 하고 그런 책이에요. 애증(愛憎)의 책이라고 표현하면 적절할까요?

궁금이 저는 예습하면서 내용에만 관심을 가졌지 그것의 영향력에 대해서는 미처 생각해 보지 못했습니다. 전국 답사설과 백두산 등정설이 잘못된 것이라고 알고 있는 사람들조차 그런 왜곡이 일제에 의해 자행되었다고 보는 경향이 있는 것도 「조선어독본」의 영향력과 무관하지 않을 수 있겠네요.

김정호 「조선어독본」의 영향력이 가장 큰 요인이었다고 생각해요. 다만 일제강점기 때 왜곡된 것은 모두 일제가 왜곡시킨 것이라는 잘못된 사고 습관도 중요한 요인 중의 하나였다는 점을 잊어서는 안 된다고 봅니다. 그리고 또 하나, 「조선어독본」에 수록된 제 전기가 『동아일보』의 '고산자를 회(懷)함'이란 글보다 더 재밌고 기억하기 쉬운 감동적인 이야기 구조를 갖고 있었다는 점도 빼놓을 수 없는 중요한 요인 중의 하나였다고 말하고 싶네요.

사회자 선생님, 그러면 「조선어독본」을 만든 사람들이 『동아일보』의 '고산자를 회(懷)함'이란 글의 내용을 기초로 하면서도 재밌고 기억하기 쉬운 감동적인 이야기 구조로 바꾸었다는 말씀이네요.

김정호 예, 맞아요. 『동아일보』는 신문이고 요즘의 신문 코너로 말하면 오피니언에 '고산자를 회(懷)함'이란 글이 수록된 거예요. 여러분들이 교과서 편집자라면 오피니언에 수록된 글이 아무리 좋고 의미가 있어도 그 글 그대로를 초등학교 국어 교과서에 수록할까요? 보통학교 어린이들이 우리말을 잘 습득할 수 있도록 재밌게 읽고 쉽게 이해할 수 있는 감동적인 이야기로 바꾸는 것이 자연스럽지 않을까요? 궁금 씨 어때요?

궁금이 하하! 제가 교과서 편집자가 될 리는 없겠지만 혹시라도 된다면 당연히 그렇게 하겠죠. 너무 쉬운 질문을 주셔서….

김정호 맞아요. 너무 쉬운 질문이에요. 다만 재밌게 읽고 쉽게 이해할 수 있는 감동적인 어린이용 스토리로 바꾸면서 왜곡이 더 심해졌다는 점도 생각해 보면 좋겠어요.

궁금이 그 점은 제가 미처 생각하지 못했던 건데요, 일제가 의도한 왜곡이 바로 그건가요?

김정호 일제가 의도적으로 했을 수도 있지만 「조선어독본」에 수록된 저의 전기 내용을 검토해 보면 당시로서는 그냥 상식 수준에서 일어날 수 있는 왜곡이 들어가 있다고 생각해요.

사회자 선생님, 상식 수준에서 일어날 수 있는 왜곡이라고 말씀하셨는데요, 조금 더 설명해 주시면 좋겠습니다.

김정호 『동아일보』의 '고산자를 회(懷)함'에 없던 내용 중 「조선어독본」에 수록된 저의 전기에 첨가된 내용을 정리해 볼까요? 첫째, 어린 시절 우리나라의 산천에 관심이 많던 제가 궁금한 마음을 풀고자 이리저리 노력해서 친한 벗으로부터 읍도(邑圖) 한 장을, 서울에 올라가서 규장각의 조선팔도지도 한 벌을 구해 봤는데 정확하지도 않았고 너무 소략했다는 내용이 앞쪽에 길게 수록되어 있어요. 이건 제가 정확하고 자세한 대동여지도의 제작에 평생을 바치게 된 계기를 이야기로 만들기 위해 첨가한 건데요, 결과적으로 저의 대동여지도를 제외한 우리나라의 모든 지도는 정확함과 자세함에서 아주 형편없었다는 강한 인식을 심어주었어요. 안시리 아나운서는 어때요?

사회자 저는 달랐다고 자신 있게 말하기가 어렵네요. 선생님의 이야기를 듣기 전까지는 그것이 잘못되었다고 생각해 보지 못했던 사람 중의 한 명이고요,

제가 보기에 다른 사람들도 별로 다르지 않았을 것 같은데요….

김정호 안시리 아나운서의 말이 솔직한 거라고 봐요. 『동아일보』의 '고산자를 회(懷)함'이란 글의 내용을 기초로 어린이용 이야기로 바꾸려고 할 때, 우리 나라 지도 제작의 역사에 대한 풍부한 지식을 갖고 있지 않는 한 「조선어독 본」의 제 어린 시절 이야기와 다르게 만들 수 있는 사람은 별로 없었을 거라 고 봐요. 당시에는 조선은 못난 나라라서 일본의 식민지가 되었다고 생각하 는 사람들이 많았으니까요.

사회자 저도 그렇게 생각합니다. 궁금 씨는 어때요?

궁금이 저도 우리나라 지도 제작의 역사에 대한 풍부한 지식을 갖고 있지 않 은 평범한 사람이니까 당연히 안시리 아나운서와 다를 리가 없겠죠.

김정호 두 분 모두 공감해 주니 고맙습니다. 그럼 두 번째로 첨가된 내용을 볼 까요? 우리나라 산천에 관심이 많은 어린 제게 '그런 것을 알아 무엇을 할 것 이냐'며 꾸중하는 훈장 스승과, '함부로 이런 것을 만들어서, 나라의 비밀이 다른 나라에 누설되면 큰일 아니냐'며 대동여지도의 목판을 압수하고 저와 제 딸을 옥에 가두어 죽게 만든 배외심이 강한 홍선대원군을 새로 등장시켰 어요. 이것은 훈장으로 상징된 양반 지식인과 홍선대원군으로 대표된 국가 지도자가 고리타분하고 폐쇄적인 세계관을 갖고 있어서 조선이 망할 수밖에 없었다는 것을 강조하는 내용이에요. 이 부분 때문에 일제의 왜곡이 심하게 들어간 것처럼 말하는 경향이 있는데요, 뭐 그렇게 보고 싶은 마음이 강하다 면 딱히 할 말은 없어요. 하지만 조선이란 나라가 일본 식민지로 떨어진 근 본 이유가 일반 백성이 아니라 국가를 책임지고 있는 양반 지식인과 지도자 에게 있었다는 것을 강조하는 면에서는 '고산자를 회(懷)함'이란 글도 별로 다 르지 않았어요. 그래서 저는 그냥 어린이들이 더 재미있고 흥미롭게 느낄 수 있도록 첨가했다고 보는 게 더 좋지 않을까 해요.

4   거리와 방향이 정확한 지도만이 지도다?

사회자 일제의 의도적인 왜곡 때문이었는지, 아니면 그냥 더 재미있고 흥미로운 요소를 첨가하고자 하는 일반적인 경향 때문으로 봐야 하는지는 판단의 문제니까 너무 하나로 결론 짓지 말고 시청자들에게 맡기면 어떨까 합니다. 이제 청중 열 분에게 질문을 드려야 할 시간이 된 것 같습니다. 오늘도 날카로운 질문이 나올 것 같은데요, 질문 있으신 분 손 들어 주십시오. 오늘도 열 분 다 손을 드셨네요. 앞줄 왼쪽 끝에 앉아 계신 분 간단하게 자기 소개 하시고 질문 부탁드립니다.

청중1 안녕하세요. 저는 이서대학교 지리학과에서 사회지리학을 가르치고 있는 교숩니다. 제가 지리학 전공이지만 고지도를 전공하진 않아서 솔직히 김정호 선생님의 삶과 대동여지도에 대해서는 깊이 있는 지식을 갖고 있지 못합니다. 오늘도 유익한 이야기 잘 들었는데요, 슬픈 근대가 우리나라 지도의 역사에서 김정호 선생님의 삶과 대동여지도만 왜곡한 것이 아니란 생각이 듭니다. 혹시 다른 지도에 대한 왜곡 이야기도 들을 수 있나요?

김정호 지리학을 전공하고 계신 교수님다운 질문을 해 주서서 감사합니다. 슬픈 근대는 당연히 저의 삶과 대동여지도만 왜곡한 것이 아니라 우리나라, 즉 조선의 지도 역사 거의 대부분을 왜곡했고요, 그 이유 또한 근대식 측량 지도에 대한 강박관념이었습니다. 조금 더 쉬운 말로 바꾸면 '거리와 방향이 정확한 지도만이 지도다!', 이런 강박관념이었습니다.

궁금이 선생님, '거리와 방향이 정확한 지도만이 지도다!'란 말, 상당히 쉽고 분명하게 다가오는데요. 반대로 말하면 '거리와 방향이 정확하지 않은 지도는 지도가 아니다!' 이렇게 봤다는 거네요. 선생님이 첫째 주에 보여 주신 그림식 전국 고을지도책 속의 지도들을 겨냥해서 했던 말들일 수도 있겠네요. 자기의 고을이 풍수의 명당이라는 것을 보여 주는 것이 목적이었기 때문에 거리와 방향은 완전히 무시되었다고 말씀하신 것으로 기억되는데요.

김정호 하하! 궁금 씨가 정말 복습을 많이 하셨네요. 그림식 전국 고을지도책 속의 지도들을 겨냥해서 했다기보다는 그런 지도를 포함하여 거리와 방향이 정확하지 않은 우리나라의 지도를 보면 곧바로 '이게 뭔 지도야'라는 반응을 보이게 만든 인식이 보편적으로 존재했다고 보면 돼요. 그렇다고 지도라고 보지 않았다는 의미는 아니에요. 지도로 보긴 봤는데요, 정말 수준이 낮은 지도로 봤다는 거죠. 더 심하게 말하면 그런 지도들을 보면서 조선에는 지도다운 지도가 없었다…, 정확한 지도를 제작할 능력이 정말 없었다…, 이렇게 생각하게 만들었다는 거예요. 「조선어독본」에 수록된 저, 즉 김정호의 이야기 앞쪽에 어린 시절 제가 구해서 봤다는 읍도(邑圖)라는 것도 그림식 고을지도를 가리킬 거예요.

사회자 저도 솔직하게 말하면요, 중고등학교 때라면 그런 지도를 보았을 때 순간적으로 '이게 뭔 지도야?'라는 반응을 보였을 것 같습니다. 제가 중고등학교의 지리 시간에 배운, 등고선이 그려진 근대 지도를 기준으로 생각하면 그 이외의 반응을 보이기가 쉽지 않다고 봅니다.

김정호 여기서도 안시리 아나운서의 말이 솔직한 거라고 봐요. 안시리 아나운서가 중고등학교 때까지만 해도 우리나라 사람 대부분이 근대식 측량 지도에 대한 강박관념을 떨쳐버리지 못하고 우리나라 지도의 역사를 거리와 방향의 정확성이란 하나의 기준으로만 바라보려는 경향이 강하게 있었어요. 그런 기준으로만 보면 그림식 고을지도는 누가 봐도 분명 형편없는 지도예요. 하지만 거리와 방향의 정확성이라는 단 하나의 기준이 아니라 다양한 기준을 가지고 바라보면 이야기가 완전히 달라질 수 있어요.

궁금이 다양한 기준요? 솔직히 지도를 바라볼 때 거리와 방향의 정확성이란 기준 말고 다른 기준을 생각하기가 쉽지 않은데요.

김정호 하하! 궁금 씨, 궁금 씨가 살아오면서 본 지도들을 조금만 깊게 떠올려 보면 쉽게 생각할 수 있을 것 같은데요….

궁금이 예? 제가 살아오면서 본 지도들을 떠올리면 다른 기준을 생각하는 것이 어렵지 않다고요? 음…, 어떤 지도들을 말씀하고 계신지….

김정호 궁금 씨, 잘 떠오르지 않나요? 그럼 제가 준비해 온 지도 한번 보죠. 자 화면에 띄워 주세요. 저런 지도 많이 봤죠?

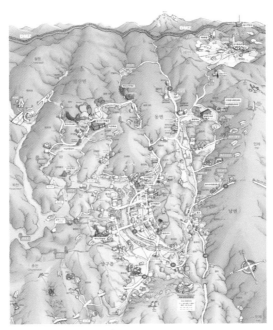

양구군 관광안내지도, 양구군청

궁금이 예, 많이 봤어요.

김정호 이 지도는 강원도 양구군청의 홈페이지에서 따온 양구군의 관광안내 지도인데요, 우리나라 사람들은 일상생활에서 이런 지도를 많이 보고 살면서도 마치 안 본 것처럼 생각하는 경향이 있어요. 지방자치단체의 홈페이지에 가면 이런 지도 엄청 많이 볼 수 있고요, 유명한 관광지나 고속도로 휴게소에서도 보는 게 어렵지 않잖아요. 관광안내 책자 속에서는 더 흔하고요. 그러면 한번 양구군의 관광안내지도를 구석구석 뜯어보면서 말해 볼까요? 양구군을 사각형 안에 꽉 차게 그렸는데 양구군의 경계선이 실제로 사각형인가요? 양구읍과 펀치볼 지형으로 유명한 해안면 지역이 다른 지역보다 훨씬 크고 자세하게 그려져 있는데요, 실제로도 그런가요? 지도 위에는 등고선이 하나도 없이 산은 산 모양대로, 강은 강 모양대로, 건물은 건물 모양대로 그렸는데요, 근대의 측량 지도도 이렇게 그렸나요? 지도 전체적으로 볼 때 거리와 방향이 하나도 정확하지 않은 지도잖아요. 2021년의 대한민국에서 거리와 방향의 정확성이 형편없고 기호를 거의 사용하지 않은 이런 지도가 흔한 것을 어떻게 봐야 할까요?

궁금이 선생님이 그렇게 강하게 반문하시니까 제 얼굴만 빨개집니다. 뭐라고 드릴 말씀이 없습니다.

김정호 하하하! 괜찮습니다. 궁금 씨만 그런 거 아니니까요. 제가 하늘나라에서 강연할 때마다 똑같은 질문을 청중들에게 했는데요, 다 궁금 씨와 똑같이 반응했어요. 아직도 근대식 측량 지도에 대한 강박관념을 떨치지 못했다는 증표죠. 여러분들 한번 상상해 볼까요? 만약 여러분들이 양구군의 문화관광과에 근무하는 공무원으로 업체에게 관광안내도를 제작하게 하는 업무를 맡고 있다면 '거리와 방향이 정확하지 않은 지도는 지도가 아니니 거리와 방향의 정확성을 꼭 지켜야 하는 제1의 원칙을 잊지 마세요.'라고 말하겠어요? 아니면 '거리와 방향의 정확성은 안 지켜도 좋으니 양구군의 관광을 활성화시킬 수 있는 상징물이나 지역이 특별히 눈에 띄도록 그리는 것이 제 1의 원칙임을 명심해 주세요.'라고 말하겠나요? 답은 너무 쉽지요?

사회자 선생님의 말씀을 잠시 정리해 보면 그림식 고을지도도 양구군의 관광 안내지도와 같은 관점에서 바라보면 된다…, 다시 말해 목적이 무엇이냐에 따라 지도에 담아내는 방법은 다를 수 있다…, 이렇게 보면 되나요?

김정호 맞아요. 안시리 아나운서가 잘 정리했습니다. 지도 제작자가 특별하게 강조하고 싶은 내용이 있다면 거리와 방향의 정확성은 중요하지 않게 돼요. 아니, '엄청 방해가 돼요.'라고 말해야 적합한 표현이네요. 양구군의 관광안 내지도는 '우리 고장의 이런 곳은 정말 구경할 만하니 많이 구경 오세요.'라 는 메시지를 담는 것이, 그림식 고을지도는 '우리 고을은 풍수적으로 이렇게 최고의 명당입니다.'라는 인식을 표현하는 것이 지도 제작의 첫 번째 목적 이었어요. 거리와 방향이 정확한 근대식 측량 지도에 대한 강박관념은 옛날 이든 지금이든 제작 목적이나 쓰임새에 따라 지도의 제작 기법이 다양할 수 있다는 것, 그래서 다양한 지도가 공존한다는 것을 생각하지 못하게 만들었 는데요, 이것 또한 큰 왜곡이에요.

사회자 목적이나 쓰임새에 따라 다양한 기법으로 제작한 다양한 지도가 공존 한다…. 우리의 일상생활에서 이용되고 있는 지도를 조금만 관찰해 보면 쉽 게 생각해 낼 수 있는 것을 생각하지 못하게 만든 것, 그것도 근대식 측량 지 도에 대한 강박관념이 만들어 낸 왜곡이라고 정리할 수 있을 것 같습니다. 자 그럼…, 다음 청중분의 질문을 받겠습니다. 뒷줄 가운데에 앉아 계신 분, 자기소개해 주시고 질문 부탁드립니다.

청중 2 안녕하세요. 저는 앞서 질문해 주신 교수님이 재직하고 계신 이서대학 교 지리학과의 대학원에서 석사과정을 밟고 있는 대학원생인데요, 오늘도 저의 전공과 관련하여 의미 있는 이야기를 정말 많이 들을 수 있어서 나오 길 잘했다는 생각을 하고 있습니다. 제 질문은요…, 질문이라기보다는 궁금해서 여쭙고 싶습니다. 근대식 측량 지도에 대한 강박관념 때문에 외면받은 지도가 그림식 고을지도 말고도 또 있을 것 같은데요, 혹시 있다면 더 소개해 주셨으면 하는 게 제 질문입니다.

김정호 네, 있습니다. 풍수의 명당임을 담아내고 싶었던 지도로서 그림식 고을지도보다 더 많이 제작된 지도가 있었는데요, 한번 화면으로 보실까요? 조상의 무덤이 풍수의 명당에 자리 잡고 있다는 것을 그린 지도인데요, 우리나라에서 무덤은 당연히 산에다 만들어야 한다고 생각했기 때문에 이런 지도를 산도라고 불렀어요. 상당수의 족보 앞쪽에는 이런 산도가 수록되어 있었는데요, 조선 후기 우리나라는 세계에서 족보가 가장 발달한 나라였기 때문에 산도 제작도 아주 활발했어요. 비록 족보에는 수록되지 않았지만 집안에서 제작해 가지고 있던 산도도 많았고요, 임금, 왕비, 왕자, 공주 등 왕실의 무덤도 산도로 제작되었어요. 많았다는 표현보다는 흔했다는 표현이 더 적절한 것 같습니다. 옛날 양반들 사이에서는 이런 산도가 흔했다는 것이 당연한 사실이었는데요, 그런데 우리나라 지도의 역사에서는 그냥 있었다는 사실 정도로만 다루고 있어요. 저는 이 또한 근대식 측량 지도에 대한 강박관념이 만들어낸 현상이라고 봐요.

「김해김씨족보」(古2518-10-513)의 「가락국왕릉도」, 국립중앙도서관

궁금이 선생님, 저는 산도를 처음 봤는데요, 그게 흔했다는 말씀을 듣고 '흔했는데 왜 나는 못 봤지?'라는 생각이 들었어요. 흔했는데도 저 같은 평범한 사람은 처음 보게 만든 것,

그것도 근대식 측량 지도에 대한 강박관념의 결과라고 봐도 되나요?

김정호 궁금 씨의 설명이 제 설명보다 훨씬 더 귀에 쏙 들어오네요. 우리나라 지도의 역사를 거리와 방향의 정확함이란 하나의 기준으로만 바라보면 산 도는 지도 같지도 않은 지도로 취급해 별로 주목하지 못하게 만든 것이죠.

궁금이 선생님의 말씀을 들으면 들을수록 근대식 측량 지도에 대한 강박관념 이란 용어가 아주 구체적으로 다가오는 것 같아요. 선생님, 또 다른 종류의 지도도 있을 것 같은데요….

김정호 네, 당연히 또 있습니다. 그렇게 외면받은 지도들이 꽤 많았으니까요. 하나 더 보여 드리면…. 자, 다음 화면 보여 주시죠.

궁금이 저건 서울시 지하철 노선도잖아요. 아…, 이번에도 지하철 노선도를 보여 주시고 옛날에 있었던 비슷한 지도를 설명하시려는 것 맞나요?

김정호 예, 맞아요. 궁금 씨의 추론 능력은 알아드려야 한다니까요. 지하철 노선도를 보고 지도가 아니라고 생각하는 분 있으면 손 들어 주세요. 하하! 아무도 안 드시네요. 자, 그럼 지하철 노선도의 구석구석을 뜯어볼까요? 지하

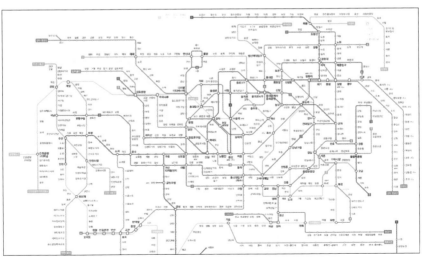

서울시 지하철 노선도, 카카오맵

철 노선도에서는 역과 역 사이의 거리가 정확한가요? 지하철 노선의 방향
이 정확한가요? 둘 다 아니죠? 그러면 이렇게 부정확한 지하철 노선도를 참
조하면서 지하철을 타고 다닐 때 불편한 적 있었나요? 불편했던 분 손 들어
주세요. 이번에도 안 드시네요. 거리와 방향이 정확하지 않은데도 불편하
지 않다…. 지하철이 없는 산골 마을에도 버스는 다니고, 모든 버스에는 버
스 노선이 그려져 있잖아요. 지하철 노선도처럼 복잡하진 않지만, 거리와 방
향이 정확하지 않다는 점은 다르지 않아요. 지하철 노선도와 버스 노선도는
양구군의 관광안내지도와 다른 계통이기는 하지만 거리와 방향이 정확하지
않다는 측면에서는 같잖아요. 그리고 이용하는 데 불편하지 않다는 것도요.

궁금이 옛날에도 지하철 노선도나 버스 노선도 같은 게 있었다는 건가요?

김정호 궁금 씨가 조금 전 추론했잖아요. 제가 지하철 노선도를 가지고 옛날
에 있었던 비슷한 지도를 설명하려나 보다고요. 자, 준비한 화면 띄워 주시
죠. 궁금 씨 어때요?

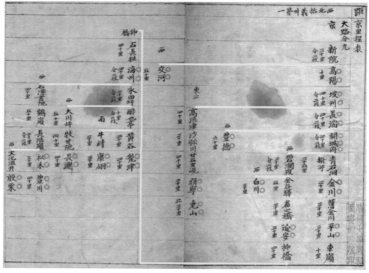

『정리표』(TK3490.6-6241), 미국 하버드대학옌칭도서관(한국고전적종합목록시스템)

궁금이 저건 첫 주에 말씀해 주신, 길 안내책인 정리표 아닌가요? 저게 지도라
고요?

김정호 첫 주엔 여러분들이 지도의 다양성에 대한 개념이 약하다고 생각해서
길 안내책이라고만 소개했는데요, 이젠 우리나라 전국의 길 안내도라고 말
해도 될 것 같아요. 보시다시피 지하철 노선도나 버스 노선도와 비슷한 아
이디어로 만든 거예요. 노란색 선은 원래 없던 것인데요, 갈림길에서 길이
어떻게 연결되는지 알려주기 위해 제가 그려 넣은 거예요. 지하철역이나 버
스정류장처럼 길 위의 주요 지점 이름을 세로 방향으로 순서대로 기록해 주
었고요, 두 지점 사이의 간격은 실제 거리와 상관없이 동일하게 기록했어
요. 다만 걸어서 가는 것이기 때문에 두 지점 사이의 실제 거리를 글씨로 써
놓았어요. 어떠세요? 이젠 지도로 보이나요?

사회자 선생님, 양구군의 관광안내지도와 비교해서 설명해 주지 않으셨더라
도 그림식 고을지도와 산도가 정확함이란 기준으로 볼 때 훌륭한 지도는 아
닐지라도 지도라고는 생각했을 것 같은데요, 정리표는 지하철 노선도와 비
교해 주지 않으셨다면 정말 지도라는 생각은 전혀 못 했을 것 같습니다. 신
기하네요. 정리표는 우리나라 전국 도로지도였네요.

김정호 아…. 안시리 아나운서의 이야기를 듣고 보니까 앞으로는 정리표를
'우리나라 전국 도로지도'라고 이름 붙여도 될 것 같다는 생각이 듭니다. 심
사숙고해 보도록 하겠습니다.

사회자 또 괜한 칭찬을…. 쑥스럽습니다. 네, 어쨌든 이제 두 시간 가까이 다
되어 가고 있어서 마지막으로 청중 한 분께만 질문 기회를 더 드리도록 하
겠습니다. 앞줄에서 저랑 가장 가까이 앉아 계신 분, 아까부터 저에게 부담
스런 강렬한 눈빛을 보내 주셨는데요, 이제야 기회를 드리게 되었습니다.
자기소개 간단히 해 주시고 질문 부탁드립니다.

5 지도 이용의 문제를 가볍게 여기도록 만들다

청중 3 안녕하세요. 저는 지난주에 청중으로 참여했던 사람의 친구인데, 친구
가 적극적으로 권유해서 참석하게 되었습니다. 선생님께서는 지금까지 정
확함이라는 하나의 기준을 벗어나면 표현 방법의 차원에서 새로운 가치가
보일 수 있는 지도의 예를 들어 주셨는데요, 혹시 표현 방법이 아닌 다른 차
원에서도 새로운 가치가 보이는 지도를 제시해 주실 수 있나요?

김정호 하하! 혹시나 안 나오면 내가 먼저 해야지 하고 생각하고 있던 주젭니
다. 먼저 질문에 답하기 전에 친구의 권유로 참석하셨다니, 그 친구와 질문
자 두 분에게 감사드립니다. 지금까지 지도의 내용과 제작 기법에 대해서만
이야기했는데요, 그런데 지도의 내용을 다양한 기법으로 그려 내면 그것으
로 끝인가요? 지도는 누군가가 보면서 이용하라고 만드는 것 아닌가요? 지
도 제작과 이용은 상호 영향을 주고받는 밀접한 관계를 맺고 있어요. 그런
데 근대식 측량 지도에 대한 강박관념은 어떤 지도를 볼 때 '이 지도를 누가
얼마나 이용했지?', '이용과 관련된 고민이 지도에 어떻게 얼마나 담겨 있지?'
이런 문제에 대해서는 별로 관심을 갖지 않게 만들었어요. 근대식 측량 지도
에 대한 강박관념이 우리나라 지도의 역사를 가장 크게 왜곡시킨 것 중의 하
나가 바로 지도 이용의 문제를 가볍게 여기도록 만들었다는 점이에요.

사회자 아⋯, 비록 잘못된 것으로 판명 났지만 저도 먼 길을 갈 때의 길 찾기용이란 생각을 제외하면 지도의 이용 문제까지 생각해 본 적은 없네요. 오늘 선생님의 이야기를 듣고서 지도의 이용 문제가 중요하다는 생각은 분명히 하게 되었지만, 아직 구체적으로 다가오지는 않는다는 게 솔직한 심정입니다. 구체적인 사례를 들어 설명해 주실 수 있나요?

김정호 안시리 아나운서가 적절하게 정리하고 지적해 주시니 고맙습니다. 다행히 질문한 내용에 답하는 데 딱 맞는 지도 이미지를 가지고 왔어요. 자, 화면에 띄워 주시죠(다음 쪽 그림 참조).

궁금이 어⋯, 독도가 우산도로 그려져 있는 대표적인 지도 중의 하나로 인터넷에서 엄청 떠돌고 있는 그 지도 아닌가요?

김정호 우산도로 기록된 독도 때문에 인터넷에서 엄청 떠돌고 있는 그 지도, 아니 그 지도 계통 맞아요. 어쨌든 안시리 아나운서, 이 지도를 거리와 방향의 정확성 관점에서 보면 우리나라와 8도의 모습이 어떤가요?

사회자 솔직하게 말하는 걸 좋아하시니까 '엉망이죠.'라고 답해도 뭐라고 안 하시겠죠?

김정호 뭐라고 하긴요. 거리와 방향의 정확성 관점에서 보면 엉망이라는 것 외에 다른 대답을 하기 어려운 게 사실이잖아요. 그런데 앞서 궁금 씨가 물어봤을 때 제가 '그 지도' 했다가 '아니 그 지도 계통'이라고 말을 바꿨잖아요. 왜 그랬냐면 이 지도 계통이 엄청 인기가 많아서 1500년대 후반부터 조선이 멸망할 때까지 지속적으로 다양하게 만들어졌기 때문이에요. 조선에서 가장 많이 이용되어서 지금도 우리나라와 외국에 수백 종이나 전해질 정도로 흔해요. 물론 우리나라 전체와 8도의 모습은『신증동국여지승람』에 있는 지도에서 따왔기 때문에 거의 같고, 계통마다 내용도 전체적으로는 비슷비슷하지만 세부적으로 들어가면 약간씩 차이가 있어요. 일부를 제외하면 원형으로 만든 세계지도인 천하도(天下圖), 중국도, 일본도, 지금은 일본의 오키나

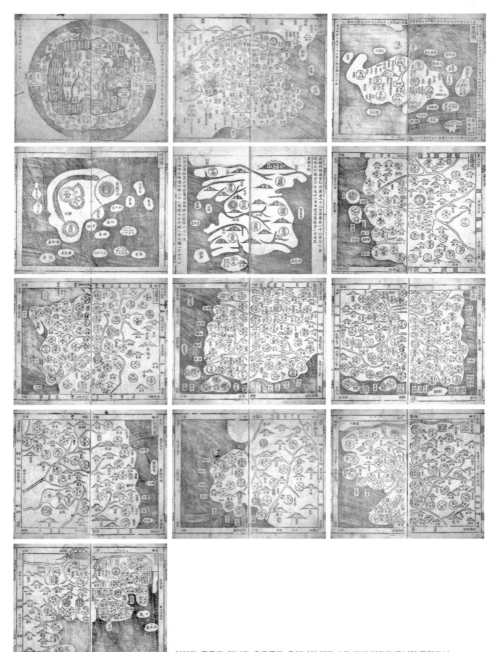

천하도, 중국도, 일본도, 유구국도, 우리나라 전도, 8도 도별 지도로 구성된 동람도식
소형 지도책 계통, 동국여지도(古4709-96), 규장각한국학연구원

와가 된 유구국지도(琉球國地圖), 우리나라 전도, 8도 도별 지도 등 총 13장으로 구성된 지도책이 일반적이었어요. 『신증동국여지승람』의 우리나라 전도와 도별 지도 8장 가운데 '동국여지승람지도'의 줄임말인 '동람도(東覽圖)'가 적혀 있어서, 이 지도 계통을 보통 '동람도식 소형 지도책 계통'이라고 불러요. 근대식 측량 지도에 대한 강박관념에 사로잡혀 있을 때는, 이 지도책 계통을 보면 '우리나라의 지도 제작 수준이 정말 엉망이었구나!'라고 생각하는 사람들이 대부분이었어요. 그렇게 엉망으로 그릴 수밖에 없었던 이유가 무엇인가를 추적한 사람까지 있었어요.

사회자 이제 좀 구체적으로 다가오긴 하는데요, 아직도 좀 부족하다는 느낌입니다. 뭔가 더 설명이 있어야 할 것 같습니다.

김정호 네, 맞아요. 아직 부족해요. 이 지도책이 조선에서 가장 인기가 많았던 이유는 그럴 만한 조건을 아주 잘 갖추었기 때문이에요. 대동여지도에 열광한 사람들은 대동여지도처럼 자세한 것을 이용자들이 아주 좋아했을 거라고 생각했겠지만 사실은 그렇지 않았어요. 대동여지도처럼 자세한 정보를 필요로 했던 이용자는 소수였는데요, 이 부분은 나중에 다시 이야기할 기회가 있을 거예요. 이 지도책의 이용자는 모두 양반이었는데요, 새로운 것을 연구하고 싶어 하는 소수의 특별한 양반 지식인이 아니라 관리가 되는 과거 공부에만 전념했던 다수의 평범한 양반들이 필요로 했던 국토 정보는 의외로 간단했어요. 8도의 모습과 위치가 대략적으로 어떤지, 각 고을과 군사기

동람도식 소형 지도책 계통 찾아보는 방법

동람도식 소형 지도책 계통은 아주 흔해서 다수의 기관에서 소장하고 있다. 그중 규장각한국학연구원과 국립중앙도서관에서 원문 이미지를 서비스하고 있다. 국립중앙도서관 홈페이지에서는 지도의 이름으로 검색해야 하므로 찾아보기가 불편한데, 규장각한국학연구원 홈페이지에서는 다양한 이미지를 쉽게 찾아볼 수 있다. '바로가기 구(舊) 원문검색서비스 → 고지도 → 필사본(기타)'으로 들어가면 조선지도(古 4709-32), 여지도(古 4709-37) 등 2종, '목판본(기타)'으로 들어가면 동국여지도(古 4709-96), 동국여지도(想白古 912.51-D717), 동국지도(일사. 古 912.51-D717), 여지도(古 4709-58), 지도(가람古 912.5-J561), 동국여지승람(古 4700-45), 조선지도(古 4709-38), 조선지도첩(古 4709-11), 팔도지도(古 4709-73) 등 9종이 동람도식 소형 지도책 계통이다.

지 그리고 찰방역은 8도의 어디쯤에 있는지, 각 고을과 서울을 오가는 데 며칠 걸리는지, 각 고을에 파견된 관리의 등급과 이름은 어떠했는지 등 전국 통치에 필요한 몇 개뿐이었고요, 이 계통의 지도책이 바로 그런 내용을 기가 막히게 잘 정리해서 실어 놓았어요. 화면을 확대해서 띄워 주세요.

궁금이 선생님, 어딘가요?

김정호 퇴계 선생이 태어나고 살았던 경상도 예안(礼安)인데요, 지금은 안동에 속해 있지만 옛날에는 독자적인 고을이었어요. 예안이란 이름 왼쪽에 적혀 있는 육(六)

경상도 예안과 그 주변, 동국여지도(古4709-96), 규장각한국학연구원

은 예안과 서울을 오가는 데 6일 걸린다는 뜻이고요, 오른쪽에 적혀 있는 감(監)은 예안에 지방관으로 종6품의 현감이 파견된다는 의미예요. 그 왼쪽의 영천(荣川)에는 5일 걸린다는 오(五)와 종3품의 도호부사(都護府使)가 파견되었다는 부(府)가 적혀 있는데요, 전국 모든 고을이 예안과 영천처럼 되어 있어요. 알아보기에 쉽고 깔끔하지 않나요? 게다가 크기도 일반 책과 같아서 보관하며 틈틈이 참조하기에도 편했어요. 이런 장점들 때문에 양반들 사이에서 엄청 인기가 있었던 거예요. 이 정도면 구체적인 설명이 되었기를 바라는데요, 좀 어떤가요?

사회자 지도의 설명과 이미지를 합해서 보니까 충분히 구체적으로 다가왔습니다. 더 설명하지 않으셔도 시청자와 청중 모두 저처럼 생각할 것이라고 봅니다. 이제 마쳐야 할 시간이 되었습니다. 오늘도 유익하고 재밌으며 새로운 이야기 들려주신 김정호 선생님께 감사드리고요, 궁금 씨와 청중분, 그리고 시청자 여러분도 저와 똑같은 마음이기를 바라면서 이만 마치겠습니다.

5부

'정확한'이란
타이틀은
정상기에게

사회자 안녕하십니까. 4주 전 작은 불씨로 시작한 우리의 '역사 환생 인터뷰'가 이젠 서서히 타오르
며 시청자들의 관심을 넓히고 있다는 소식이 조금씩 전해져 오고 있어, 사회자로서 감사드리고
앞으로 더 열심히 노력하겠습니다. 자, 오늘도 역사와 지도의 유익한 이야기에 즐거운 양념을 더
해 줄 역사 도우미 개그맨 궁금 씨, 그리고 특별히 초대한 열 분의 청중분이 자리를 함께해 주셨
습니다. 청중 열 분은 요즘 백두대간을 종주하고 있어 이 프로그램에 꼭 참여하고 싶다고 연락해
온 개봉산악회 소속 회원들이십니다. 모두 환영합니다~

궁금이 안녕하세요. 역사 도우미 개그맨 궁금입니다. 5주째가 되니 이젠 일주일의 삶이 '역사 환생
인터뷰'의 프로그램에 잘 세팅되어 있는 것 같은 느낌입니다. 오늘도 준비해 온 질문 잘 풀어서
시청자 여러분이 궁금해하실 부분 잘 긁어드리는 양념 역할 충실히 수행하도록 하겠습니다.

사회자 궁금 씨가 우리 프로그램에 일주일의 삶이 잘 세팅된 것 같다고 말했는데요, 저도 비슷한
기분입니다. 오늘도 즐겁고 재밌는 역사와 지도 이야기를 해 주실 김정호 선생님을 소개합니다.
모두 큰 박수로 맞아 주십시오.

김정호 안녕하세요. 김정호 인사드립니다. 오늘도 준비해 온 이야기 최선을 다해서 전해드리도록
하겠습니다.

사회자 그럼 이제 다섯째 주의 '역사 환생 인터뷰 김정호 편'을 본격적으로 시작하겠습니다. 오늘
도 궁금 씨가 여러 질문 잘 준비해 오셨을 것이라 믿어 의심치 않는데요, 첫 질문이 어떤 것일지
궁금합니다.

1   정상기와 신경준은 김정호보다 한 수 위였다

궁금이 선생님께서는 셋째 주에 '그럼 나만큼 우리나라의 모습을 잘 그린 신경준 선생은요? 정상기 선생은요?'라고 말씀하신 후, 두 분의 이름을 몇 번이나 언급하셨어요. 그래서 제가 인터넷의 백과사전에서 두 분에 대해 검색을 해 봤습니다. 요약이 잘되어 있었는데요, 이 프로그램을 하고 나서는 그런 요약만으로는 알 수 없는 게 너무 많을 수 있다는 생각을 갖게 되었습니다. 선생님의 삶에 신경준, 정상기 선생님 두 분이 어떤 의미를 갖고 있기에 두 분의 이름을 그렇게 거듭해서 언급하셨는지 궁금합니다.

김정호 궁금 씨가 첫 질문부터 오늘 제가 딱 시작하고 싶은 이야기를 잘 짚어서 질문해 주었습니다. 단적으로 말해서 신경준 선생의 지도가 없었다면 저의 대동여지도는 나올 수 없었고요, 정상기 선생의 지도가 없었다면 아마 신경준 선생의 지도도 나올 수 없었을 겁니다. 그러니 두 분 중의 한 분이라도 없었다면 여러분들이 엄청 칭찬해 주고 있는 저의 대동여지도 역시 탄생할 수도 없었을 테니까, 두 분의 이름을 아무리 많이 언급해도 충분하지 않다고 봅니다. 옛날에도 그렇게 생각했지만 지금도 정확하고 자세한 지도를 그리는 데 있어서 두 분은 저보다 한 수 위라고 생각합니다.

궁금이 한 수 위라고요? 두 분께서 얼마나 정확하고 자세하게 그리셨길래 선생님보다 한 수 위라고 생각하시는지 점점 더 궁금해지는데요?

김정호 한 수 위라는 말은 두 분이 저보다 지도를 더 정확하고 자세하게 그렸다는 뜻은 아니에요. 그렇다고 두 분이 저보다 덜 정확하고 덜 자세하게 그렸다는 뜻도 아니고요. 정상기 선생과 신준경 선생 그리고 저 셋은 마음만 먹으면 정확하고 자세한 우리나라 지도를 잘 그릴 수 있는 능력을 모두 갖추고 있었기 때문에 누가 낫다고 할 수는 없다고 생각해요. 다만 정상기 선생의 지도는 맨땅에 헤딩해서 얻어낸 성과였고요, 신경준 선생의 지도는 정확함과 자세함에서 정상기 선생의 지도를 깊게 참고하면서도 주눅 들지 않고 더 크고 자세한 새로운 경지를 개척한 성과였어요. 그런데 저의 첫 번째 지도책인 청구도는 이미 만들어진 신경준 선생의 지도 내용을 그대로 계승하면서 이용하기 편리하도록 변화를 주어 만든 성과였을 뿐이라고 보면 돼요. 저는 맨땅에 헤딩한 것이 아니니 정상기 선생보다 못하고요, 정확함과 자세함에서 새로운 경지를 개척한 것도 아니니 신경준 선생보다 못하다고 말한 거예요.

사회자 김정호 선생님께서 상당히 겸손하게 말씀하시는 것 같습니다. 그럼 오늘은 두 분이 제작하신 우리나라의 지도에 대한 이야기를 해 주시겠다는 것으로 들어도 되나요?

김정호 이번 주와 다음 주, 2주에 걸쳐 이야기를 다 듣고 나면 제가 겸손한 것이 아니라 왜 그렇게 말할 수밖에 없었는지 충분히 이해할 거라고 생각합니다.

궁금이 선생님, 그럼 두 분 중에서 어느 분부터 먼저 말씀해 주실 건가요? 제가 미리 조사한 바에 따르면 정상기 선생님은 1678년에 태어나 1752년에 돌아가셨고요, 신경준 선생님은 1712년에 태어나 1781년에 돌아가셨더라고요. 선생님의 지도 제작에는 가까운 시기에 사셨던 신경준 선생님의 영향이 더 컸을 것 같은데요, 혹시 신경준 선생님의 지도 제작부터 말씀해 주실 건가요?

김정호 궁금 씨가 예습 정말 많이 해 왔네요. 자세하고 정확한 저의 지도 제작에 직접 영향을 미친 비중으로 따지면 신경준 선생의 지도가 90%, 정상기 선생의 지도가 5% 정도라고 봐요. 나머지 5%는 정상기 선생의 지도 제작 이야기 다음에 나오겠지만 정철조 선생의 지도였고요. 따라서 신경준 선생의 지도가 미친 영향이 거의 절대적이었다고 보면 되는데요, 그럼에도 오늘은 정상기 선생의 지도에 대해 이야기하려고 합니다. 정상기 선생의 지도가 없었다면 저의 지도 제작에 절대적인 영향을 주었던 신경준 선생의 지도도 나오기 힘들었을 테니까요.

사회자 그럼 선생님, 우리나라 지도의 역사에서 정상기 선생님의 지도는 선생님의 대동여지도가 나오게 된 첫 출발점이었다고 보면 되는 건가요?

김정호 예, 맞아요. 첫 출발점이란 말이 딱 적합하네요. 첫 출발점!

2 지도의 크기를 무심코 지나치지 마라

궁금이 선생님, 도대체 어떤 지도였기에 첫 출발점이라고 말씀하시는지 정말
궁금한데요.

김정호 하하! 그래서 준비해 왔어요. 이번에는 현실감을 살리기 위해 화면에
이미지로 띄우지 않고 똑같은 크기로 복제한 것을 가지고 왔어요. 저기 장
막 좀 걸어 주시죠.

궁금이 와~ 생각보다 크네요.

김정호 생각보다 크죠? 우리나라와 만주 지역의 일부를 함께 그린 남북 2.7m
정도의 크기인데요, 일반적으로는 남북 2.3m 정도의 크기예요. 궁금 씨의
키가 저와 비슷한 165cm라고 말했던 것으로 기억하는데요, 저 북쪽의 백두
산을 보려면 1m 정도의 의자를 갖다가 놓고 올라가서 봐야 하지 않을까요?
제가 굳이 지도의 크기를 강조하는 이유는 지금이야 천장이 높은 전시실 안
에 걸어 놓으면 보기에 정말 좋아서 관람객들이 무척 좋아하겠지만, 이 지
도를 이용하던 옛날에는 보기에 좋은 것이 아니라 아주 불편했다는 점을 생
각했으면 해서예요. 옛날 집은 천장이 낮았기 때문에 저렇게 큰 지도를 걸
어 놓을 집도 거의 없었고요, 설사 걸어 놓을 수 있었더라도 이곳저곳 살펴
보려면 의자를 놓고 올라가서 봐야 했어요. 저렇게 큰 지도를 걸어 놓을 수

정상기의 지도 계통 우리나라 전도, 동국대지도(덕수4396), 국립중앙박물관(e-뮤지엄)

있는 곳은 잘해야 관청이나 궁궐 정도였어요. 그러면 펴 놓고 이용했을까요? 옛날 집은 방도 작았기 때문에 펴 놓기도 어려웠고요, 설사 펴 놓을 수 있었다고 하더라도 이곳저곳 살펴보려면 왔다 갔다 하면서 봐야 해요. 아무리 생각해도 이렇게 큰 지도는 이용하기에 정말 불편한 지도였다는 점을 잊어서는 안 돼요.

사회자 선생님의 이야기를 듣고 보니 그러네요. 선생님의 이야기를 안 들었다면 그냥 '정말 멋진 지돈데?' 이렇게만 생각하고 지나갔을 것 같습니다. 옛 지도를 이야기할 때는 지금이 아니라 그 지도가 이용되던 그때의 관점에서 바라봐야 한다는 것, 별것 아닌 거라고 무시하면 절대 안 되는 아주 중요한 포인트를 지적해 주신 것 같습니다.

김정호 역시 사회자답게 안시리 아나운서가 잘 정리해 주네요. 지도뿐만 아니라 옛날 모든 것, 옛날의 모든 현상을 연구하거나 이해할 때 꼭 지켜야 하는 원칙입니다. 이런 원칙을 지키지 않고 지금의 관점에서 보면 왜곡해서 이해할 수밖에 없는 것이 너무 많아요. 그래서 훌륭한 역사 연구자는 이미 사라진 옛날의 일상적인 것을 얼마나 많이 머리와 마음속에 복원하여 갖고 있느냐에 달려 있는 것이라고 봐요.

궁금이 그런데 선생님, 선생님께서 그렇게 칭찬해 마지않는 정상기 선생님의 지도는 우리나라 지도 제작의 역사에서 어느 정도의 의미를 갖고 있나요?

김정호 궁금 씨가 좋은 질문을 해 주네요. 정확한 우리나라 지도 제작의 역사에서 정상기 선생이 차지하는 비중은, 여러분들이 이상하게 생각할지 모르겠지만 저보다 더 크다고 생각해요. 지금 세상에 전해지는 지도의 수라는 측면에서 볼 때 저의 대동여지도보다 정상기 선생의 지도 계통이 훨씬 더 많고요, 제가 살던 시기에도 정상기 선생의 지도 계통이 저의 대동여지도보다 더 인기가 좋았어요.

궁금이 예? 정상기 선생님의 지도가 선생님의 대동여지도보다 더 인기 좋았다고요? 전혀 상상하지 못했던 말씀을 하시는데요, 대동여지도는 많이 보급하기 위해 목판에 새겨 인쇄한 지도 아닌가요? 그러면 정상기 선생님의 지도도 목판에 새겨서 인쇄하여 많이 보급한 건가요?

김정호　나중에 정상기 선생의 지도를 1/2보다도 작게 축소해서 목판으로 제작하여 인쇄한 지도는 있었어요. 하지만 정상기 선생이 그린 지도의 크기 그대로 목판에 새긴 것은 없었어요. 다 손으로 직접 베껴 그려서 사용하던 지도들인데도 저의 대동여지도보다 훨씬 더 많이 전해지고 있어요.

사회자　말씀을 듣다 보니까 아무리 생각해도 이상한 것이 있습니다. 저렇게 커서 이용하기에 불편한 지도가 왜 인기가 많았는지 이해가 안 갑니다.

김정호　안시리 아나운서의 그 말을 기다리고 있었어요. 이해가 안 가죠? 맞아요. 당연히 이해가 안 가야 정상이에요. 저렇게 커서 이용하기에 불편한 지도가 인기가 있었을 리가 있나요? 만약 인기가 있었다면 조선은 참 웃기는 이상한 나라였다고 보면 돼요.

궁금이　그러면 선생님의 지도보다 더 인기가 있었고, 그래서 지금도 더 많이 남아 있다고 방금 말씀하셨던 이야기를 번복하시는 건가요?

김정호　만약 정상기 선생이 이용하기에 불편한 저런 지도만 만들었다면 번복해야 맞아요. 하지만 제가 금방 번복할 이야기를 확신에 차서 말하진 않았겠죠? 정상기 선생의 지도 중 저렇게 우리나라 전체를 한눈에 볼 수 있도록 그린 대형 지도는 현재 우리나라에서 5종 안팎밖에 발견되지 않을 정도로 적어요. 이유는 간단해요. 너무 커서 이용하기 불편하여 잘 만들지 않았기 때문이에요. 그러니 전해지는 것도 별로 없게 되었죠. 하지만 그럼에도 오늘 제가 저 지도를 보여준 이유는 첫째 정상기 선생이 우리나라 전체를 그린 지도의 모습을 실물 크기로 보여 주고 싶어서였고요, 둘째 궁금 씨가 '와~ 생각보다 크네요'란 반응을 보인 것처럼 여러분들의 호기심을 끌기 위해서였어요. 정상기 선생도 저렇게 큰 지도가 이용하기에 불편하다는 사실을

팔도지도(古4709-14), 규장각한국학연구원

정상기의 지도 계통 찾아보는 방법

규장각한국학연구원에는 정상기의 지도 계통으로 『경기도부충청도지도』(奎軸12164) · 『조선팔도지도』(奎12419) · 『조선지도』(奎25200) · 『팔도지도』(奎10331) · 『팔도지도』(古4709-14) · 『팔도지도』(古4709-23) · 『팔도지도』(古軸4709-48) · 『좌해지도』(奎12229) · 『좌해분도』(古4709-99) · 『청구팔역도』(일사.古912.51-C422c) · 『해동지도』(古4709-61) · 『관서총도』(古軸 4709-28) 등 12종이 소장되어 있다. 규장각한국학연구원의 홈페이지에서 '바로가기 구(舊) 원문검색서비스 → 고지도 → 필사본(기타) → 지도 이름'의 순서로 찾아가면 원문 이미지를 볼 수 있다.

국립중앙도서관에는 『조선팔역도』(한고조61-7) · 『대동지도』(한고조61-9) · 『동국지도』(한고조61-12) · 『팔도지도』(한고조61-17) · 『여지도』(한고조61-25) · 『동국팔역도』(한고조61-48) · 『아동여지도』(한고조61-7) · 『팔로지도』(고2702-9) · 『좌해여도』(고2702-16) 등 9종이 소장되어 있다. 홈페이지에서 지도의 이름으로 검색한 후 청구기호를 확인하여 찾아가서 '원문보기'를 누르면 모든 원문 이미지를 볼 수 있다.

너무나 잘 알고 있었고요, 그래서 정상기 선생은 우리나라를 이용하는 데 불편하지 않은 크기의 여덟 장으로 나누어 그렸어요. 이것도 준비해 봤는데요, 장막을 걷어 주시죠.

사회자 선생님, 이제야 이해가 됩니다. 저렇게 여덟 장으로 나누어 그렸다면 비록 책 크기보다는 크지만 그래도 이용하는 데 별로 불편하진 않았을 것 같다는 생각이 듭니다.

김정호 안시리 아나운서의 설명이 아주 적절해요. 이용하기 가장 편리한 지도의 크기는 일반 책과 비슷한 거예요. 지난주에 일반 책의 크기로 우리나라 전도와 도별지도를 그린 '동람도식 소형 지도책 계통'이 가장 인기가 많았다고 했던 걸 다시 상기하면 돼요. 저의 대동여지도보다 더 인기가 많았다고 말한 정상기 선생의 지도 계통도 '동람도식 소형 지도책 계통'보다는 인기가 많이 적었어요. 거기에는 두 가지 이유가 있어요. 첫째, 지도의 주 소비자였던 일반적인 양반들이 지도로부터 얻고자 했던 정보는 '동람도식 소형 지도책 계통'의 수준이 딱 맞았어요. 정상기 선생의 지도는 '동람도식 소형 지도책 계통'보다 훨씬 자세한 정보를 담고 있는데요, 지도를 통해 그렇게까지 자세한 정보를 얻고자 하는 양반들이 상대적으로 적었다는 의미예요. 둘째, '동람도식 소형 지도책 계통'은 말 그대로 지도책이었기 때문에 보관하면서 이용하기가 아주 편리했어요. 반면에 정상기 선생이 전국을 여덟 장으로 나누어 그렸다고 해도 평안도 같이 큰 도의 지도는 일반 책의 아홉 배 이상의 크기였어요. 남북으로만 말하면 1m 안팎 정도였어요. '동람도식 소형 지도책 계통'에 비하면 이용하기가 확실히 불편한 거죠.

궁금이 아, 그래서 선생님이나 안시리 아나운서가 여덟 장의 지도를 이용하기에 '편리한 크기'가 아니라 '불편하지 않은 크기'라고 말한 거네요.

김정호 맞아요. '동람도식 소형 지도책 계통'이 유행하고 있었기 때문에 크면 남북 1m 안팎이나 되는 정상기 선생의 지도 여덟 장은 결코 이용하기에 편리한 크기였다고 말할 수는 없어요. 다만 정상기 선생이 그린 우리나라 전도가 2.3m였던 것에 비하면 이용하기에 불편하지 않은 크기로 줄였다고는 말할 수 있어요. 만약 정상기 선생의 우리나라 전도가 2.3m보다 훨씬 더 큰 지도였다면 여덟 장으로 나누더라도 이용하기에 불편한 크기가 되었을 거예요. 정상기 선생은 당시 유행하고 있던 '동람도식 소형 지도책 계통'이 이용하기에 정말 편리한 것은 알지만 내용이 너무 소략하고 거리와 방향이 부정확하다고 생각하여 더 자세하고 정확한 지도를 만들고 싶어 했어요. 하지만 그렇다고 해서 무한정으로 크게 만들면 이용하는 데 너무 불편하잖아요. 정상기 선생은 여덟 장으로 나누었을 때 이용하기에 불편하지 않은 크기를 먼저 결정하고 나서 거기에 맞춰서 지도를 그려 나갔고, 그 결과가 지금 보고 있는 남북 2.3m 정도 되는 우리나라 전도가 된 거예요.

사회자 일반적으로 고지도를 보면 내용에만 주목했지 지도의 크기에는 별로 관심이 없었던 것 같은데요, 이용이라는 관점을 도입하면 지도의 크기는 결코 무심코 지나쳐서는 안 되는 중요한 문제였네요. 충분히 이해된 것 같습니다. 그러면 선생님, 정상기 선생님이 여덟 장으로 나누어 그린 것은 우리나라가 8도였기 때문이겠죠?

김정호 지도의 숫자에 관한 질문도 나오니까 반갑네요. 우리나라가 8도이기 때문에 도별로 나누어 여덟 장으로 그리는 것은 조선에선 불문율처럼 지켜지는 무의식적인 원칙이었어요. 정상기 선생도 이런 경향을 잘 알고 있었기 때문에 따르려고 했는데요, 그런데 문제가 하나 생겼어요.

궁금이 예? 어떤 문제가요?

김정호 8도의 면적은 제각각이었는데요, 가장 큰 함경도의 면적은 가장 작은 경기도 면적의 여섯 배가 넘었어요. 만약 남북 2.3m의 우리나라 지도를 도별로 나누어 그리면 함경도의 지도는 이용하기에 불편할 정도로 너무 커지고요, 경기도의 지도는 불편할 정도는 아니지만 상대적으로 너무 작아져요.

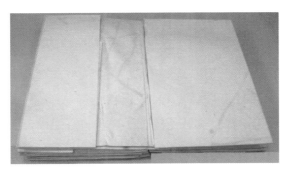
펼치지 않았을 때의 지도책 모습, 국립중앙도서관

정상기 선생은 이 점을 간파하고는 함경도는 함경북도와 함경남도 두 장의 지도로 나누어 그렸고요, 경기도와 그다음으로 작은 충청도를 합해서 한 장의 지도로 그려 불문율처럼 지켜지는 여덟 장의 원칙을 맞췄어요. 그런데도 하나의 문제가 더 생겼는데요, 함경남도의 경우 분리해서 그렸음에도 너무 커지는 거예요. 그래서 압록강 중류의 서북쪽 지역을 함경남도가 아니라 평안도 지역에 붙여 그려서 지도의 크기를 이용하기에 불편하지 않은 정도로 맞췄어요.

궁금이 불문율처럼 지켜지던 8장의 원칙은 지키면서 도별로 그리지 않고 불편하지 않을 정도의 지도 크기로 나누는 실용적인 아이디어를 낸 거네요.

김정호 맞아요. 지켜 내려오던 원칙을 따르면서도 이용하기 편리하도록 변형시키는 실용성, 이게 정상기 선생의 사고방식을 너무나 잘 보여 주는 것 중의 하나예요.

궁금이 그런데 선생님, 정상기 선생님의 지도는 책 크기보다 크게는 아홉 배이상 더 크다고 하셨잖아요. 그렇게 큰 지도를 어떻게 보관하며 이용한 거죠? 그냥 쌓아 놓고 보셨을 것 같지는 않은데….

김정호 맞아요. 지금까지 전해지는 정상기 선생의 지도는 수백 종이나 되는 '동람도식 소형 지도책 계통'보다는 적지만 국내외에 적어도 100종 안팎은 전해질 정도로 흔한 편이에요. 일부 소장기관에서 보관하기 힘들어 쫙 펴서 배접해 놓은 경우가 많은데요, 원래는 책 크기로 만들어져 있었어요.

궁금이 예? 지도가 크면 책 크기의 아홉 배 이상이라고 하셨잖아요? 그걸 책 크기로 줄여서 만들었다는 것인데 그게 어떻게 가능하죠?

김정호 하하! 접으면 되죠. 제가 가지고 온 여덟 장의 지도를 다시 한번 잘 보세요. 책 크기로 여러 번 접은 흔적이 뚜렷하게 보이죠? 저렇게 접은 후 교묘하게 붙여서 다른 책들과 함께 보관하면서 보기 좋은 책의 크기로 만들었어요. 아마 실물을 가지고 직접 펴면서 지도를 보면 놀랄 건데요, 그래서 실물과 똑같이 복제한 것을 한 부 가져왔어요. 궁금 씨가 한번 펴 보세요.

궁금이 진짜요? 복제품이라고 하시는데도 직접 만지려니까 떨리는데요. 와~, 진짜 신기하네요. 어떻게 이렇게 교묘하게 접어 붙여서 책으로 만들었죠?

김정호 너무 감탄하지 말아요. 지금 보면 교묘하지만 옛날 사람들에겐 평범한 거였으니까요. 그 정도도 못했다고 생각하면 옛날 사람들을 너무 무시하는 거예요.

사회자 선생님, 저도 한번 펴 볼 수 있나요? 옆에서 궁금 씨가 펴 보는 것을 보기만 해도 신기한데요, 그러니까 더 해 보고 싶은데요?

김정호 아…. 안시리 아나운서를 잊고 있었네요. 자, 와서 펴 보세요.

사회자 와~ 직접 펴 보니까 정말 신기하게 붙여서 책으로 만들어 놓았네요. 선생님께서 옛날 사람들에겐 평범한 거였다고 하시니까 오히려 더 신기한데요? 그런데 하나 궁금한 게 있습니다. 정상기 선생님은 이용의 편리를 위해 전국을 여덟 장으로 나누어 지도를 만들었다고 했는데요, 그래도 가끔은 비록 너무 커서 이용하는 데 불편하더라도 전국을 모두 이어 붙여 그려서 갖고 싶은 욕망이 있는 사람도 있지 않았을까요? 정상기 선생님은 전국 모든 지역에 동일한 축척을 적용하여 그렸기 때문에 여덟 장을 이어 붙여서 그리면 우리나라의 전도가 되니까요.

김정호 안시리 아나운서의 상상력이 좋습니다. 비록 불편하더라도…, 음…, 있지 않았을까? 맞아요. 그런 상상을 할 수 있죠? 정상기 선생도 그런 생각을 했어요. 비록 이용하기에 불편하더라도, 아니 실제로는 거의 이용하지 않을 거면서도 전국을 모두 이어 붙여서 그린 대형의 우리나라 모습을 한눈에 보고 싶다…, 이런 욕망을 가진 사람이 있을 수 있다고 생각했어요. 물론 궁궐이나 관아는 천장의 높이가 높고 방이 넓으니까 벽에 걸어 놓고 이용했을 수도 있지만요. 지명이나 산줄기, 물줄기 하나하나를 찾아보는 용도가 아니라 '우리나라는 이런 모습의 나라다'라는 것을 보여 주는 용도로요. 어쨌든 그런 욕망이 있다는 생각을 한 정상기 선생은 여덟 장을 이어 붙여서 그릴 때 조심해야 할 것을 지도의 여백에 적어 놓았어요.

궁금이 예? 이어 붙여서 그리는 데 조심할 것이 있다고요? 그냥 이어 붙여서 그리면 되는 거 아닌가요?

김정호 궁금 씨처럼 그렇게 생각하는 것이 보통이고요, 좀 신경 써 가며 지도를 이어 붙여서 그린다면 별 문제가 생기지는 않아요. 그런데 정상기 선생은 주의를 기울이지 않고 아무 생각 없이 이어 붙여 그리면 실수할 수 있는 것이 하나 있다고 생각했어요. 만약 서로 연결된 두 지도의 경계선에 같은 산줄기나 물줄기가 그려져 있는데도 이를 고려하지 않고 그냥 이어 붙여 그리면 산줄기나 물줄기가 실제로는 하나인데 두 개인 것으로 그려질 수 있잖아요. 정상기 선생은 이런 잘못을 범할 수도 있다고 생각하고는 이어 붙여 그리는 두 지도의 경계선에 같은 산줄기와 물줄기가 있을 수 있으니 그리기 전에 먼저 살펴본 후 같은 것으로 확인되면 하나만 그리라는 글을 지도의 여백에 특별히 써 놓은 거예요.

사회자 이용자뿐만 아니라 필사자의 편의까지도 고려하셨다니 정말로 꼼꼼하셨을 정상기 선생님의 성격이 눈에 선하게 그려집니다. 정상기 선생님은 자신의 지도가 많이 베껴 그려져서 이용될 것이라는 것을 미리 전제하고 지도를 그리신 것 같습니다.

김정호 하하! 안시리 아나운서가 제대로 맞혔습니다. 우리나라 지도 제작의
역사에서 정상기 선생의 위대함을 논할 때 보통 정확한 지도의 제작에서만
찾는데요, 그것도 맞지만 그것 못지않게 위대한 것은 많은 사람들이 쉽게
베껴서 이용할 수 있는 실용성을 엄청 고민하고 배려했다는 점입니다. 이
부분은 선생의 지도가 인기를 끈 이유로 아주 중요한 건데요, 나중에 다시
정리해서 이야기하도록 하겠습니다.

3 정확한 지도 제작의 달인을 상상할 수 있어야

사회자 예, 잘 알겠습니다. 지난주에 선생님께서는 슬픈 근대가 근대식 측량 지도에 대한 강박관념 때문에 지도의 정확함과 자세함에만 주목하여 이용의 문제를 소홀하게 만들었다고 말씀하셨습니다. 그러면 '동람도식 소형 지도책 계통'보다 더 정확하고 자세한 지도를 그리고 싶다는 욕망을 실천하면서도 이용하기에 불편하지 않은 크기의 수준에서 조절하고자 했던 정상기 선생님의 고민도 주목받기 어렵지 않았겠는가 하는데요, 맞나요?

김정호 맞아요. 저는 그렇게 생각해요. 하늘나라에서 우리나라의 고지도 연구에 대해 계속 지켜봤는데요, 아직까지는 정상기 선생의 지도 크기가 갖고 있는 의미에 대해 주목한 연구자를 본 적이 없어요. 물론 제가 미처 살펴보지 못한 연구자가 있을 수는 있겠지만요.

궁금이 보통 고지도 이야기를 하면 지도의 내용을 먼저 하는 게 상식이었던 것 같은데요, 지도의 크기부터 시작했던 것, 그리고 그 의미를 상당히 길고 자세하게 이야기했던 것은 정말 신선한 충격이었습니다. 이제 화제를 돌려서 말씀드리면요, 일반적으로 처음에 주목하는 지도의 내용에 대해 이야기해 주실 단계가 된 것 같아요. 지도의 크기 이야기가 너무 흥미진진해서 잠시 잊고 있었는데요, 정상기 선생님이 그린 우리나라 지도의 모습이 지금 우리가 알고 있는 우리나라의 모습과 진짜 너무 비슷해서 놀랐습니다. 선생님께는 죄송하지만 대동여지도보다 더 비슷한 거 같은데요, 아닌가요?

김정호 궁금 씨는 관찰력도 대단하네요. 맞아요. 대동여지도를 그린 제가 보기에도 저의 대동여지도보다 정상기 선생의 우리나라 지도가 더 비슷한 거 같아요. 변명 같지만 저도 정확하게 그리려고 정말 무지하게 노력했던 사람 맞거든요. 그런데 하늘나라에 가서 근대식 측량 지도와 비교해 보고는 정상기 선생의 지도가 더 비슷하다는 것을 알게 되었는데요, 그때 잠시지만 살짝 실망한 적이 있어요. 다시 말하지만 잠시였고요, 곧바로 인정했어요. 그래도 저의 대동여지도도 많이 비슷하게 그리지 않았나요?

사회자 하하하! 아쉬웠던 그 마음이 지금도 계속되고 있다는 것을 선생님은 부정하고 계시지만 아직도 아쉬움이 남아 있는 거 같습니다. 그래도 정확한 지도 제작의 차원에서는 최고라는 자부심을 갖고 계셨기 때문이 아닌가 하는데요….

김정호 하하하! 살짝 들켰네요. 많이는 아니고 조금은 남아 있어요. 그리고 최고라는 자부심은 분명히 갖고 있지만요, 저도 최고, 정상기 선생도 최고, 신경준 선생도 최고, 이런 식의 최고라는 자부심이에요.

사회자 최고는 하나만 있는 것이 아니라 여럿이 공동 수상할 수도 있다는 거네요.

김정호 다시 한번 느끼지만 안시리 아나운서는 정리 정말 잘하네요. 그렇게 봐주면 정말 좋고 감사하죠. 그런데 정상기 선생이 어떻게 그렇게 정확하고 자세한 지도를 그릴 수 있었는지 궁금하지 않나요?

궁금이 네, 궁금합니다. 지금 생각났습니다만, 그와 관련해 질문 하나 드리겠습니다. 정상기 선생님께서는 어떤 자료를 참조했길래 저렇게 정확한 지도를 그릴 수 있었나요?

김정호 지난주까지 했던 저의 이야기를 잘 복기해 보면 생각보다 쉽게 대답할

수 있는 질문이에요. 팁을 하나 드리면요, 정상기 선생은 60대 말년인 1740
년대에 지도를 제작한 것으로 알려져 있습니다.

궁금이 음…. 첫째, 정상기 선생님이 1740년대에 지도를 제작하셨다고 했으
니까 그때 존재하던 자료여야 하고 둘째, 김정호 선생님께서 자신의 이야기
를 복기해 보면 된다고 하셨으니까 말씀하신 자료 중에서 고르면 될 것 같
습니다. 그런 자료로는 먼저 1531년에 금속활자로 인쇄된 후 우리나라를
대표하는 전국 고을지리지가 되었던『신증동국여지승람』이 있고요, 다음으
로 1720년 안팎에 편찬된 그림식 전국 고을지도책이 있는데요, 이런 자료
를 참고했다고 보면 맞나요?

김정호 궁금 씨, 딩동댕입니다. 100점을 주고 싶은 마음이 아주 크지만 그래
도 다 맞추지는 못했으니까 95점 줄게요. 지도 제작의 흐름과 원리만 알면
별로 어렵지 않은 문젠데요, 사람들이 너무 어렵게 생각하는 것 같아요. 정
상기 선생은 1531년에는 금속활자로, 1611년에는 목판으로 인쇄한『신증
동국여지승람』과 1720년 안팎에 편찬된 그림식 전국 고을지도책 두 자료에
있는 정보만으로 지도의 거의 대부분을 완성했어요. 어떤 이는 두 자료의
정보 중 어느 것을 더 많이 참조했는지 물어 오기도 하는데요, 선생은 두 자
료의 정보 중 하나를 선택하기보다 서로 비교하며 상호 보완해 가면서 지도
를 제작했어요. 이미 말한 것처럼『신증동국여지승람』에는 거리와 방향 정
보가 자세했지만 산줄기와 물줄기의 흐름을 알기 어려웠던 반면, 그림식 고
을지도책은 산줄기와 물줄기의 흐름이 사실적이었지만 거리와 방향 정보
가 정확하지 않았거든요. 그래서 선생은 두 자료의 정보를 서로 비교하며
상호 보완해 가면서 지도를 제작한 거예요. 제 경험에 입각해서 말하면 선
생은 지도 제작에 필요한 두 자료의 정보를 비교하면서 정리하는 데 가장
많은 시간과 노력을 기울였을 거고요, 막상 지도를 그리는 시간은 그렇게
길지 않았을 거예요. 다 합치면 아마 최소 3~4년은 걸렸을 것이라고 봐요.

사회자　지도를 그려 보지 않은 사람의 입장에서는 두 자료의 정보만으로 저렇게 정확한 지도를 그렸다는 것이 솔직히 믿기지가 않는데요, '생활의 달인'이란 프로그램을 많이 본 입장에서는 믿는 데 주저해서는 안 될 것 같습니다. 그 프로그램에 등장했던 수많은 달인의 솜씨들은 그 분야에 종사하지 않는 사람들에겐 그냥 입이 딱 벌어지는, 도저히 불가능할 것 같은 놀라운 일이었는데요, 그 일을 오랫동안 해 온 달인에게는 몸에 완전히 익어서 눈 감고도 할 수 있는 일이었더라고요. 정상기 선생님이 지도 제작의 달인이었다는 것만 염두에 두면 두 자료의 정보만으로도 저렇게 정확한 지도를 그렸다는 말씀이 믿기 어려운 것이 아니라 믿을 만한 일이라는 것을 금방 이해할 수 있을 것 같습니다.

김정호　안시리 아나운서의 비유가 또 예술입니다. 예를 들어 눈 감고도 기가 막히게 칼질을 잘하는 요리사에게 '어떻게 칼질을 그렇게 잘할 수 있느냐?' '비법은 뭐냐?' 등등으로 물어보면 답은 별거 없어요. '특별한 건 없고요, 그냥 오랫동안 밤낮으로 해 오면서 몸에 익어서요.' 이런 식이죠. 요리사가 칼질 잘하는 요령을 가르쳐 줘도 금방 칼질을 잘할 수 있는 사람은 세상에 없어요. 그게 몸에 익을 때까지 하는 방법밖에 없으니까요. 모든 달인의 세계가 다 이런 거잖아요. 정확한 지도 제작의 원리도 정말 간단하잖아요. 하지만 정상기 선생이 『신증동국여지승람』과 그림식 전국 고을지도책의 두 자료만으로 지금 우리가 알고 있는 우리나라의 모습과 거의 유사하게 그려낼 수 있었던 이유도 오랫동안 밤낮으로 해서 몸에 익은 지도 제작의 달인이었기 때문이라고 생각하면 돼요.

사회자　사회자로서 정리하기 위해 말했던 달인 이야기가 예술 수준의 설명 방법이라는 선생님의 과한 칭찬에 제가 더 놀라고 있습니다.

김정호　과한 칭찬이 아니에요. 제가 하늘나라에서 정상기 선생이 『신증동국여지승람』과 그림식 전국 고을지도책의 두 자료만으로 어떻게 그려 나갔는지 사례를 들어 설명한 글을 쓴 적이 있어요. 그런데 눈여겨보는 사람이 거의 없더라고요. 나름 쉽게 설명하겠다는 마음가짐을 갖고 썼는데도 두 자료의 정보가 상호 보완되는 과정을 약간 복잡하게 설명할 수밖에 없었던 것이 읽는 사람들에게는 꽤나 어려웠나 봐요. 그때 '아⋯. 달인의 세계는 설명해서 될 일이 아니구나.' 하는 생각을 하게 되었고요, '달인의 세계는 설명이 아니라 그냥 받아들여야 하는 것으로 말해야겠구나.' 하는 결론을 내렸어요.

궁금이 선생님, 그래도 조금 맛보기라고 생각하시며 하나쯤 보여 주시면 좋지 않을까 하는 생각이 살짝 드는데요⋯.

김정호 하하하! 맛보기라도 조금요? 그렇잖아도 혹시나 해서 가장 쉬운 사례를 두 개 가지고 오기는 했는데요, 보여 드릴까 말까 좀 고민했어요. 마침 궁금 씨가 맛보기라도 보여 달라고 하니 안 보여 드리면 후회할 것 같다는 생각이 드네요. 좋아요. 그럼 먼저 정상기 선생의 지도에서 우리나라 가장 북쪽의 함경북도 온성 지역의 두만강 유로를 어떻게 그렸는지부터 보여 드리죠. 자, 화면에 띄워 주시죠.

궁금이 정상기 선생님이 저 지역을 직접 가서 조사하셨나요? 두만강이 저렇게 구불구불 돌아간다는 걸 어떻게 아셨죠?

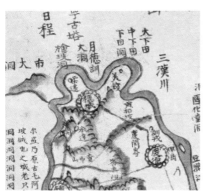

함경북도 온성 지역 두만강 유로, 팔도지도(奎 10331),
규장각한국학연구원

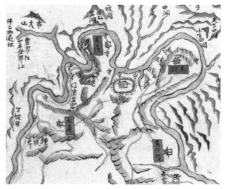

그림식 전국 고을지도책 온성 지역, 지승(奎 15423),
규장각한국학연구원

김정호 정상기 선생도 전국을 직접 돌아다니며 조사한 적이 없다는 걸, 아니 직접 돌아다니며 조사할 필요가 없었다는 걸 충분히 상상할 줄 알면서도 궁금 씨가 일부러 반문하는 것 같은 생각이 드네요. 아니다. 아무리 지식으로 알고 있어도 두만강의 구불구불한 유로 모습을 본 사람은 궁금 씨처럼 반문하는 게 더 일반적인 것 같네요. 그럼 그림식 전국 고을지도책 속의 온성 지도를 한번 볼까요? 자, 띄워 주시죠.

궁금이 와~ 많이 비슷한데요?

김정호 맞아요. 많이 비슷하죠? 하지만 똑같지는 않아요. 정상기 선생은 그림식 전국 고을지도책 속의 온성 지도에 그려진 두만강의 유로 정보를 『신증동국여지승람』의 거리와 방향 정보로 수정한 거예요. 이왕 보여 드리는 것 하나 더 보여 드려야겠네요. 자, 이번엔 아예 두 지도 모두 화면에 띄워 주시죠.

갑산 지역 압록강 유역, 팔도지도(奎 10331),
규장각한국학연구원

그림식 고을지도책 갑산 지역, 지승(奎 15423),
규장각한국학연구원

162

궁금이 선생님, 백두산이 보이네요.

김정호 예 백두산이 보이죠? 우리나라에서 가장 오지를 말할 때 '삼수갑산에 가 보셨나요'라고 말하잖아요. 백두산의 압록강 유역은 바로 그중의 하나인 갑산 지역에 있어요. 정상기 선생의 지도가 이전의 우리나라 지도보다 획기적으로 정확하고 자세해진 지역 중의 하나가 바로 이 지역이에요. 지금의 우리나라 지도와 똑같지는 않아도 상당히 비슷하게 그렸는데요, 오른쪽 그림식 전국 고을지도책 속의 갑산 지도를 『신증동국여지승람』의 거리와 방향 정보로 수정해서 그린 거예요.

사회자 정상기 선생님이 『신증동국여지승람』과 그림식 전국 고을지도책의 두 정보를 서로 비교하여 상호 보완해 가면서 지도를 그렸다는 말씀이 확 와 닿는데요? 두 사례를 보고 나니까 선생님이 쓰셨다는 그 글이 왜 주목을 못 받았는지 이해가 잘 안 가는데요.

김정호 하하! 안시리 아나운서가 좋게 봐줘서 고마워요. 하지만 오늘 보여 드린 두 사례는 정상기 선생의 지도와 그림식 전국 고을지도책 속의 지도가 상당히 비슷해서 그래도 쉽게 수긍할 수 있는 대표적인 것일 뿐이고요, 대부분의 다른 지역들은 그렇지 않아서 좀 복잡한 설명이 들어가야 해서 그런지 쉽게 수긍하지 못하더라고요. 또한 지난 네 주에 걸쳐 지도 제작에 대한 다양한 이야기를 들어서 오늘의 여러분들이 쉽게 수긍하고 있는 것이 아닌가 해요. 아마 그런 과정이 전제되지 않았다면 앞의 두 사례조차도 지금처럼 쉽게 수긍해 주지 않았을지도 몰라요.

4   지도는 국가의 기밀이었다?

사회자 네, 잘 알겠습니다. 선생님께서 그동안 자세히 설명하려 했으나 그게 잘 받아들여지지 않아서 많이 답답하셨던 것 같습니다. 더 이상 자세히 묻지 않고 지도 제작의 달인이었기 때문에 가능했던 것이라고 생각하며 넘어가도록 하겠습니다. 선생님의 열띤 이야기를 듣다 보니까 시간이 벌써 2/3가 넘었네요. 좀 늦었지만 청중분들에게 질문할 기회를 넘기도록 하겠습니다. 질문하고 싶은 분 손 들어 주세요. 예, 앞쪽 끝에 앉아 계신 분 자기소개 간단히 부탁드리고요, 질문해 주시기 바랍니다.

청중1 저는 요즘 백두대간을 종주하고 있어서 김정호 선생님의 대동여지도에 관심이 많은 사람인데요, 정상기 선생님의 지도에 대해서는 잘 몰랐습니다. 오늘 자세히 들을 수 있어서 감사하고요, 앞으로는 선생님의 대동여지도뿐만 아니라 정상기 선생님의 지도를 비롯하여 다른 지도에 대해서도 관심을 가져 보려고 합니다. 제 질문은 간단한데요, 아까 앞에서 궁금 씨가 정상기 선생님이 『신증동국여지승람』과 그림식 전국 고을지도책 두 자료의 정보를 참조하여 지도를 제작했는지 질문했을 때 100점이 아니라 95점을 주셨어요. 정상기 선생님이 참조한 다른 자료가 있어서 100점을 주지 않으신 것 같은데요, 혹시 맞나요? 맞는다면 어떤 자료였는지 말씀해 주실 수 있나요?

김정호 하하! 다른 이야기에 집중하느라 잠시 잊고 있었던 것 다시 떠올릴 수 있게 해 주셔서 감사드립니다. 대표적인 것이 전국 도로지도라고 소개한 정리표입니다.

궁금이 선생님, 정리표가 그때도 있었나요? 제가 인터넷에서 검색해 보니까 신경준 선생님의 『도로고』가 정리표의 효시였던 것으로 이야기되고 있는 것 같은데요. 그게 맞는다면 신경준 선생님이 정상기 선생님보다 뒤의 분이라서 이용할 수 없었던 것 아닌가요?

김정호 그건 잘못된 이야기예요. 신경준 선생의 『도로고』는 훌륭한 작품이고 지금도 아주 유명하지만 일반적으로 많이 사용되던 정리표에 거의 영향을 미치지 못했어요. 신경준 선생은 당시에 이용되던 정리표 정보를 기초로 하고 다른 자료를 참조하여 더 자세하게 만들었는데요, 편찬 책임을 맡았던 『동국문헌비고』의 「여지고」에도 거의 그대로 수록했어요. 하지만 그 이후에 이용되었던 정리표들은 『도로고』나 『동국문헌비고』의 「여지고」에 수록된 것을 따르지 않았어요. 수도를 중심으로 전국의 길 정보를 정리한 정리표 같은 것은 고조선에도, 삼국시대에도, 고려시대에도, 정상기 선생 시절에도 있어야만 하는 문명 요소 중의 하나였다고 보면 돼요. 다만 지금 우리가 알고 있는 정리표의 모습처럼 정리되어 있었을 수도 있고, 그렇지 않을 수도 있지만요. 어느 것인지는 제가 살던 시절보다 너무 오래된 이야기라서 저도 잘 모르겠어요.

궁금이 네, 제가 생각해도 수도를 중심으로 전국의 길 정보를 정리한 정리표 같은 것은 어느 나라에서나 있었을 것 같습니다. 만약 없었다면 국가의 통치가 잘 이루어지기 힘들지 않았을까 합니다.

김정호 궁금 씨가 정확하게 이야기해 주네요. 어느 시대에나 국가의 통치를 위해 길이 잘 정비되어 있었듯이 길에 대한 정보도 잘 정리되어 있었다고 봐야 해요. 그리고 하나 빼먹은 게 있는데요, 정리표 말고도 또 참조한 것이 있어요. 우산도를 그릴 때는 안용복 이야기 속에 울릉도-우산도-일본의 순서로 나오는 정보를 이용했더라고요. 그 밖에도 또 이용했을 것 같은 자료가 있을 수 있는데요, 제가 찾아낸 것은 지금까지 말한 것 정도예요.

사회자 정상기 선생님이 지도를 그릴 때 참조한 자료에 대한 이야기는 이 정도면 충분한 것 같습니다. 그럼 다음 청중분에게 질문 기회 드리겠습니다. 뒷줄 끝에 계신 분 자기소개 간단히 해 주시고 질문해 주십시오.

청중 2 안녕하세요. 저도 앞서 질문하신 분과 함께 백두대간을 걷고 있는 사람이고요, 대동여지도만 관심을 갖고 있다가 정상기 선생님의 지도 이야기도 들을 수 있어서 좋았습니다. 제가 지금까지 알고 있는 지식의 관점에서는요, 지도는 국가의 기밀이었다고 합니다. 정상기 선생님은 국가의 기밀이었을 그림식 전국 고을지도책을 어떻게 구해서 보셨는지 궁금합니다.

김정호 제가 이야기하고 싶었던 주제에 대해 질문해 주셔서 감사합니다. 지금까지 많은 사람들이 지도는 국가의 기밀이었다고 알고 있는데요, 사실이 아닙니다. 저의 전기나 『조선왕조실록』 등에 지도가 국가의 기밀이었던 것처럼 잘못 언급된 이야기가 확대 해석되어 퍼진 이야기일 뿐이에요. 국가기관에서 편찬하고 제작한 지도나 지도책 중 민간 양반들에게도 쓰임새가 있는 경우 관리를 통해 다 민간으로 흘러나와 유행했어요. 이것을 반대로 이야기하면 국가기관에서 편찬했거나 제작했더라도 민간에서 유통되지 않은 지도나 지도책이 있다면 그것은 민간 양반들에게 쓰임새가 거의 없었기 때문이었다고 보면 돼요.

궁금이 선생님, 그러면 관리들이 국가기관에 있는 지도나 지도책을 빼돌렸다는 말인가요?

김정호 아니에요. 관리들이 화공이나 그림 잘 그리는 사람을 시켜서 국가기관에 소장된 원본을 베껴 그려서 집으로 가져갔고요, 그것을 지인들이 다시 베껴 그려서 유통시켰다고 보면 돼요. 전쟁을 할지도 모르는 다른 국가로 지도가 흘러들어 가는 것을 최대한 금지시키려 노력한 건 맞지만 국내의 민간 양반들 사이에 유통되는 것까지 금지할 정도로 지도가 국가의 기밀이었던 적은 없었어요. 어떤 이들은 저의 대동여지도에 병영·수영·통영·진·보·산성 등 군사 관련 정보가 많이 수록되어 있어서 군사지도라고 하는데요, 조선에서 만든 도별지도나 우리나라 전도 중 이런 군사 관련 정보가 수록되지 않은 지도나 지도책은 거의 없었어요. 만약 그런 지도를 모두 군사지도라고 부른다면 저의 대동여지도뿐만 아니라 조선에서 편찬되고 제작된 다른 지도나 지도책도 모두 군사지도라고 불러야 해요. 당연히 정상기 선생의 지도에도 그런 군사정보가 가득했으니 역시 군사지도라고 말해야 할 거예요. 그런 군사정보는 국가기관만 알아야 하는 특별한 기밀이 아니라 관리가 되는 것이 개인과 가문의 목표였던 모든 양반들이 일반적으로 알고 있어야 하는, 평범하면서도 필수적인 정보였을 뿐이에요. 그러니 국가의 기밀이 될 수 없었죠.

궁금이 좀 뚱딴지같은 질문이지만요, 정상기 선생님은 관리로서 지도를 그린 건가요? 아니면 개인으로서 그린 건가요?

김정호 개인으로 그린 거예요. 정상기 선생은 세종대왕 때 형조판서, 예조판서, 이조판서를, 세조 임금 때 좌의정까지 역임한 정인지(鄭麟趾, 1496~1478) 선생의 후손으로 유명한 양반 가문 출신이었어요. 하지만 일곱 살에 아버지를 여의고 몸까지 약해서 벼슬길에 나아가지 않고 집안을 지키며 학자로서 실용적인 많은 책의 저술에만 몰두했던 분이에요. 지도도 그런 실용적인 학자로서의 기품이 잘 담겨 있는 작품인데요, 벼슬을 하지 못한 양반일지라도 국가에서 편찬된 『신증동국여지승람』과 그림식 전국 고을지도책을 원한다면 어렵지 않게 구할 수가 있었기 때문에 가능했던 일이에요.

5

백리척, 제작이 아니라
이용의 관점에서 바라보아야

사회자 오늘도 우리가 상식이라고 알고 있던 지도와 관련된 역사 지식의 상당
수가 잘못된 것임을 알게 되었는데요, 지도나 지도책이 국가 기밀이었는지
에 대한 답변은 이 정도면 충분한 것 같으니, 세 번째 청중분께 또 다른 질문
의 기회를 드리겠습니다. 뒷줄 가운데에 앉아 계신 분, 자기소개 간단하게
부탁드리고요, 질문해 주십시오.

청중 3 안녕하세요. 저도 앞의 두 분과 함께 백두대간을 종주하는 사람인데요,
저는 자세히는 아니지만 정상기 선생님의 지도에 대해 어느 정도는 알고 있
다고 생각했습니다. 하지만 오늘 김정호 선생님의 이야기를 들으니까 고치
거나 더 알아야 할 것이 많다는 생각이 확실하게 듭니다. 준비해 온 질문을
드리면요, 그동안 정상기 선생님께서 백리척(百里尺)의 방식을 최초로 써서
지도를 제작했기 때문에 우리나라의 모습을 정확하게 과학적으로 그릴 수
있었다고 들어왔는데요, 이게 사실인가요?

김정호 자꾸 '잘못되었다', '사실이 아니다'란 말을 하는 것도 그렇게 좋게 비춰
지는 일은 아닌 것 같은데요, 그래도 여러분들이 힘을 주는 것 같아 제 소신
대로 계속 이야기를 해 나가겠습니다. 백리척의 방식을 써서 지도를 제작했
다는 것이 구체적으로 무엇을 의미하는지 잘 모르겠어요. 다만 만약 정상기

선생이 지도의 모든 부분에 동일한 축척을 적용하여 그렸기 때문에 우리나라의 모습을 정확하게 그릴 수 있었다는 것을 의미한다면 사실이라고 답하겠습니다. 하지만! 지도의 모든 부분에 동일한 축척을 적용해 그린 첫 번째 지도 제작자가 정상기 선생이라는 의미였다면 그건 사실이 아니라고 말하겠습니다. 이와 관련된 지도의 이미지 하나 준비해 왔는데요, 한번 보실까요?

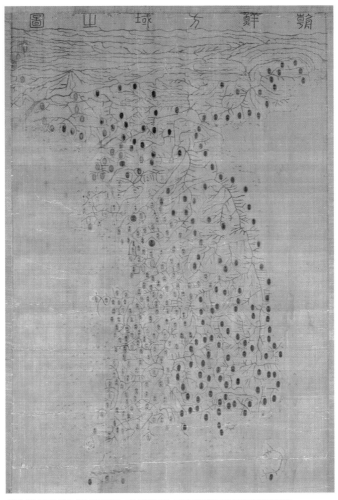

정척·양성지의 우리나라 전도 계통, 조선방역지도, 국사편찬위원회(국가문화유산포털)

사회자 선생님, 저는 처음 보는 지도인데요, 언제 누가 만든 지도인가요?

김정호 당대 최고의 지도 제작자로 알려진 정척(鄭陟, 1390~1475)과 양성지(梁誠
之, 1415~1482) 선생이 세조 임금의 명을 받아 1463년에 제작하여 바친 우리
나라 전도 계통인데요, 당시로서는 우리나라의 모습을 정확하게 잘 그렸을
뿐만 아니라 크기도 걸어 놓거나 펴 보기에 편리한 남북 1.5m 안팎이었어
요. 그래서 정상기 선생의 지도가 인기를 끌기 전까지 정확한 지도의 계통
으로는 국가기관이나 개인들이 많이 베껴 그려서 사용했어요.

궁금이 그런데요 선생님, 우리나라의 모습을 정확하게 그리려고 노력한 지도
를 보여 주신 것 맞나요?

김정호 궁금 씨, 맞는데요. 왜요?

궁금이 선생님, 제 눈에는 저 지도가 정확하지 않게 보이는데요? 우리나라 북
쪽의 압록강과 두만강이 거의 일직선으로 그려져 있는데요, 그걸 어떻게 정
확하다고 말할 수 있나요?

김정호 하하! 궁금 씨처럼 이 지도를 처음 보는 많은 분들이 압록강과 두만강
지역의 부정확성을 말하는데요, 제가 봐도 압록강과 두만강 지역은 정확하
다고 말할 수가 없어요. 다만 정확하다고 말하기 어려운 부분만 보고 왜 지
도 전체가 부정확한 것처럼 말하는지 그건 잘 이해가 안 돼요. 압록강과 두
만강 지역만 보지 말고 다른 지역들도 구석구석 자세히 보세요. 상당히 정
확하게 그린 편 아닌가요? 정상기 선생의 지도만큼은 아니더라도 이 정도면
인공위성도 없던 시절에 정확하게 잘 그렸다고 평가해 줄 만하지 않은가요?

사회자 저도 궁금 씨처럼 생각한 사람 중의 한 명인데요, 선생님 말씀을 듣고
보니 압록강과 두만강 지역을 제외하면 상당히 정확하게 잘 그린 것으로 보
입니다.

김정호 안시리 아나운서, 그렇게 보이죠? 450년 전에 얼마나 더 정확하게 그
려야 정확하게 그렸다고 말할 건가요? 제가 너무 강요하는 것처럼 들릴 수

도 있으나 선입견만 갖고 보지 않는다면 압록강과 두만강을 제외한 우리나라의 모습이 상당히 정확하게 잘 그려져 있다고 말해야 제대로 본 거예요. 그리고 이렇게 정확한 지도의 모습은 모든 지역에 동일한 축척(縮尺)을 적용하여 그리지 않았다면 만들어질 수 없어요. 여기서 제가 말하고 싶은 것은 정상기 선생만이 아니라 정확한 지도를 그리고자 했던 모든 지도 제작자는 지도 위 모든 지역에 동일한 축척을 적용해야만 정확한 지도가 그려질 수 있다는 사실을 당연한 상식으로 알고 있었다는 거예요. 따라서 정상기 선생이 백리척(百里尺)의 방식, 즉 모든 지역에 정확한 축척을 최초로 적용하여 지도를 제작했기 때문에 우리나라의 모습을 정확하게 그릴 수 있었다는 이야기는 잘못된 거예요.

궁금이 선생님, 조심스런 질문인데요, 그렇다면 정척과 양성지 선생님이 압록강과 두만강 지역을 부정확하게 그린 이유는 무엇인가요?

김정호 하하! 자, 이렇게 역으로 질문해 볼게요. 정척과 양성지 선생도 정확한 지도를 그리는 방법은 잘 알고 있었다…, 그래서 압록강과 두만강 지역을 제외하면 상당히 정확하게 그렸다…, 그런데 압록강과 두만강 지역만 정확하게 그리지 못했다…, 이런 식으로 생각하면 압록강과 두만강 지역을 부정확하게 그린 이유를 금방 찾아낼 수 있다고 보는데요. 궁금 씨 혹시 답을 찾아낼 수 있나요?

궁금이 정확하게 그리는 방법을 알고 있었는데 정확하게 그리지 못했다…, 그렇다면…, 이제 정리되었습니다. 답은 '정확하게 그릴 수 있는 정보가 없었다!' 이거 아닌가요?

김정호 정확히 맞췄어요. 아주 훌륭합니다. 정확한 지도 제작의 원리를 아무리 잘 알고 잘 터득하고 있더라도 지도를 그리기 위한 정보 자체가 정확하지 않다면 정확하게 그리기가 정말 어렵다고 여러 번 강조한 적이 있습니다. 정척과 양성지 선생은 지도 제작의 경험이 아주 풍부한 당대 최고의 지도 제작 달인이었는데요, 그런 분들이 부정확하게 그렸다면 그건 그 지역에 대한 정확한 정보가 없거나 많이 부족했기 때문이란 이유 이외에 다른 것을 상정할 수가 없어요. 압록강의 사군(四郡)과 두만강의 육진(六鎭) 지역은 세종과 세조 때 그곳에 살던 여진족을 몰아내고 우리나라 땅으로 한창 개척하고 있던 지역이라서 정확한 지도를 그리는 데 필요한 정보를 충분히 조사하지 못했던 것이 아닌가 합니다.

사회자 그런데 선생님, 저도 인터넷에서 정상기 선생의 지도에 대해 검색해 봤는데요, 백리척이 계속 중요하게 언급되더라고요. 그러면 백리척의 의미는 어떻게 봐야 하나요?

김정호 10리마다 눈금이 그어져 있는 백리척은 지도 위의 거리를 실제의 거리로 환산할 수 있게 해 주는 '기준 자'였는데요, 요즘 말로 하면 지도의 여백이나 구석에 표시된 축척이에요. 1757년 8월 2일의 『영조실록』에는 영조 임금이 정상기 선생의 아들 정항령(鄭恒齡, 1710~1770)의 집에 있던 동국대지도(東國大地圖)를 보고는 '내 나이 70에 백리척은 처음 보았다'는 평을 하면서 홍문관에 한 본을 필사해 두라고 했다는 내용이 기록되어 있기도 해요. 여기서 하나 물어볼게요. 여러분들은 요즘의 지도에 그려진 축척을 볼 때 실제의 거리를 지도 위에 얼마나 줄여서 그렸는지 먼저 떠올리나요? 아니면 지도 위의 거리가 실제의 거리로는 얼마인지를 먼저 떠올리나요? 궁금 씨가 한번 말해 보면 어떨까요?

궁금이 너무 쉬운 질문 아닌가요? 당연히 지도 위의 거리가 실제의 거리로는 얼마인지를 알고 싶을 때 보지 않나요?

김정호 그거예요. 축척은 지도의 제작보다는 이용을 위해 표시해 놓은 거예요. 정상기 선생의 백리척도 이용자들이 지도 위의 거리가 실제의 거리로는 얼마인지 알고 싶을 때 참조하라고 그려 넣은 거예요. 게다가 선생은 길이 지나가는 지형까지 고려하여, 평평한 지역의 길에서는 백리척의 거리를

100리로 보면 되지만 산골짜기, 바다, 호수가 있어 길의 오르내림과 구불구불함이 많은 지역에서는 100리로 보지 말고 120~130리로 봐야 한다는 내용의 글까지 지도의 여백에 써 주었어요. 결국 선생이 지도에 백리척을 그려 넣은 것은 정확한 지도의 제작과 이용의 편리를 동시에 고민한 대표적인 상징으로 보면 돼요.

궁금이 아, 이제야 확실히 이해가 가는 것 같습니다.

김정호 궁금 씨, 갑자기 뭐가요?

궁금이 선생님께서 정상기 선생님의 지도가 대동여지도보다도 훨씬 더 많이 전해질 정도로 엄청 인기를 끌었다고 하셨잖아요. 그 이유가 분명하게 다가왔어요. 정확한 지도이면서도 이용자들이 불편하지 않게 이용할 수 있는 다양한 요소들이 충분히 고려되었기 때문에 인기가 폭발할 수밖에 없었다…, 이거 아닌가요?

김정호 하하! 궁금 씨가 정말 훌륭하게 정리해 주네요. 앞에서도 얘기했지만 정상기 선생의 지도를 보면서 대부분의 사람들은 정확한 지도에만 주목하지만 그것 못지않게 중요한 것은 이용하기에 불편하지 않은, 어떤 측면에서는 편리한 지도였다는 점이에요. 만약 정확함과 편리함 둘 중의 하나라도 결여되어 있었다면 우리나라 지도 제작의 역사에서 위대한 혁신으로 기억되기가 쉽지 않았을 겁니다.

사회자 백리척의 이야기를 들으면서 지도 제작의 역사를 살펴볼 때 이용의 측면이 왜 중요한지 다시 한번 생각해 보게 됩니다. 이제 끝내야 할 시간이 임박했지만 선생님께서 아직 해 주지 않으신 이야기가 하나 있습니다. 오늘 이야기를 시작할 때 정상기 선생님의 지도가 맨땅에 헤딩해서 얻어낸 성과였기 때문에 선생님보다 한 수 위라고 말씀하셨는데요, '맨땅에 헤딩해서 얻어낸 성과'라는 의미가 무엇인지 아직 말씀을 안 해 주신 것 같아서요. 시간이 3분 정도밖에 안 남았으니 진짜 짧게 이야기해 주시면 감사하겠습니다.

김정호 정상기 선생 이전에도 정확한 지도를 제작하기 위해 노력한 지도 제작
자는 많았어요. 멀리는 정척과 양성지 선생도 있었고요, 가깝게는 제가 청
구도범례에 쓴 윤영(尹鍈, 1600년대)과 황엽(黃曄, 1666~1736) 선생도 있었어요.
그분들이 만든 지도 또한 대단한 작품임을 우리는 잊지 말아야 하지만, 우
리나라 모습의 정확함이란 관점에서 볼 때 정상기 선생의 지도는 이전의 어
떤 지도와도 차원이 다른 경지에 올랐어요. 『신증동국여지승람』과 그림식
전국 고을지도책의 정보를 꼼꼼하게 비교 검토하여 상호 보완하는 과정을
무한 반복했기 때문에 가능했던 것인데요, 이런 작업 방식은 그 이전의 누
구도 하지 못한 정상기 선생만의 창의적인 작품 행위였어요. 이런 창의적인
작품 행위라는 의미에서 저는 정상기 선생의 지도가 맨땅에 헤딩하기로 이
루어 낸 성과였다고 말한 거고요, 그래서 지금 이 순간도 저보다 한 수 위였
다고 생각합니다.

사회자 창의적인 작품 행위라…. 지도 제작의 역사를 이야기하면서 이런 말을
들을 줄은 생각지 못한 것 같습니다. 정상기 선생님의 정확한 지도가 그 이
전의 누구도 하지 않은 창의적인 작품 행위의 결과였기 때문에 맨땅에 헤딩
하기로 이루어낸 성과라는 선생님의 말씀, 앞으로도 깊게 새겨들어야 할 것
같습니다. 오늘도 재밌고 유익한 지도와 역사 이야기를 해 주신 김정호 선
생님, 함께 자리를 해 주신 궁금 씨와 개봉산악회 소속 청중 열 분, 그리고
늦은 밤까지 시청해 주신 시청자 여러분 감사합니다. 다음 주에도 재밌고
유익한 이야기로 다시 만나 뵐 것을 약속드리며 이만 인사드립니다. 편안한
밤 되십시오.

6부

'자세한'이란
타이틀은
신경준에게

사회자 안녕하십니까. 지난주에는 우리나라 최고의 지도 제작자 김정호 선생님에게서 지도의 정
확함과 자세함에서 정상기, 신경준 두 선생님이 본인보다 한 수 위였다는 놀라운 고백을 들었습
니다. 그리고 이어서 정상기 선생님의 지도 이야기를 들었는데요, 이번 주에는 또 어떤 놀라운 이
야기를 들을 수 있을지 기대하면서 여섯 번째 '역사 환생 인터뷰 김정호 편'을 시작하겠습니다. 오
늘도 조금은 딱딱할 수 있는 분위기를 즐겁고 유쾌하게 만들어 줄 역사 도우미 개그맨 궁금 씨와
청중 열 분이 자리를 함께해 주셨습니다. 환영합니다.

궁금 안녕하세요. 역사 도우미 개그맨 궁금 인사드립니다. 여섯 번째가 되니까 이젠 다른 멘트가
필요 없는 것 같습니다. 시청자 여러분께서 궁금해하실 질문, 열심히 준비해 온 대로 오늘도 침착
하게 잘 풀어서 김정호 선생님의 이야기 풍부하게 만드는 데 도움이 되도록 최선을 다해 보겠습
니다.

사회자 네, 감사합니다. 그리고 오늘도 재밌고 유익한 역사와 지도 이야기를 해 주실 김정호 선생
님을 모셨습니다. 환영의 큰 박수로 맞이해 주십시오.

김정호 안녕하세요, 김정호입니다. 안시리 아나운서와 궁금 씨께서 '역사 환생 인터뷰'를 시청자
여러분으로부터 사랑받는 프로그램으로 만들기 위해 무척 노력하고 계신데요, 저도 유익하고 재
밌는 역사와 지도 이야기를 들려드리도록 열심히 노력하겠습니다.

사회자 네, 감사합니다. 오늘도 더 재밌고 유익한 역사와 지도 이야기가 무척 기대됩니다. 궁금 씨,
준비해 온 첫 질문 부탁합니다.

1 자세한 것이 좋은 것만은 아니다

궁금이 지난주에는 선생님께서 정확하고 자세한 지도를 제작하는 데 본인보다 한 수 위였다고 말씀하신 정상기, 신경준 선생님 두 분 중에서 정상기 선생님 이야기를 해 주셨습니다. 그러니 당연히 오늘은 신경준 선생님 이야기를 해 주실 것이라고 생각하는데요, 첫 질문은 평범하게 신경준 선생님의 지도를 먼저 간단하게 소개해 주셨으면 하는 것입니다. 김정호 선생님의 대동여지도는 너무 유명해서 말할 것도 없고, 정상기 선생님의 지도도 이제 슬슬 알려지고 있는 것 같은데요, 신경준 선생님의 지도에 대해서는 아직 알려진 게 많지 않은 것 같아서 시청자 여러분께 먼저 간단하게 소개해야 하지 않을까 생각합니다.

김정호 궁금 씨가 자신의 역할에 맞게 오늘의 포문을 차분하게 열어 주려 했다는 생각이 듭니다. 다만 궁금 씨가 미처 모르고 있는 것 같은데요, 정철조(鄭喆祚, 1731~1780), 정후조(鄭厚祚, 1758~1793) 형제 분의 지도 이야기를 먼저 하고 가야 신경준 선생의 지도 이야기도 더 부드럽게 이해되지 않을까 합니다.

궁금이 예? 정철조, 정후조 형제 분의 이야기라고요? 저는 솔직히 처음 듣는 분들이라 인터넷에서 검색도 해 보지 않았는데요, 설명 부탁드립니다.

김정호 정철조, 정후조 두 분의 할아버지 정필녕(鄭必寧, 1677~미상) 선생과 아버지 정운유(鄭運維, 1704~1772) 선생은 모두 과거에 급제하여 각각 호조참판과 공조판서까지 지낸 유명한 양반 가문이었고요, 정철조 선생도 과거에 급제하여 정5품의 사헌부지평까지 역임했어요. 너무 이른 쉰 살의 나이에 돌아가시지 않았다면 아마 더 높은 버슬까지 올라가셨을 텐데요, 천문학[曆法], 서양 학문[西學], 그림, 다양한 기구 제작 등 못하는 게 없을 정도로 다재다능한 천재 학자로 유명했어요. 천재여서 그런지 1769년 전후에 정확하고 상세한 지도도 두 번이나 제작하여 세상에 남겼는데요, 지금도 그분의 지도 계통이 많지는 않지만 국내외에서 가끔씩 발견되고 있다고 하네요.

사회자 저도 정철조, 정후조 두 형제 분은 처음 듣는데요, 선생님의 말씀을 들으니 특히 정철조 선생님은 진짜 유명했던 분인 것 같습니다. 다시 한번 우리가 아직도 알고 있지 못하는 우리나라의 역사나 인물 이야기가 무궁무진할 수 있다는 생각이 듭니다. 그럼 두 분의 지도 제작 이야기를 본격적으로 기대해 보겠습니다.

김정호 정철조 선생이 정확하고 상세한 지도를 그리게 된 계기는 정상기 선생의 지도가 세상에 알려지자마자 엄청 인기를 끌었기 때문이에요. 요즘 말로 하면 신드롬을 일으켰다고 봐도 되는데요, 많은 사람들이 베껴 그려서 이용했을 뿐만 아니라 그것을 뛰어넘는 새로운 현상까지 나타났어요. 바로 정확하고 자세한 지도 제작의 붐을 일으킨 것인데요, 그 첫 번째 사람은 다름 아니라 정상기 선생의 아들 정항령(鄭恒齡, 1710~1770) 선생이었어요. 이어서 손자 정원림(鄭元霖, 1731~1800), 증손자 정수영(鄭遂榮, 1743~1831) 선생이 대를 이어 정확하고 자세한 지도를 제작했는데요, 다만 획기적으로 다른 지도를 제작한 것은 아니었어요. 정상기 선생이 잘못 그린 정보를 수정하거나 만주 지역의 압록강과 두만강 강가에 많은 지명을 추가하는 정도의 변화만 주었어요. '나도 더 정확하고 자세한 지도를 만들어 볼까' 하는 마음을 먹고 획기적으로 다른 지도를 제작한 분이 바로 정철조 선생이었어요.

정상기 지도 계통, 지승(奎 15423), 규장각한국학연구원   정철조 지도 계통, 동역도(古 4709-27), 규장각한국학연구원

정철조 지도 계통 찾아보는 방법

규장각한국학연구원에는 정철조 지도 계통으로 『동역도』(古 4709-27) · 『조선팔도지도』(古 4709-54) · 『팔도분도』(古 915.1-p173) 등 3종이 소장되어 있다. 규장각한국학연구원의 홈페이지에서 '바로가기 구(舊) 원문검색서비스 → 고지도 → 필사본(기타) → 지도 이름'의 순서로 찾아가면 원문 이미지를 볼 수 있다.

궁금이 획기적으로 달랐다는 것은 정상기 선생의 지도를 단지 수정한 것이 아
  니라 완전히 다시 그렸다는 의미로 들리는데요….

김정호 맞아요. 정철조 선생은 정상기 선생의 지도에 큰 영향을 받아 지도를
  제작했지만 같은 것이 별로 없을 정도로 완전히 다른 지도를 그렸어요. 그
  래도 찾아본다면 지도의 크기가 비슷했다는 것 정도로 보면 돼요. 혹시 얼
  마나 다른지 궁금할 것 같아서, 비교해 볼 수 있도록 이미지 두 장을 준비했
  어요. 자, 화면에 띄워 주시죠.

궁금이 언뜻 보면 비슷한 것 같은데요, 해안선, 산줄기와 물줄기의 흐름 등을
  자세히 보면 상당히 다르네요. 그런데 선생님, 어느 쪽이 정철조 선생님의
  지도인가요?

김정호 왼쪽이 정상기 선생, 오른쪽이 정철조 선생의 지도 계통인데요, 큰 틀에서 보면 비슷한 것 같지만 두만강 본류의 흐름과 해안선의 모습 등을 구체적으로 비교해 보면 같은 것을 찾을 수 없을 정도로 정말 달라요. 그리고 또 하나의 측면이 완전히 다른데요, 혹시 궁금 씨가 대답해 줄 수 있나요?

궁금이 예? 갑자기 물어보시니까 순간 놀랐는데요, 백두산에서 시작되어 곳곳으로 연결된 산줄기의 흐름도 많이 다르지 않나요?

김정호 하하! 산줄기의 흐름도 구체적으로 비교해 보면 물줄기나 해안선만큼이나 분명히 달라요. 다만 제가 물어본 것은 그렇게 구체적으로 다르다는 것 말고 또 분명하게 다르다고 말할 수 있는 것이 무엇인지였는데요, 오른쪽 정철조 선생의 지도가 왼쪽 정상기 선생의 지도보다 산줄기와 물줄기, 표시된 지명의 수라는 측면에서 훨씬 많고 자세해요.

사회자 선생님의 말씀을 듣고 보니까 제 눈에도 분명하게 보이는데요, 정리해 보면 정철조 선생님은 정상기 선생님의 지도를 참조하여 지도를 제작했음에도 산줄기, 물줄기, 지명 등의 흐름이나 위치뿐만 아니라 자세함에서도 전혀 다른 지도를 그렸다는 의미네요.

김정호 맞아요. 정철조 선생은 정상기 선생의 지도를 입수하여 그 정확함과 자세함에 감탄하고는 자신도 그에 못지않은 지도를 제작해 보고 싶은 욕구를 갖게 되었는데요, 정상기 선생 가문의 자손들과 달리 거기에 약간만 수정하거나 첨가하려 하지 않고 훨씬 더 자세하고 정확한, 자신만의 새로운 지도를 만들고자 했어요. 물론 우리나라의 모습을 잘 알고 있는 지금의 입장에서 볼 때 더 정확해졌다고 말하기는 그렇지만 훨씬 더 자세해진 것은 부정할 수 없는 사실이에요.

궁금이 선생님, 그렇다면 정철조 선생님이 정상기 선생님보다 훨씬 더 많은 자료를 수집해서 지도를 그렸겠네요?

김정호 하하! 보통은 그랬을 거라고 생각할 수 있지만 정철조 선생은 정상기 선생보다 훨씬 많은 자료가 아니라 딱 하나의 자료만 더 수집했어요. 첫째 주에 소개한 적이 있는데요, 그건 1750년경 국가기관에서 감영과 고을을 통해 가로세로 1리 간격으로 눈금을 그어 편찬한 도별 고을지도첩으로, 정상기 선생이 지도를 제작하던 1740년대에는 없던 자료예요.

궁금이 선생님, 그 도별 고을지도첩의 내용이 엄청 자세했나 봐요? 그거 하나 더 수집해서 참조했다고 지도가 저렇게 더 자세해진 것을 보니까요.

김정호 여기서도 궁금 씨처럼 생각하는 게 일반적이고 자연스러워요. 그런데 정철조 선생의 지도가 정상기 선생의 지도보다 훨씬 더 자세해진 이유는 자료를 하나 더 참조했기 때문만이 아니었어요. 그것도 분명 꽤 영향을 미쳤지만 더 크게 영향을 미친 것은 『신증동국여지승람』과 그림식 전국 고을지도책을 정상기 선생보다 훨씬 더 자세하게 정리하여 지도에 반영했다는 점이에요.

궁금이 그렇다면 정철조 선생님은 처음부터 정상기 선생님의 지도보다 더 자세하게 그리겠다고 굳게 마음을 먹었다는 의미로 봐도 되나요?

김정호 예, 맞아요. 앞에서도 이미 말했지만 정상기 선생의 지도를 검토한 후 엄청 감탄했는데요, 만약 감탄에만 머물렀다면 다시 새로운 지도의 제작을 시도하진 않았겠죠. '내가 감탄한 지도를 넘어서는 지도를 만들고 싶다!' 이것이 정철조 선생의 욕망이었어요.

사회자 '내가 감탄한 지도를 넘어서는 새로운 지도를 만들고 싶다!' 훌륭한 것을 시샘하거나 부정하지 않고 있는 그대로 인정하는 것, 그것이 기존의 것을 넘어서는 새로운 작품을 만들어 낼 수 있는 동력이 된다는 것을 잘 보여 주는 말인 것 같습니다. 정상기 선생님의 지도보다 더 훌륭한 지도를 만드신 정철조 선생님의 열정은 두고두고 기억해 둘 만한 것이 아닌가 합니다.

김정호 하하! 사회자로서 안시리 아나운서의 정리 능력이 정말 예술이라는 것을 오늘도 느낍니다. 다만 '정상기 선생님의 지도보다 더 훌륭한 지도를 만드신'이란 멘트는 저로서는 받아들이기 어렵습니다.

궁금이 예? 선생님, 갑자기 그게 무슨 말씀인가요? 우리나라의 모습을 잘 알고 있는 지금의 입장에서 더 정확해졌다고 말하기는 어렵더라도 훨씬 더 자세해졌다는 것은 부정할 수 없는 사실이라고 말씀하지 않으셨나요?

김정호 맞아요. 저는 분명히 조금 전에 그렇게 말했어요. 그런데 '훨씬 더 자세해졌다'는 것이 '더 훌륭해졌다'는 것을 의미한다고 볼 수 있는지 한번 생각해 볼 필요가 있지 않을까요?

사회자 '자세해진 것'과 '훌륭해진 것'은 서로 등치(等値)되지 않을 수도 있다는 말씀인 것 같은데요, 미처 생각해 보지는 못했습니다만 선생님의 말씀을 듣고 보니 기준이 무엇이냐에 따라 등치될 수도 등치되지 않을 수도 있다는 생각이 들기도 합니다.

김정호 바로 그거예요. 안시리 아나운서의 말처럼 생각하면 됩니다. '자세해진 것'과 '훌륭해진 것'은 기준에 따라 등치될 수도, 등치되지 않을 수도 있는 거예요. 예를 들어 정확성과 자세함의 기준에서 본다면 정상기 선생의 지도가 당시 가장 많이 이용되던 '동람도식 소형 지도책 계통'보다 확실히 훌륭해졌어요. 하지만 지도에 대한 일반 양반들의 정보 욕구 충족의 기준에서 보면 '동람도식 소형 지도책 계통'이 정상기 선생의 지도보다 훨씬 더 인기가 많았기 때문에 정상기 선생의 지도가 더 훌륭해졌다고 말하기는 어려워요. 슬픈 근대가 근대식 측량 지도에 대한 강박관념을 갖게 만들어 거리와 방향의 정확성이라는 하나의 기준으로만 보게 만든 경향 때문에 왜곡된 것 중의 하나가 이용의 문제를 소홀히 다루게 한 것이라고 말했잖아요? 바로 이 이용의 관점에서 보면 정철조 선생의 지도가 정상기 선생의 지도보다 '훨씬 더 자세해졌다는 것'이 '더 훌륭해졌다는 것'과 등치되기 어려워요.

궁금이 저로서는 그 말씀이 잘 이해가 안 됩니다. 이용자의 입장에서 더 자세한 정보를 지도에서 찾아볼 수 있다는 것이 더 좋아진 것 아닌가요?

김정호 궁금 씨의 반문이 충분히 일리가 있어요. 다만 한 가지를 더 생각해 보면 좋겠어요. 목판본으로 제작되지 않는 한 많이 이용된다는 것은 많이 베껴 그려진다는 것이기도 하잖아요. 좋든 나쁘든 정상기 선생의 지도는 그 크기 그대로는 목판본으로 만들어지지 않았고, 정상기 선생도 그 점을 미리 예상했던 것 같아요. 그래서 베껴 그릴 때 조심해야 할 점을 지도의 여백에 써 준 건데요, 여기서 써 준 것만 생각하면 안 돼요. 정상기 선생은 그 정도 크기의 지도에 얼마만큼의 정보를 담아야만 베껴 그리는 데 불편하지 않은지도 고려했고요, 그렇기 때문에 신드롬이라고 말할 정도로 선풍적인 인기를 끌 수 있었다고 봐요. 그런데 정철조 선생은 지도의 크기는 정상기 선생의 지도와 같게 하면서 수록된 내용은 훨씬 더 자세하게 그렸어요. 지금 정철조 선생의 지도 계통이 국내외에서 가끔 발견되고 있기는 하지만 그 숫자는 정상기 선생의 지도 계통에 비하면 확실히 훨씬 더 적어요. 이유는 간단해요. 베껴 그리기 불편해서 많이 베껴 그려서 이용하지 않았기 때문이에요.

사회자 선생님의 말씀을 들으니 이제야 이해가 갑니다. 정철조 선생님이 정상기 선생님의 지도 크기와 같게 그리면서도 '내가 감탄한 지도를 넘어서는 지도를 만들고 싶다!'는 욕망을 실현하기 위해 더 자세하게 그린 것이 오히려 지도의 이용, 더 분명하게 말하면 지도의 필사를 어렵게 만들어 인기를 끌지 못했다는 이야기네요.

김정호 맞아요. 바로 그거예요. 정철조 선생은 이용과 필사의 관점에서 정상기 선생만큼 세밀하게 고민하진 않았어요. 이 때문에 훨씬 더 자세하게 그렸지만 많이 이용되지 않았던 거예요. 그래서 '정상기 선생님의 지도보다 더 훌륭한 지도를 만드신'이란 사회자의 멘트를 받아들이기 어려웠다고 말한 거예요.

궁금이 저도 선생님의 말씀이 이제야 충분히 이해가 갑니다. 이전에 선생님께서 말씀하신 '슬픈 근대가 이용의 문제를 소홀하게 만들었다'는 이야기를 충분히 이해했다고 생각했는데요, 그걸 실제의 지도에 적용해서 보는 것은 생각보다 어렵다는 생각이 듭니다. 어휴….

김정호 궁금 씨, 그렇다고 너무 실망하지 마세요. 머리로 이해한 것을 몸과 마음에 체득하기 위해서는 누구든 시간이 필요하잖아요?

사회자 네, 맞는 말씀입니다. 저도 머리로 이해한 것을 몸과 마음에 체득하고 있는지 자문해 보면, 아직 아니라는 생각이 드네요. 음…, 어쨌든 정철조 선생님의 지도 이야기를 더 하면 좋겠지만 시간도 많이 지났으니 이 정도에서 마무리 짓고 정철조 선생님의 동생이신 정후조 선생님의 지도 이야기로 넘어가면 좋을 것 같은데요. 선생님 어떠십니까?

김정호 저도 그렇게 생각하고 있었습니다. 정후조 선생은 형인 정철조 선생보다 스물일곱 살이나 어린 동생이에요. 정철조 선생이 지도를 제작한 1769년 전후는 정후조 선생이 열 한두 살일 땐데요, 형인 정철조 선생이 지도를 그리는 모습을 보면서 많이 감탄했던 것 같아요. 그러고는 정철조 선생이 그랬듯이 감탄에 머무르지 않고 그 감탄을 뛰어넘는 새로운 지도를 제작하겠다는 욕망을 키웠던 것 같습니다. 그리고 그 욕망을 정후조 선생의 나이 스물일곱 살 때인 1784년에 실현하여 새로운 지도를 세상에 내놓아요.

궁금이 와~ 진짜 멋있는데요? 정철조 선생님의 지도 이야기를 듣고 나니 정후조 선생님의 지도 이야기를 하기 전에 질문하고 싶은 게 생겼습니다. 정후조 선생님의 지도 크기는 어느 정도였고, 정철조 선생님의 지도보다 더 자세했는지 궁금합니다.

김정호 하하! 이젠 궁금 씨가 지도를 이해하는 방법을 확실하게 터득한 것 같은데요, 대답해 드리죠. 지도의 크기는 정철조 선생의 것과 비슷했는데요, 다만 함경도를 남북으로 나누지 않았고, 경기도와 충청도도 따로 그려서 여덟 장을 맞췄어요. 수록된 내용은 훨씬 더 자세해졌을 뿐만 아니라 같은 것

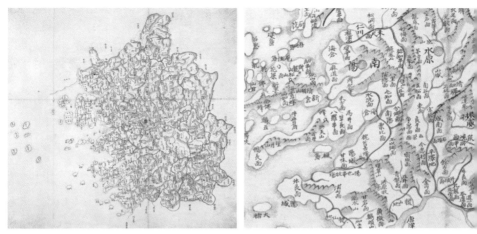

정후조 지도 계통(좌), 수원·남양 부분 확대(우) ,조선팔도지도(古 4709-54), 규장각한국학연구원

정후조 지도 계통 찾아보는 방법

규장각한국학연구원에는 정후조의 지도 계통으로 『조선팔도지도』(古 4709-54) 1종이 소장되어 있는데, '바로가기 구(舊) 원문검색서비스 → 고지도 → 필사본(기타) → 지도 이름'의 순서로 찾아가면 원문 이미지를 볼 수 있다.

이 없을 정도로 달랐어요. 얼마나 더 자세했느냐 하면요, 정상기 선생과 정철조 선생의 지도에는 없던 고을의 경계선을 긋고 면(面)의 이름까지 써넣었어요. 정후조 선생이 참조한 자료는 정철조 선생이 참조한 자료와 다르지 않았는데요, 그러니까 정후조 선생은 정철조 선생과 똑같은 자료를 참조하면서도 더 자세하게 정리하여 지도를 제작했다는 의미죠. 감탄한 것에 머물지 않고 그 감탄을 뛰어넘는 새로운 지도를 제작하려 했다는 점에서 그 형에 그 동생이었던 거죠. 여러분들이 궁금해할 것 같아서 정후조 선생의 지도 계통 중 경기도 이미지를 하나 준비해 봤습니다. 자, 한번 띄워 주시죠.

궁금이 와~ 정말 멋진데요. 그리고 고을의 경계선과 면(面)의 이름까지 자세하네요. 정말 그 형에 그 동생이군요.

사회자 선생님 말씀을 들어보니까 정후조 선생님의 지도는 자세함에서 확실히 획기적인 작품인 것 같은데요, 하지만 크기가 정상기, 정철조 선생님의 지도와 별로 다르지 않았다고 하니까 베껴 그려서 이용하는 데는 많이 불편했을 것 같습니다.

김정호 네, 바로 맞췄어요. 정후조 선생도 형인 정철조 선생의 지도에 감탄하면서도 그것을 뛰어넘는 지도를 그리고 싶어 했는데요, 여기서 '뛰어넘는'의 기준을 더 자세하고 더 정확한 것으로만 잡았어요. 그럼에도 지도의 크기는 비슷하게 하여 자세함이 복잡함으로 여겨질 수 있는 소지를 만들었고요, 함경도를 남북으로 나누지 않고 하나로 그린 것도 이용하기에 너무 큰 불편함을 발생시켰어요. 그래서 더 자세한 지도라는 차원에서는 분명 획기적인 작품을 만들었지만 베껴 그려서 이용하는 차원에서는 인기를 끌지 못했기 때문에 지금 정후조 선생의 지도 계통은 한 손에 꼽을 정도로 적게 전해지고 있어요. 정후조 선생이 서른여섯 살이라는 이른 나이에 세상을 떠나지 않았다면 혹시 이런 문제를 개선하려 했을 수도 있지 않을까 상상해 봅니다.

2

거리와 방향이 정확한 전국 고을지도책을 만들다

사회자 정철조, 정후조 두 형제 분의 지도 제작 이야기에서 하나의 교훈을 얻을 수 있는 것 같습니다. 두 분은 정확하고 자세한 지도의 제작에서 분명히 천재였고, 천재답게 우리나라 지도 제작의 역사에 길이 남을 획기적인 지도 작품을 남겼음에 틀림없습니다. 하지만 천재들이 범하기 쉬운 자기만의 세계에 갇혀 이용의 문제를 소홀히 했던 단점이 있었던 것 같습니다. 선생님, 시간이 거의 반이 지났으니 이제부턴 신경준 선생님의 지도 이야기를 본격적으로 해 주셔야 할 것 같은데요, 괜찮으신지요?

김정호 안시리 아나운서가 이번에도 정리를 잘해 주시네요. '천재들이 범하기 쉬운 자기만의 세계에 갇혀' 이 말이 정말 인상적입니다. 예술이나 음악, 문학, 철학 등 이용으로부터 상대적으로 자유로운 분야의 천재들이라면 자기만의 세계에 갇혀 있는 것은 단점이기보다는 장점일 수도 있다고 봐요. 하지만 실용성이 강한 지도 분야에서는 장점이기보다는 단점일 수 있다는 점을 잊지 말아야 한다고 보는데요, 지금부터 할 신경준 선생의 지도 이야기에서도 이 점을 유의해서 들으면 좋을 거예요.

궁금이 그럼 선생님, 같은 선상에서 질문을 드리겠습니다. 자세함과 정확함에서 선생님보다 한 수 위였다는 신경준 선생님의 지도는 정상기, 정철조, 정후조 선생님의 지도보다 더 컸나요? 그리고 더 자세했나요?

김정호 신경준 선생의 지도는 모두 이으면 앞의 세 분 지도보다 길이로는 2.5
배 정도 커서 남북 5.5m 이상의 초대형 지도였는데요, 넓이로는 여섯 배가
넘는 크기예요. 그러니 자세함의 정도에서도 더 자세한 것이 아니라 훨씬
더 자세했다고 보면 돼요.

궁금이 그럼 베껴 그려서 이용하기가 훨씬 더 불편했던 거네요.

김정호 하하! 이번에도 궁금 씨의 반문이 충분히 일리가 있어요. 남북 5.5m
이상이나 되는 초대형의 우리나라 지도를 전도나 도별지도로만 그렸다면
분명히 이용하기에 많이, 아니 아주 많이 불편해서 그냥 한번 그려본 사람
으로만 기억되었을 거예요. 그런데 신경준 선생은 전도와 도별지도도 그렸
지만 전국 고을지도책으로도 만들었어요. 그 점이 우리나라 지도 제작의 역
사에서 길이 남을 엄청 뛰어난 점이었어요.

궁금이 전국 고을지도책도요? 선생님, 그러면 자세하게 그렸어도 그것이 복잡
함으로 바뀔 수 있는 소지가 줄어든 거네요?

김정호 맞아요. 바로 그거예요. 그런데 저기요, 신경준 선생이 왜 지도를 제작
하게 되었는지 그 계기를 알고 싶지 않은가요? 너무 빨리 지도 이야기부터
들어가는 것 같아서요.

사회자 선생님께서 정철조, 정후조 두 분의 지도 이야기에서 지도의 크기와
자세함의 문제를 너무 중요하게 다루셔서 우리가 너무 성급해진 것 같습니
다. 그럼 신경준 선생님이 그렇게 크고 자세한 지도를 제작하게 된 계기부
터 말씀해 주시면 감사하겠습니다.

김정호 먼저 신경준 선생의 학문적 삶에 대해서 간단하게나마 소개해야 할 것
같아요. 선생은 늦은 나이인 마흔세 살이 되던 1754년에 과거에 급제하여
높은 벼슬까지 오르지는 못했어요. 대신 과거에 급제하기 전부터 음운, 실
용적인 기구, 군사, 지리 등 다방면에 많은 관심을 가지고 공부했고요, 그 결
과 여러 분야에서 역사에 길이 남을 저술을 많이 남겼어요. 그중에서 요즘

은 특히 지리 분야가 유명한데요,『도로고(道路考)』,『강계고(疆界考)』,『산수고(山水考)』,『사연고(四沿考)』,『가람고(伽藍考)』,『군현지제(郡縣之制)』등 주제별로 우리나라의 지리를 거의 망라한 작품들을 남겼어요. 이 정도면 신경준 선생은 우리나라의 지리 정보에 관해서는 눈 감고도 자유자재로 다룰 수 있었던 달인이었다고 보면 되는데요, 그 능력을 주변 사람들로부터 인정받아서 1770년 우리나라의 정치·경제·문화 등 각종 제도와 문물을 정리한 백과사전인『동국문헌비고』(40책)의 편찬 때 우리나라의 지리를 가리키는「여지고」(7책)의 편찬 담당자로 영조 임금에게 추천되어 임명되었어요.

사회자 선생님의 말씀에서 '우리나라의 지리 정보에 관해서는 눈 감고도 자유자재로 다룰 수 있었던 달인이었다'는 표현이 지리학자, 전문가란 용어보다 가슴에 훨씬 와 닿는 것 같습니다. 그런 달인이었다면 지도도 자유자재로 그릴 수 있었을 것 같은데요, 그런데도 선생님의 소개에는 지도에 대한 이야기가 빠져 있어서 어떻게 된 건지 궁금합니다.

김정호 오늘은 지도가 주인공이니까 따로 말하려고 해서 뺀 건데요, 선생은 지도를 본격적으로 제작하기 전에도 정상기, 정철조 선생의 지도를 포함하여 기존의 지도를 거의 다 섭렵했더라고요. 그러니 정확하고 자세한 지도를 제작하는 방법도 모를 리가 없었죠. 그러면서도 쉽게 지도를 제작하지는 않았는데요, 아마 자신이 그리고 싶은 지도를 제작할 수 있는 적합한 환경이 만들어지길 기다린 것이 아닌가 해요. 그러다가 기회가 왔어요. 바로『동국문헌비고』,「여지고」의 편찬 책임자로 임명될 때인데요, 1769년 12월 24일 선생은 영조 임금과 마주 앉은 자리에서 기존의 그림식 지도와 다른, 거리와 방향이 정확한 고을의 지도도 그려서 지리지와 함께 붙여 보고 싶다고 했어요. 그랬더니 영조 임금이 바로 허락을 하는 거예요. 영조 임금은 선생이 도대체 어떤 지도를 그리려고 하는지 무척 궁금했던 것 같아요.

궁금이 기회를 기다렸다가 그 기회가 오니까 얼른 잡았다…. 와, 대단하신데요? 그런데 선생님, 『동국문헌비고』의 「여지고」 편찬과 지도의 제작을 동시에 진행시키기가 좀 힘들지 않았을까요?

김정호 저도 처음엔 그렇게 생각했었는데요, 가만히 생각해 보니까 힘들지 않았을 것 같아요. 『동국문헌비고』의 「여지고」는 새로 쓴 것이 아니라 주로 자신이 써 놓았던 내용을 잘 편집해서 삽입해 넣었기 때문에 시간이 많이 걸리진 않은 것 같고요, 대신 기회를 기다리던 것이라 지도 제작의 일에 엄청 집중해서 신나서 했던 것 같아요. 그래서 그런지 지도 제작을 시작한 지 겨우 6개월이나 7개월쯤 지난 1770년 6월 10일에 벌써 도별로 한 권씩 여덟 권의 고을지도책을 만들어 냈더라고요.

궁금이 그렇게나 빨리 만들었어요?

김정호 사람들은 제가 대동여지도를 제작할 때 엄청 오래 걸린 것처럼 오해하더라고요. 그렇지 않았어요. 저도 지도를 그리거나 목판에 새기는 일에서는 달인이었다는 걸 잊지 않았으면 좋겠어요. 대동여지도를 그리고, 목판에 새기는 것 모두 일반적으로 생각하는 것보다 훨씬 짧게 걸렸고요, 대동여지도와 관련하여 정말 오랜 시간이 걸린 것은 지도를 그리는 데 필요한 정보를 정리하는 일이었어요. 『신증동국여지승람』과 그림식 고을지도 등 기존의 지도와 지리지 내용을 비교 검토하여 거리와 방향 정보를 새롭게 정리하는 것은 정말 지루하고 시간이 오래 걸리는 일이었어요. 그런데 신경준 선생은 이런 일의 상당수를 이미 많이 해 보아서 달인의 수준이었다고 했잖아요. 게다가 임금의 명을 받아 하는 국가적인 일이었기 때문에 자신은 고을의 중심지를 기준으로 각 정보의 거리와 위치를 잡아 주는 일에 전념하고 실제로 그리는 것은 도화서(圖畫署)의 화원(畫員)들을 동원하여 맡겼으니 더 시간을 줄일 수 있었다고 봐요.

사회자 기회를 기다렸다는 것이 바로 이런 상황을 염두에 둔 것 같은데요, 제가 상상했던 것보다 더 대단하시네요.

김정호 하하! 그렇죠? 그런데 이런 기술적인 부분에서만 기회를 기다렸던 게 아닌 것 같아요. 영조 임금의 명을 받은 국가적인 일이어서 정상기, 정철조 선생이 참고한 자료는 물론이고 새로 편찬된 전국 고을지리지인 『여지도서(輿地圖書)』를 포함하여 국가기관에 소장되어 있으면서 민간으로 흘러나오지 않은 지도와 지리지까지도 마음대로 모아서 볼 수 있었어요. 자료들을 마음껏 이용할 수 있는 상황, 그것도 신경준 선생이 오랫동안 기다려 왔던 기회 중의 한 요소였던 것으로 볼 수 있지 않을까 해요.

궁금이 선생님, 그런 자료들을 다 검토하는 데만 해도 몇 년은 족히 걸릴 것 같지 않나요?

김정호 맞아요. 저도 많은 자료를 놓고 비교 검토하여 하나의 새로운 지리지를 편찬하는 데 몇 년 이상의 시간이 걸렸기 때문에 궁금 씨의 말이 충분히 이해돼요. 하지만 일반적인 경우와 다른 점이 있었는데, 신경준 선생은 이때 새로운 지리지의 편찬에는 전혀 관심이 없었고 오직 고을지도책의 제작에만 집중했어요. 이를 위해 선생은 모아 놓은 자료 중에서 지도의 제작에 필요한 자료만 선택적으로 이용했는데요, 먼저 정상기, 정철조 선생의 지도를 놓고 인접한 고을 사이의 방향과 거리 등을 잡을 때 기준으로 삼았어요. 그리고 그림식 전국 고을지도책의 내용을 1순위로, 『여지도서』의 그림식 고을지도를 2순위로, 1리 눈금식 도별 고을지도첩을 3순위 등으로 놓고 고을지도를 그려갔어요. 이들 고을지도만으로 거리와 방향 관계가 헷갈릴 때는 고을지도의 여백이나 뒷면에 함께 기록되어 있던 지지 정보를 중심으로 잡아 나갔고요, 그래도 헷갈릴 경우 『신증동국여지승람』과 『여지도서』의 정보를 통해 교정했어요. 이런 식으로 작업을 해 나가면 작은 고을의 경우 하루에 열 개 이상도 그릴 수 있었을 것 같아요. 아차차, 길어지는 설명에 너무 집중하느라 잠깐 까먹은 게 있네요. 신경준 선생이 그린 고을지도도 많이 궁금할 것 같아서 이미지를 하나 준비해 왔는데요, 자 화면에 띄워 주시죠.

경기도 수원 지도, 조선지도(奎 16030), 규장각한국학연구원

경기도 수원의 지도예요.

궁금이 저런 식의 지도였네요. 그런데 선생님, 가로와 세로로 줄이 그어져 있
는데, 이건 뭐예요?

김정호 아, 그것도 잊고 있었네요. 거리와 방향을 정확하게 그리기 위한 기준
선으로 그은 20리 간격의 눈금인데요, 지금의 길이로 계산하면 2.1cm 정도

신경준의 지도 계통 찾아보는 방법

규장각한국학연구원에는 신경준의 고을지도책 계통으로 『조선지도』(7책, 전라도 결본, 奎16030)와 『팔도군현지
도』(3책, 경기도 · 충청도 · 평안도, 古4709-111) 2종이 전해지고 있다. 규장각한국학연구원의 홈페이지에서 '바
로가기 구(舊) 원문검색서비스 → 고지도 → 필사본(방안식) → 조선지도 · 팔도군현지도'의 순서로 찾아가면 지도
책 각 면의 원문 이미지를 볼 수 있다.

국립중앙도서관에는 신경준의 고을지도책 계통으로 『팔도지도』(8책, 한貴古朝61-21)와 『동국지도;경상도』(1책,
경상도, 승계貴2702-22) 2종이 소장되어 있다. 홈페이지에서 '팔도지도'와 '동국지도'로 검색한 후 청구기호를
확인하여 찾아가서 '원문보기'를 누르면 모든 원문 이미지를 볼 수 있다.

192

의 간격이에요. 이렇게 눈금을 그어 지도를 그리는 방법은 이미 고대부터 잘 알려진 것이기에 특별한 것은 아니에요. 아마 정상기, 정철조, 정후조 선생도 지도를 그릴 때 20리는 아니지만 100리 정도 간격의 눈금을 그어서 그렸을 거예요. 다만 실제로 이용할 때 눈금이 지도 위에도 그려져 있으면 복잡해져서 방해가 되니까 지도 위에서는 모두 없애 버렸을 거예요.

사회자 그런데 선생님, 눈금을 이용하여 정확하게 그리고 나면 눈금을 지우기가 어렵지 않나요?

김정호 맞아요. 만약 눈금을 그은 종이 위에 지도를 직접 그렸다면 지우기가 어려웠을 건데요, 지도 제작자들은 그런 문제의 해결책도 이미 다 알고 있었어요. 먼저 눈금을 그은 두꺼운 종이를 만들고요, 그것을 책받침 삼아 그 위에 밑이 비치는 얇은 종이를 올려놓고 지도를 그렸어요. 그러면 눈금을 기준으로 거리와 방향이 정확한 지도를 그리면서도 막상 완성된 지도 위에는 눈금이 없게 돼요. 그러고는 완성하고 난 지도의 뒷면에 종이 몇 장을 덧대서 두껍게 만들었어요.

사회자 그런 방법이 있는 줄 몰랐습니다. 알고 나면 아주 쉬운 건데요, 그려 보지 않은 사람의 입장에서는 생각해 내기가 쉽지는 않을 것 같습니다. 혹시 선생님, 저 지도를 어떻게 그렸는지도 간단하게 설명해 주실 수 있나요?

김정호 저는 지도의 제작 과정을 당연히 이해하고 있는데요, 그걸 설명하려면 좀 복잡해져서 여러분들이 쉽게 이해하기 어려울 거예요. 그래서 여기서도 신경준 선생이 지도 제작의 달인이어서 지도를 제작하는 데 별 어려움이 없었다고 여기면서 넘어가는 게 좋다고 생각해요.

궁금이 예, 잘 알겠습니다. 선생님 그런데요, 아까 눈금이 그려진 책받침을 대고 그리기 때문에 지도 위에는 눈금이 없게 된다고 하셨잖아요. 그럼 저 지도 위에 있는 눈금은 왜 남아 있는 건가요?

김정호 저 지도를 그릴 때도 책받침을 대고 그렸을 거예요. 잘 보면 산줄기,

물줄기, 해안선, 지명 등이 그려진 부분 위에는 눈금이 그어져 있지 않잖아요. 책받침을 대고 그리지 않았으면 저기에도 눈금이 그어져 있어야 해요. 그런데 지도의 내용이 없는 부분에 20리 간격의 눈금을 그어 놓은 이유는 지도 위의 거리가 실제의 거리로 얼마인지 계산할 수 있도록 하기 위해서인데요, 정상기 선생의 지도에 있었던 백리척과 같이 축척의 역할을 한다고 보면 돼요.

3   초대형의 도별지도와 전국지도, 멋있지만 별로 쓸모가 없었다

사회자 궁금 씨가 잘 관찰하여 질문해 주어서 중요한 사실을 알 수 있었던 것 같습니다. 선생님의 이야기에 집중하다 보니까 벌써 시간이 2/3가 훌쩍 넘어 버렸습니다. 이제는 청중분들에게 질문의 기회를 드려야 할 것 같은데요, 질문 있으신 분 손을 들어 주십시오. 뒷줄 가운데에 앉아 계신 분, 아까부터 저를 처다보셨는데요, 자기소개 간단하게 하시고요 질문 부탁드립니다.

청중 1 첫째 주부터 계속 이 프로그램을 들어왔던 비봉대학교 경제학과 4학년 대학생인데요, 제 전공과는 다르지만 흥미로운 내용이 너무 많아 방청 신청을 했는데 운 좋게 초대받게 되었습니다. 아까 선생님께서 '전도나 도별지도로만 그렸다면 분명히 이용하기에 많이, 아니 아주 많이 불편해서'란 말씀을 하셨습니다. 이 말에 입각하면 신경준 선생님이 전도나 도별지도를 그렸다는 것인데요, 아직까지 그에 대해 언급이 전혀 없었습니다. 혹시 그리지 않은 건데 잘못 말씀하신 것은 아닌지 질문드립니다.

김정호 청중분께서 정말 세밀하게 기억하고 계시네요. 감사합니다. 그런데 잘못 말한 것이 아니고요, 고을지도책이 더 중요하고 먼저 그렸기 때문에 아직 말하지 않은 겁니다. 마침 말해야 할 타임에 질문 주셔서 감사드리고요, 신경준 선생은 고을지도책을 만든 두 달쯤 후인 8월 14일에 우리나라 전도

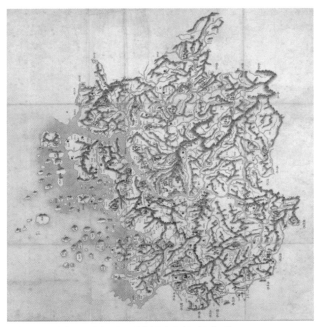

신경준 8도 도별지도 중 경기도 지도, 혜정박물관(국가문화유산포털)

1장과 도별지도 여덟 장을 완성하여 영조 임금께 바쳤습니다. 현재 전도는 발견되지 않고 있고요, 8도의 도별지도 중에서 5도의 지도가 전해지고 있어요. 그중에서 경기도 지도의 이미지를 준비하여 갖고 나왔습니다. 자, 화면에 띄워 주시죠.

궁금이 와~, 1770년에 만들었으면 지금으로부터 250년이 넘은 건데요, 엄청 화려한 색상이 지금도 뚜렷이 살아 있네요.

김정호 하하! 궁금 씨가 보자마자 감탄할 만큼 화려하면서도 선명하게 보존이 잘 되어 있죠? 영조 임금께 바치기 위해 그린 원본으로 추정되는데요, 경기도의 고을지도를 모두 연결해서 그린 거예요. 여기서 눈여겨보아야 하는 건 지도의 크기예요. 오늘은 갖고 나오지 않았지만 강원도 한 도만 해도 남북의 크기가 164.3m나 되는데요, 이렇게 큰 지도는 쓸모가 별로 없다고 했잖아요. 그런데 함께 그려서 바친 우리나라 전도는 남북 5.5m가 넘는 초대형의 지도였기 때문에 더 쓸모가 없었겠죠. 그럼에도 신경준 선생이 우리나라 전도 1장과 도별지도 8장을 그려서 바친 이유는 영조 임금의 특별한 요구가 있었거나 신경준 선생 스스로가 영조 임금에게 자신이 제작한 지도의 업적을 인정받기 위해서였을 거라고 봐요. 창덕궁의 인정전 같은 곳에 걸어 놓고 신하들에게 쫙 보여 주면서 '내가 다스리는 나라가 이렇게 생겼노라!'라고 과시하는 용도로 사용하면 지도를 제작한 신경준 선생과 그런 지도의 제작을 허락하여 명한 영조 임금의 위신이 모두 확 설 수 있잖아요.

사회자 창덕궁의 인정전에 5.5m가 넘는 초대형의 화려한 우리나라 전도가 걸려 있었다면 정말 입이 딱 벌어질 정도로 멋졌을 것 같습니다. 그리고 그렇기 때문에 그 지도를 걸어 놓는 것만으로도 임금의 위신을 높여 주는 퍼포먼스가 되었을 것 같은데요, 신경준 선생님이 정말 대단한 지도를 제작한 것 같습니다.

김정호 안시리 아나운서가 말한 대로 대단한 지도를 만든 건 사실이에요. 하지만 앞서 이야기했듯이 그런 용도 이외에는 쓸모가 없었다는 것도 잊지 말아야 함을 다시 한번 강조하고 싶습니다. 지금 신경준 선생이 만든 우리나라 전도는 처음에 만든 것 이외에는 쓸모가 없어서 더 만들지 않았을 것으로 추정되기 때문에 지금까지도 보존되어 발견되기가 쉽지는 않을 거라고 봐요. 도별지도도 쓸모가 거의 없었기 때문에 첫 번째 것 이외에는 더 만들지 않았을 것 같고요, 그래서 지금 8도 중에서 5도의 지도가 발견된 것만도 대단한 일이라고 봐요. 엄청 화려하게 그린 지도이기 때문에 문화재로서의 가치를 인정받아 프랑스에 있는 평안도를 제외한 4도 5장(경기도, 강원도, 경상도, 함경남도, 함경북도)의 지도가 보물로 지정되었다는 소식을 들은 적이 있습니다.

4   고을지도책이 이용하기 편리하게 개선되다

사회자 지도의 이용, 즉 쓸모가 얼마나 있었느냐의 문제가 우리나라 지도 제
작의 역사를 이해하는 데 중요함을 다시 한번 강조해 주신 것 같습니다. 다
만 그때는 쓸모가 별로 없었더라도 지금은 전시효과가 최고여서 많은 사람
들에게 큰 감동을 줄 수 있는 쓸모가 많기에 어디든 좋으니 잘 보존되어 있
다가 언젠가는 우리의 눈앞에 짠~ 하고 나타나기를 간절히 소망해 봅니다.
신경준 선생님이 제작한 우리나라 전도와 도별지도 이야기는 이 정도면 충
분하지 않을까 합니다. 자, 그러면 다른 청중분에게 질문 기회 한 번 더 드
리겠습니다. 앞줄에서 저랑 가장 가까운 오른쪽 끝에 앉아 계신 분 자기소
개 간단히 부탁드리고 질문해 주십시오.

청중 2 안녕하세요. 저는 지난번에 청중으로 나와서 질문하셨던 이서대학교
교수님과 같은 학교에 근무하고 있는 게임애니메이션과 교수인데요, 게임
애니메이션에서도 역사를 소재로 많이 다루고 있습니다. 이 프로그램을 보
면서 게임애니메이션의 역사 무대를 더 스펙터클하게 만드는 데 도움을 받
을 수도 있다는 생각에서 이렇게 나오게 되었습니다. 앞에서 질문해 주신
분처럼 선생님께서 하신 말씀과 관련하여 질문드립니다. 신경준 선생님이
원래는 『동국문헌비고』의 「여지고」에 거리와 방향이 정확한 고을지도를 함

께 붙이고 싶다는 취지로 영조 임금에게 제안하여 허락을 받았다고 말씀하셨는데요, 그 결과는 어땠는지 궁금합니다.

김정호 게임애니메이션과 교수님이 나오실 줄은 꿈에도 생각지 못했습니다. 감사드립니다. 질문에 대한 답은 간단한데요, 『동국문헌비고』의 「여지고」에는 신경준 선생의 지도가 첨부되어 있지 않습니다. 「여지고」가 고을별이 아니라 주제별로 정리되어 있기 때문에 신경준 선생의 고을지도를 붙일 방법이 없었기 때문이에요. 여기서 「여지고」가 주제별 지리지의 형식이었던 신경준 선생 자신의 저작들을 거의 그대로 수록하여 편찬되었다는 사실을 곱씹어 보면요, 선생은 처음부터 고을지도를 첨부할 생각이 없었던 것 아니었나 생각됩니다. 좀 심하게 말하면 지도 제작을 허락받기 위해 영조 임금께 거짓말을 한 것처럼 여겨지는데요, 그 거짓이 탄로가 나도 벌을 받지 않기 위해 지도의 제작 과정뿐만 아니라 결과까지도 영조 임금께서 엄청 관심을 기울이고 흡족해할 수 있도록 최선을 다했던 것 같습니다. 쓸모가 거의 없는 우리나라 전도와 도별지도를 제작하여 영조 임금의 위신을 한껏 높여 주고자 했던 것도 그런 일환의 하나였다고 보면 되지 않을까 합니다.

궁금이 선생님, 그러면 신경준 선생님이 제작하고 싶었던 지도의 궁극적 목표에는 원래 우리나라 전도와 도별지도는 없었고 전국 고을지도책만 있었다는 의미로 봐도 되는 건가요?

김정호 하하! 저는 궁금 씨의 말처럼 생각해요. 거리와 방향이 정확한 고을지도책이 궁극적으로 만들고 싶었던 목표였다고 보고요, 그것을 이루기 위해 우리나라 전도와 도별지도를 '끼어팔기'식으로 만든 것이라 보는 것이 어떨까 해요. 물론 제가 신경준 선생이 아니니까 100% 장담하기는 어렵지만요.

사회자 제 생각에도 '끼워팔기'식이라는 말이 꽤 적당한 것 같은 느낌인데요, 그렇게 생각하는 이유는 우리나라 전도와 도별지도가 거의 쓸모없다는 사실을 신경준 선생님이 몰랐을 것 같지가 않거든요. 오늘은 청중분들의 질문에 대한 대답이 생각보다 상당히 짧아 아직도 시간이 남아 있습니다. 그래서 한 분에게 더 질문의 기회를 드리겠는데요, 뒷줄 가장 끝에 앉아 계신 분 간단한 자기소개 후 질문 부탁드립니다.

청중 3 안녕하세요. 저는 서울에서 직장 생활을 하다가 퇴직 후 귀향하여 소박한 생활을 하고 있는 60대 후반의 평범한 사람입니다. 지난 5주에 걸친 프로그램 다 봤는데요, 정말 제가 알고 있던 지식의 상당 부분이 틀렸다는 이야기에 많이 놀랐던 사람 중의 한 명입니다. 김정호 선생님의 삶과 대동여지도에 대해 궁금한 건 엄청 많지만 이야기의 흐름을 따라가며 질문을 해야 한다고 생각하기에 오늘의 이야기 속에서 궁금했던 것을 질문드립니다. 선생님께서 지도의 정확성이나 자세함 못지않게 이용의 편리함을 잊지 말아야 한다고 계속 강조하고 계신데요, 그러면 신경준 선생님의 고을지도책은 이용의 편리함이란 관점에서 몇 점을 주실 수 있는지 궁금합니다.

김정호 네, 질문하신 것에 대한 답을 하면요, 저는 50점 정도 줄 수 있을 것 같습니다.

궁금이 선생님, 너무 박한 점수 아닌가요? 그래도 이용하기 편리한 크기의 지도책으로 만들었는데요….

김정호 하하! 궁금 씨가 '고을지도책'이란 말만 듣고도 '이용하기 편리한 크기의 지도책으로 만들었다'는 평가를 내리는 것을 보니 정말 반갑고 그동안의 인터뷰에 대한 보람을 느낍니다. 궁금 씨가 핵심을 제대로 말했어요. 신경준 선생이 도별로 한 권씩 여덟 권의 고을지도'책'으로 만든 것은 이용의 편리함을 고려한 아이디어였고요, 그래서 제가 50점이라는 높은 점수를 주게 된 겁니다.

궁금이 예? 50점이 박한 점수가 아니라 높은 점수라고요? 의외의 말씀을 하시니까 또 어떤 의미를 담고 있을지 궁금합니다.

김정호 신경준 선생은 정상기 선생의 지도보다 길이로는 2.5배, 넓이로는 여

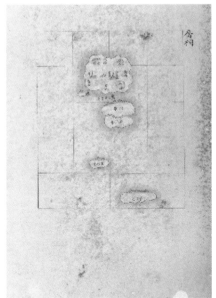
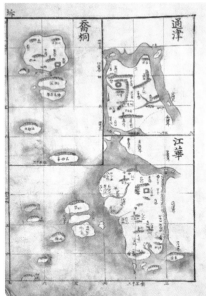

신경준 고을지도책 속 경기도의 교동, 조선지도(奎 16030), 규장각한국학연구원

개선된 지도책 속 경기도의 교동, 통진, 강화, 해동여지도(古貴2107-36), 국립중앙도서관

섯 배 이상이나 되는 초대형의 우리나라 지도를 제작했잖아요. 그걸 도별 지도나 전도로만 만들었다면 이미 여러 번 말했듯이 너무 커서 쓸모가 거의 없었을 테니까요, 이전에 보지 못한 초대형의 지도라는 점에서 한 번쯤 임 금과 세상 사람들의 주목을 받을 수는 있지만 그 이상은 아니었을 거예요.

『해동여지도』 계통의 지도 찾아보는 방법

국립중앙도서관에 『해동여지도』(3책, 古貴2107-36)가 소장되어 있으며, 보물 제1593호로 지정 보호되고 있다. 국립중앙도서관 홈페이지에서 '해동여지도'로 검색한 후 청구기호를 확인하여 찾아가서 '원문보기'를 누르면 지 도책 모든 면의 원문 이미지를 원본과 거의 같은 색상과 해상도로 확대하여 볼 수 있다.

'고려대학교 해외한국학자료센터'의 홈페이지를 방문하여 '해동여도'로 검색하여 이미지를 누르면 일본 오사카 부립 나카노시마도서관 소장 『해동여도』(1책)를 볼 수 있는데, 국립중앙도서관 소장 『해동여지도』 1책만 있는 결 본이다. 현재 『해동여도』 2책과 3책에 해당되는 지도책이 국립중앙박물관에 소장되어 있는 것으로 알려져 있지 만 아직 자세한 내용은 공개되고 있지 않다. 그리고 '고려대학교 해외한국학자료센터' 홈페이지에서 '강역전도'로 검색하여 이미지를 누르면 일본 동양문고 소장 『강역전도』(1책)를 볼 수 있는데, 국립중앙도서관 소장 『해동여지 도』 1책과 2책을 합해 놓은 것이다.

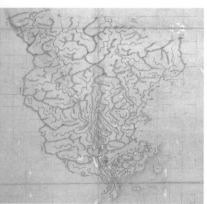

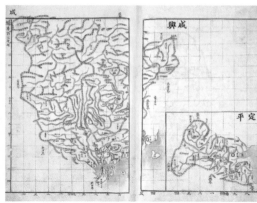

신경준 고을지도책 속 함경도 함흥,
조선지도(奎 16030), 규장각한국학연구원

개선된 지도책 속 함경도 함흥, 정평, 해동여지도(古貴2107-36),
국립중앙도서관

반면에 고을지도책은 그 안의 지도가 정확하고 자세했을 뿐만 아니라 이용하기에 편리한 크기여서 이용 욕구를 자극하여 꽤 주목을 받을 수 있었고요, 이후 계속 개선되어 저의 대동여지도에까지 이어졌어요. 여기서 제가 '계속 개선되어'라는 표현을 썼는데요, 신경준 선생은 빠른 시간 안에 정확하고 자세한 고을지도책을 만들어 내야 했기 때문에 고을지도'책'이라는 아이디어를 빼면 이용과 관련하여 더 이상의 편리함을 고민할 여유가 없었던 것 같아요. 그래서 이용의 편리라는 관점에서 더 개선되어야 할 여지가 많은 고을지도책이었고요. 그 자체만 보면 10~20점 정도를 주는 게 적당하다고 생각해요. 하지만 이용 욕구를 자극할 수 있는 고을지도'책'이란 아이디어가 없었다면 주목을 받지 못해서 더 나은 개선도, 저의 대동여지도에까지 이르는 일도 있을 수 없기 때문에 50점이란 높은 점수를 줘야 합당하지 않나 생각했던 겁니다.

사회자 그러면 선생님, 이용의 편리함이란 관점에서 신경준 선생님의 고을지도책이 갖고 있는 문제점은 무엇이었고, 그것이 어떻게 개선되어 나갔는지 설명을 들을 수 있을까요?

신경준 고을지도책 속 경상도 안동,
조선지도(奎 16030), 규장각한국학연구원

개선된 지도책 속 경상도 안동, 예안, 봉화, 영천, 순흥, 풍기, 예천,
용궁, 해동여지도(古貴2107-36), 국립중앙도서관

김정호 오늘 거기까지는 설명을 해 드려야 다음 주부터는 진짜 저의 이야기를
시작할 수 있을 것 같아요. 좀 지루할 수 있는데요, 저의 지도 이야기뿐만 아
니라 우리나라 지도 제작의 역사를 살펴보는 데 아주 중요하기 때문에 참고
잘 들어 주면 좋겠어요. 말로만 들으면 어려울 것 같아서 준비해 온 이미지
를 이야기 순서에 따라 계속 화면에 띄워 달라고 미리 부탁해 놓았습니다.

사회자 지루할 수도 있겠지만 중요하니까 참고 들어 달라고 미리 말씀하시니
까 오히려 더 궁금한 마음이 생기는 것 같습니다.

김정호 하하! 이해해 줘서 감사합니다. 그러면 해 보도록 하겠습니다. 먼저 신
경준 선생의 고을지도책에는 지도만 있을 뿐 고을의 지지(地誌) 내용이 하나
도 적혀 있지 않은, 말 그대로 순수한 지도책이었어요. 그래서 이용자들이
지도와 지지 정보를 비교하면서 이용하기 어려운 단점이 있었어요.

궁금이 저번에 보여 주신 그림식 전국 고을지도책 속 고을지도의 여백이나 뒷
면에 고을의 주요 지지 정보가 적혀 있던 것과 비교하며 생각해 보면 되는
거네요?

김정호 바로 그렇게 생각하면 돼요. 두 번째로는 경기도의 교동(喬桐)처럼 고

을이 아무리 작아도 지도책의 한 면에는 한 고을만 그리는 것을 원칙으로 했어요. 만약 이 원칙이 없었다면 작은 고을 2~3개를 한 면에 함께 그려서 지도책의 제작에 들어가는 종이의 양을 확 줄일 수 있었어요. 옛날에는 종이값이 엄청 비쌌는데요, 신경준 선생은 영조 임금의 명을 받아 고을지도책을 만들었기 때문에 값이 엄청 비싼 종이를 풍부하게 쓸 수 있었어요. 하지만 국가기관이든 개인이든 비용을 최소화시키기 위해 절약할 수 있으면 최대한 절약을 선택하는 것이 자연스러운 시절이었어요.

궁금이 이번에도 만약 근대 지도에 대한 강박관념 때문에 지도의 정확함이나 자세함에만 주목했다면 볼 수 없었던 이야기를 해 주시네요. 선생님, 이용의 관점에서 개선된, 또 다른 것도 있나요?

김정호 예, 또 있어요. 세 번째로 신경준 선생의 고을지도책에는 함경도의 함흥처럼 큰 고을의 경우 지도책의 두 면보다 더 크게 그려져 있는데요, 두 면을 넘어가는 위쪽과 아래쪽 부분을 접어서 책 안으로 넣었어요. 처음에는 이런 방식에 별 문제가 일어나지 않겠지만 자주 이용하게 되면 접힌 부분의 훼손이 심하게 일어나 자주 수리해야 해요. 이를 해결하기 위해서는 때로는 전국 모든 고을에 동일한 축척을 적용한다는 원칙을 파기하고 20리 눈금의 간격을 상황에 따라 다르게 적용하면 돼요.

궁금이 고을 면적의 측면에서 지도 한 면의 일부분에만 그려지는 교동 고을과 지도 두 면이 넘어가게 그려지는 함흥 고을처럼 엄청나게 큰 차이가 있었다는 점도 처음 알았습니다.

김정호 하하! 궁금 씨가 고을의 크기에 대해 잘 지적해 주었습니다. 저에겐 너무 익숙한 것이어서 다른 사람들도 익숙할 것처럼 착각하여 자주 깜빡하고 넘어가는 주제 중 하나입니다. 네 번째로 조선시대에는 어떤 고을의 영역 중 다른 고을의 경계를 넘어가 있는 땅이 꽤 있었는데요, 이런 땅을 '다른 고을의 경계선[境]을 넘어가 있는[越] 땅[地]'이란 뜻의 월경지(越境地)라고 불렀어요. 그리고 월경지는 아니지만 다른 고을과 경계선이 아주 복잡하게 얽혀 있는 경우도 꽤 있었는데요, 이런 땅을 '개가 입을 다물었을 때 아래와 위의 이빨[犬牙]이 서로 맞물려 들어간[相入] 것 같은 땅[地]'이란 뜻으로 견아상입지(犬牙相入地)라고 불렀어요. 이런 월경지와 견아상입지가 많이 얽히고설켜 있는 지역의 경우 고을 간의 경계선을 이해하기가 쉽지 않았는데요, 이 문제를 해결하기 위해서는 고을별로 분리하지 않고 합해서 그리면 돼요.

궁금이 월경지와 견아상입지란 말도 처음 듣는 것 같은데요, 합해서 그리는 것이 더 합리적이고 종이 비용도 대폭 줄일 수 있는 좋은 방법 같습니다. 선생님 더 있나요?

김정호 예, 하나 더 있긴 한데, 이건 설명이 꽤나 복잡하게 이루어져야 하는 것이라서 충분한 시간이 주어지지 않으면 이해하기가 쉽지 않을 겁니다. 그래서 간단하게 요약해서 말하겠는

데요, 신경준 선생의 고을지도 책에는 각 고을이 우리나라 전체나 각 도(道)에서 어느 위치에 있는지를 알 수 있는 방법이 전혀 없었어요. 이를 해결하려면 도별로 가장 앞쪽에 20리 간격의 가로세로선 위에 소속 모든 고을의 위치가 표시된 작은 지도를 그려서 넣어 주면 돼요.

사회자 선생님, 지루했다기보다는 좀 어려웠다는 느낌이긴 한데요, 그래도 이야기의 흐름을 따라가는 데 큰 지장은 없었습니

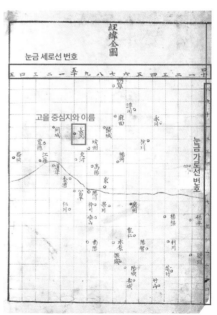

20리 간격의 눈금 위에 경기도 38개 고을의 이름과 위치가 표시된 경위전도, 해동여지도(古貴2107-36), 국립중앙도서관

다. 궁금 씨는 어땠어요?

궁금이 저도 좀 어렵긴 했지만 큰 흐름은 이해한 것 같습니다. 그런데 선생님, 지금까지 말씀하신 문제점을 개선한 지도책이 한 번에 나온 건가요? 아니면 여러 번에 걸쳐 나온 건가요?

김정호 하하! 시간이 다 되어 가는데요, 궁금 씨가 핵심적인 질문 하나를 더 해 주네요. 첫 번째와 두 번째의 문제를 개선하여 양을 반으로 확 줄여서 4권으로 편집된 지도책이 먼저 나왔어요. 그러고는 다섯 가지 문제를 모두 개선하여 이용하는 데 불편한 점을 거의 찾아보기 어려울 정도로 획기적인 지도책이 나와서 유행했는데요, 양을 더 줄여 지도 부분은 2권으로 하고 지지 부분 1권을 더하여 세 권으로 이루어진 것이 보통이었어요. 이런 개선된 지도책을 누가 편찬했는지는 안타깝게도 전혀 알려져 있지 않아요.

사회자 선생님께서 간단하게 대답해 주신 덕분에 정말 아슬아슬하게 종료 시간을 지킬 수 있게 된 것 같습니다. 먼저 재밌고 유익한 역사와 지도 이야기를 해 주신 김정호 선생님께 감사드리고요, 함께 자리해 주신 궁금 씨와 청중 열 분, 그리고 늦은 밤까지 시청해 주신 시청자 여러분, 다음 주에도 다시 만나 뵐 것을 기대하며 이만 인사드립니다.

7부

나는 각수로
시작해
지도 출판사
사장에 오른
평민이었다

사회자 안녕하십니까. 역사방송 아나운서 안시리 인사드립니다. 지난주에는 지도와 관련해서는 우리가 잘 몰랐던 정철조, 정후조, 신경준 선생님의 지도 이야기를 들었습니다. 지난주의 지도 이야기는 자세하고 정확한 것만이 아니라 이용의 편리함이 우리나라 지도 제작의 역사를 이해하는 데 아주 중요함을 다시 한번 강하게 느끼게 만들어 주었다고 생각합니다. 이번 주부터는 김정호 선생님의 지도 이야기를 본격적으로 해 주신다고 말씀하셨는데요, 정말 기대가 됩니다. 자 그럼, 일곱 번째 '역사 환생 인터뷰 김정호 편'을 시작하겠습니다. 지난주에도 마지막까지 큰 활약을 해 주신 역사 도우미 개그맨 궁금 씨, 그리고 청중 열 분이 오늘도 자리를 함께해 주셨습니다. 환영합니다.

궁금이 안녕하세요. 역사 도우미 개그맨 궁금 인사드립니다. 안시리 아나운서가 지난주에 마지막까지 큰 활약을 해 주었다고 과장해서 저를 소개해 주었는데요, 과장이라고 해도 기분은 꽤 좋은데요? 오늘도 열심히 준비해 온 질문 잘 풀어 드리고, 딱딱해지지 않게 하는 양념 역할 충실히 수행하도록 하겠습니다.

사회자 자 그럼, 오늘부터 본인의 이야기를 본격적으로 시작해 주시겠다고 선언하신 김정호 선생님을 모시도록 하겠습니다. 큰 박수로 환영해 주십시오. 선생님, 환영합니다.

김정호 안녕하세요. 김정흡니다. 오늘도 이렇게 환영해 주시니 기분이 좋습니다. 우리나라 지도와 역사에 대한 여러분의 궁금증이 풀릴 수 있도록 준비해 온 이야기 열심히 들려드리겠습니다.

사회자 선생님께서도 기분이 좋으시다니 다행입니다. 그럼 바로 시작할까요? 궁금 씨, 준비해 온 첫 질문 부탁합니다.

1

나는 양반도 중인도 아니었다

궁금이 선생님, 지난주에 신경준 선생님의 고을지도책이 이용의 편리라는 측
  면에서 몇 가지 문제가 있어서 이를 이용하기 정말 편리하도록 개선시킨 고
  을지도책이 나왔다는 것에서 끝났잖아요. 그럼 오늘은 그렇게 개선된 고을
  지도책과 관련이 있는 선생님의 첫 번째 지도책 이야기를 해 주실 것으로
  예상되는데요, 맞나요?

김정호 아니요. 원래는 그렇게 하려고 했는데요, 생각을 바꾸었어요.

궁금이 예? 그럼 오늘은 다른 이야기를 하시겠다는 말씀인가요?

김정호 예, 아무래도 저의 작품 하나하나로 들어가기 전에 저의 삶과 작품 전
  체에 대한 오해를 모두 풀고 가는 것이 좋겠다는 생각이 들었습니다. 지난
  6주에 걸친 이야기를 통해 저의 전국 답사설이나 백두산 등정설, 판목 소각
  설, 옥사설 등등 상당히 많은 오해가 풀렸을 것으로 생각되지만 아직도 풀
  리지 않은 것이 꽤 있어요. 오늘은 그런 오해까지 끄집어내 풀어 버리고 다
  음 주부터 제 작품 하나하나에 대한 이야기로 들어가는 것이 순리인 것 같
  아요.

사회자 선생님, 그런데요, 저는 지난 6주 동안의 이야기를 통해 그동안 가져
  왔던 선생님의 삶과 작품 전체에 대한 오해는 거의 다 풀렸다고 생각했습니

다. 그런데 아직도 풀리지 않은 것이 꽤 있다는 말씀을 듣고서, '또 뭐가 있었지?' 잠시 생각해 봤지만 딱히 생각나는 것이 없었습니다. 혹시…. 궁금 씨는 생각나는 게 있나요?

궁금이 저도 선생님의 말씀을 듣는 순간 안시리 아나운서와 똑같은 생각을 했는데요, 음…. 솔직히 저도 잘 떠오르지가 않습니다. 아무래도 오늘은 우리들의 질문 없이 선생님께서 먼저 이야기의 포문을 여시는 게 좋지 않을까 합니다. 선생님, 어떠세요?

김정호 두 분의 상황 충분히 이해합니다. 일반적으로 알려진 큰 오해는 두 분이 말한 것처럼 대부분 풀어드린 것 같고요, 오늘 풀어드리고 싶은 오해는 저의 삶과 작품을 이해하는 데 걸림돌이 되는 중요한 오해인데도 사람들이 대수롭지 않게 여기는 오해입니다. 혹시 안시리 아나운서는 제 신분이 뭐였는지 아세요?

사회자 선생님, 당연히 양반 아니셨나요? 선생님은 글을 능수능란하게 읽고 쓸 줄 아셨잖아요. 그럼 양반 아닌가요?

김정호 하하! 보통 그렇게 생각해 왔어요. 그런데 도대체 이해가 안 되는 현상이 있는 거예요. 연구자들이 아무리 찾아봐도 어느 족보에서도 제 이름을 찾을 수 없었어요.

궁금이 선생님, 어느 족보에서도 선생님의 이름을 찾을 수 없다면 양반은 아니었다는 의미인가요?

김정호 예, 맞아요. 왜 그런지 설명할 텐데요, 좀 길어도 참고 들어봐 주세요. 서양에서 시작한 근대가 세계 모든 지역을 집어삼키자 서양의 역사를 기준으로 세계 여러 나라의 역사를 하나의 잣대로 줄 세우기 하는 경향이 나타났고요, 그래서 세계 여러 지역이나 국가의 역사적 다양성은 묻혀 버리고 주목받지 못했어요. 우리나라의 역사도 마찬가지였는데요, 그래서 아직까지도 주목받지 못하고 있지만 제가 살던 시절의 우리나라는 세계적으로 다른 지역이나 국가에서는 발견하기 어려운 아주 특이한 것이 많은 나라였어요. 그중의 하나가 '나는 효령대군의 18대 자손입니다'란 말처럼 아주 먼 조상까지 찾아 올라가 그로부터 뻗어 나간 자손의 모든 일원을 일일이 찾아서 기록한 족보였는데요, 전 세계에서 그런 국가는 우리나라밖에 없어요. 그런데 전통 시대 이런 족보가 세계의 역사에서 가장 발달한 시기와 나라가 제가 살던 시절의 우리나라였어요. 게다가 일본 제국주의의 식민지로 떨어졌던 시기에도 나라는 망했지만 족보는 제가 살던 시절보다 훨씬 더 유행하여 우리나라 전국 곳곳에서 쉴 새 없이 간행되었어요. 그래서 말단 벼슬도 하지 못한 양반이라도, 아주 작은 작품도 남기지 못한 양반이라도, 심하게 말하면 아주 별 볼 일 없는 양반까지도 족보에 기록되었기 때문에 지금 양반 출신의 가계 기록을 찾는 것은 어렵지 않아요. 그런데 연구자들이 아무리 족보를 찾아봐도 김정호란 이름 석 자가 발견되지 않으니 양반일 수 없는 거예요.

사회자 세계에서 가장 발달한 우리나라의 족보에서 김정호란 이름 석 자가 발견되지 않는다는 사실이 선생님의 신분이 양반이 아니라는 것을 보여준다는 것이네요. 그런데 선생님, 족보에 기록되지 않은 이유가 몰락 양반이었기 때문에 그랬다고 볼 수 있지도 않을까요?

김정호 김정호의 이름 석 자가 기록되어 있는 족보가 없기 때문에 양반은 양반이되 몰락 양반이었을 것이라고 생각하는 사람도 있었어요. 하지만 아무리 몰락했다 하더라도 양반은 반역의 죄를 지어서 신분이 강등되지 않는 한 양반이었지 중인이나 평민, 노비는 될 수 없었어요. 어떤 사람이 양반이 된 이유는 자신의 능력 때문이 아니라 자신의 아버지와 할아버지가, 그리고 그 윗대의 선조가 양반이었기 때문이었어요. 따라서 아무리 자신의 경제적 처지가 몰락에 가까울 정도로 궁핍해졌다고 하더라도 아버지와 할아버지가, 그리고 그 윗대의 선조가 양반이었던 사실이 없어지진 않잖아요. 그리고 제가 살던 시절에는 국가나 사회 모두 당파, 인척, 사제 관계, 혼인 등으로 얽히고설켜 움직이는 시스템이었기 때문에 누가 양반인지 중인인지 평민인지 숨기거나 감출 수 있는 방법이 없었어요. 몰락 양반이 있었는지는 모르겠으나 있었더라도 양반은 양반이었으니까 족보를 편찬할 때 찾아서 넣었기 때문에 제가 몰락 양반이었다고 해도 족보에서 찾을 수 있었을 거예요.

궁금이 선생님, 제가 고등학교 때 국사 시간에 배운 것과 좀 다른 이야기를 하셔서 헷갈리는데요, 선생님이 사시던 1800년대에는 경제적으로 성장한 중인(中人)이나 평민의 신분 상승이 대대적으로 일어나지 않았나요?

김정호 하하하! 하늘나라에서 계속 지켜봤는데요, 우리나라의 역사학계에서는 꽤 오랫동안 제가 살던 시절에 중인이나 평민 중에서 경제적 부를 쌓아 양반으로의 신분 상승을 많이 이루었던 것처럼 여기더라고요. 우리나라도 유럽의 근대처럼 신분 체제가 무너지고 평등 사회로 향해 가고 있는 중이었다고 말하고 싶었던 건데요, 우리도 근대의 씨앗이 있었는데 일본 제국주의의 침략 때문에 꽃을 피우지 못했다는 식의 인식이었죠. 하지만 스스로 근대를 이룬 서유럽과 그들이 다른 지역에 가서 세운 미국이나 호주 같은 국가를 제외하면 세계 어느 지역도 근대는 스스로 이룬 것이 아니라 서양 근대의 충격을 받아 갑자기 이루어진 것일 뿐이에요. 인류의 역사에서 기존의 것을 완전히 뒤집어엎어 버리는 혁명적인 변화는 모든 지역에서 동시다발적으로 이루어지지 않았어요. 현생인류의 직접 조상인 호모사피엔스사피엔스도 아프리카에서 우연히 나타나 세계로 퍼져 나갔고요, 농업혁명도 일부 지역에서 발생하여 주변 지역으로 확산되어 갔어요. 근대, 즉 경제적으로 말하면 산업혁명도 서유럽에서 발생하여 세계 곳곳으로 확산되어 나간 것이지 모든 지역에서 스스로 자연스럽게 발생했던 것은 아니었어요. 지금은 다행히 그것이 잘못된 생각이라는 것을 깨닫고 있더라고요. 중인이나 평민의 경제적 부가 확대되었다면 그들의 힘이 상대적으로 조금 강해지고 양반의 힘이 상대적으로 조금 약해진 것이지, 그들이 양반으로의 신분 상승을 이룬 것은 아니었어요. 게다가 전통 시대의 신분 사회에서는 신분이 다른 사람끼리 결혼하여 아이를 낳았을 때 그 아이의 신분은 아버지와 어머니 상관없이 낮은 쪽을 따라가게 되어 있었어요. 그래야 높은 신분의 인구가 계속 증가하는 일을 막을 수 있으니까요. 조선이란 나라가 멸망하지 않는 한, 조선의 신분 체제에서는 하층 신분이 상층 신분으로 상승할 수는 없었어요.

궁금이 선생님, 양반이 아니었다면 그럼 중인 신분 아니었나요? 중인도 글을 읽고 쓸 줄 알지 않았나요?

김정호 중인은 서울에서는 각종 관청에서 통역[譯官]·의사[醫官]·회계[算官]·법률[律官]·풍수지리[陰陽官]·문서정리[寫字官]·그림[畵員]·달력[曆官] 등을 맡는 하급 관리, 지방에서는 고을·역(驛)·국영 목장의 관아에서 중앙에서 파견된 관리를 도와 행정·군정 등의 업무를 처리하던 향리(鄕吏)·서리(胥吏)·장교(將校)·역리(驛吏)·목동[牧子] 그리고 서얼(庶孼, 양반의 서자) 등이었기 때문에 양반만큼은 아니더라도 글을 읽고 쓸 줄 알았다는 것은 맞아요. 하지만 저는 중인도 아니었어요. 다만 양반이 아니었던 것은 어떤 족보에서도 제 이름 석 자를 찾을 수 없다는 것으로 근거를 댈 수 있는데요, 아쉽게도 중인이 아니었던 것은 그렇게 할 수가 없어요.

사회자 아무리 하늘나라에서 환생하신 선생님이 직접 자신의 신분에 대해 말씀하신다고 하더라도 이승에 살고 있는 우리들이 충분히 납득할 수 없다면 사람들은 그냥 주장에 불과하다고만 생각할 거예요. 그러니 중인이 아니었다고 믿게 하시려면 근거를 어떻게든 대서야 할 텐데요.

김정호 안시리 아나운서의 말 충분히 이해합니다. 아무리 본인 스스로 말한 것이라고 해도 의도적이든 비의도적이든 거짓말이 들어갈 수 있어서 다 믿을 수 없다는 건 인류의 역사 전체에서 일반적으로 일어나던 현상이었으니까요. 꼭 믿게 만들어야 하는 상황이라거나, 그렇지 않더라도 믿게 만들고 싶은 욕구가 강하다면 믿게 만들 수 있는 충분한 근거를 갖고 설득해야 한다는 건 당연한 이야기겠죠.

궁금이 선생님의 말씀에서 상당히 자신감이 느껴지는데요, 중인 신분이 아니었다는 걸 설득할 수 있는 근거가 있다는 뉘앙스로 들립니다. 그럼 그런 기록을 제시하실 수 있나요?

김정호 중인이 아니었다는 기록요? 그런 건 없어요. '나는 중인이 아니다' 이렇게 써 놓은 기록이 있을 리 없잖아요. 또한 중인들 다수가 양반들처럼 족보를 만들어 갖고 있었던 것도 아니니 '중인 족보에 내 이름 석 자가 나오지 않기 때문에 나는 중인이 아니었다.'라고 말할 수도 없고요.

궁금이 어? 그러면 왜 그렇게 자신감 있게 말씀하신 거죠? 기록으로 증명하지 못하면 사람들이 잘 믿지 않을 텐데요?

김정호 기록으로 증명할 수 있다면 그것이 최상이겠죠. 그러니 많은 연구자들이 저의 신분을 알기 위해 저의 가계 기록을 열심히 찾고자 했던 것을 충분히 이해해요. 하지만 결국엔 찾지 못했죠. 저의 가계 기록은 전해지지 않으니까요. 왜 전해지지 않게 되었는지에 대해서는 오늘 이야기의 결말 부분에서 말하게 될 거예요. 저의 신분과 관련하여 여기서 제가 꼭 말하고 싶은 것은 연구자들이 조금만 생각해 보면 저의 신분을 알 수 있는 아주 중요하고 풍부한 근거를 너무 무시하고 있더라는 거예요.

사회자 예? 아주 중요하고 풍부한 근거라고요? 조금 전에 선생님의 신분과 관련된 기록이 없다고 하지 않으셨나요? 서로 상충되는 이야기를 연속적으로 하시니까 저로서는 이해가 안 갑니다. 선생님, 어떻게 된 건가요?

김정호 다시 말하지만 제가 양반이 아니었다거나 중인이 아니었다고 분명하게 적어 놓은 기록은 없고요, 앞으로도 발견되지 않을 거예요. 하지만 저는 양반이거나 중인이었다면 하지 말아야 할 일을 너무 많이 하면서 살았고, 그 흔적이 제가 남긴 지도들 안에 아주 진하게 남아 있어요. 그래서 제가 남긴 지도들을 조금만 주의 깊게 살펴보면 제가 양반도 중인도 아니었다는 것을 쉽게 알 수 있었을 텐데요, 왜 연구자들은 제 지도들을 주의 깊게 살펴보는 대신 발견되지 않을 기록을 찾는 데만 열중하는지 저로서는 잘 모르겠더라고요.

2   나는 지도를 팔려고 만들었다

사회자 선생님이 남긴 지도들에 양반이거나 중인이 아니라는 흔적이 진하게 남아 있다고요? '나는 양반이 아니다', '나는 중인이 아니다' 이렇게 직접적으로 써 놓으셨을 리는 만무한데요, 저는 어떻게 흔적을 남기셨는지 상상이 잘 안 됩니다. 궁금 씨는 어때요?

궁금이 저도 들으면서 놀라는 중입니다. 과연 어떻게 흔적을 남기셨을까, 놀람이 큰 만큼 궁금함도 큽니다.

김정호 지도 하나하나에도 그 흔적이 남아 있긴 하지만 아마 여러분들은 지도 하나하나만 보고는 알기가 쉽지 않을 겁니다. 그보다는 제가 평생 동안 남긴 지도의 흐름을 보면 상대적으로 쉽게 찾아낼 수 있을 거라고 보는데요, 그래서 준비해 봤습니다. 지금까지 연구자들이 찾아낸 제 지도와 지리지들을 시기별로 표로 만들어 봤습니다. 영상에 띄워 주시죠. 제가 만든 지도의 다수가 망라되어 있는데요, 다만 연구자들이 아직 찾아내지 못한 것도 꽤 있으니 앞으로 계속 찾아내기를 기대해 보겠습니다.

궁금이 제가 인터넷에서 선생님에 대해 여러 번 검색해 봤는데요, 가장 인상적인 내용은 청구도, 동여도, 대동여지도 3대 지도와 『동여도지』, 『여도비지』, 『대동지지』 3대 지리지를 편찬했다는 것이었습니다. 그런데 저 표를 보

연도	지리지		지도			
	제목	수량	제목	판본	수량	세로 길이
1820~1833	『동여편고』	2책	동여도	필사본	17첩	5.5m 이상
			조선도	필사본	26책	5.5m 이상
1834			동여도 (청구도 초본)	필사본	2책	6.0m 이상
			청구도	필사본	2책	6.0m 이상
			지구전후도 (세계지도+천문도)	목판본	4장	0.42m
1834~1845	『동여도지』	20책	수선전도 (서울지도)	목판본	1장	1.0m
			청구도 (1차 개정본)	필사본	2책	6.0m 이상
1846~1849	『동여도지』	3책	청구도 (2차 개정본)	필사본	2책	6.0m 이상
			청구도 (3차 개정본)	필사본	2책	6.0m 이상
			여지전도 (세계지도)	목판본	1장	0.96m
1850~1856	『여도비지』 (공저)	20책	대동여지도	필사본	14첩	5.0m 이상
			대동여지도	필사본	18첩	7.0m 이상
1857~1860			동여도 (대동여지도 줄임말)	필사본	23첩	6.6m
			도리도표 (전도+도리표)	목판본	1책	
			동여총도 (전도)	목판본	1장	1.0m
			해좌전도 (전도)	목판본	1장	1.0m
1861			대동여지도	목판본	22첩	6.6m
1861~1866	『대동지지』 (일부 미완성)	15책	대동여지도 (수정본)	목판본	22첩	6.6m
			대동여지전도 (전도)	목판본	1장	1.15m

니까 그렇게 정리해서는 안 되겠구나 하는 생각도 드는데요….

김정호 하하! '3대 지도나 3대 지리지'는 제 작품 중 대표적인 것을 사람들이
좋아하는 '3'이라는 숫자를 통해 제시함으로써 외우기 쉽게 해 관심을 많이
이끌어 내려는 의도에서 만들어진 말이 아닌가 해요. 하지만 저는 제 작품
을 그렇게 소개하는 것을 별로 좋아하지 않아요.

궁금이 사람들의 관심을 많이 이끌어 낼 수 있으면 그래도 좋은 거 아닌가요?

김정호 사람들의 관심을 많이 이끌어 낼 수 있다는 장점이 있음을 저도 부인
하지 않아요. 하지만 그것 때문에 잃어버리는 것이 너무 많더라고요. 이 표
를 잘 보세요. 저는 청구도를 한 번이 아니라 다섯 번이나 만들었잖아요. 여
기서 말하고 싶은 게 있어요. 김정호란 사람은 왜 청구도를 다섯 번이나 만
들었을까 궁금하지 않나요? 제가 그냥 다섯 번 만들어 봤다고 생각하나요?
저는 청구도를 다시 만들 때마다 진짜 많은 고민을 했는데요, 청구도, 동여
도, 대동여지도 세 지도를 '3대 지도'라고 묶어 버리면 저의 그런 고민에 대
한 의문 자체를 갖지 못하게 만들더라고요.

사회자 청구도를 다섯 번이나 만들었다는 말씀을 듣고 저 표를 보니 우리는
대동여지도도 한 번 만들었다고 생각했었는데 네 번이나 만드셨네요.

김정호 네 번이 아니라 다섯 번이에요.

사회자 예? 저 표에는 대동여지도란 이름이 네 번밖에 적혀 있지 않은데요, 혹
시 착각하신 것 아닌가요?

김정호 하하! 첫 번째와 두 번째 대동여지도 다음에 '동여도'라고 적혀 있잖아
요? 저것도 대동여지도예요.

사회자 동여도는 세 글자고 대동여지도는 다섯 글자인데 같은 거라고요?

김정호 대동여지도를 세 글자로 줄여서 동여도라고 부른 거예요.

사회자 아…. 그런 건가요? 그러면 다섯 번 맞네요. 그런데 선생님, 대동여지
도를 왜 다섯 번이나 만드셨어요?

김정호 대동여지도를 왜 다섯 번이나 만들었는지에 대해서는 나중에 자세하게 이야기할 기회가 있을 테니까 오늘은 참아주세요. 다만 여기서 말씀드리고 싶은 것은 '왜 김정호는 대동여지도를 다섯 번이나 만들었지?' 이런 의문이 들어야 하는데 '3대 지도'라고만 소개하면 그런 의문을 갖게 만들질 못한다는 거예요.

궁금이 모두 6m 이상이나 되는 청구도도 다섯 번, 대동여지도도 다섯 번이나 만들었다는 사실을 저는 처음 들었습니다. 그런데 그런 관점에서 보니까 청구도 이전에도 5.5m 이상이나 되는 초대형의 지도를 두 번이나 만드셨네요.

김정호 궁금 씨가 본격적으로 제 작품에 대한 눈을 뜨기 시작하는 것 같네요. 초대형 지도인 청구도도, 대동여지도도 왜 다섯 번이나 만들었지? 어…, 가만히 보니까 청구도 이전에도 초대형 지도를 두 번이나 더 만들었네…, 도대체 이게 어떻게 된 거야? 초대형 지도를 평생 동안 열 두 번이나 만들었다는 것인데, 살아가면서 정말 쉴 새 없이 만들었다고 봐야 하네…. 왜 그랬지? 뭐 이렇게 연속적으로 의문이 들었으면 좋겠어요.

궁금이 제가 드리고 싶은 질문이 바로 그거였어요. 선생님 왜 그러셨어요?

김정호 하하하! 왜 그랬느냐 하면…. 음…, 조금 이따가 이야기해 드릴게요.

궁금이 선생님 왜 뜸을 들이시나요? 우리들을 궁금해서 미치게 만드시려는 건가요?

김정호 아휴~ 그건 아니고요, 그 대답을 하기 전에 저 표를 한 번 더 봐주길 바라서예요. 지리지 부분은 다음 기회에 다시 이야기할 것이지만 지리지는 고사하고 지도도 아직 다 이야기하지 않았잖아요.

사회자 선생님 말씀이 맞습니다. 많은 지도의 이름이 적혀 있는데 우리에게 익숙한 초대형의 지도인 청구도, 동여도, 대동여지도만 눈에 들어온 것 같습니다. 가만히 보니까 소형 지도책이나 낱장 지도도 꽤 많네요. 세계지도인 지구전후도(地球前後圖)와 여지전도(輿地全圖), 우리나라 전도인 동여총도(東輿

總圖)와 해좌전도(海左全圖)와 대동여지전도(大東輿地全圖), 서울지도인 수선전도(首善全圖), 우리나라 전도와 도리표를 함께 수록한 도리도표(道里圖標)….

거꾸로 이야기하면 서울, 우리나라, 세계의 순서로 골고루 만드셨네요?

김정호 하하하…. 안시리 아나운서도 이제 제 지도 작품을 분류해서 볼 줄 아네요. 낱장 지도에서 하나만 더 봐 줘요.

사회자 하나만 더요? 혹시 크기 말씀인가요?

김정호 몇 주 동안 제가 하도 크기를 강조했던 것이 안시리 아나운서에게 강한 기억으로 남았나 보네요. 방금 크기를 보라고 한 건 아니었는데요, 듣고 보니 크기도 꼭 봐야 하는 중요한 거였어요. 제가 깜빡할 뻔했네요. 낱장 지도 중 가장 큰 거라야 대동여지전도의 1.15m밖에 안 되잖아요. 이 크기는 벽에 걸어 놓고 보기에 딱 좋은 크기예요. 다시 말해서 한 장으로 만들었을 때 이용하기에 편리한 크기가 딱 그 정도란 말인데요, 이젠 제가 아무렇게나 그런 크기를 결정했다고 생각하진 않겠죠? 저는 이용하기에 편리함의 관점에서 지도의 크기를 고민하여 결정했어요. 이런 관점에서 보면 낱장 지도에서 하나가 더 보일 거예요.

궁금이 이미 하도 많이 들어서 '이용하기에 편리한 관점'이란 선생님의 말씀이 확 들어오는데요, 이용하기 편리한 것을 고민했다는 것은 많은 사람들이 선생님의 지도를 많이 이용할 것을 전제하고 만드셨다는 얘기인데요…. 그렇다면…, 아 맞다! 소형 지도책이나 낱장 지도는 모두 목판에 새겨 인쇄한 목판본이네요.

김정호 딩~동~댕~ 궁금 씨가 정말 제대로 봤어요. 저는 소형 지도책이나 낱장 지도를 만들 때 많은 사람들이 이용하길 바랐고요, 그래서 저는 지도를 그린 후 많이 인쇄하여 보급할 목적으로 목판에 새겼기 때문에 지금까지 전해지는 것은 모두 목판본인 거예요. 여기서 궁금 씨에게 질문 하나 들어갑니다. 저는 지도를 새긴 목판으로 인쇄하여 많은 사람들에게 보급하고자 했는데요, 어떤 방법으로 보급했다고 생각하나요?

궁금이 예? 지도를 인쇄하여 많은 사람들에게 어떤 방법으로 보급했냐고요? 음…. 거기까지는 미처 생각해 보지 못했는데요, 당시 종이값이 엄청 비쌌다고 하셨으니까 필요한 사람에게 그냥 막 나누어 주셨을 것 같지는 않고요…. 그럼 뭐더라….

김정호 궁금 씨 뭘 그렇게 어렵게 생각하나요, 아주 단순하게 생각해 봐요.

궁금이 파는 거요?

김정호 아휴…, 판다는 말이 그렇게 어렵게 생각해야 나올 수 있는 건가요? 제가 자선사업가가 아닌 이상 공짜로 나누어 주진 않았겠죠? 단순하게 생각하면 금방 나올 수 있는 것, 바로 팔려고 만든 거예요. 팔려고….

사회자 하하하! 아주 간단한데 그걸 우리가 미처 생각하지 못했네요.

김정호 바로 그게 제가 답답한 거예요. 단순하게 생각하면 금방 의문을 던질 수 있고 그 의문에 대한 답도 쉽게 얻을 수 있는데, 그렇지 못한 가장 큰 이유는 지금까지 저 김정호를 백성과 나라를 늘 염려하고 걱정해서 대동여지도를 만든 위대한 애국자, 심하게 말하면 현실 속에 존재하기 어려운 신화 속의 인물로 만들었기 때문이에요. 저는 그냥 가족을 잘 먹고 잘살게 해 주려고 노력했던 평범한 가장(家長) 중의 한 사람이었다고 생각해 주면 돼요. 앞의 표를 잘 보면 저는 평생 동안 지도와 지리지만 만들었는데요, 한 권의 소형 지도책, 여섯 장의 낱장 지도뿐만 아니라 초대형의 지도를 열두 번, 전국 지리지를 다섯 번이나 만들었어요. 이 정도면 다른 일을 할 겨를이 조금도 없었다고 봐야겠죠? 저는 맨날 지도를 만들고 지리지를 편찬하는 일에만 몰두했는데 어떻게 먹고살았을까요? 나중에 자세히 말하겠지만 지리지는 돈이 되는 것이 아니었고요, 그렇다면 남는 것은 지도밖에 없잖아요. 저는 지도를 만들어 팔아서 먹고살았던 사람이고요, 많이 팔려면 당연히 이용하기 편리하게 만들어야 했어요. 이용하기 불편한 지도가 많이 팔릴 리는 없잖아요? 안 팔리면 내 가족이 굶는 건데요, 제가 가족을 굶게 만들면서까지 돈도 안 되는 일에 매진할 사람으로 보이진 않겠죠?

사회자 '가족을 굶기지 않고 웬만하면 잘 먹고 잘살게 해 주려고 노력했던 평범한 가장 중의 한 사람'이란 말이 가슴에 진하게 와 닿습니다. 우리들 스스로 어떻게 살고 있는지 돌아보면 쉽게 알 수 있는 것을 왜 우리는 생각하지 못했을까요? 그런데 선생님, 여기서 궁금한 게 하나 있습니다. 죄송하지만 소형 지도책이나 낱장 지도를 팔아서 돈을 많이 버셨나요?

김정호 돈을 많이 벌었느냐···. 음···, 뭐라고 말해야 이해해 주시려나···. 가격에 대한 기록이 전혀 남아 있지 않으니 지도책 한 권이나 낱장 지도 한 장에 얼마씩 팔았다고 말해도 사람들이 믿기가 힘들 것 같고···. 쉽게 말해서 우리 가족이 굶지 않고 먹고살기에 부족하지 않을 만큼은 벌었다고 하면 될까요? 수선전도나 해좌전도는 요즘 말로 하면 대박을 안겨 준 히트 상품이었고요, 도리도표나 대동여지전도는 평타 이상은 친 것 같아요. 동여총도는 그 자체가 완성품이 아니었기 때문에, 여지전도는 근대 세계의 성과가 담겨 있는 세계지도에 대한 수요가 생각보다 많지는 않아서 평타였다고 보면 돼요. 지구전후도는 최한기(崔漢綺, 1803~1877)가 청나라 장정부(莊廷敷)의 서양식 세계지도를 가지고 와서 최고급 목판에 새겨 달라고 부탁해서 만든 것인데요, 최한기가 친구니까 일정한 부수만 자기에게 준 후 나머지는 제가 알아서 팔라고 했던 것 같아요. 그것도 생각보다는 수요가 많지 않아서 평타 정도였다고 보면 돼요.

궁금이 '대박을 안겨준 히트 상품'이란 말이 상당히 인상적인데요, 도대체 얼마나 많이 팔렸기에 그런 말을 쓸 수 있는지 궁금합니다.

김정호 궁금 씨까지 또 직접적으로 물어 오네요. 얼마나 많이 팔려야 많이 팔렸다고 말하면 믿어 주시려나···. 여기서도 판매 부수에 대한 기록이 전혀 남아 있지 않으니 몇 권 또는 몇 장 팔렸는지 말해도 사람들이 믿기가 힘들

것 같고…. 어쩔 수 없이 간접적인 방법으로밖에 말할 수가 없네요. 수선전도는 제가 죽고 나서도 인기가 많아서 전주에서 제가 만든 인쇄본을 다시 목판에 새겨서 간행했고요, 해좌전도는 첫 번째 목판이 닳을 정도로 인쇄해서 팔았기 때문에 두 번이나 더 새로운 목판에 새겨 인쇄해서 팔았어요. 이 정도면 되려나요?

궁금이 그 정도면 '대박을 안겨준 히트 상품'이란 말이 충분히 다가옵니다. 그런데 하나 더 질문하고 싶은 게 있는데요, 그때에도 요즘처럼 서점에서 지도를 파셨나요?

김정호 하하! 이왕 나온 김에 요즘과 달랐던 지도 판매에 대해 좀 말해야겠네요. 요즘은 책을 출판하면 적게는 몇백 권에서 많게는 몇십만 권까지 다양하게 팔리고, 1년에 출판되는 책도 몇십만 종은 되잖아요. 그러니까 책만 모아 놓고 팔아도 먹고살 수 있는 이유가 생기고, 그렇게 먹고사는 서점이 엄청 많잖아요. 하지만 제가 살던 시절에는 1년에 필사되거나 간행되는 책의 양이 지금의 한 1/1,000, 아니다, 그것도 너무 많다…. 한 1/5,000 정도 되었다고 보면 될까요? 그러니 책만 놓고 팔아서 먹고살 수 있는 서점은 있기가 어려웠어요. 그래서 책을 사고파는 관계는 다 주문생산이었다고 보면 돼요. 제 지도도 그랬는데요, 당연한 것이지만 주문자가 비용을 얼마나 대느냐에 따라 지도의 질이 달라졌어요. 당시 주문자는 관청이나 양반이었는데요, 경제 사정이 저마다 다를 수밖에 없잖아요. 그래서 엄청나게 고급스런 모습으로 만들어서 판 경우도 있었고요, 미안하기는 하지만 겨우 지도의 모습만 갖춘 수준으로 만들어 판 경우도 있었어요.

사회자 선생님 말씀을 듣다 보니 요즘도 주문생산이 이루어지고 있는 분야가 떠오르는데요, 보통 마니아들을 향한 소량다품종의 상품에서 주로 이루어집니다. 수요가 많지 않아 매장을 따로 운영하기 어렵지만 수요자들의 요구가 제품에 반영될 수 있는 장점이 있습니다. 수요자의 요구 수준에 따라 제품의 질과 모습이 달라질 수 있다는 측면에서 보면 선생님이 지도를 판매하던 주문생산과 비슷할 것 같습니다.

김정호 맞아요. 바로 그렇게 생각하면 돼요. 그러고 보니까 요즘 분들도 제 지도의 주문 판매 방식을 이해하기가 그렇게 어려운 건 아니네요.

사회자 다른 사람들은 몰라도 전 그랬습니다. 충분히 이해가 되더라고요. 선생님, 여기서 질문이 하나 있습니다. 선생님께서는 1804년경에 태어나신 것으로 알고 있는데요, 저 표에서 선생님이 인쇄하여 판매했다고 하는 지도들은 30대 이후에 만든 것입니다. 그러면 30대 이전에는 지도를 만들어 팔지 않으셨나요? 그게 사실이라면 가족과 함께 먹고사는 데 필요한 돈은 어떻게 버셨나요?

김정호 안시리 아나운서가 저 표가 갖고 있는 맹점을 정말 잘 짚어 주네요. 저 표를 보면 20대까지 제가 만든 지도 작품은 남북 5.5m 이상의 초대형 지도 두 종밖에 없는데요, 그렇게 큰 초대형의 지도를 만들려면 대단한 능력의 소유자, 앞에서 말한 대로 하면 달인의 수준에 있어야 해요. 따라서 저 표만 보면 제가 어떤 과정을 밟지도 않고 갑자기 달인이 된 것처럼 보일 수밖에 없는데요, 그럴 리는 없잖아요. 왜 이런 현상이 나타났는지 잘 생각해 보기를 바라요.

궁금이 두 분의 이야기를 듣다 보니까 정말 그러네요. 왜 그런 건가요?

김정호 궁금 씨도 그런 생각이 들죠? 그 실마리는 지구전후도에서 찾을 수 있을 거예요. 목판을 연구한 분의 말씀을 전해 드려야 할 것 같은데요, 그분은 지구전후도를 자세히 관찰하고는 목판에 새기는 사람, 즉 각수(刻手)로서 저의 실력이 꽤 높았다고 여기시더라고요. 여러분들이 잘 알고 있는 대동여지도의 목판은 피나무로 만든 것인데요, 목판으로서 피나무는 나무가 물러서 새기기가 쉬운 반면 정교한 내용을 새기기가 어렵다고 하시더라고요. 반면에 지구전후도는 단단한 나무에 정교하게 새긴 목판으로 찍어낸 것이라 각수로서 저의 실력은 아주 높을 수밖에 없다고 하시더라고요.

궁금이 그럼 선생님, 지구전후도의 목판을 새기던 서른 살 즈음에 선생님은 이미 각수로서 달인의 경지에 올랐다고 볼 수 있겠네요?

김정호 사실이긴 하지만 궁금 씨가 달인의 경지라고 말해 주니까 제가 좀 쑥스 럽네요. 어쨌든 달인의 수준에 올라 있다는 것은 그 이전에 각수로서의 생 활을 아주 많이 했다는 의밉니다. 요약하면 저는 각수로서 먹고사는 삶을 아주 젊었을 때부터 시작해서, 글이든 그림이든 이것저것 주문 오는 대로 목 판에 많이 새겨 봤다고 보면 돼요. 그런 것 중에 지도도 꽤 있었는데요, 지도 에 대한 호기심이 많아져서 본격적으로 한문도 공부하고 지도도 연구한 결 과 남북 5.5m 이상의 초대형 지도도 두 종이나 만들 수 있었다고 보면 돼요. 지금 연구자들이 제 작품으로 찾아낸 것만 저 표에 담은 것일 뿐, 실제로 제 가 만들어서 판 지도는 더 많았어요. 비록 제 이름을 적어 놓지 않아 이거라 고 말해도 믿지 않을 것이니 앞으로 연구자들이 더 찾아내기를 바랄 뿐이에 요. 우리나라에서 가장 많이 팔렸던 동람도식 소형 지도책 계통 중에도 제 작품이 있을 텐데요, 살짝 힌트를 드리면 저는 최고의 지도 상품을 만들어 팔려고 노력했던 사람임을 떠올리면서 찾아보면 찾을 수 있지 않을까 해요. 물론 그 지도책 말고도 더 만들어 팔았는데요, 그런 것을 찾아내는 것도 연 구자들의 몫으로 맡길게요. 다시 말하지만 그런 지도 찾을 때도 제가 최고 의 지도 상품을 만들어 팔려고 노력했던 사람임을 꼭 잊지 말기를 바라요.

사회자 '최고의 지도 상품을 만들어 팔려고 노력했다'는 선생님의 말씀이 가슴 에 와 닿는데요, 대단한 자부심을 갖고 계신 분임을 다시 한번 확인하게 됩 니다. 이용자들에게 필요한 정보, 그것을 이해하거나 전달하는 방법에 대해 면밀한 조사와 검토를 통해 지도를 제작했다는 의미로 들리는데요, 지금 전 해지고 있는 지도들 중에서 두 가지 측면이 수준 높게 담겨 있으면 선생님 이 만드신 지도로 볼 수 있을 것 같습니다.

김정호 안시리 아나운서가 이제 지도 전문가가 다 된 거 같습니다. 저 표에 있는 소형 지도책과 낱장 지도의 내용을 검토해 본 사람들이라면 쉽게 이해할 수 있을 거라고 자신하는데요, 제 입으로 더 이야기하면 지나친 자화자찬이 되니 안시리 아나운서에게 감사하다는 말로 대신할게요.

궁금이 그런데 선생님, 궁금한 게 하나 더 생겼습니다. 지금까지는 소형 지도책과 낱장 지도 위주로만 이야기해 왔는데요, 큰 흐름을 보니까 청구도와 대동여지도 같은 초대형의 우리나라 지도조차 선생님께서는 팔려고 만든 것은 아닐까 하는 생각이 조심스럽게 드는데요….

김정호 기다리고 기다리던 질문이에요. 궁금 씨, 딩동댕입니다. 소형 지도책이나 낱장 지도뿐만 아니라 초대형의 지도도 당연히 팔려고 만든 겁니다. 지금까지 사람들이 대동여지도의 정확성에만 주목해 왔기 때문에 청구도와 대동여지도를 비롯한 초대형의 지도에 담겨 있는, 이용에 대한 저의 고민은 상대적으로 주목을 받지 못했어요. 저의 모든 지도는 팔기 위해 만든 것이기 때문에 잘 팔리려면 어떤 정보를 어떻게 담아내야 하는지가 가장 큰 고민이었고, 정확한 지도의 제작은 그다음의 고민이었어요. 물론 그렇다고 정확한 지도의 제작에 소홀했다는 것은 아니에요. 엄청나게 신경을 쓰긴 썼지만 지도 제작의 삶에서는 항상 두 번째의 고민이었다는 것을 말하려는 것뿐입니다.

사회자 청구도와 대동여지도를 판매용으로 만들었다는 것을 주장하는 연구자들이 있다는 것을 듣긴 들었습니다만 저도 기존의 정확성에 대한 생각에 너무 빠져서 그런지 그냥 흘려들었던 것 같습니다. 그런데 오늘 이야기를 들어보니까 흘려들어서는 절대 안 되는 아주 중요한 이야기였던 거네요.

3   양반과 중인이 평생 동안 지도를 만들어 팔면 집안에서 쫓겨났다

사회자 오늘도 벌써 '역사 환생 인터뷰 김정호 편'의 시간이 2/3가 넘어가고 있습니다. 좀 늦었지만 청중분들에게 질문 기회를 드려야 되는 시간이 다가왔습니다. 혹시 질문 있으신 분 손 들어 주세요. 뒷줄 가운데 분 자기소개 간단히 부탁드리고요, 질문해 주십시오.

청중1 저는 성균대학교 심리학과에 다니는 2학년 학생인데요, 선생님이 인터뷰 형식을 통해 100년 동안 이어져 온 잘못된 통념들을 하나하나 고쳐나가는 과정이 제가 하고 싶은 심리치료에도 도움이 될 수 있을 것 같아 참여하게 되었습니다. 오늘도 선생님의 신분에 대해 잘못 알려진 생각을 고쳐나가는 과정이 상당히 흥미롭습니다. 그런데 앞서 선생님께서는 자신의 지도 작품들 안에 양반이나 중인이 아니라는 흔적이 진하게 남아 있다고 말씀하셨는데요, 판매용으로 지도를 만드셨다는 이야기만 하셨을 뿐 아직 신분에 대한 언급은 없었습니다. 지도를 판매한 것에 대해 많은 이야기를 하셨기 때문에 그것과 선생님의 신분 사이에 관계가 있을 것으로 짐작되긴 하는데요, 어떻게 관계가 있을지 궁금해서 질문드립니다.

김정호 네, 맞습니다. 학생분이 질문했듯이 지도를 판매한 것과 저의 신분 사이에는 밀접한 관련이 있습니다. 다만 지도를 판매했다가 아니라 각수로서 평생 동안 지도를 그리고 목판에 새겨 인쇄해서 판매했던 삶과 저의 신분 사이에 밀접한 관련이 있다고 해야 더 타당합니다. 왜 그런지 알기 위해서 는 신분과 직업과의 관계에 대한 지식 세 가지 정도를 먼저 알아야 합니다.

궁금이 선생님, 세 가지나요?

김정호 예, 세 가지요. 좀 지루할 수도 있는데요, 참고 들어 주면 고맙겠습니 다. 첫째, 양반은 이미 말한 바 있는데요, 어떤 사람이 중인이 된 것도 그의 아버지와 할아버지 그리고 그 위의 조상들이 중인이었기 때문이라는 점입 니다. 양반이나 중인 모두 세습적인 신분이었다는 점을 잊지 말았으면 합 니다. 둘째, 양반이든 중인이든 그 안에 속한 개인은 세습적인 신분의 지위 를 유지하기 위해 늘 노력해야 하는 존재이기 때문에 모든 것으로부터 자유 로운 개인이 아니라 가문 전체 속의 개인으로 전제해야 그들의 삶을 이해 할 수 있습니다. 셋째, 따라서 양반이나 중인은 해당 신분이 세습적으로 해 야 할 일을 벗어나 다른 일을 평생 동안 한다는 것은 거의 불가능합니다. 그 런데 저는 각수로서 평생 동안 지도를 그리고 목판에 새겨 인쇄하거나 필사 하여 판매하는 일에 종사했는데요, 이런 삶은 양반이나 중인이 자기 신분의 지위를 세습적으로 유지시키기 위해 해야 하는 삶의 범주에는 들어가지 않 았습니다.

궁금이 지도를 기가 막히게 잘 그리셨던 정상기, 정항령, 정철조, 정후조, 신경 준 선생님들은 모두 양반 아니었나요? 게다가 정상기 선생님은 이용의 문제 를 정말 많이 고려하여 지도를 제작했기 때문에 지도의 이용에서 신드롬을 일으킬 정도로 인기를 끌었다고 말씀하시지 않았나요?

김정호 맞아요. 그렇게 말했어요. 다만 두 가지를 더 생각하길 바라요. 첫째, 그분들은 '평생 동안의 삶'으로서가 아니라 일회성으로 지도를 그렸고, 둘째, 그분들은 지도를 제작하여 판매하는 삶을 살지 않았습니다. 지도 제작이 평 생을 살아가면서 했던 여러 가지 일 중의 하나일 경우 양반이든 중인이든 할 수 있는 일이었어요. 그런데 저는 각수로서 평생 동안 지도를 그리고 목판에 새기며 필사하거나 인쇄하여 판매하는 일에 종사했잖아요. 그분들의 삶과는 완전히 다른 삶이죠. 만약 양반이나 중인 중에 저와 같이 산 사람이 있다면 아마 가문을 망치는 놈이라고 하여 쫓겨나서 수많은 손가락질의 낙인이 찍힌 채 비참하게 살아갔을 거예요. 그런 비참함을 이겨 내며 자기가 좋아하는 일을 하면서 살아갈 수 있는 사람을 2021년의 여러분들은 상상할 수 있지만 제가 살던 시절에는 상상은커녕 있을 수도 없어요.

궁금이 선생님, 그런데 옛날 사극이나 영화에서는 그런 존재가 꽤 등장하지 않나요?

김정호 맞아요. 옛날 사극이나 영화에서는 그런 존재가 꽤 등장해요. 다만 그건 다 흥미를 불러일으켜야 하는 사극이나 영화이기 때문에 그런 거예요. 그런 사극이나 영화의 시작 부분에 '본 작품에 등장하는 인물은 실제 역사 속의 인물과는 아무런 관련이 없습니다. 흥미를 불러일으키기 위해 만들어 낸 가공적인 인물임을 미리 알려드립니다.' 이런 문구가 나와야 역사 왜곡의 소용돌이에 빠지지 않을 겁니다.

사회자 선생님께서 양반이거나 중인이었다면 하지 말아야 할 일을 너무 많이 하면서 살았고, 그 흔적이 선생님께서 남긴 지도들 안에 아주 진하게 남아 있다고 한 말씀이 이제 충분히 이해되는 것 같습니다.

김정호 저, 안시리 아나운서. 여기서 하나 더 말할 게 있어요. 괜찮다면 그거 말하고 나서 다음으로 넘어가면 좋을 것 같은데요.

사회자 예? 하나 더요? 알겠습니다. 그렇게 하셔도 됩니다.

김정호 '각수로서 평생 동안 지도를 그리고 목판에 새겨 인쇄하거나 필사하여 판매하는 일에 종사했던 삶'이 제가 양반이나 중인이 아니라는 것을 보여 준다고 말했는데요, 다 빼고 '각수로서 평생 동안' 이거 하나만 있어도 저는 양반이나 중인이 될 수 없어요. 양반과 중인 중에 요즘 도장이라고 말하는 인장을 잘 새기는 사람은 꽤 있었어요. 하지만 그들을 각수라고 하지는 않습니다. 각수는 글, 그림, 지도 등을 목판에 새기는 사람을 가리키는데요, 그런 일은 상층부가 해서는 안 되는 하층부의 일이었어요. 중인은 양반보다 낮은 신분이기는 했지만 중앙과 지방의 하급 관리를 세습적으로 할 수 있는 신분이었기 때문에 백성 전체의 관점에서 보면 상층 신분이라고 해야 해요. 자, 정리합니다. 평생 각수로서 살았던 저는 양반도 중인도 아닌 평민이었을 뿐입니다.

사회자 아, 그거였군요. 각수로서 평생 산 사실만으로도 양반이나 중인은 될 수 없다⋯, 그것만 잘 생각했어도 선생님의 신분이 평민이었다는 것을 금방 알 수 있었다⋯, 왜 이렇게 단순한 사실을 그동안 잘 생각해 내지 못했는지 신기할 뿐입니다.

김정호 저도 그게 신기해요. 저를 높게 띄워 주려 했던 잘못된 전기 때문에 나타났던 건데요, 지금 그런 일이 제 앞에서 벌어진다면 그 마음이 아무리 고맙더라도 100% 사양하겠어요. 사실에 입각하지 않은 띄워 주기는 결국엔 저의 삶과 작품을 이상하게 만들더라고요.

4

1800년대 전반의 조선은
변화와 기회의 시대였다

사회자 네, 이제 끝날 시간이 별로 안 남았는데요, 청중 한 분에게서 질문 더 받겠습니다. 앞쪽 끝에 앉아 계신 분 자기소개 간단하게 해 주시고 질문 부탁드립니다.

청중 2 예? 저요? 아~ 감사합니다. 저는 방금 전에 질문했던 심리학과 학생의 친구고요, 저도 그 친구와 똑같은 의미에서 방청을 신청했습니다. 제 질문은 간단한데요, 아까 궁금 아저씨께서 소형 지도책과 낱장 지도를 팔아서 돈을 얼마나 버셨는지 질문하셨고 그에 대한 선생님의 대답도 들을 수 있었습니다. 그런데 청구도와 대동여지도도 판매용으로 만들었다고 하셨는데요, 그걸 팔아서는 돈을 얼마나 버셨는지에 대해서도 궁금합니다. 이게 제 질문입니다.

김정호 답변드리겠습니다. 청구도와 대동여지도를 팔아서 돈을 얼마나 벌었느냐? 이 질문은 앞서 소형 지도책과 낱장 지도에 대해서도 그랬지만 증거를 제시할 수 없으니 대답하기가 꽤 난처한 질문입니다. 그래서 이렇게 선언적으로 대답해 드릴 수밖에 없는데요, 소형 지도책과 낱장 지도보다 더 많은 돈을 벌었습니다. 이유가 뭔지도 궁금하겠죠? 소형 지도책과 낱장 지도는 판매 수량은 훨씬 많았지만 티끌 모아 태산 방식이었던 반면에, 청구도와 대동여지도를 비롯한 모든 초대형 지도는 판매 수량은 적었지만 한 건 당 값이 열 배 이상으로 비싸서 그만큼 이윤도 높았습니다. 그리고 제 나이 30대부터는 청구도 때문에 지식인들 사이에 알게 모르게 꽤 알려졌고요, 그 때부터 요즘 말로 하면 직원을 몇 명 거느린 작은 지도 출판사의 사장이었 습니다. 물론 최초의 원본 지도에 글씨를 쓰고 기호를 표시하며 그리는 것, 그리고 그것을 목판에 새기는 것은 저의 완벽주의 때문에 제가 다 했고요, 직원들은 여러 준비 작업과 완성품의 주문이 들어왔을 때 베껴 그리거나 목 판에 인쇄하는 등의 일을 했습니다. 자, 이 정도면 제가 가난하게 살았다고 생각하진 않겠죠? 저는 가난하게 살지 않았던 것은 물론이거니와 가족과 굶 지 않고 먹고살면서 연구를 위해 수집하고 싶었던 책을 살 수 있을 정도로 는 살았습니다. 이 정도면 부자였다고 해야 하나요?

사회자 가난하게 살고 전국을 돌아다니며 백두산을 오르내리고 온갖 고생을 다하면서 대동여지도를 그렸어야만 선생님의 삶과 대동여지도가 빛날 것 이라고 생각했던 그동안의 통념에 대해 일침을 놓으신 것 같습니다. 두 번 째 청중분의 질문에 대한 대답은 이 정도면 충분하지 않았나 생각됩니다. 보통은 청중분의 질문에 대한 선생님의 대답이 길어서 두 분으로 끝날 것 이라고 생각했는데요, 이번에는 아주 짧게 끝나서 세 번째 청중분께도 질문 하실 기회를 드릴 수 있게 되었습니다. 뒷줄 끝에서 두 번째에 앉아 계신 분 자기소개 간단히 부탁드리고요, 질문해 주십시오.

청중 3 저는 국립중앙도서관에 근무하고 있는데요, 국립중앙도서관은 우리나 라의 지식 자료를 모두 수집하고 정리하여 서비스하면서 영구 보존하는 우 리나라 유일의 국가도서관입니다. 우연히 이 프로그램을 시청하다가 옛날 에는 지도책의 제작과 유통이 어떻게 되었을지 궁금해서 참여하게 되었는 데요, 오늘 유익한 정보 많이 들은 것 같아 기분이 좋습니다. 질문드립니다. 평민이 글을 읽고 쓴다는 것이 역사 속에서 굉장히 일어나기 힘든 현상이라고 알고 있는데요, 평민인 선생님이 글을 능숙하게 읽고 쓸 줄 알 뿐만 아니라 수많은 지도와 지리지 작품을 남길 수 있었던 이유 또는 동력은 무엇이었는지 궁금합니다.

김정호 개인적으로 그렇게 어려운 일을 어떻게 해낼 수 있었느냐 이런 질문으로 들리는데요, 맞나요?

청중 3 예, 맞아요.

김정호 하하하! 많은 사람들이 궁금해할 수 있는 질문이라는 것을 알지만 엄청 노력했다는 말 이외에는 달리 드릴 말씀이 없네요. 저는 그냥 제가 행운아였다고 생각하고 있을 뿐입니다. 어렸을 때부터 각수로서 많은 지도와 한문을 만나는 행운이 먼저 있었고요, 그런 지도와 한문에 호기심을 갖고 공부할 수 있는 행운이 그다음으로 왔어요. 하늘나라에 가서나 알게 된 건데요, 제가 50년이나 100년 전에 태어났다면 각수인 저에게는 그런 행운이 없었을 것 같아요.

궁금이 선생님, 그게 무슨 말씀이세요? 선생님처럼 호기심 많은 노력파라면 시대와 상관없이 행운을 꽉 움켜잡을 수 있는 것 아닌가요?

김정호 저는 그렇게 생각하지 않아요. 평등 사회인 요즘도 개천에서 용 나던 시절이 다 가 버렸다는 말이 떠돌고 있잖아요. 지금도 개천에서 용이 나지 못하는 것은 아니지만 우리나라의 경제가 엄청난 속도로 성장하면서 일자리가 팽창할 때에 비하면 개천에서 용이 날 가능성이 확 줄었다는 말이겠지요. 그리고 그 이유는 이미 고착화된 사회 환경이 당분간 잘 변하지 않을 것 같아서이기 때문 아닌가요? 평등 사회인 요즘도 사회 흐름이 고착화되면 이러는데 불평등한 신분 사회였던 그 시절에는 어땠겠어요? 게다가 저 같은 평민의 신분이라면 개천에서 용 난다는 말 자체를 상상이나 할 수 있었겠어요?

궁금이 그렇게 불평등한 신분 사회에서 그런 대단한 작품들을 남기셨으니 선생님이 '진정으로 개천에서 용 난' 분이시네요.

김정호 하하하! 저를 엄청 칭찬해 주는 말이니 고맙기도 하고, 한편으로는 제가 한 이야기와 핀트가 잘 안 맞았다는 생각에 웃음이 나오기도 하네요.

궁금이 핀트가 잘 안 맞았다고요? 어떻게요?

김정호 궁금 씨의 잘못이 아니라 제가 이야기를 잘못한 것 같아요. 불평등한 신분 사회에서는 저 같은 평민에게 개천에서 용 나는 현상이 거의 있을 수 없었는데요, 낙타가 바늘구멍에 들어가는 것보다도 더 어려운 일이었다고 보면 돼요. 그러니 쑥스러운 표현이지만 저처럼 아무리 호기심 많은 노력파가 있었다고 하더라도 바늘구멍을 뚫고 개천에서 용 나는 사람이 될 수 있다는 것은 아예 상상하기도 어려웠죠.

궁금이 그런데 선생님은 어떻게 낙타도 들어가기 힘든 바늘구멍을 뚫고 나오셨나요?

김정호 궁금 씨의 질문이 이해가 됩니다. 제가 봐도 도대체 앞뒤가 안 맞는 말을 하고 있는 것처럼 생각될 수 있겠네요. 그런데요 궁금 씨, 아주 가끔 불평등한 신분 사회에서도 바늘구멍이 좀 커질 때가 있어요. 그때 저 같은 평민 중에서 개천에서 용 난 사람이 생기게 돼요.

사회자 선생님, 그런 시기가 언제인가요?

김정호 혼란기요. 전통 시대의 역사 속에서 영원할 것 같은 어떤 왕국도 결국엔 흔들흔들하다가 내란이 일어나 망하잖아요. 그렇게 흔들흔들하다가 새로운 나라가 세워질 때 기존의 지배 신분 중 일부는 도덕적으로 타락하여 배척의 대상이 되고요, 낮은 신분의 사람들 중에서 일부는 새로운 나라를 세우는 데 공을 세워 높은 신분으로 올라갈 수 있는 기회가 생겨요. 그리고 그 정도까지는 아니더라도 낮은 신분의 사람들 중 일부에게 기존의 견고한 신분 체제에서는 하지 못하던 일을 할 수 있는 기회가 주어지기도 해요. 예를 들어 왕건, 견훤, 신숭겸, 복지겸 등등 『삼국사기』나 『고려사』에 등장하는 후삼국시대의 수많은 영웅호걸 다수가 통일신라시대의 신분 체제에서는 최고 지배층이 아니었어요. 그중엔 지방 지배층도 있었고요, 진짜 하층민 출신도 있었어요. 국가의 안정기에는 절대 등장할 수 없었던 신분의 인물들이 후삼국시대, 고려의 무신 정권기, 원나라 침략과 간섭기, 고려 말 등 국가의 혼란기에는 많이 기록되어 전하잖아요. 역사에서 혼란기는 좋고 나쁘고를 떠나서 있을 수밖에 없는 것이었고요, 안타깝게도 백성들의 삶에서는 당연히 엄청 괴로운 시기지만 새로운 변화와 기회의 시대라고 보면 돼요. 제가 살던 1800년대 전반기도 그런 시대였고요, 저 김정호 같은 평민이 글을 읽고 쓸 수 있는 기회를 잡을 수 있었던 것이 다 그런 시대에 살았기 때문이에요. 그래서 제가 행운아라고 했던 거예요.

궁금이 저는 국사책에서 선생님이 살던 1800년대 전반기는 세도정치로 삼정이 문란하여 백성들이 엄청 힘들었던 시기로만 배웠기 때문에 새로운 변화와 기회의 시대라는 말이 너무 낯설게 들립니다. 그래도 이해는 가는데요?

김정호 국사책에는 그런 식으로만 나오죠. 제가 하늘나라에서 열심히 공부하고 연구한 역사 지식으로 볼 때, 만약 근대로 무장한 서구와 일본 제국주의의 침략과 연결되지 않은 채 기존의 전통 시대가 계속되었다면 조선이란 나라는 흔들흔들한 세도정치 시기를 거쳐서 결국엔 멸망하고 새로운 나라가 세워졌을 거예요. 그랬다면 국사책에 삼정이 문란하여 백성들이 엄청 힘들었던 시기만이 아니라 새로운 변화와 기회의 시대로도 서술되었을 거예요. 방금 전에 저 김정호 같은 평민이 글을 읽고 쓸 수 있는 기회를 잡을 수 있었던 게 다 그런 시대에 살았기 때문이라고 말했는데요, 거꾸로 저 김정호 같은 평민이 대동여지도를 비롯하여 수많은 지도를 제작하고 다섯 종이나 되는 전국 고을지리지를 편찬한 사실을 통해 그 시대가 새로운 변화와 기회의 시대였다는 것을 알 수 있었으면 좋겠어요. 제가 살던 시절에는 중인들의 활약도 꽤 있었는데요, 그것도 다 조선이란 나라가 흔들흔들하던 새로운 변화와 기회의 시대였기 때문에 가능했던 거라고 보면 좋겠어요.

궁금이 선생님, 그러면 조선은 일본 제국주의의 침략이 아니었더라도 어차피 멸망할 나라였다고 생각하시는 건가요?

김정호 아휴… 그런 식으로 생각하기 때문에 말하기가 정말 어렵더라고요. 좋든 나쁘든 근대의 세계 체제와 본격적으로 부딪히며 근대로 향해 나갈 수밖에 없었던 개항기 이후와 전통 문명의 틀 속에서 전개되었던 개항기 이전의 우리나라 역사는 전혀 다른 잣대로 바라봐야 해요. 조선이 개항하기 전까지는 서양의 근대 지식이 일부 들어왔더라도 근대사회나 근대국가와는 아무런 관련이 없는 전통 시대의 왕국이었을 뿐이에요. 언젠가 이 부분에 대해 본격적인 토론을 해 보고 싶은 욕구가 강하게 있지만 오늘은 개항기 이전과 이후의 역사를 어떻게 이해할 것인지를 다루는 자리가 아니므로 여기서 멈출게요. 여담으로 일본의 근대가 메이지유신을 통해 자연스럽게 성공했던 것처럼 생각하는 경향이 있는데요, 메이지유신은 일본 근대의 출발임과 동시에 에도막부라는 전통 시대 국가의 멸망이기도 하다는 점을 잊지 않았으면 해요.

사회자 개항기 이전과 이후의 우리나라 역사는 전혀 다른 잣대로 바라봐야 한다…. 아주 중요한 말씀을 해 주신 것 같은데요, 앞으로 언젠가는 이 프로그램에서도 다뤄 봐야 할 것 같습니다. 다만 오늘은 여기에서 멈추고 선생님의 삶과 작품에 대한 오해를 푸는 것에 집중하도록 하겠습니다. 선생님, 시간이 다 되었는데요, 딱 하나만 더 질문하겠습니다. 선생님의 삶과 작품에 대한 기록이 A4용지 한 장도 되지 않을 정도로 너무 적은 것에 대해 많은 분들이 안타까워하고 있는데요, 이건 어떻게 생각해야 하나요? 기존의 생각과는 다른 대답을 해 주실 것 같아서 여쭈어 보는 건데요, 시간이 부족하니 짧게 대답해 주시면 감사하겠습니다.

김정호 저도 익히 알고 있었어요. 저 김정호 같은 위대한 사람에 대한 기록을

별로 남기지 않은 조선이란 국가는 그러니까 일본의 식민지가 됐지…, 뭐 이런 식으로 생각하는 사람도 있는 것 같아요. 짧게 대답해 드리면요, 불평 등한 신분제 사회와 국가에서는 평민이 아무리 많은 업적을 쌓아도 기록해 주지 않는 것이 자연스러운 거예요. 이는 조선만이 아니라 전통 시대 대부 분의 문명권에서 공통된 현상이니 이상하게 볼 필요가 없어요. 만약 평민이 었던 저의 삶과 작품에 대한 기록이 많이 남았다면 그게 더 이상한 거예요. 결국 저의 삶과 작품이 위대함에도 'A4용지 한 장도 되지 않을 정도로 기록 을 적게 남긴 것'이 아니라 비록 평민임에도 저의 삶과 작품을 위대하게 봐 줘서 'A4용지 한 장이나 될 정도로 많은 기록을 남겨준 것'이라고 생각해야 역사를 올바르게 이해하는 것이라고 말씀드리겠습니다.

사회자 역시 제가 예상한 대로 기존의 생각과는 전혀 다른 대답을 해 주시네 요. 저와 궁금 씨, 청중분들과 시청자 여러분 모두에게 신선하게 들렸을 것 이라고 생각하는데요, 오늘도 재밌고 유익한 역사와 지도 이야기를 해 주신 김정호 선생님께 감사드립니다. 늦은 밤까지 함께 자리해 주신 모든 분들께 다음 주에도 흥미로운 이야기로 다시 만나 뵐 것을 약속드리며 이만 인사드 리겠습니다. 편안한 밤 되십시오.

8부

전국을
모두 연결해서
그린 후
지도첩과
지도책으로
만들다

사회자 안녕하십니까. 역사방송 아나운서 안시리 인사드립니다. 지난주에는 우리가 그동안 상대
　　　적으로 관심을 덜 가졌던 김정호 선생님의 신분에 대한 이야기를 흥미롭게 들었습니다. 오늘도
　　　유익하고 재밌는 역사와 지리 이야기가 기다리고 있을 텐데요, 늘 변함없이 역사 도우미의 역할
　　　을 잘 해 주고 있는 개그맨 궁금 씨와 청중 열 분이 자리를 함께해 주셨습니다. 환영합니다.

궁금 안녕하세요. 역사 도우미 개그맨 궁금 인사드립니다. 지난주 김정호 선생님의 신분 이야기는
　　　저에게도 참 인상 깊었습니다. 오늘도 선생님의 이야기가 너무 딱딱하게 흐르지 않도록 역사 도
　　　우미의 양념 역할에 집중 또 집중하겠습니다.

사회자 네, 오늘도 기대하겠습니다. 그럼 지금부터 '역사 환생 인터뷰 김정호 편' 8부의 문을 활짝
　　　열어 보도록 하겠습니다. 오늘도 재밌고 유익한 역사와 지도 이야기를 해 주실 김정호 선생님이
　　　오셨습니다. 환영합니다. 큰 박수로 맞이해 주십시오.

김정호 안녕하세요. 김정홉니다. 오늘도 변함없이 큰 박수로 뜨겁게 맞아 주셔서 감사합니다. 이
　　　프로그램이 시청자들의 사랑을 오랫동안 받고 저 역시 하늘나라에 돌아가서도 이 프로그램을 흐
　　　뭇하고 뿌듯한 마음으로 오랫동안 보고 싶은 것, 그것이 지금 저의 가장 큰 소망인데요, 그런 프
　　　로그램이 될 수 있도록 오늘도 최선을 다해 보겠습니다.

사회자 네, 감사합니다. 그럼 곧바로 궁금 씨의 첫 질문을 들어 보도록 하겠습니다.

1   제대로 개선해서 만들면 잘 팔리겠는데…

궁금이 네, 그럼 본격적으로 질문드리겠습니다. 지난주에 지도 작품 하나하나에 대해서는 나중에 말씀하시겠다는 이야기를 여러 차례 하셨는데요, 그 말씀이 오늘은 선생님의 지도 작품 이야기를 본격적으로 시작하시겠다는 의미로 들렸습니다. 작품이 워낙 많아서 하루에 다 하실 것 같진 않은데요, 혹시 오늘 청구도 이야기부터 하실 것 아닌가요?

김정호 하하하! 거의 맞췄어요. 다만 청구도 이야기를 다 하려면 두 시간이 너무 부족할 것 같더라고요. 그래서 오늘은 청구도를 만들기 전에 했던 여러 고민과 그런 고민을 담아낸 지도첩과 지도책 이야기를 하려고 합니다.

궁금이 청구도 이전의 이야기라고요? 선생님의 전체 작품 표에서 초대형 지도로는 가장 앞에 나왔던 동여도 17첩과 조선도 26책 이야기를 하시려는 건가요?

김정호 예, 맞아요.

궁금이 청구도 이야기를 해 주실 줄 알았는데 그 이전의 이야기를 하신다니까 제 예상이 빗나간 건 살짝 아쉽습니다. 하지만 전혀 예상하지 못한 만큼 어떤 이야기가 나올지 오히려 더 기대가 되기도 하는데요…. 지난주에 보여 주신 선생님 전체 작품 표를 보면 동여도 17첩이든 조선도 26책이든 모두 연결하면 남북 5.5m가 넘는 초대형의 지도인데요, 그렇게 큰 지도 안에 들어간 수많은 지명, 산줄기와 물줄기, 해안선 등의 지리 정보는 어떤 자료를 참고하여 확보하신 건가요? 정상기, 정철조, 신경준 선생님 등의 예를 보면 『신증동국여지승람』, 그림식 전국 고을지도책, 1리 눈금식 도별지도책 등등을 비슷하게 참조하셨을 것 같은데요….

김정호 하하하! 원숭이도 가끔은 나무에서 떨어진다고 하더니 날카로운 질문을 자주 해서 저를 놀라게 했던 궁금 씨도 가끔은 날카로움을 잃을 수도 있네요. 이번에는 딩동댕~이 아니라 삐이익~~입니다. 저는 정상기, 정철조, 신경준 선생 등이 참조한 『신증동국여지승람』, 그림식 전국 고을지도책, 1리 눈금식 도별 고을지도책 등등의 자료를 참조하여 동여도 17첩과 조선도 26책을 그리지 않았습니다.

궁금이 예에? 갑자기 무슨 말씀이신가요? 그렇게 크고 자세한 지도에 수록된 지리 정보가 하늘에서 뚝 떨어졌을 리는 만무할 텐데요, 그럼 어떤 자료의 정보를 이용하여 제작하신 건가요?

김정호 이 말 들으면 엄청 놀랄 것 같은데요, 그 지도들에 수록된 기본적인 지리 정보들은 하늘에서 뚝 떨어지듯이 저에게 나타났습니다.

사회자 김정호 선생님께서 농담으로 하신 말씀은 아닐 것 같은데요, 이미 선생님으로부터 정확하고 자세한 지도를 제작하는 방법에 대해 여러 번 귀가 따갑게 들어 왔던 저로서는 잘 이해가 가질 않습니다.

김정호 다시 말하지만 그 지도들을 그릴 때의 기본적인 지리 정보들은 하늘에서 뚝 떨어지듯이 저에게 나타났는데요, 바로 신경준 선생께서 편찬하신 20리 눈금식 전국 고을지도책이 그거예요. 지명, 산줄기와 물줄기, 해안선 등 동여도 17첩과 조선도 26책 안의 기본 정보는 신경준 선생의 지도책…, 아니다…. 지난주에 이용하기 편리하도록 획기적으로 개선해 지도 부분은 2권으로 하고 지지 부분 1권을 더하여 3권으로 만든 지도책이 유행했다고 했잖아요, 바로 그 지도책과 같아요.

궁금이 예? 왜 같아요?

김정호 하하하! 이유는 아주 간단해요. 그 지도책…, 아…. 이번에도 아니다. 여기서 하나 말할 게 있어요. 앞으로 그 지도책이 여러 번 언급될 테니까 다른 지도책과 구분하기 위해 국립중앙도서관에서 소장하고 있는 이름을 따서 해동여지도라고 부를게요. 그 해동여지도를 수집해서 검토한 후 내용은 그대로 둔 채 편집만 이용하기 편리한 방식으로 개선하여 만들었으니까요.

궁금이 그럼 선생님께서는 정상기, 신경준 등등의 선생님들처럼 지리지와 지도에 수록된 자료를 검토하면서 거리와 방향 등의 정보를 비교 정리하는 과정을 밟지 않으셨다는 얘긴가요?

김정호 궁금 씨가 이제는 정확하고 자세한 지도 그리는 방법을 너무나 잘 알고 있네요. 저라고 그렇게 하지 않았을 리가 있나요? 당연히 했죠. 다만 해동여지도의 내용에 혹시 틀린 것이 있나 확인하는 차원에서 해 봤어요. 1차적인 기본 자료로는 정상기, 신경준 선생이 참고했던 『신증동국여지승람』이었고요, 신경준 선생이 편찬한 『동국문헌비고』의 「여지고」를 다음의 참고 자료로 삼아 정리해 봤어요. 그랬더니 두 자료 사이에 거리와 방향의 정보가 다른 경우가 꽤 나오더라고요. 도대체 어느 것이 맞는지…. 동여도 17첩과 조선도 26책, 나아가 그 이후의 청구도를 그릴 때까지만 하더라도 저는 어느 것이 맞는다고 자신 있게 판단하지 못하겠더라고요. 자신 있게 판단하기 위해서는 더 많은 자료를 놓고 더 오랫동안 거리와 방향 정보에 대한 조정과 판단의 과정을 거쳐야만 한다고 생각했어요. 그래서 그때까지는 제가 수집해서 검토했던 해동여지도의 내용을 그대로 따르고 나중에 누군가가 교정해 줄 것을 기다리기로 했어요. 물론 그 누군가가 저일 것 같다고 생각은 했지만 제가 언제 죽을지 모르는 일이니 제가 아닐 수도 있다는 전제 아래 생각했어요.

사회자 　이제 하늘에서 뚝 떨어지듯이 나타났다는 말씀이 이해가 가는데요, 해
　　　　동여지도를 수집하시는 데 어렵지는 않았나요?

김정호 　일반적으로 본다면 어려운 일이에요. 하지만 또 그렇다고 해동여지도
　　　　가 국가의 기밀이어서 수집하기 어려웠을 것이라고 생각하진 않겠죠? 그런
　　　　일은 없었으니까요. 해동여지도는 베껴서 그리거나 이용하기 편리한 측면
　　　　에서 최고 수준으로 개선된 지도책이었기 때문에 국가뿐만 아니라 민간에
　　　　서도 꽤 유행했어요. 그렇다고 요즘처럼 어디서나 흔하게 구할 수 있었다는
　　　　말은 아니고요, 대갓집 양반댁이나 대갓집은 아니더라도 우리나라 국토에
　　　　관심이 많았던 양반 지식인들이 갖고 있었어요. 그래서 평민인 제가 지도에
　　　　특별히 관심을 갖고 있지 않았다면 평생 동안 한 번도 보지 못했을 지도책
　　　　이었는데요, 저는 20대에는 지도에 아주 특별한 관심을 갖고 있는 사람으로
　　　　변해 있었기 때문에 어디에 제가 모르는 지도나 지도책이 있다는 소식을 들
　　　　으면 어떻게든 구해 보려고 노력했어요. 이런 저에게 해동여지도를 구하는
　　　　것은 그리 어려운 일이 아니었어요.

사회자 　네, 그럼 해동여지도를 구해서 처음 봤을 때의 느낌이 어떠셨을지 궁
　　　　금해지는데요.

김정호 　거짓말 하나도 안 보태고 엄청 놀랐죠. 엄청…. 저는 그때 동람도식 소
　　　　형 지도책, 정상기, 정철조 선생의 지도, 그림식 전국 고을지도책 등 당시 민
　　　　간에서 돌아다니는 지도의 대다수를 수집한 상태였는데요, 해동여지도는
　　　　차원이 달랐어요. 거리와 방향의 정보가 정확했을 뿐만 아니라 고을의 경
　　　　계선, 면, 창고 등의 정보가 다 표시되어 있을 정도로 자세했어요. 지도책을
　　　　한 장 한 장 넘겨 가며 검토하면서 도대체 어떻게 이렇게 정확하고 자세한
　　　　지도를 그렸을지 입이 딱 벌어졌죠.

궁금이 　선생님, 여기서 하나 궁금한 것이 있습니다. 선생님께서는 지도의 정
　　　　확함과 자세함뿐만 아니라, 아니 그보다 더 이용의 편리함을 늘 강조하셨잖

아요, 그런 관점에서 볼 때 해동여지도의 수준은 어땠나요?

김정호 지도 이용자들이 다 그렇듯이 해동여지도를 넘겨 볼 때 제 눈에 처음 으로 들어온 것은 당연히 정확함과 자세함이었는데요, 몇 날 며칠을 보고 또 봤는데도 이용하는 데 불편함이 전혀 느껴지지 않더라고요.

궁금이 선생님께서 불편함을 느끼시지 않을 정도였다면 이용의 관점에서 더 이상의 개선이 불필요한 지도책이었다고 봐도 되겠네요.

김정호 예, 그렇게 볼 수 있겠죠. 다만 일반 이용자라는 전제 조건이 붙을 경 우에만 그래요. 제가 아무런 선입견을 갖지 않고 일반 이용자라 생각하고 이용해 봤을 때 불편함을 못 느꼈다는 이야기였으니까요. 그런데 저는 나중 에는 지도를 제작해서 파는 작은 출판사의 사장님까지 된 사람이라고 했잖 아요. 그런 관점에서 다시 살펴보니까 그때 '감'이 확 왔어요.

사회자 예? 어떤 '감'이요?

김정호 '야! 이거 제대로 개선해서 만들면 잘 팔리겠는데….' 이런 '감'이요.

사회자 이용의 관점에서 해동여지도는 거의 최상이라는 것을 인정하면서도 지도 제작 및 판매자의 입장에서는 '야 이거 제대로 개선해서 만들면 잘 팔 리겠는데….' 하는 '감'이 왔다고 하셨는데요, 좀 더 구체적으로 어떤 점이 그 랬는지 궁금합니다.

김정호 약간의 콘셉트만 바꾸면 새로운 지도 수요를 창출할 수 있다는 생각이 들었다는 뜻이었는데요, 아주 간단한 거였어요. 해동여지도는 월경지나 건 아상입지가 복잡한 지역을 제외하면 고을별로 지도를 따로 그려서 수록하 는 것을 원칙으로 삼았다고 했잖아요. 그걸 모두 연결해서 그리면 지도 이 용자들에게 색다른 지도 수요가 창출될 수도 있지 않을까 생각한 거예요.

궁금이 예? 선생님께서 모순되는 말씀을 하시는 것 아닌가요? 신경준 선생님 께서 우리나라 전도와 도별지도를 만드셨지만 너무 커서 쓸모가 거의 없었 고, 그래서 그 이후에 거의 만들지 않았을 것이라고 말씀하신 적이 있지 않나요? 그렇게 말씀하신 분이 모든 고을을 다 연결해서 쓸모없는 큰 지도를 만들겠다는 말씀을 다시 하시니까…. 모순된 것이라서 저로서는 도저히 이해가 안 가는데요?

김정호 하하하! 궁금 씨의 말에 일리가 있어요. 제가 신경준 선생이 그린 우리나라 전도나 도별지도처럼 큰 지도를 만들겠다고 말한 것처럼 들렸을 수도 있으니까요. 하지만 제가 바보는 아니겠죠? 그렇게 큰 지도는 쓸모가 별로 없어서 팔릴 리가 없다는 걸 모를 리 없잖아요. 여기서 콘셉트를 약간만 바꾸면 그 문제가 해결될 것 같더라고요.

궁금이 어떻게요?

김정호 모든 고을을 다 연결해서 그린 후 일정한 크기의 사각형으로 잘라서 지도첩으로 묶으면 너무 커서 보기에 어려운 문제점이 해결될 수 있다고 생각했어요.

궁금이 와~ 약간의 아이디어 차이가 기업의 흥망성쇠를 결정할 수 있다는 말을 들은 적이 있는데요, 선생님의 지금 말씀이 딱 그 사례일 수 있겠는데요?

김정호 하하하! 그렇게까지 높게 봐줘서 고마워요.

2 전국을 연결해서 그린 후 지도첩으로 만들다

김정호 막상 다 듣고 나면 실망이 되지 않을까 좀 부담이 되긴 합니다만 이왕 이렇게 된 것 이야기를 계속하겠습니다. 콘셉트를 바꾼 새로운 아이디어가 떠오르자 곧바로 실천에 들어갔는데요, 좀 지루하더라도 참으면서 잘 들어 주길 바랍니다. 첫 번째로 해동여지도에 수록된 모든 고을지도를 우리나라 가장 북쪽의 함경도 온성부터 가장 남쪽의 전라도 제주까지 경계선을 접하고 있는 순서에 따라 하나하나 정리해 놓았어요. 그래야 서로 분리되어 있는 고을들을 연결해서 그리기 쉬울 테니까요. 둘째, 밑이 비치는 얇은 종이를 남북 130리와 동서 140리의 사각형 모양으로 많이 준비했어요. 당시 저는 우리나라의 남북 총 거리를 2,600리라고 보았는데요, 우리나라의 남북을 딱 떨어지는 숫자인 20층으로 나누기 위해 사각형의 남북 길이를 130리로 한 거예요. 셋째, 거리와 방향을 정확하게 옮겨 그리기 위해 10리 간격의 눈금을 그은 남북 130리와 동서 140리의 사각형 책받침을 만들었어요. 해동여지도에는 20리 간격으로 눈금이 그어져 있는데요, 더 정확하게 옮겨 그리기 위해 눈금의 간격을 10리로 좁혀서 그은 거예요. 말로만 들으니까 이해가 잘 안 갈 것 같아서 책받침을 형상화한 이미지를 가지고 왔어요. 자, 화면에 띄워 주시죠.

가로세로로 동일한 간격의 눈금, 생각보다 진짜 간단하죠? 비록 간단하지만

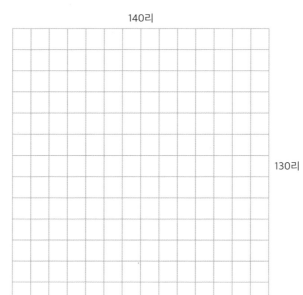

140리

130리

책받침

140리

해동여지도(古貴2107-36)의 충청도 홍주, 국립중앙도서관

정확하게 옮겨 그리는 데는 그 어느 것보다 유용해요. 넷째, 책받침 위에 밑이 비치는 남북 130리와 동서 140리의 얇은 종이를 놓고 함경도 온성부터 전라도 제주까지 경계를 맞대고 있는 해동여지도의 모든 고을지도를 차례대로 연결해서 옮겨 그렸어요. 이것도 말만 하면 이해하기가 어려울 수도 있어서 하나의 이미지를 사례로 가지고 왔어요. 충청도의 홍주 지도를 책받침 위의 얇은 종이에 먼저 옮겨 그려요. 그리고 나서 홍주와 경계를 맞대고 있는 보령, 대흥, 덕산, 해미, 천안, 면천, 아산 등의 고을지도를 갖다 놓고 동일한 방식으로 빈 공간을 채우면서 그려 나가면 여러 고을이 다 연결된 지도가 그려져요. 자, 다음 이야기의 이미지를 띄워 주세요.

1첩	1층 2층	
16첩	17층 18층	
17첩	19층 20층	

『동여도』(17첩) 지도, 일본 츠쿠바대학부속도서관

『동여도』(17첩) 찾아보는 방법

『동여도』(17첩)은 일본 츠쿠바대학교도서관(筑波大学附属図書館) 홈페이지에서 한자 '東輿圖'로 검색한 후 '지도첩 번호 → 中央図書館 → 電子資料を表示'의 순서로 들어가면 원문 이미지를 볼 수 있다. 다만 내 실력이 부족한지 확대 기능을 찾을 수는 없었다.

다섯째, 각 층의 사각형 지도를 동서로 모두 연결해서 접었다 폈다 할 수 있는 병풍식의 첩으로 만들었어요. 앞에 제시한 이미지의 모습은 1첩과 16첩, 17첩을 동서로 모두 펴 놓은 건데요, 동서 140리의 사각형은 반으로 접었기 때문에 첩 한 면의 동서 거리는 그 반인 70리가 돼요. 앞의 이미지를 잘 보면 동서 70리 간격으로 접힌 부분이 보일 건데요, 예를 들어 1층의 경우 2면이, 2층의 경우 9면이 있어요. 여섯째, 동서로 이어진 각 층마다 한 첩으로 만들려고 했는데요, 1층은 두만강이 북쪽으로 튀어 올라간 부분이라 두 면밖에 안 되고, 18층과 19층은 남해안 육지 끝과 섬들 일부만 해당되어 하나의 첩으로 만들기에는 양이 너무 적었어요. 그래서 1층을 2층에, 18층을 17층에, 19층을 20층에 합해서 한 첩으로 만들었는데요, 이것이 남북을 20층으로 나누었음에도 20첩이 아니라 17첩이 된 이유예요. 이 설명도 말로만하면 이해가 어려울 것 같아서 앞의 화면에 1층과 2층을 합한 1첩, 17층과 18층을 합한 16첩, 19층과 20층을 합한 17첩의 이미지를 일부러 골라서 띄웠어요. 이 정도면 제가 전국의 모든 고을을 연결해서 17첩으로 만든 방법이나 과정을 어느 정도 이해할 수 있지 않을까 하는데요, 어떤가요?

궁금이 선생님, 처음 듣는 것이라서 100% 이해했다고 말하면 거짓말일 것 같고요, 그래도 큰 흐름을 이해하는 데는 별 지장이 없었다고 말씀드릴 수는 있을 것 같습니다. 어쨌든 지도첩으로 만들어 원하는 만큼 펴서 연결해 볼 수 있게 만드니까 너무 커서 이용하기에 불편한 문제점이 싹 해결되었네요.

김정호 맞아요. 너무 커서 이용하기 불편한 문제점이 싹 사라졌어요. 완성했을 때 얼마나 기뻤는지 몰라요. 이 지도첩이 바로 동여도 17첩이에요. 청구도가 하도 유명해서 안 알려졌지만 지금까지 소개한 것처럼 초대형 지도로 처음에 만든 지도첩의 이름은 동여도(東輿圖)였어요, 동(東)은 우리나라를 가리키는 동국(東國)의 동(東)을 가리키고요, 여도(輿圖)는 요즘 말로 지도를 가리키는 용어였어요. 따라서 동여도는 '우리나라 지도'라는 평범한 이름인데요, 제 작품이 아닌 다른 지도책이나 지도첩에서는 발견하지 못할 거예요. 제가 다른 지도나 지도책에서 발견되지 않는 이름을 일부러 찾아서 붙인 것이니까요. 왜 그랬느냐 하면, 지도첩의 이름에 제 작품이라는 저만의 자존심을 담아내고 싶었거든요.

사회자 선생님의 창의력과 자존심이 17첩의 동여도에 고스란히 녹아 들어가 있다는 생각이 듭니다. 그런데 선생님, 단도직입적으로 여쭤보고 싶은 게 있습니다. 선생님께서는 해동여지도를 검토해 보고는 '야 이거 제대로 만들면 잘 팔리겠는데…' 라는 '감'이 왔고, 그것을 실현하기 위해 만든 것이 동여도 17첩이잖아요.

김정호 예, 맞는데요…. 그다음 말은….

사회자 그럼 꽤 파셨나요?

김정호 아휴… 그 질문 나올 줄 알았어요. 꽤 판 것이 아니라 거의 팔지 못했어요. 아니 아예 처음부터 팔 생각을 하지 않았어요.

궁금이 왜요? 저렇게 잘 만든 지도첩을 왜 팔 생각을 하지 않으셨어요?

김정호 너무 커서 이용하기 불편한 문제점을 싹 해결했지만 판매해서는 안 된다는 걸 완성하고 나서 곧바로 알았어요. 일반 이용자의 관점에서 천천히 다시 살펴보니 또 다른 문제점이 나타났는데, 그게 너무 커서 이용하기에 불편했던 문제 못지않게 불편한 문제더라고요.

사회자 너무 커서 이용하기에 불편했던 것 못지않게 불편한 문제가 나타났다는 말씀은 지도첩으로 만들지 않고 해동여지도 그대로 놔두는 게 더 나았을 수도 있겠다는 소리로 들리는데요?

김정호 정말 아픈 부분이었는데…. 정확하게 잘 짚었어요. 첫 번째가 찾아보고 싶은 고을을 찾는 데 해동여지도보다 몇 배의 시간이 더 걸린다는 거였고요, 두 번째가 지도 위의 실제 거리를 알려 주는 축척의 기능이 없다는 거였어요.

해동여지도(古貴2107-36)의 충청도 목차, 국립중앙도서관

궁금이 선생님, 눈금이 그려진 책받침 위에 밑이 비치는 얇은 종이를 올려놓고 옮겨 그리는 방법을 사용하여 지도 위에서는 눈금이 없게 만들었으니까 축척의 기능이 없다는 말씀은 바로 이해가 갑니다. 그런데 찾아보는 시간이 해동여지도보다 몇 배나 더 걸린다는 것은 금방 이해가 안 가는데요?

김정호 지도첩 전체를 갖다 놓고 펴 보면서 설명하면 금방 이해가 갈 문젠데요, 오늘은 몇몇 이미지만 띄워 놓고 말로만 설명하니까 쉽게 이해가 가질 않을 거예요. 그래도 실물을 가져오면 양이 너무 많아지니 일단은 말로 설명해 보면요, 해동여지도의 경우 각 도(道)의 앞쪽에 고을지도의 순서대로 고을의 이름을 적어 놓은 목차가 있어요. 이건 중요한 거니까 충청도의 목차를 한번 보여 드릴게요.

옛날에는 오른쪽에서 왼쪽으로 글을 썼으니까 제천(堤川)·청풍(淸風)·단양(丹陽)의 지도가 충청도의 가장 앞쪽에 수록되어 있다는 의미고요, 두 번째가 영춘(永春) 지도이며 마지막이 아래쪽의 은진(恩津)·부여(扶餘) 지도라는 거예요. 그런데 동여도 17첩의 경우 고을별로 지도를 그려서 수록한 해동여지도와 달리 모든 고을을 연결해서 그린 후 지도첩으로 만든 것이기 때문에 수록된 고을지도의 순서에 따른 목차를 만들 수가 없어요. 그래서 어쩔 수 없이 각 지도첩의 표지에 고을의 중심지가 해당 첩에 들어 있는 고을의 이름을 적어 놓는 차선책을 선택했는데요, 이 차선책을 가지고는 찾아보는 속도가 해동여지도보다 몇 배나 더 느린 거예요. 제가 충청도의 단양을 사례로 들어볼게요. 첫째, 동여도 17첩에서 충청도의 단양을 찾아보려면 17첩 중에서 어느 첩의 표지에 단양이란 이름이 있는지 찾아봐야 하는데요, 해동여지도의 충청도 목차에 들어가 단양이란 이름을 찾는 것보다 느려요. 둘째, 표지에서 단양을 찾았더라도 단양이 해당 첩의 어느 위치에 있는지 찾아야 하는데요, 해동여지도의 목차에서 단양을 찾아서 지도책의 어느 위치에 있는지 찾는 것보다 느려요. 이 두 가지뿐만이 아니에요. 셋째, 고을의 영역이 2~3첩에 걸쳐 있는 경우가 의외로 많은데요, 그런 경우 2~3첩을 다 찾아봐야 하나의 고을을 다 볼 수 있어요. 하지만 해동여지도라면 아무리 큰 고을지도라도 펼쳐 놓은 두 면을 넘어가지 않게 만들었기 때문에 그런 경우는 있을 수 없었어요. 이렇게 찾고자 하는 어딘가를 찾는 데 걸리는 시간이 해동여지도보다 몇 배나 걸린다는 것을 확인하고 나니까 그런 지도첩을 팔면 엄청 욕을 먹을 수도 있겠다는 생각이 들더라고요. 그래서 충격을 많이 받았고요, 곧바로 '이 지도첩은 아주 특별한 요청이 아니라면 일단 판매하지 말고 더 개선해 보기로 하자!' 이런 결정을 내렸어요.

사회자 선생님의 설명을 자세히 들어보니까 찾아보는 데 걸리는 시간이 해동여지도보다 몇 배 더 길다는 말씀을 어느 정도 이해할 수 있을 것 같습니다. 선생님, 그러면 새로운 해결책을 찾아냈나요? 아니면 찾지 못하고 포기했나요?

김정호 하하하! 찾아냈는지 아니면 포기했는지 궁금하죠? 처음엔 아무리 생각해도 새로운 해결책을 찾아내기가 정말 쉽지 않더라고요. 여러 번의 시도 끝에 포기하려 했다가 아주 깊은 생각에 잠긴 후 '끝까지 가 보자!' 이런 마음으로 아주 긴 싸움에 돌입했어요.

궁금이 아주 긴 싸움요? 긴 싸움이라는 표현의 뉘앙스만으로도 엄청 힘들고 오래 걸리는 과정이었다는 것이 확 느껴지는데요, 그러면 결국엔 성공하신 거죠?

김정호 예, 맞아요. 결국엔 성공했어요. 다만 한 번이 아니라 세 번의 시도 끝에 성공했어요. 그만큼 어렵고 긴 싸움이었죠.

궁금이 아주 어렵고 긴 싸움…. 그것도 한 번이 아니라 세 번의 시도 끝에…. 정말 그 결과가 무엇이었을지 엄청 궁금한데요?

김정호 하하하! 궁금 씨가 엄청나게 궁금한 것 같네요. 제 입으로 이야기하긴 좀 그렇긴 하지만 그 결과를 듣고 나면 놀라지 않을까 하는데요, 찾아보기 문제의 해결은 상상하는 것보다 훨씬 어려워서 설명하는 데 시간이 꽤 걸리기 때문에 다음 주에 청구도를 할 때 대답을 드릴 것 같습니다. 찾아보기보다는 덜했지만 결코 작지 않았던 축척의 문제도 완벽하게 해결하는 것은 찾아보기 문제와 동시에 진행되었기 때문에 다음 주에 이야기할 것 같아요.

3   지도첩을 지도책으로 바꾸다

사회자 찾아보기와 축척의 문제가 그만큼 어려웠다는 이야기로 들리는데요, 오늘은 그 전 단계까지 있었던 모든 것을 깔끔하게 정리하고 가시겠다는 거 죠?

김정호 예 그래요. 깔끔하게…. 일단 앞에서 말하지 못한 지도첩의 문제점 하나가 더 발견되었다는 것을 이야기할게요. 밑이 비치는 얇은 종이를 책받침 위에 놓은 후 지도를 옮겨 그렸다고 했는데요, 너무 얇아서 접었다 폈다 할 때 쉽게 훼손되기 때문에 그것을 그대로 첩으로 만들 수는 없었어요. 그래서 종이를 뒤에 덧붙여서 두껍게 한 다음에 지도첩으로 만들었는데요, 그럼에도 불구하고 실제로 이용해 보니까 자주 이용하면 접었다 폈다 하는 부분의 훼손이 꽤 되더라고요. 이 문제를 어떻게 해결해야 할까 고민하지 않을 수 없었는데요, 그러려면 접히는 부분을 최대한 적게 만드는 방법밖에 없었어요. 이를 위해 연속된 지도 면의 뒷면을 붙여서 지도책으로 엮는 방법을 선택했는데요, 이렇게 하면 접히는 부분이 반으로 줄게 돼요. 여기서도 말로만 들으면 이해가 어려울 것 같아서 서울 부근의 이미지 세 장을 준비했습니다. 화면에 띄워 주시죠.

지도책을 펼친 세 면을 연속으로 놓은 것인데요, 펼쳤다고 했으니까 세 면

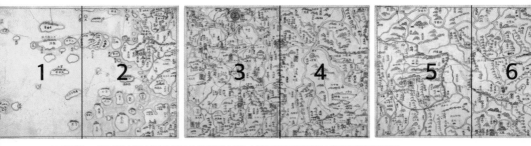

조선도(韓14-7)의 서울 부근 이미지, 일본 오사카부립 나카노시마도서관(고려대학교 해외한국학자료센터)

의 가운데가 모두 접히는 부분이겠죠? 그리고 첫 번째의 오른쪽 2와 두 번째의 왼쪽 3, 두 번째의 오른쪽 4와 세 번째의 왼쪽 5의 뒷면이 실제로는 붙어 있는 거예요. 한 층 모든 면의 뒷면을 이런 방식으로 붙여서 책으로 만들면 지도첩에 비해 접었다 폈다 하는 면이 반으로 줄어들어 훼손을 적게 하는 장점이 있고요, 반면에 쫙 펴서 모두 연결해서 볼 수 없는 단점이 있어요. 여기서 저는 장점을 선택한 거죠.

궁금이 그림으로 보여 주면서 설명하시니까 100%는 아니더라도 이야기의 큰 흐름을 이해하는 데는 별 지장이 없었습니다. 여기서 궁금한 것이 하나 있습니다. 그러면 처음부터 책으로 만들겠다는 생각은 안 하셨나요?

김정호 아니요, 했어요. 지도책으로 묶는다는 것도 지도첩과 함께 고려했는데요, 지도책은 지도첩처럼 쫙 펴서 동서로 이어보는 것이 불가능하잖아요. 처음엔 지도책의 이 단점이 더 크게 다가와서 지도첩을 선택한 건데요, 지도첩을 만들고 나서 막상 이용해 보니까 지도첩의 단점이 더 크게 다가오더라고요. 그래서 지도첩은 이미 만들었고 단점도 확인되었으니까 지도책도 만들어 보기로 한 거죠.

『조선도』 26책 찾아보는 방법

고려대학교 해외한국학자료센터'의 홈페이지를 방문하여 '조선도'로 검색하여 이미지를 누르면 일본 오사카 부립 나카노시마도서관 소장 『조선도』 26책의 이미지를 볼 수 있다. 확대 축소 기능이 잘되어 있다.

사회자 　장단점은 동전의 양면처럼 함께 따라다니는 거네요. 어느 것을 선택하느냐의 문제이지 어느 것이 더 훌륭하냐의 문제는 아닌 것 같습니다.

김정호 　맞아요. 저도 안시리 아나운서의 말처럼 그렇게 생각해요. 그런데 여기서 하나 더 말하고 싶은 게 있는데요, 제가 결국엔 지도책을 만들었지만 그것이 지도첩을 완전히 폐기했다고 보진 않았으면 좋겠어요. 지도첩은 지도첩대로 놔두고 지도책을 하나 더 만들었다고 보면 되는데요, 지도 판매자의 입장에서 지도 수요자들에게 선택할 수 있는 상품을 하나 더 만든 거예요. 혹시라도 지도책의 장점보단 지도첩의 장점을 더 높게 생각하는 수요자가 오면 지도첩을 베껴 그래서 팔면 되고요, 반대로 지도첩의 장점보단 지도책의 장점을 더 높게 생각하는 수요자가 오면 지도책을 베껴 그래서 팔면 되는 식이에요.

사회자 　아주 중요한 말씀인 것 같습니다. 선생님을 판매가 전제되지 않은 지도의 제작자로만 여기면 지도첩 다음에 지도책을 만들었다는 사실이 지도첩보다 더 수준 높은 지도책을 만들었다고 판단되어 수준 낮은 지도첩을 폐기하거나 방기했다고 볼 수 있는 것 아닌가 합니다. 반면에 판매를 전제로 한 지도의 제작자로 보면 지도첩과 지도책 모두 서로 다른 장단점을 가지고 있는 상품을 생산한 것이 되어 수요자의 선택권을 넓혔다는 의미로 볼 수 있는 것 아닌가 합니다.

김정호 　네, 아주 정확하게 정리해 주셨네요. 오늘 말하는 지도첩과 지도책뿐만 아니라 저의 지도 작품 전체를 다 그렇게 보아주면 좋겠어요. 저의 초대형 지도 작품 중에서 가장 나중에 만든 대동여지도가 제일 유명한데요, 가장 나중에 만들었다고 하여 그보다 먼저 만들었던 청구도보다 훨씬 뛰어난 작품인 것처럼 오해하는 사람들이 너무나 많더라고요. 나중에 청구도에서 대동여지도로 넘어갈 때 다시 말하겠지만 청구도와 대동여지도는 오늘 말한 것처럼 어느 것이 뛰어난지가 아니라 어떤 장단점을 가지고 있는지의 관점에서 살펴봐야 그 가치를 제대로 이해할 수 있어요. 자꾸 흥분하다 보니까 나중에 살펴볼 것까지 미리 말하려고 하게 되는데요, 오늘은 이렇게 맛만 보여 드리고 다음 주나 다다음 주에 자세하게 이야기하도록 하겠습니다. 김정호란 사람은 그냥 지도 제작자가 아니라 판매를 전제로 만드는 지도 제작자, 30대 이후에는 크진 않았지만 저와 저의 가족, 직원과 직원의 가족을 잘 먹고 잘살게 해 주어야 하는 지도 출판사의 사장님이 되었던 사람임을 잊지 말아 주세요.

사회자 네, 잘 알겠습니다. 이제 시간이 2/3가 넘어가고 있는데요, 청중 여러분께 질문의 기회를 드려야 하는 시간입니다. 질문하고 싶은 분 손 들어 주십시오. 앞줄 가장 오른쪽에 앉아 계신 분 자기소개 간단히 부탁드리고요, 질문해 주십시오.

청중1 안녕하세요. 저는 서울에서 10만:1 도로지도 등 대중적인 지도책을 제작하여 판매하는 회사에 20년 이상 다니다가 경북 봉화로 귀농하여 버섯 농사를 짓고 있는 사람입니다. 마이카시대가 시작되어 대중적인 지도책이 유행하던 1990년대만 하더라도 우리 회사는 최고의 활황을 이루었는데요, 2000년대 중반부터 내비게이션이 빠르게 보급되면서 회사의 인원 감축이 대대적으로 이루어졌습니다. 그래서 많은 고민을 하다가 명퇴를 결정하고 경북 봉화로의 귀농을 선택하게 되었는데요, 처음에 내려갔을 때는 정말 막막하고 힘들었지만 지금은 나름대로 자리를 잡아 먹고사는 데는 지장 없이 살고 있는 평범한 사람입니다. 지도의 제작과 판매에 오랫동안 종사한 경험 때문에 아직도 '지도'라는 말만 들어도 가슴이 뛰고 감회가 새로운데요, 이제 질문드리겠습니다. 김정호 선생님께서 방금 말씀하신 지도책이 선생님의 작품 전체 표에서 초대형 지도로는 두 번째로 기록된 조선도 26책인 것 같은데요, 먼저 맞는지 여쭙고 싶습니다. 그리고 만약 맞는다면 동여도 17첩에서는 우리나라의 남북을 130리 간격의 20층으로 나누었다고 하셨는데요, 동여도 17첩에는 조선도 26책에서의 '26'과 관련된 숫자가 전혀 없었습니다. 왜 조선도는 26책이 된 건지 알고 싶습니다.

김정호 먼저 조선도 26책이 맞는다고 말씀드리고요, 그런데 질문을 들으면서 조선도 26책의 '26'이라는 숫자에 주목하신 것에 정말 놀랐습니다. 오늘의 제 이야기를 정말 유념하면서 들으셨구나, 그리고 지도책에 대한 감각이 상당히 높으신 분이구나 이런 생각이 들었습니다. 질문에 대한 답변을 드리면요, 지도책을 만들 때 책의 크기 문제를 중요하게 고민했다고 먼저 말씀드립니다. 동여도 17첩에서는 우리나라의 남북 길이를 2,600리로 보고 남북의 층수를 '20'이라는 숫자에 딱 맞추기 위해 한 첩의 남북 즉 세로 길이를 130리로 했고, 한 첩의 동서 즉 가로의 길이는 140리를 반으로 접어서 70리로 했다고 했잖아요. 그랬더니 지도첩의 세로:가로 비율이 130:70=13:7이 되는데요, 당시 책의 비율보다 세로 길이가 너무 긴 거예요. 이왕 책으로 만드는 것, 일반적인 책의 세로:가로 비율인 10:7로 바꾸는 게 좋겠다는 생각이 들었어요. 그래서 책의 가로 길이는 70리로 바꾸지 않은 채 세로 길이를 130리에서 100리로 줄였어요. 그랬더니 전국의 남북 길이가 2,600리=100리×26층이 되어 지도책의 숫자가 26책이 되었던 겁니다. 여기서 지도책의 이름에 대해서도 잠깐 짚고 넘어가면요, 제가 살던 시절에는 조선이란 이름을 지도의 이름에 쓰지 않았다고 했잖아요. 조선도(朝鮮圖)의 이름은 후대의 필사자가 붙인 것이라고 보면 돼요.

4 지도책의 이어보기와 축척의 문제를 차선책으로 해결하다

사회자 청중분의 내공이 느껴지는 말씀에 대한 선생님의 솔직한 심정을 들을
수 있었고요, 질문에 대해서도 짧고 분명하게 답을 주신 것 같습니다. 이 질
문에 대해서는 이 정도로 끝내고요, 다음 분에게 질문의 기회를 드리겠습니
다. 뒷줄 가장 왼쪽에 앉아 계신 분, 역시 자기소개 간단하게 부탁드리고요,
질문해 주십시오.

청중 2 안녕하세요. 저는 개봉산악회에서 백두대간을 걷고 있는 회원 중의 한
사람입니다. 제 동료들이 이 프로그램에 참여한 것을 보고 자극받아 저도 신
청해서 참석하게 되었는데, 직접 와서 들어 보니 아주 흥미진진해서 신청한
보람을 느끼고 있습니다. 제 질문은요, 지도첩은 동서로 쫙 펴서 이어보기
편리할 뿐만 아니라 위층과 아래층을 남북으로 연결해서도 보기 쉬운 데 반
해 지도책은 동서만이 아니라 남북으로도 연결해서 보기가 쉽지 않다고 생
각합니다. 이 문제를 혹시 생각해 보신 적이 있는지 궁금합니다.

김정호 첫 번째 분도 그렇지만 두 번째 분도 오늘의 이야기에 대한 세밀한 관
찰력이 정말 대단하다는 것을 느낍니다. 좋은 질문에 감사드리며 차분히 답
해 보도록 하겠습니다. 동여도 두 첩의 남북 연결 관계는 첩을 동서로 쫙 펴
놓고서 산줄기, 물줄기, 해안선의 흐름을 잇기만 하면 되기 때문에 이어보

기가 어렵지 않아요. 그런데 조선도 두 책의 남북 연결 관계는 두 면만 펼쳐 볼 수 있기 때문에 위층과 아래층의 산줄기와 물줄기, 해안선의 흐름을 찾아서 맞추기가 생각보다 쉽지 않아요. 이 문제를 해결하지 않으면 이용자들이 위층과 아래층을 맞추어 보고 싶을 때 어려움을 겪을 수밖에 없는데요, 이용의 편리함을 고려하지 않는 사람은 별로 주목하지 않겠지만 저에게는 아주 중요한 문제 중의 하나였어요. 그래서 어떻게든 이 문제를 해결하려고 했는데요, 생각보다 쉽지는 않더라고요.

궁금이 선생님, 정말 어려웠다고요? 그래도 해결하긴 하셨죠?

김정호 네, 정말 어려웠지만 해결하긴 했어요. 어떻게 했느냐고 하면요, 먼저 26책의 지도를 모두 연결한 작은 우리나라의 전도를 그려 봤더니 책 펼친 면의 동서 거리인 140리가 총 11개 나오더라고요. 그래서 동쪽으로부터 서쪽으로 자(子)·축(丑)·인(寅)·묘(卯)·진(辰)·사(巳)·오(午)·미(未)·신(辛)·유(酉)·술(戌) 11개의 간지를 설정하고는 책 펼친 면의 오른쪽 위에 해당 간지를 적어 넣었어요. 이렇게 하면 이용자가 책을 펼쳐서 두 층의 남북을 연결해서 보고 싶을 때 간지가 같은 면을 펼쳐서 이어보면 돼요. 비록 지도첩만큼 남북을 쫙 연결해서 볼 수는 없지만 최소한 두 면만큼은 아래층과 위층을 연결해서 볼 수 있도록 한 거예요. 여기서도 말로만 하면 이해가 어려울 것 같아서 오(午) 간지가 표기된 15책의 서울 지역과 그 아래층인 16책을 연결한 사례를 이미지로 보여 줄게요.

사회자 초대형의 지도를 동일한 사각형으로 나눈 후 지도첩과 지도책 중 어느 형식을 선택하여 만드느냐에 따라 고민의 포인트가 정말 다르다는 것을 다시 한번 느끼게 하는 문제였던 것 같습니다. 이 정도면 지도책의 남북을 어떻게 연결해서 볼 수 있게 했는지의 질문에 대해서는 대답이 된 게 아닐까 생각합니다. 그러면 이제 세 번째 청중분에게 질문의 기회를 드리겠습니다. 앞쪽 끝에 앉아 계신 분 자기소개 부탁드리고요, 질문해 주십시오.

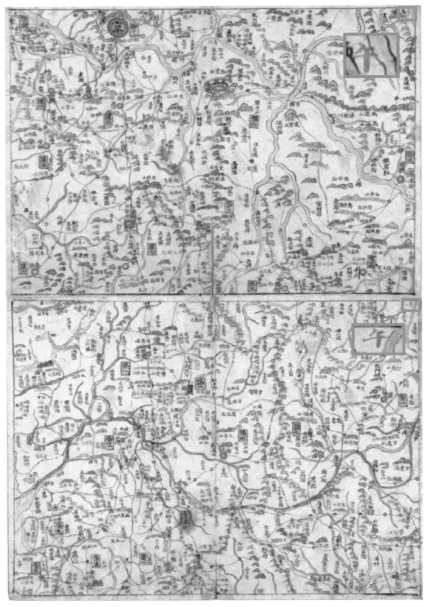

'오(午) 간지가 표기된' 조선도(韓14-7)의 15책(상)과 16책(하)을 연결한 이미지, 일본 오사카 부립 나카노시마도서관(고려대학교 해외한국학자료센터)

청중 3 네, 제 질문은요, 아까 선생님께서 '축척의 문제도 완벽하게 해결하는 것은 찾아보기 문제와 동시에 진행되었기 때문에'라고 말씀하신 것에 대한 겁니다. 축척의 문제를 완벽하게 해결하는 것이 찾아보기 문제와 동시에 진행되었다는 말씀은 완벽하지는 않지만 나름대로 해결한 것이 있었다는 의미로도 들리는데요, 맞는지 여쭙고 싶습니다. 그리고 혹시 맞는다면 완벽하진 않더라도 어떻게 해결하려 하셨는지 말씀해 주시면 감사하겠습니다.

사회자 질문하신 분께서 많이 흥분되고 급하셨던 것 같습니다. 저, 본인의 간단한 소개를 안 하셨는데요, 다시 부탁드려도 될까요?

청중 3 아, 그랬네요. 죄송합니다. 저는 곰주대학교 지리교육과에 다니고 있는 3학년 학생인데요, 대동여지도를 비롯하여 김정호 선생님의 작품을 중고등학생들에게 어떻게 가르쳐야 하나 고민해 오다가 이 프로그램을 흥미롭게 보게 되었습니다.

사회자 네, 감사합니다. 그럼 선생님의 답변을 들어 보겠습니다.

김정호 네, 질문하신 것에 대해 답변하도록 하겠습니다. 조선도 26책을 만들 때 비록 완벽하게 해결하지는 못했으나 어떻게든 해결해 보려고 노력하는 과정에서 하나의 아이디어를 만들어 냈습니다. 사람들이 오가는 길 위에 10리 간격을 표시하면 어떨까 하는 생각을 하게 되었는데요, 생각하면 할수록 차선책이기는 하지만 꽤 괜찮더라고요. 그래서 곧바로 선택했죠. 다만 이것을 실현하려면 두 지점 사이의 거리 정보가 있어야 했는데요, 『신증동국여지승람』, 정리표, 『동국문헌비고』의 「여지고」 등에 기록된 거리 정보를 정리하는 게 필요했어요. 그렇게 정리한 거리 정보를 바탕으로 모든 길 위에 10리 간격으로 작은 원을 표시했어요. 혹시 어떻게 했는지 보고 싶을 것 같아서 서울 부근의 이미지 하나를 준비해 봤습니다.

궁금이 붉은색 선이 길이고, 그 위에 작은 원을 10리마다 표시한 거네요. 그런데 선생님, 제가 인터넷에서 검색해 보니 대동여지도의 길 위에 10리마다

조선도(韓14-7)에 작은 원으로 10리마다 표시한 서울 부근 지도.
일본 오사카부립 나카노시마도서관(고려대학교 해외한국학자료센터)

표시를 해 준 것이 처음이고 아주 혁신적인 것이었다고 나오던데요, 어떻게
생각하세요?

김정호 길 위에 10리마다 표시를 해 준 것이 대동여지도가 처음이 아니라는
것은 이미 몇몇 연구자에 의해 알려진 것인데요, 그 근거가 바로 조선도 26
책이었어요. 다만 조선도 26책이 저의 작품이라 보지 않았고요, 한편으로
는 그런 연구가 아직 인터넷 백과사전에 반영되지 않은 것 같아요.

궁금이 연구 성과가 인터넷의 백과사전에 바로바로 업그레이드되지는 않는
것 같아요.

김정호 다른 분야도 그럴 것 같기는 한데요, 저와 제 작품에 대해서는 유독 그
렇다는 생각을 지울 수가 없더라고요. 어떤 특별한 의도가 있어서 그랬던
것은 아닌 것 같고요, 저와 제 작품에 대한 잘못된 이야기가 너무 오랫동안
각인되어서 쉽게 극복하기 어려운 것 같아요. 우리나라의 역사에서 저와 제
작품에 대한 이야기만큼 많이 왜곡되고 그렇게 오랫동안 고쳐지지 않는 것
도 찾아보기 쉽지 않을 거예요.

사회자 하하하! 선생님 말씀을 듣고 보니 그럴 것도 같다는 생각이 드는데요,

객관적으로 확인할 수는 없는 것이니 짐작만 하고 넘어가는 게 좋겠습니다. 그런데 선생님, 궁금 씨가 길 위에 10리마다 표시를 해 준 것이 아주 혁신적이었다고 나오는 것에 대한 질문도 했었는데요, 그것에 대한 답은 아직 해 주지 않으셨습니다.

김정호 아, 업그레이드 이야기를 하다 보니까 깜빡 잊었네요. 길 위에 10리마다 표시를 해 준 것은 '아주 혁신적인 것'이 아니라 가장 좋은 방식인 10리 간격의 눈금을 지도 위에 축척으로 표시해 줄 수 없는 상황이어서 어쩔 수 없이 선택한 차선책이었어요. 왜 차선책이었는지는 다음 주의 청구도 이야기를 할 때 더 분명하게 말할 수 있을 거예요.

궁금이 예? 차선책이었다고요?

김정호 차선책 맞아요. 길 위에 10리마다 표시를 해 준 것도 축척 표시의 한 방법인데요, 현대 지도에서 그렇게 한 사례를 본 적이 없을 거예요. 왜냐하면 그게 최선책이 아니기 때문이에요. 질문하신 분이 '완벽하지는 않지만 나름대로 해결한 것'이라고 표현한 것이 딱 맞고요, 다음 주의 청구도 이야기에서 차선책을 넘어선 최선책의 이야기를 듣게 될 겁니다.

사회자 차선책을 넘어선 최선책, 말만 들어도 다음 주가 더욱 기대됩니다. 이제 끝내야 할 시간이 되었는데요, 오늘은 다음 주 내용에 대해 더욱 부푼 기대감을 가져도 좋겠다는 희망을 전하면서 인사드리겠습니다.

9부

청구도,
신분의
벽을 깨고
세상에
태어나다

사회자 안녕하십니까? 지난주에는 신경준 선생님의 해동여지도를 이용하기 편리하도록 개선한 작품, 그러니까 초대형 지도로는 선생님의 첫 번째와 두 번째 작품인 동여도 17첩과 조선도 26책 이야기를 들었습니다. 그런데 그 작품들이 너무 커서 이용하기 불편한 문제점을 싹 해결했지만 찾아보는 데 시간이 너무 걸리고 축척의 표시가 어려운 새로운 문제점을 발생시켰다고 했는데요, 동여도 17첩과 조선도 26책에서는 두 문제 모두 시원하게 해결하지 못하고 차선책 정도만 만들어 적용했다고 말씀하셨습니다. 그러면서 차선책을 넘어선 최선책의 이야기를 듣게 될 것이라는 예고를 하시면서 끝냈습니다. 그래서 오늘은 시작부터 쫄깃한 기대감에 살짝 들뜨는데요, 첫 질문이 무엇일지 궁금하게 만드는 역사 도우미 개그맨 궁금 씨와 오늘도 촌철살인의 질문을 해주실 것으로 예상되는 청중 열 분도 비슷한 기분이 아닐까 합니다. 여러분 모두 환영합니다.

궁금 안녕하세요. 안시리 아나운서의 말처럼 집에서 출발할 때부터 쫄깃한 기대감을 갖고 약간 흥분된 마음으로 방송국에 도착한 역사 도우미 개그맨 궁금 인사드립니다. 저뿐만 아니라 모두들 기대감이 클 텐데요, 오늘도 역사 도우미의 역할 잘할 수 있도록 집중해서 노력해 보겠습니다.

사회자 네, 멋진 활약을 기대하겠습니다. 그리고 오늘도 유익하고 재밌는 역사와 지도 이야기를 해주실 김정호 선생님이 오셨습니다. 환영합니다. 모두 큰 박수로 맞아주시기 바랍니다.

김정호 안녕하세요. 김정홉니다. 안시리 아나운서와 궁금 씨로부터 들은 '쫄깃한 기대감'이란 말이 참 신기하고 재밌게 들립니다. 여러분들의 쫄깃한 기대감을 충족시킬 수 있도록 오늘도 열심히 그리고 즐겁게 이야기해 보겠습니다.

사회자 네, 감사합니다, 자, 그럼 지금부터 쫄깃한 기대감을 갖게 한 차선책을 넘어선 최선책의 이야기를 본격적으로 들어보도록 하겠습니다. 궁금 씨 첫 질문 부탁드립니다.

1

찾아보기의 문제를 해결하다

궁금이 예, 알겠습니다. 지난주에 이번 주에는 청구도 이야기를 본격적으로 해 주신다고 말씀하셨는데요, 선생님의 작품 전체 표에서 청구도는 총 다섯 번이나 만드셨습니다. 왜 다섯 번이나 만드셨는지 이제는 어느 정도 짐작이 되긴 하는데요, 정말 정성 들여 하나 만들고 났더니 예기치 못한 문제점이 발견되고, 그 문제점을 해결하다 보니 또 하나 만들고…. 이런 과정을 반복하신 것 아닌가 여겨집니다. 저의 이런 추론이 맞는지 그게 저의 첫 번째 질문입니다. 선생님, 어떻게 생각하십니까?

김정호 하하하! 거의 100점입니다. 궁금 씨가 이젠 저의 삶 전체의 흐름을 너무나 잘 알고 있는 것 같습니다.

궁금이 거의 100점이라고요? 와~ 말씀만 들어도 기분이 상당히 좋습니다. 그렇다고 너무 흥분하면 안 될 것 같다는 생각이 듭니다. 선생님의 삶 전체의 큰 흐름만 맞춘 것이지 구체적으로 들어가면 아는 게 별로 없으니까요. 그럼 이제 구체적인 질문 하나 드리겠는데요, 지난주에 말씀하신 찾아보기와 축척 관련한 최선책은 무엇인가요?

김정호 찾아보기와 축척 관련한 최선책이 무엇이냐…. 해결이 어려웠던 만큼 과정을 충분히 설명해야 이해할 수 있다고 보는데요, 그럼 본격적으로 시작해 볼까요? 먼저 찾아보기 문제부터 설명해 보겠는데요, 진짜 머리가 터질 만큼 고민하여 생각해 낸 첫 번째 것은 우리나라 전국을 동서 70리와 남북 100리의 사각형으로 나눈 후 각각의 사각형에 모두 번호를 붙여주면 어떨까 하는 아이디어였습니다. 이것도 말로 하면 이해가 잘 안 될 것 같아서 이미지를 하나 준비했습니다. 자, 화면에 띄워 주시죠. 팔도분표(八道分俵)란 이름을 붙였는데요, '전국 팔도를 동일한 사각형으로 나누어놓은 지도'라는 의미예요.

사회자 자세히 보니 남북 세로로 북쪽으로부터 1○, 2○, …, 27○, 28○이라고 숫자가 적혀 있는데요, 그러면 남북 100리 간격이 28개나 있게 되네요.

김정호 맞아요. 여기서 ○는 '層(층)'이란 글자 대신에 쓴 것이고요, 남북 100리 간격이 28개 있으니까 남북의 총 길이를 2,800리로 보고 그린 거예요. 그런데 동여도 17첩과 조선도 26책에서는 남북 총 길이를 2,600리로 보았다고 했잖아요, 그러니까 그거보다 200리를 더 늘린 것이 되죠. 앞의 두 지도에서는 우리나라 최북단인 두만강가의 온성 지역을 사각형 안에 꽉 차게 그렸는데, 새로운 지도책에서는 북쪽으로 40리 정도 여유를 두고 그렸어요. 그리고 남해안과 제주도 사이의 바다에서 150리, 제주도 남쪽에서 10리 정도를 더 설정하여 총 200리를 늘리게 되었어요. 두만강가 북쪽과 제주도 남쪽은 여유 공간을 더 둔 것이지만 남해안과 제주도 사이의 바다 거리는 기존에 너무 짧게 산정한 것을 깨닫고 150리를 더 늘리게 되었어요.

사회자 선생님, 우리나라 최북단 두만강가 온성 지역의 지도 면에 북쪽으로 40리 정도의 여유 공간을 더 두었다고 하셨는데요, 그렇다면 연쇄적으로 다른 사각형의 지도들도 다르게 그려야 하지 않았나요?

김정호 맞아요. 지명, 산줄기와 물줄기, 해안선 등의 기본적인 지리 정보는 이번에도 같지만 조선도 26책과는 모든 사각형 안의 지도가 다 달라졌어요. 완전히 새로운 지도책을 만들겠다는 생각으로 다시 그렸거든요.

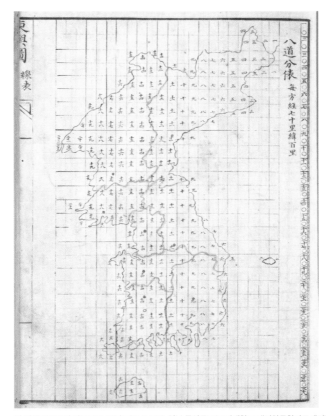

첫 번째 청구도의 팔도분표, 동여도(Ⅶ-2-192), 일본 동양문고(고려대학교 해외한국학자료센터)

첫 번째 『청구도』 찾아보는 방법

고려대학교 해외한국학자료센터'의 홈페이지를 방문하여 '동여도'로 검색하여 이미지를 누르면 일본 동양문고 소장 『동여도』 2책의 이미지를 볼 수 있다. 확대 축소 기능이 잘되어 있다.

궁금이 선생님, 팔도분표에서 우리나라 모습 위의 모든 사각형 안에도 숫자가
　　　적혀 있는데요, 남북으로 위층과 아래층의 숫자가 같네요?

김정호 궁금 씨가 잘 봤어요. 아까 남북 100리 간격으로는 1에서 28까지 28층
　　　으로 나누어 숫자를 썼다고 했는데요, 동서 70리 간격으로는 동쪽으로부터
　　　1에서 22까지 22편으로 나누어 숫자를 넣었어요. 다만 남북과 달리 동서의
　　　숫자는 사각형 안에 직접 써넣었어요. 이렇게 하면 팔도분표에서 각각의 사

각형이 남북과 동서로 '○층○편'에 있는지 다 알 수 있게 되는데요, 이것이 아까 각각의 사각형에 모두 번호를 붙여주면 어떨까 하는 아이디어라고 말한 거예요.

궁금이 선생님, 그런데 '○층○편'이라는 번호에는 어떤 쓰임새가 있는 건가요?

김정호 '○층○편'은 지도책 안의 지도 면을 찾아가기 위해 필요한 번호예요.

궁금이 예? 선생님 그렇게 하려면 지도책 안의 지도 면에도 '○층○편'의 번호가 붙어 있어야 하는 것 아닌가요?

김정호 하하하! 궁금 씨가 제대로 맞췄어요. 지도책 안의 지도 면에 '○층○편'의 번호가 붙어 있지 않으면 팔도분표의 저 숫자들은 아무런 의미가 없어요. 내가 찾고 싶은 지역이 팔도분표의 '○층○편'에 있는지 먼저 살펴본 후 지도책에서 그 '○층○편'의 지도 면을 찾아가면 쉽게 찾을 수 있도록 만든

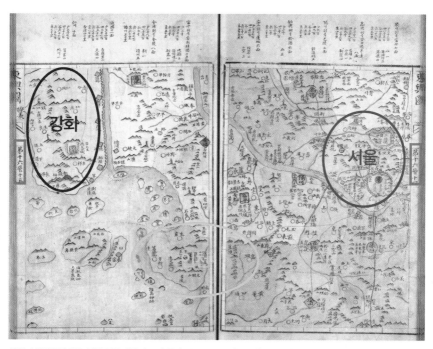

첫 번째 청구도의 서울, 인천, 강화 지역 지도 면, 동여도(Ⅶ-2-192), 일본 동양문고(고려대학교 해외한국학자료센터)

것이니까요. 이렇게 하려면 지도책의 지도 면에도 당연히 '○층○편'의 번호가 적혀 있어야 하는데요, 어떻게 적었는지 이해할 수 있도록 지도 면의 이미지 하나를 준비했습니다. 자, 화면에 띄워 주시죠.

서울, 인천, 강화 등이 있는 지역의 지도 두 면을 펼쳐놓은 건데요, 지도 면 오른쪽의 빨간 사각형 안에는 '제16층14(第十六層十四)'가, 왼쪽의 빨간색 사각형 안에는 '제16층15(第十六層十五)'가 적혀 있어요. 어떤 사람이 지도책 안에서 서울, 인천, 강화 지역의 지도 면을 찾고 싶을 때 팔도분표에서 그 지역이 제16층의 14편과 15편에 있다는 것을 먼저 확인한 후 지도책에서 16층의 14편과 15편을 찾아가면 쉽게 찾을 수 있도록 했어요.

사회자 선생님의 설명을 들으면서 깜짝 놀랐습니다. 아~ 저렇게 찾아보기의 문제를 해결하셨구나~. 설명을 들으니까 진짜 간단하고 쉬운 방법인데요, 그 순간 지난주에 '긴 싸움'이라고 말씀하셨던 기억이 나더라고요. 더불어 선생님께서 이 방법을 만들어 내기까지 얼마나 많은 고민과 고생을 하셨을까 이런 생각도 들더라고요.

김정호 아휴… 안시리 아나운서의 특급 칭찬을 들으니까 기분은 좋은데요, 그런 특급 칭찬을 받기에는 아직 멀었어요. 제 설명을 들으면 아주 간단하고 쉽게 이해되는 것 같지만 만약 여러분들이 제가 제시한 방법대로 실제로 찾아본다면 아마 생각지도 못한 문제에 부딪혀서 머뭇거리거나 헤맬 거예요. 이 방법을 다 만들 때까지는 저도 그 문제를 전혀 예상하지 못했는데요, 다만들고 나서 시험 삼아 이용해 보니까 확 보이더라고요. 그때 많이 당황했던 기억이 납니다.

사회자 예? 선생님, 저는 저렇게 하면 정말 찾아보기 쉽겠다는 생각밖에 안 드는데요, 그 문제가 뭔가요? 제 눈에는 안 보이는데 선생님 눈에는 보인다고 하시니까 답답하기도 하고 진짜 궁금해지기도 하는데요?

김정호 안시리 아나운서가 제 설명을 들으니까 쉬워 보인 거라고 했잖아요.

자, 안시리 아나운서의 고향이 어딘가요?

사회자 갑자기 고향요? 경상북도 의성인데요? 아…, 팔도분표에서 의성이 몇 층 몇 편에 있는지 찾아보라는 의미로 물어보신 거 아닌가요?

김정호 맞아요. 그러면 한번 찾아볼래요?

사회자 그 생각을 하지 못했네요. 저는 평상시 지도에 꽤 관심이 있어 우리나라의 모습을 잘 아는 편인데요, 의성이 남북의 층수로는 20층이나 21층, 동서의 편수로는 8편이나 9편 정도에 있지 않을까 하는데요.

김정호 하하하! 우리나라의 모습을 잘 아는 편이라고 말한 안시리 아나운서도 층수와 편수 모두 2개씩이나 말하는데 우리나라의 모습을 잘 모르는 사람이라면 어떨지 한번 생각해 보세요. 제가 지금이야 다 지난 일이니까 이렇게 말하고 있지만 처음 만들 때는 이 문제를 전혀 생각하지도 못했거든요. 문제를 발견하고 나서 그 이유를 생각해 보니까 우리나라 지도를 너무나 잘 알고 있는 '저 김정호'를 기준으로 팔도분표를 고안해 냈기 때문에 발생한 문제더라고요. 그때 아차차 했죠. 이용의 관점을 가장 먼저 고려해야 하는 사람이 지도책 이용자들의 대부분이 저 같은 지도 전문가가 아니라는 사실을 생각도 하지 못하다니…. 참 한심했어요.

궁금이 옆에서 가만히 듣고만 있었는데요, 저도 선생님의 설명을 들으니까 원리에 대해서는 충분히 이해가 갔는데요, 팔도분표에서 의성이 어디에 있는지 한번 찾아보라고 말씀하셨을 때 '어 어딨지?' 하면서 전혀 감을 못 잡겠더라고요. 그렇다면 찾아보기 편리하도록 팔도분표를 고안해 냈지만 실제로는 별로 쓸모가 없었다는 소린데요, 선생님께서는 문제를 어떻게 해결해 내셨는지 궁금한데요?

김정호 맞아요. 실제로는 기능을 제대로 못하더라고요. 그래서 또 긴 싸움에 들어갔는데요, 예상치 못한 문제였기 때문에 진짜 엄청 고민해서 겨우 해결했어요. 이 부분도 말로 하면 이해가 잘 안 될 것 같아서 이미지를 준비했습

니다. 자, 띄워 주시죠. 주현총도목
록(州縣總圖目錄)이라는 거예요.

궁금이 선생님, 자세히 보니까 고을
의 이름이 큰 글자로 쓰여 있고 고
을 이름 밑에는 작은 글씨로 숫자
가 두 개씩 적혀 있는데요, 무슨 뜻
인가요? 붉은색과 파란색 사각형은
뭔가 설명을 하시려고 일부러 표시
해 놓은 거죠?

김정호 맞아요. 주현(州縣)은 이 인터
뷰에서 '고을'이라 말하는 것의 한
자 표기고요, 서울[京都]과 우리나라
모든 고을의 중심지가 지도책의 ○
층○편에 있는지를 도별로 기록해

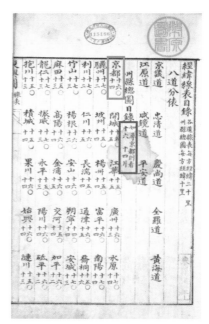

첫 번째 청구도의 주현총도목록, 동여도(Ⅶ-2-192), 일본
동양문고(고려대학교 해외한국학자료센터)

놓은 목록이에요. 붉은색과 파란색 사각형을 예로 들어 설명해 볼게요. 붉
은색 사각형 안에는 서울[京都] 이름 아래에 오른쪽에는 16○, 왼쪽에는 14
의 숫자가 적혀 있고요, 파란색 사각형에는 '만약 서울[京都]을 찾고자 하면
16(층)14편을 찾아보라'고 기록해 놓았어요. 다른 고을들의 이름 밑에 적힌
숫자도 다 이렇게 찾아보라는 의미인데요, 왼쪽 아래쪽 가장 구석에 있는 연
천(漣川)을 한 번 더 살펴볼까요? 연천 이름 밑의 오른쪽에 15○, 왼쪽에는 13
이란 숫자가 적혀 있잖아요, 지도책에서 15층13편을 찾아보라는 의미예요.

사회자 이런 방법으로 찾아가면 정말 쉽게 찾을 수 있을 것 같습니다. 선생님
의 고민이 많았음을 느낄 수 있는데요, 여기서 질문이 하나 있습니다. 사람
들은 자신이 찾고 싶은 곳을 찾을 때 굳이 팔도분표는 보지 않고 주현총도
목록만 볼 것 같은데요, 어떻게 생각하세요?

김정호 저도 그렇게 생각해요. 팔도분표가 분명히 쓰임새가 있을 거라고 생각
해서 만들긴 했는데요, 막상 이용자의 관점에서 이용해 보니까 잘 사용하지
않게 되더라고요. 그래서 헛되게 만들었다는 생각에 없애 버릴까 하다가 우
리나라 전국의 충편을 나눈 원리를 담고 있기 때문에 혹시 그것을 알고 싶
은 사람이 있을 수도 있다고 생각해서 그냥 수록해 주기로 했어요. 대신 주
현총도목록을 지도책의 가장 앞쪽에 배치하고 팔도분표는 그 뒤쪽에 넣었
는데요, 지도책의 지도 면을 찾는 데는 별로 쓸모가 없는 팔도분표를 먼저
보지 못하도록 한 거예요. 팔도분표처럼 지도책의 지도 면을 찾는 데는 별
로 쓸모가 없지만 고을의 중심지가 각 도에서 어느 위치에 있는지를 알 수
있는 지도도 그래서 팔도분표 뒤에 넣었어요. 이것도 말로 하면 이해하기가
쉽지 않을 것 같아서 이미지를 준비했습니다.

궁금이 이미지가 한 장일 줄 알았는데 두 장이네요? 그런데 왼쪽에 있는 이미

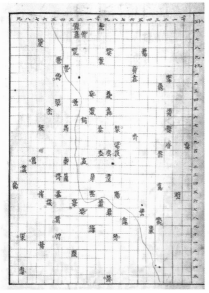

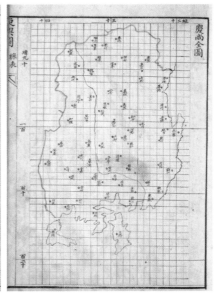

경상도 경위전도, 해동여지도(古貴2107-36), 국립중앙도서관

경상전도, 동여도(Ⅶ-2-192), 일본 동양문고(고려대학교 해외한국학자료센터)

지와 비슷한 것을 여섯 번째 주에 보았던 기억이 나는데요, 맞나요?

김정호 궁금 씨의 눈썰미와 기억력이 정말 좋네요. 맞아요. 여섯 번째 주에는 제가 참고했던 해동여지도에 있는 경기도의 것을 보여 드렸는데요, 이번 것은 경상도예요. 20리 간격으로 눈금을 그은 우리나라 전체의 눈금 체계 속에서 경상도 각 고을의 중심지가 어디에 있는지를 보여 주는 지도인데요, 경상도의 경계선과 해안선을 그리지 않은 아쉬움이 있었어요. 그래서 제 지도책에서는 오른쪽의 지도처럼 경상도의 경계선과 해안선까지 그려주고 각 고을의 위치와 이름을 그 안에 표시했어요. 그리고 눈금의 간격도 20리가 아니라 10리로 더 촘촘하게 했고요. 만약 각 고을의 중심지가 각 도의 어느 위치에 있는지를 알고 싶다면 이 지도를 보면 돼요. 그렇다고 이 지도가 지도책 안의 지도 면을 찾아보는 데 도움을 주고 있지는 않았기 때문에 이 지도들도 혹시 관심 있는 사람만 보도록 팔도분표의 뒤쪽에 배치했어요.

2 축척의 문제를 해결하다

사회자 선생님, 이야기를 들으면 들을수록 대단하시다는 생각밖에 안 듭니다. 찾아보기에 정말 편리한 방법을 개발하셨을 뿐만 아니라 해동여지도의 것을 개선하여 각 고을의 중심지가 각 도의 어느 위치에 있는지도 알 수 있게 해 주는 지도까지 만들어 넣어 주시다니요.

김정호 긴 싸움 끝에 개발한 것에 대해 안시리 아나운서가 특급 칭찬을 해 주니 보람도 느끼고 기분도 좋네요. 하지만 찾아보기 편리한 방법의 개발은 이게 끝이 아니었어요. 제가 진짜 심혈을 기울여 개발해 낸 최선의 찾아보기 방법이 하나 더 있는데요, 그것은 다음 주에 말할게요. 이제부터는 두 번째로 어려웠던 축척의 문제를 어떻게 해결했는지 이야기해 볼게요.

사회자 예? 지금까지 들었던 방식보다 더 좋은 방법을 개발하셨다고요? 굉장히 궁금해지는데, 그 부분은 다음 주에 하신다고 했으니까 기다려 보기로 하고요, 이제부터 또 하나 정말 궁금했던 축척의 문제를 어떻게 해결하셨는지 그 이야기를 들어보도록 하겠습니다.

김정호 동여도 17첩이든 조선도 26책이든 동서와 남북으로 이어보기 편리하도록 만드는 것에 중점을 두다 보니까 지도 면의 외곽에는 빈 공간을 둘 수가 없었어요. 그런데 새로 만든 지도책에서는 번호를 붙여서 찾아보기 문제

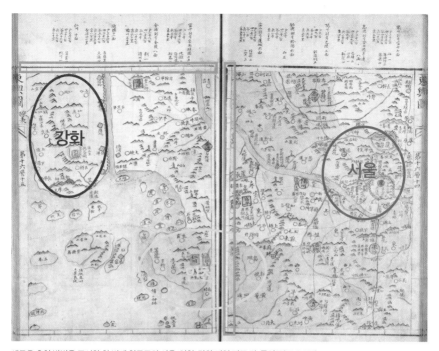

새로운 축척 방법을 표시한 첫 번째 청구도의 서울, 인천, 강화 지역 지도 면, 동여도(VII-2-192),
일본 동양문고(고려대학교 해외한국학자료센터)

를 해결하려 하다 보니까 아까 보셨듯이 모든 지도 면의 외곽에 '제○층○
(편)'의 번호를 써야 할 공간을 마련하지 않으면 안 되더라고요. 그때 축척의
표시 문제와 관련하여 퍼뜩 머리를 스치는 것이 있었는데요, 그 빈 공간에
축척을 표시하면 되겠다는 생각이 바로 그거예요. 그래서 곧바로 실행에 옮
겼죠. 어떻게 했느냐 하면 다음의 이미지처럼 했어요.

궁금이 선생님, 아까 보았던 서울, 인천, 강화 지역을 보여 주는 두 개의 지도
면 아닌가요?

김정호 맞아요. 그런데 아까는 제16층14(편)과 제16층15(편)이 적혀 있는 곳에
붉은색 사각형을 표시했는데요, 이번에는 위치를 바꾸었잖아요. 잘 세어 보
면 동서로 긴 붉은색 사각형 안에는 일곱 칸이, 남북으로는 열 칸이 구분되

어 있는데요, 한 칸의 간격은 10리예요. 따라서 지도 면의 실제 거리가 동서로는 70리, 남북으로는 100리라는 것을 알 수 있게 해 주는데요, 이것이 바로 제가 개발한 축척의 새로운 표시 방법이에요.

사회자 내비게이션이 나오기 전까지 유행했던 10만:1 도로지도책에 보면 모든 지도 면의 아래에 사다리 모양의 축척이 표시되어 있잖아요. 그것과 똑같지는 않더라도 모든 지도 면에 축척을 표시한다는 점에서는 아이디어가 같은데요, 선생님은 어떻게 생각하세요?

김정호 하하하! 안시리 아나운서가 제가 하고 싶은 말을 해 주네요. 제가 이 방법을 개발할 때는 더 이상 좋은 축척의 표시 방법은 없을 거라고 생각했는데요, 하늘나라에 가서 공부해 보니까 서양의 근대 지도책에서 10만:1 도로지도책과 같은 축척의 표시 방법을 개발해서 사용했더라고요. 그거에 비하면 제 방법에 약간 미숙한 측면이 있지만 그래도 기본 아이디어에서는 같다는 것을 확인했기 때문에 아쉬우면서도 기분이 좋더라고요. 저나 서양의 지도 제작자들이나 축척 표시의 방법에 대한 고민과 그것의 해결 방법이 거의 비슷했구나…, 하는 생각이 들었어요.

궁금이 선생님, 혹시나 많은 사람들이 오해하지 않기를 바라는 마음에서 죄송함을 무릅쓰고 질문하고 싶은 것이 있는데요, 저런 방법을 적용한 우리나라의 다른 지도책을 보고 참고하신 것은 아닌가요? 아니면 당시 중국 지도책도 우리나라에 꽤 들어온 것으로 알고 있는데요, 그런 지도책 중에 저런 방법을 적용한 지도책을 참고하여 하신 것 아닌가요? 그것도 아니면 혹시 제가 모르는 서양의 근대 지도책이 우리나라에 들어왔는데 그것을 참고하여 하신 것은 아닌가요?

김정호 하하하! 그렇게 생각하는 사람들이 분명 있을 것 같은데요, 궁금 씨가 질문해 주어서 고마워요. 분명하게 말하겠습니다. 첫째, 우리나라에는 저와 같은 축척의 표시 방식을 적용한 지도책이 전혀 없었어요. 둘째, 나중에 하늘나라에 가서 공부해 보니까 중국에도 전국을 동일한 사각형으로 나누어서 책으로 묶은 지도책이 꽤 많았는데요, 저와 같은 축척의 표시 방법을 적용한 사례를 저는 아직 찾지 못했습니다. 셋째, 서양식 지도가 우리나라에 꽤 들어왔던 것은 맞지만 저와 같은 축척의 표시 방식을 적용할 만큼 자세한 지도책은 들어온 적이 없습니다.

궁금이 와우~~ 그럼 완전 창작이시네요. 대단하십니다.

김정호 궁금 씨 그렇게 봐줘서 고마워요. 창작이란 말이 쑥스럽긴 하지만 고민 고민 해서 만들어 내느라고 고생했어요.

사회자 네, 정말 그러셨을 거 같습니다. 창의력과 함께 인내심이 없으면 불가능한 작업이었을 거 같습니다. 어쨌든 지금까지 최고의 난제였던 찾아보기와 축척의 문제를 어떻게 해결해 나가셨는지 말씀해 주셨는데요, 저는 이게 끝이 아닐 것 같은 이상한 예감이 듭니다. 이왕 해동여지도를 완벽하게 개선하려고 시작한 이상 우리가 아직 듣지 못했던 다른 문제들도 파악하여 고쳐 나갔을 것 같은데요, 어떻게 생각하세요?

3
기호를 정교하게 만들고
고을의 통계정보를 수록하다

김정호 '이상한 예감'이라고요? 하하하! 그 예감이 적중했습니다. 안시리 아나운서가 말한 것처럼 '이왕 해동여지도를 완벽하게 개선하려고 시작한 이상' 이런 생각을 가지고 이용의 관점에서 정말 꼼꼼하게 검토했어요. 그러고는 발견한 게 있는데요, 그때 가장 많이 이용되던 동람도식 소형 지도책이 제게 영감을 주었어요.

궁금이 동람도식 소형 지도책이라고요? 그건 말 그대로 소형 지도책이고 거리와 방향의 정확성을 거의 고려하지 않은 반면, 선생님께서 만든 지도책은 초대형 지도책이고 거리와 방향의 정확성을 최대한 고려하지 않았나요? 서로 공통점이 하나도 없는 것 같은데요, 그런데도 영감을 받았다고 말씀하시니까 확 와 닿지는 않는데요?

김정호 맞아요. 크기와 정확성이라는 관점에서 보면 동람도식 소형 지도책과 저의 지도책 사이에는 공통점이 하나도 없으니까 영감을 받았을 리가 없어요. 그런데 관점을 바꿔서 보면 공통점이 엄청 강하게 있고요, 저는 거기에서 영감을 받은 거예요. 동람도식 소형 지도책이 우리나라에서 가장 많이 이용되었다고 말했는데요, 이용의 관점을 가장 잘 고려했기 때문에 그런 것이죠. 저의 지도책도 많이 팔려고 만든 것이니까 당연히 이용의 관점을 가

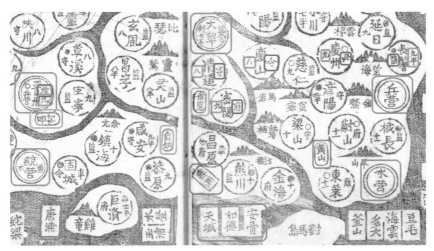

동람도식 소형 지도책, 동국여지도(古4709-96), 규장각한국학연구원

장 먼저 고려해야 하는 것이고요, 그러니 크기와 정확성에서는 공통점이 전혀 없지만 이용의 관점에서는 동람도식 소형 지도책과 저의 지도책 사이에 공통점이 아주 강하게 있겠죠. 자, 저에게 영감을 주었던 동람도식 소형 지도책의 이미지 하나 준비했는데요, 한번 보시죠. 제겐 예술로 보이는데요, 여러분들에겐 어떻게 보일지 궁금합니다.

사회자 여러 색의 사각형을 표시한 이미지를 보니까 동람도식 소형 지도책이 예술로 보인다는 선생님의 말씀이 좀 이해가 가는 것 같은데요. 이용자들이 서로 다른 정보를 깔끔하게 구별할 수 있도록 해 준 점에서 예술이라 표현하신 것 아닌가요?

김정호 하하하! 거의 90점입니다. 100점이 아니라 90점이라고 말한 이유는 일반 지도 이용자들이 지도를 통해 가장 필요로 하는 정보를 잘 담아냈다는 말을 하진 않아서예요.

궁금이 선생님, 어떤 정보들이 담겨 있는지 보여 주시기 위해 여러 색의 사각형을 표시하신 것 같은데요, 우리들은 잘 모르니까 설명해 주서야 할 것 같습니다.

김정호 맞아요. 저에겐 익숙한 정보들이지만 현대에 사는 여러분들에게는 낯설 거예요. 그럼 어떤 정보가 어떻게 담겨 있는지 한번 골라내 볼까요? 여기서도 지루할 수 있으니 좀 참으면서 들어 주세요. 첫째, 지방 통치의 핵심인 일반 고을이 큰 원으로 가장 많이 표시되어 있어요. 둘째, 요즘의 도지사가 파견된 감영, 군단장과 사단장이 파견된 통영과 병영·수영이 두 줄의 큰 원으로 표시되어 있어요. 일반 고을과 헷갈리지 않도록 두 줄의 원으로 구분해 준 사실을 강조하기 위해 제가 초록색 사각형으로 표시했어요. 셋째, 병영·통영·수영 아래의 군사기지인 진(鎭)·보(堡)가 세로로 긴 사각형으로 표시되어 있어요. 여러분들이 잘 모를 것 같아서 제가 보라색 사각형으로 표시했어요. 넷째, 종6품의 찰방(察訪)을 파견하여 주변의 여러 역을 관장하도록 한 찰방역이 세로로 긴 둥근 사각형으로 표시되어 있어요. 역시 잘 모를 것 같아서 제가 주황색 사각형으로 표시했어요. 다섯째, 각 고을의 이름 옆에는 파견된 지방관의 관직 이름이 한 글자씩 적혀 있어요. 잘 모를 것 같아서 제가 파란색 작은 사각형으로 표시했는데요, 고을에 파견된 지방관의 관직 이름은 정2품의 유수(留守), 종2품의 부윤(府尹), 정3품의 대도호부사(大都護府使)와 목사(牧使), 종3품의 도호부사(都護府使), 종4품의 군수(郡守), 종5품의 현령(縣令), 종6품의 현감(縣監) 등 8개가 있었어요. 파란색 작은 사각형 안에는 관직의 이름에서 한 글자씩만 적혀 있어요. 여섯째, 각 고을의 이름 옆에는 서울과 고을을 걸어서 오갈 때 걸리는 날수[日程]가 적혀 있어요. 역시 잘 모를 것 같아서 제가 붉은색 작은 사각형으로 표시했는데요, 예를 들어 경주(慶州)의 구(九)와 장기(長鬐)의 구반(九半)은 각각 9일과 9일 반나절 걸린다는 의미예요. 자, 이렇게 골라내고 나니까 일반적인 이용자가 지도를 통해 어떤 정보를 얻고자 했고, 지도 제작자는 그런 정보가 잘 드러나도록 어떤 기호나 표시 방법을 썼는지 이해할 수 있지 않나요?

궁금이 예 선생님, 100%는 아니더라도 어느 정도는 확실히 이해할 수 있게 된 것 같습니다. 그러면 선생님의 지도책에도 저런 식으로 정보를 수록하고 구분해 주려고 노력했다는 의미인가요?

김정호 맞아요. 바로 그런 측면에서 영감을 얻었다고 말한 거예요. 하지만 그렇다고 해서 해동여지도가 그런 노력들을 기울이지 않았다는 의미로 받아들이면 곤란해요. 해동여지도를 만든 사람도, 그리고 그 이전의 신경준 선생도 어떤 정보를 수록하고 어떻게 구분하여 전달해야 하는지에 대해 많은 고민을 했고요, 그런 고민의 결과가 지도책에 잘 담겨 있어요. 다만…. 고민한 것은 분명한데요, 제가 꼼꼼하게 검토해 보니까 더 고민해야겠다는 생각이 들었을 뿐이에요. 해동여지도는 신경준 선생이 만든 기호 체계를 거의 그대로 따라갔는데요, 신경준 선생은 영조 임금의 명을 받아서 만든 것이잖아요. 요즘 말로 하면 공무원 신분으로 지도책을 만든 것인데요, 얼마나 팔아야 먹고살 수 있는지를 고민하지 않아도 되는 공무원보다는 많이 팔아야 먹고살 수 있는 저 같은 출판사 사장이 이용의 문제를 더 심각하게 고민하지 않을까요?

사회자 선생님, 공무원과 출판사 사장님, 대비되는 두 말을 들으니까 '꼼꼼하게 검토해 보니까 더 고민해야겠다는 생각이 들었다'는 말씀이 확 다가옵니다. 그럼 이제 영감을 얻어서 어떻게 고쳤는지 자세히 들을 시간이네요.

김정호 그래요. 여기서도 약간 지루할 수 있으니 인내력을 갖고 들어 주세요. 말로만 설명하면 또 어려울 것 같아서 이미지 하나 준비했는데요, 화면에 띄워 주시죠.

왼쪽의 것은 기호표인데요, 여러 표의 목록이란 뜻으로 '제표총목(諸標總目)'이란 이름을 붙였어요. 지도를 이해하는 데 중요하기 때문에 찾아보기인 주현총도목록 바로 다음에 넣어 주었는데요, 요즘에는 범례(凡例)라고 부르더라고요. 오른쪽의 것은 지도 면에서 여러 기호가 어떻게 적용되었는지를 사

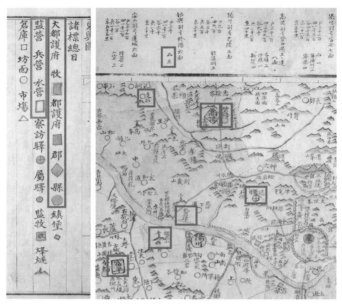

첫 번째 청구도의 제표총목(좌), 기호가 적용된 사례(우), 동여도(Ⅶ-2-192),
일본 동양문고(고려대학교 해외한국학자료센터)

레로 보여준 거예요. 제표총목을 보면 총 13개의 기호를 사용했는데요, 그
중에 일반 고을이 4개나 돼요. 아까 보여준 동람도식 소형 지도책에서는 고
을을 8개로 구분했다고 했는데요, 그렇게 하면 기호가 너무 많아져 오히려
혼란을 줄 수 있다는 생각이 들더라고요. 그래서 전국에서 경기도의 개성·
강화·광주·수원, 경상도의 경주, 평안도의 평양, 함경도의 함흥 등 총 7개
의 고을밖에 없는 정2품의 유수(留守)와 종2품의 부윤(府尹)은 뺐고요, 정3품
의 대도호부(大都護府)와 목(牧), 종5품의 현령(縣令)과 종6품의 현감(縣監)을
각각 하나로 합해서 총 4개로 줄였어요. 물론 해동여지도는 모든 고을이 동
일한 기호로 표시되어 있었어요. 그리고 감영(監營)·병영(兵營)·수영(水營)을
하나의 기호로 독립시켰는데요, 이는 해동여지도에서도 마찬가지였어요.
왜 통영이 없느냐 하는 분들도 있을 것 같아서 말하는데요, 통영은 경상우

수영을 겸하고 있어서 수영에 포함시켰어요. 병영과 수영이 관할하는 군사 기지인 진보(鎭堡)는 ◇의 기호를 썼는데요, 이것은 해동여지도에서도 마찬가지였어요. 종6품의 찰방이 파견된 찰방역과 그 관할 하에 있던 여러 속역(屬驛)이 해동여지도에서는 ○○驛(역)이라고 이름만 적혀 있어 구분이 어려웠는데요, 제 지도책에서는 驛(역)의 자리에 2개의 기호를 달리 넣어서 구분해 주었어요. 해동여지도에는 국영 목장에 목장(牧場)·목소(牧所)·목(牧) 등으로만 적었는데요, 제 지도책에서는 국영 목장 중에서 여러 목장을 관리하는 종6품의 감목관이 파견된 목장에는 牧이라는 글자가 들어간 작은 사각형의 기호를 써서 구분할 수 있도록 해 주었어요. 원래 감목관(監牧官)이라는 종6품의 관리가 따로 파견되었는데요, 나중에는 진보에 파견된 무관이나 고을에 파견된 지방관이 겸임했어요. 봉수(烽燧)는 국경 지역에서 외적이 침입했을 때 그 소식을 가장 빨리 수도에 전할 수 있는 수단이어서 아주 중요하게 여긴 정보였는데요, 해동여지도와 동일하게 봉화가 타오르는 모양의 기호를 만들어서 썼어요. 주로 곡식으로 받았던 세금을 모아 놓는 창고는 해동여지도에서는 집 모양의 창고 그림으로 해 주었는데요, 작은 사각형의 기호로 바꾸었어요. 고을 바로 아래의 행정 단위인 면(面)은 해동여지도에서는 ○○面(면)이라고 이름을 적어 주었는데요, 제 지도책에서는 面(면)이란 글자 자리에 ○의 기호를 넣어 주었어요. 시장(市場)은 5일장을 의미하는데요, 해동여지도에는 없던 정보였어요. 제 지도책에서는 지도 면 바깥에 첨가해 주면서 △의 기호를 표시해 주었는데요, 5일장들 중에서도 고을의 중심지에 있던 읍내장을 가리켜요. 다른 5일장은 장터의 이름을 적어 주었고요, 이름 밑에는 장시가 열리는 날짜를 기록했어요. 오른쪽의 지도 면 바깥에 시장인 △의 기호와 그 아래에 3(三)이라는 숫자가 적혀 있는 게 보이죠? 서울시 금천구와 경기도 광명시에 있던 시흥(始興)이란 고을의 읍내장을 가리키고요, 숫자 '3'은 5일장의 '5'로 나누었을 때 나머지가 '3'이 나오는 3일과 8일에 장이 열린다는 뜻이에요.

사회자 선생님, 이렇게 기호를 체계적으로 개발하여 사용한 것은 장점이 많다고 여겼기 때문일 거 같은데, 맞나요?

김정호 예, 맞아요. 첫째는 같은 정보에 같은 기호를 사용하니까 이용자들이 쉽게 구분하며 이해하기 쉬울 거라고 봤고요, 둘째는 기호가 표시되어 있는 곳이 그 정보의 위치라는 것을 의미해요.

궁금이 기호가 정말 정교하네요. 어떻게 저렇게 정교한 기호를 만들어서 사용할 생각을 하셨나요?

김정호 하하하! 정교하다고 칭찬해 주니 고마워요. 다만 제가 최초로 정교한 기호를 사용해서 지도를 만든 사람은 아니니 너무 띄우지는 말았으면 좋겠어요. 아까 말했듯이 저보다는 덜 정교했어도 해동여지도의 제작자와 신경준 선생도 나름대로 정교한 기호를 만들어 사용하려고 노력했고요, 정상기 선생, 정철조 선생도 마찬가지였어요. 무엇보다도 동람도식 소형 지도책도 상당히 정교한 기호를 사용했다는 사실을 아까 설명했잖아요. 기호의 사용은 지도의 제작자들에겐 상식이라고 보면 돼요. 다만 제가 그래도 가장 정교하게 기호를 만들어 사용한 사람이라고만 봐주면 돼요. 여기서 하나만 더 말하면요, 같은 정보에 같은 기호를 사용하는 것이 이용자들이 정보를 구분하며 이해하기 쉬울 거라고 했잖아요? 이 지도책을 만들 때까지만 하더라도 그게 100% 옳은 생각이라고 확신하고 있었는데요, 나중에 보니까 꼭 그렇지만도 않더라고요. 이에 대해서는 다음 주에 다시 말할 기회가 있을 거예요.

궁금이 아휴~ 만들 땐 최고였다고 생각했는데 만들고 나니 생각이 바뀔 수도 있다…. 이런 사례가 또 나오네요. 이젠 많이 익숙해져서 그럴 수 있다는 생각이 저절로 드는 것 같은데요, 다음 주에 이야기해 주신다고 했으니까 일단 넘어가겠습니다. 그런데 여기서 하나 질문드리고 싶은 것이 있습니다.

아까 보여 주신 제표총목처럼 기호만 따로 정리하여 앞쪽에 수록해 준 사례가 있었나요?

김정호 제가 아는 한 그때까지 우리나라에는 없었어요. 당시만 하더라도 기호표를 따로 만들어 주어야 효과적인 초대형의 지도책이나 지도첩은 실제로는 별로 필요 없었어요. 정상기 선생이 그린 지도도 남북 2.3m 정도의 대형 지도였는데요, 그런 지도에도 기호가 사용되었지만 숫자가 별로 많지는 않았기 때문에 따로 기호표를 만들 필요까지는 없었다고 보면 돼요. 물론 그럼에도 정상기 선생은 기호표는 아니지만 문장으로 기호를 설명해 준 글을 지도의 여백에 써넣었어요. 아무튼 제가 아는 한 제표총목과 같은 기호표는 없었는데요, 하늘나라에 가서 살펴보니까 중국 지도책에는 있었더라고요. 제가 그걸 보고 한 것은 아닌데요, 정확하고 자세한 초대형의 지도책을 만들 때는 기호를 정교하게 만들어 사용하고 그에 대한 기호표의 필요성을 느꼈다는 점에서 저나 중국의 지도 제작자나 고민이 비슷했다고 생각하면서 슬쩍 웃은 적이 있어요.

궁금이 그럼 기호표 역시 선생님의 창작이네요. 와~

김정호 네, 그렇긴 한데 너무 칭찬해 주니 쑥스럽네요, 하하! 어쨌든 이제 이 지도책에 대해 마지막으로 두 가지를 더 말해야 할 게 있어요. 해동여지도에 없던 정보를 추가해 준 일에 대한 이야기예요. 당시 양반 지식인들 사이에서 우리나라의 역사지리에 대한 연구가 활발했는데요, 그들이 제 지도책의 가장 큰 구매자 중 한 그룹이었어요. 그래서 각 고을의 이름 주변 빈 공간에 고을의 옛 이름을 찾아서 적어 주었는데요, 관련된 이미지 하나를 준비했어요. 지금은 인천광역시가 된 인천이에요.

파란색 사각형 안에서 오른쪽부터 제(濟)는 백제를, 구(句)는 고구려를, 라(羅)는 신라를, 려(麗)는 고려를 가리켜요. 인천의 이름을 백제 때는 미추홀(彌鄒忽), 고구려 때는 매소홀(買召忽), 신라 때는 소성(邵城), 고려 때는 인주(仁

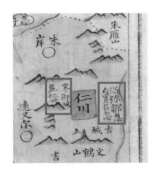

첫 번째 청구도에서 고을의 옛 이름이 들어간 사례(인천),
동여도(VII-2-192), 일본 동양문고(고려대학교 해외한국학자료센터)

州)라고 썼다는 의미예요. 이 밖에도 역사적으로 중요한 사건이 있던 곳 등
에는 그와 관련된 이야기를 찾아서 적어 넣었어요.

사회자 선생님, 우리나라의 역사지리에 대한 연구를 활발하게 했던 양반 지식
인들이 지도책의 가장 큰 구매자 중 한 그룹이었다는 말이 인상 깊게 다가
왔는데요, 수요자를 겨냥하여 어떤 정보를 추가할 것인지를 고민하셨다는
의미로 들리네요.

김정호 맞아요. 이미 전에도 몇 번 말했지만 제 지도책이 아무리 훌륭해도 하
루 일해 하루 먹기 바쁜 일반 백성들에겐 아무런 쓸모가 없었어요. 또한 과
거 공부에만 전념하는 일반 양반들에게도 한 번 흥미를 줄 수는 있지만 계
속 소유하면서 수시로 살펴보아야 할 중요한 책으로 여겨지긴 어려웠어요.
대갓집 양반집에서도 늘 살펴보아야 하는 중요한 책으로 여겨지지는 않았
지만 책을 되도록 많이 소유하여 과시하고 싶은 욕구가 있었기 때문에 제
지도책의 중요한 구매자 중 한 그룹이 되었죠. 소유뿐만 아니라 수시로 참
고하며 보려고 했던 가장 큰 구매자 중 한 그룹이 바로 우리나라의 역사와
지리, 정치와 사회 등에 깊은 관심을 가지고 있었던 양반 지식인이었어요.
그러니 그들이 필요로 하는 정보를 지도에 담아내고자 하는 것은 당연하고
자연스러운 것 아닌가요?

사회자 네, 잘 알겠습니다. 그런데 선생님, '가장 큰 구매자 중 한 그룹'이라는

표현은 또 다른 그룹이 있을 수도 있다는 사실을 전제한 것 같은데요….

김정호 네, 맞습니다. 가장 큰 구매자 중 또 다른 그룹은 관청이었어요.

궁금이 선생님, 그러면 관청들이 필요로 하는 정보가 무엇인지도 열심히 생각 하셨겠네요? 그러고는 지도책에 첨가해 넣으셨고요.

김정호 당연하죠. 지도책을 많이 팔려면 수요자 중심으로 사고해야 하고, 그런 수요자의 욕구에 딱 맞는 제품을 만들어 내놓아야 하잖아요. 여기서 해동여 지도 이야기를 하나 더 할게요. 해동여지도는 신경준 선생의 지도책 8권을 이용하기 편리하게 편집한 2권과 추가한 지지 1권 등 3권으로 이루어졌다 고 한 거 기억할 텐데요, 그 3권의 지지 내용이 바로 관청에서 실질적인 업 무를 보고 있는 관리들에게 필요한 정보를 정리해 놓은 거예요. 말로 하면 이해가 쉽지 않을 것 같아서 인천의 사례를 이미지로 준비해 봤어요.

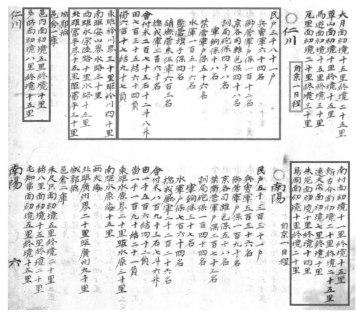

해동여지도에서 관청이 필요로 하는 정보를 담은 사례(인천), 해동여지도(古貴2107-36), 국립중앙도서관

주황색 작은 사각형은 '서울에서 하루 걸린다[距京一日程]'는 정보고요, 초록색 사각형은 가구 수[戶]를 비롯하여 세금과 관련된 정보들이에요. 보라색 사각형은 고을의 중심지에서 사방 경계에 이르는 거리 정보고요, 그다음에는 읍성과 읍창(邑倉)의 정보가 기록되어 있어요. 마지막의 파란색 사각형은 인천에 속한 면(面)의 이름과 그 면이 시작되고 끝나는 지점까지의 거리 정보예요. 이런 정보들은 다 관청에서 실질적인 업무를 보고 있는 관리들에게 필요한 건데요, 해동여지도의 제작자가 그런 수요자의 정보 욕구를 파악하여 첨가해 넣은 것이죠. 제 지도책 또한 해동여지도와 다르지 않았는데요, 그렇다고 해동여지도처럼 고을별로 지지 정보를 따로 담은 책을 만들어 추가하기는 좀 그랬어요. 계속 강조하지만 제 지도책은 해동여지도처럼 고을별로 지도를 그려 넣은 것이 아니라 우리나라 전체를 연결해서 그린 다음 동일한 사각형으로 나누어 책으로 엮은 것이잖아요.

궁금이 그러면 어떻게 하셨어요?

김정호 그에 대한 설명을 위해 안동 지역의 이미지 하나 준비했는데요, 화면에 띄워 주시죠. 안동의 중심지가 있는 지도 면의 외곽에 고을의 지지 정보를 수록해 주었는데요, 다른 고을들도 다 이렇게 했어요. 해동여지도에 있는 것을 참조했지만 제가 지도책의 이용자들에게 필요하다고 판단한 정보들로 바꿔서 수록했어요. 우선 보라색은 별호(別號)인데요, 고을의 별칭이라고 생각하면 돼요. 제가 살던 시절에는 고을의 공식적인 이름보다는 오히려 고을 양반들이 좋아하는 별칭을 많이 사용했는데요, 안동의 별칭 중 가장 많이 사용된 것은 영가(永嘉)란 이름이었어요. 그래서 안동의 고을지리지 이름이 안동지(安東誌)가 아니라 영가지(永嘉誌)로 되었어요. 초록색 사각형은 안동의 면(面)이 25개라는 정보를 넣어 준 거고요, 주황색 사각형은 세금과 관련된 정보로 호수[戶], 논밭의 면적[田], 곡물 생산량[穀], 군대의 의무를 갖고 있는 사람의 수[軍] 등이었어요. 파란색 사각형은 서울[京]까지의 거리(510

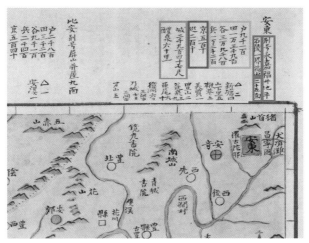

첫 번째의 청구도에서 고을의 지지 정보를 수록한 사례(안동), 동여도(Ⅶ-2-192),
일본 동양문고(고려대학교 해외한국학자료센터)

리), 감영[巡]인 대구까지의 거리(210리)이고요, 붉은색 사각형은 읍성(邑城)과
인접 고을인 예천(醴泉)까지의 거리 정보고요, 노란색 사각형은 안동의 5일
장을 정리해 놓았어요. 1828년(순조 28)에 발간된 『비국도록(備局都錄)』에 있
는 정보 위주로 정리한 건데요, 해동여지도의 정보가 너무 오래되어 당시로
서는 최신의 정보를 확보해서 넣은 거예요. 자, 이것으로 이번 지도책의 이
야기는 대충 다 했습니다.

4 　　　　　　　　　　　청구도로 이름을 바꾸다

사회자 네, 말씀 잘 들었습니다. 이제 시간이 2/3가 지나가고 있는데요, 청중
　　　분들께서 촌철살인의 질문을 해 주실 시간이 돌아왔습니다. 질문하실 분 있
　　　으면 손 들어 주십시오. 뒷줄 끝에 앉아 계신 분, 자기소개 간단히 부탁드리
　　　고요, 질문해 주십시오.

청중1 안녕하세요. 저는 역사 만화간데요, 그동안 이 프로그램을 시청하면서
　　　선생님이 잘 팔기 위한 뚜렷한 목적을 가지고 어떤 문제를 고민하고 해결해
　　　나가며 신제품을 탄생시키는 과정이 상당히 역동적으로 보였습니다. 작품
　　　과 표정을 세밀하게 묘사할 수 있는 역사 만화 분야에서 역동적인 주인공으
　　　로 채택될 수 있는 캐릭터의 가능성을 보았다는 생각이 듭니다. 역사 만화
　　　가로서 느낀 점이었는데요, 이제 질문드리겠습니다. 시작할 때 개그맨 궁금
　　　씨가 김정호 선생님께서 청구도를 본격적으로 얘기해 주신다고 말했습니
　　　다. 그런데 아까 보여 주신 지도책의 가운데에는 靑邱圖(청구도)가 아니라 東
　　　輿圖(동여도)라고 적혀 있던데요, 어떻게 된 것인지 질문드립니다.

김정호 네, 답변드리겠습니다. 제 작품 전체 표에서 오늘 이야기한 지도책은
　　　첫 번째 청구도였고요, 궁금 씨도 그 표의 관점에서 말한 겁니다. 그런데 오
　　　늘 보여 드린 지도책을 펼친 가운데에는 분명히 靑邱圖(청구도)가 아니라 東

294

輿圖(동여도)라고 적혀 있었는데요, 청중분이 정말 날카롭게 관찰하여 잘 지적해 주셨습니다. 저는 오늘 말한 지도책을 만들 때까지는 동여도라는 이름을 계속 썼는데요, 그다음 작품부터 청구도로 이름을 바꾼 후 세 번 더 개정판을 냈습니다. 따라서 실제로 청구도란 이름의 지도책은 네 번 만든 것인데요, 오늘 이야기한 지도책은 비록 이름은 '동여도'지만 그다음의 네 청구도와 기본 틀이 같을 뿐만 아니라 첫 출발점에 해당되기 때문에 제 마음속에는 언제나 첫 번째 청구도라 여기고 있습니다.

사회자 그럼 선생님, 동여도를 만들고 나서 다음 지도책을 만들 때 갑자기 이름을 청구도라고 바꾸었다는 소린데요, 어떤 사연이 있을 것 같다는 생각이 듭니다. 어떤 사연인가요?

김정호 사연이란 말을 쓸 것까지는 아니고요, 그 이야기를 하기 전에 한 가지 더 말할 것이 있습니다. 오늘 말한 동여도를 다 만들고 나서 다시 이용자의 관점에서 살펴봤는데요, 한 가지 마음에 들지 않는 것이 다시 눈에 띄었습니다.

궁금이 예? 또요? 작품을 완성한 후 이용자의 관점에서 다시 검토해 보는 것은 선생님의 습관인 것 같다는 생각이 드는데요, 어떤 건가요?

김정호 맞아요. 그게 습관이고요, 동여도를 만들고 나서도 당연하고 자연스럽게 그렇게 했어요. 그랬더니 고을의 지지 정보를 너무 상세하게 넣어 준 것이 아닌가 하는 생각이 들더라고요. 고을의 지지 정보를 넣어 준 이유는 관청에서 실무를 보는 관리들에게 도움이 되라고 한 것인데요, 관청에서는 이미 고을의 지지 정보를 참조할 수 있는 자료를 대부분 갖추고 있는 거예요. 아휴… 제가 의욕이 과했다는 생각에 좀 정리하기로 했어요. 그래서 관청에서 실무를 보는 관리들이 아니라 우리나라의 역사와 지리, 정치와 사회 등에 관심을 갖고 제 지도책을 구입해서 이용할 양반 지식인들에게 필요한 정보의 수준만 담자고 생각했어요. 그들이 관리가 될 수도 있고 안 될 수도 있

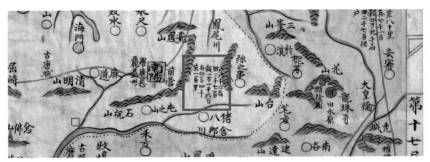

두 번째 『청구도』에서 경기도 남양의 지지 정보, 동여도(20.32), 미국 버클리대학교 동아시아도서관(고려대학교 해외한국학자료센터)

두 번째 『청구도』 찾아보는 방법

'고려대학교 해외한국학자료센터'의 홈페이지를 방문하여 '여지도'로 검색하여 이미지를 누르면 미국 버클리대학교 동아시아도서관 소장 『여지도』 3책의 이미지를 볼 수 있다. 지도책 표지의 이름은 '여지도'이지만 안에는 '청구도'라고 되어 있다.

지만 우리나라가 나아가야 할 방향에 대해 깊이 고민하는 사람들은 맞잖아요. 그런 사람들에게 우리나라 각 고을의 기본적인 정보만 제공하면 좋겠다는 생각을 했고요, 그래서 서울과 고을 사이의 거리[京], 세금과 관련된 정보로 호수[戶], 논밭의 면적[田], 곡물 생산량[穀], 군대의 의무를 갖고 있는 사람의 수[軍]만 넣어 주기로 했어요. 이렇게 고을의 지지 정보를 줄이고 나니까 굳이 지도 면 외곽의 빈 공간에 써 주기보다는 고을 이름 주변의 빈 공간을 찾아 써주는 것이 더 효과적이겠다는 판단이 들어서 그렇게 했어요. 어떻게 했는지 궁금할 것 같아서 경기도의 화성시에 있었던 남양이란 고을의 이미지 하나를 준비했는데요, 다 이렇게 했어요. 아차! 별것 아닌데요, 고을의 지지 정보를 줄이고 나니까 5일장인 시장의 정보가 사라지잖아요. 그래서 시장에 해당되는 △의 기호도 필요 없게 되었고요, 제표총목에서 △의 기호를 없앴어요.

궁금이 정말 선생님의 고민은 끝이 없으시네요. 지도 상품을 다 만든 후에 이용자의 관점에서 다시 한번 점검해 보는 습관이 끝이 없는 고민의 원천인 것 같은데요, 그런 습관 때문에 또 발견한 다른 것은 없나요?

김정호 또 있냐고 물어보셨는데, 여기에 대해서는 없다고도 있다고도 대답해야 할 것 같아요. 지도책의 내용에 대해서는 더 이상 할 것이 없는데요, 지도책의 이름에 대해서는 할 것이 있거든요. '동여도'란 이름은 동여도 17첩을 만들 때 처음 붙인 건데요, 조선도 26책도 원래 제가 붙인 이름은 '동여도'였어요. 그런데 지금까지 들으신 분들은 다 알겠지만 새로 만든 지도책은 동여도 17첩이나 조선도 26첩과는 기본 틀부터 완벽하게 뜯어 고친, 완전히 새로운 지도 상품이잖아요. 그래서 새로운 이름을 붙여서 새로운 상품이란 생명을 불어넣어야겠다는 생각이 들었고요, '우리나라 지도'라는 의미를 갖고 있으면서도 다른 지도나 지도책에서는 사용되지 않는 이름을 찾아봤어요. 그래서 선택한 이름이 바로 靑邱圖(청구도)였어요. 靑邱(청구)의 한자는 원래 靑丘(청구)였는데요, 당시 공자님의 이름인 丘(구)의 글자를 피해서 쓰는 것이 일반적이었기 때문에 바꾼 거예요.

사회자 새로 만든 지도책이 기존의 것과 전혀 다른 새로운 형식과 내용의 상품이자 작품이라는 자존심을 이름에 담아내고 싶으셨던 거네요. 선생님은 비록 옛날 사람이지만 새로운 제품을 출시할 때마다 새로운 이름을 붙여 세상 사람들의 이목을 집중시키고자 노력하는 것이 현대인들보다도 더 현대적인 사람 같다는 느낌이 듭니다. 자, 그럼 다음 분에게 질문 기회 드리겠습니다. 앞줄 끝에 앉아 계신 분, 자기소개 간단히 부탁드리고요, 질문해 주십시오.

청중 2 안녕하세요. 저는 경복대학교 사학과 박사과정에 다니고 있는데요, 우리나라에서 책을 가장 많이 쓴 학자 중의 한 분인 개화사상가 최한기(崔漢綺, 1803~1877) 선생님의 청구도제(靑邱圖題)라는 서문 이야기를 들은 적이 있습니다. 이 청구도제는 언제, 어떤 과정을 거쳐서 받게 된 것인지, 이것이 저의 질문입니다.

김정호 최한기 선생을 생각하면 저는 고마움에 눈물이 먼저 납니다. 선생의 집안은 재산은 많았지만 관직 진출이라는 측면에서는 한미한 가문이었는 데요, 그래도 양반은 양반이었잖아요. 그런 양반이 평민인 저의 능력을 높게 인정해 주어 1834년에는 대추나무 판목에 서양식 세계지도인 지구전후도의 판각을 부탁해 왔는데요, 같은 해에 제가 오늘 말한 청구도를 완성했어요. 그래서 고민하다가 선생에게 청구도 한 부를 보내면서 지도책의 서문 써 줄 것을 어렵게 부탁했는데요, 정말 심혈을 기울여서 쓴 서문인 청구도제(青邱圖題)를 보내 오셨더라고요. 저는 그 서문의 첫 부분을 읽자마자 놀라서 자빠지는 줄 알았습니다. 평민인 저를 벗[友]이라고 표현해 준 거예요. 신분 질서가 엄하던 시절에 비록 한미한 가문이라도 양반은 양반인 사람이 평민을 벗이라고 부르는 것은 결코 쉬운 일이 아니었거든요. 아니다…, 당시로서는 '있을 수 없는 일'이라고 말해야 제대로 된 표현이네요. 남들의 이목을 피할 수 있는 아주 개인적인 만남에서만 그렇게 했더라도 혹시라도 알려지면 엄청난 파장이 일어날 수 있는 일인데요, 저는 청구도를 팔려고 만든 사람이었잖아요. 거기에 양반인 최한기 선생이 평민인 저를 벗으로 표현한 문구가 첫 부분에 기록된 청구도제를 싣는다는 것은 결국 팔지 말라는 것과 마찬가지였다고 생각했어요. 신분 질서가 엄하던 그 시절에 양반과 평민이 벗으로 지내는 것을 개인과 개인의 문제로만 치부하고 넘어가 주는 일은 있을 수 없었어요. 국가와 사회의 근본인 신분제도를 뿌리부터 흔들 수 있는 일로 여겨서 가만히 놔두지 않았거든요. 저의 이런 현실적인 걱정을 충분히 전했음에도 선생은 '벗을 벗이라 표현하지 못하면 그게 어디 진정한 벗인가'라면서 자신이 다 감당할 테니 그냥 청구도제를 실으라고 하더라고요. 고심 끝에 선생의 진정성을 외면할 수 없어서 청구도제를 실어 세상에 내놓게 되었는데요, 다행스럽게도 엄청난 걱정과 달리 별 문제없이 지나가더라고요. 그래서 오히려 더 놀라기도 했는데요, 어쨌든 저를 인정하고 배려해 주었던 최한기 선생의 진정성을 생각하면 지금도 고마움에 눈물이 먼저 납니다.

사회자 그렇게 엄한 신분의 벽을 뚫고 선생님을 벗이라고 쓰신 최한기 선생님의 인품이 절로 느껴지는 것 같습니다. 정말 대단하시네요.

김정호 그런 사람을 만날 수 있었다는 게 제 삶의 행운이자 영광이죠. 다만 이 일을 최한기 선생과 저와의 사이에서 나타났던 아주 개인적인 현상으로만 보지 말고 좀 더 큰 범위로 확장해서 이해하면 좋겠다는 마음도 있습니다. 아마 그때보다 100년 전으로만 돌아가도 최한기 선생처럼 신분의 벽을 넘어 평민과 벗으로 지내고 싶은 분이 있었더라도 실제로 실행하는 것은 거의 불가능했을 겁니다. 제가 살던 1800년대 전반은 조선이란 나라가 흔들흔들하던 시절이라 비록 신분 상승까지는 아니더라도 일부 중인들이 양반들의 삶을, 일부 평민들이 중인과 양반들의 삶을 모방해도 옛날만큼 강력하게 규제하지는 못하는 현상이 좀 있었습니다. 그런 분위기가 아니었다면 저를 벗이라 표현한 청구도제는 저와 제 가족에게 큰 화(禍)를 가져다주었을 것이라고 생각해요.

사회자 아, 어떤 의미로 말씀하신 것인지 충분히 이해하겠습니다. 자, 그럼 마지막으로 앞줄 가운데에 앉아 계신 분, 간단한 자기소개와 질문 부탁드립니다. 시간이 얼마 안 남았으니 짧게 해 주시기 바랍니다.

청중 3 안녕하세요. 저도 조금 아까 질문해 주신 분과 함께 경복대학교 사학과 박사과정에 다니는 사람인데요, 직접 와서 선생님의 말씀을 들으니 역사학자로서 참고해야 할 이야기가 꽤 많다는 생각이 듭니다. 이건 아주 조심스런 이야긴데요, 김정호 선생님께서 그 많은 작품을 남기시는 데 최한기 선생님 같은 양반이나 관리분들의 도움이 큰 역할을 했다는 이야기가 꽤 떠돌고 있습니다. 선생님이라면 전혀 다른 대답을 하실 것 같은 생각이 드는데요, 그래도 실제로는 어땠는지 듣고 싶어서 질문드립니다.

김정호 하늘나라에 가서 이승 세계의 소식을 듣다 보니까 최한기, 신헌(申櫶,

1811~1884), 최성환(崔星煥, 1813~1891) 선생 등의 도움이 없었다면 제가 저의 많은 작품들을 만들지 못했을 거라는 식으로 생각하는 이야기가 꽤 들리더라고요. 진짜 그랬을까요? 이 프로그램의 초기에 이미 지도에 관심만 갖고 있으면 지도를 제작하기 위한 정보를 구하는 데 그렇게 어렵지 않았다는 것, 제가 가난하게 살았어야 위대하다고 보고 싶은 사람도 있겠지만 그렇게까지 가난하게 살지는 않았다는 것에 대해 이야기한 바 있으니 더 이상 말하지 않겠습니다. 그렇다고 제가 그분들의 도움을 전혀 받지 않았다는 말은 아니에요. 진정으로 도와주고 싶어 하는 마음을 받아들이지 않으면 그것도 실례가 될 테니까요. 하지만 그 도움 없이도 해낼 수 있는 일까지 도와주려고 한다면 그 또한 저에게 실례가 아닐까요? 저는 지도책의 이름에도 자존심을 새기려고 노력했고요, 그분들은 그런 자존심으로 탄생한 저의 지도 작품, 아니 지도 상품을 보고는 저를 찾아와서 친해졌어요. 그분들은 제 자존심을 건드리지 않는 차원에서만 도움을 제안했고요, 저 또한 제 자존심을 상하지 않는 선에서만 그분들에게 도움을 요청했어요. 이 정도로 대답하면 충분하지 않을까 생각하는데요….

사회자 그 정도의 대답이면 충분하다고 생각합니다. 이제 시간이 다 되어서 정리해야 할 것 같습니다. 오늘도 즐겁고 유익한 역사와 지도 이야기를 해주신 김정호 선생님께 감사드리고요, 궁금 씨와 청중 열 분 그리고 시청자 여러분 늦었지만 편안한 밤 보내시길 바랍니다. 다음 주에 다시 만나 뵐 것을 약속드리며 이만 인사드립니다.

10부

청구도,
세계에서
찾아보기
가장 쉬운
지도책으로
완성되다

사회자 안녕하십니까. 오늘은 '역사 환생 인터뷰, 김정호 편'의 열 번째 시간인데요, 지난주에는 최대의 난제였던 찾아보기와 축척의 문제를 어떻게 해결하셨는지 들었는데요, 둘 다 놀라운 창의력과 인내력의 결실이었다는 생각을 지울 수가 없었습니다. 그럼에도 불구하고 찾아보기의 해결책이 아직도 최선책이 아니었다고 하시면서 오늘 최선책 이야기를 해 주신다고 하니 기대해 보겠습니다. 오늘도 우리 프로그램에 참여하며 한 단계 업그레이드된 역사 도우미로 거듭난 개그맨 궁금 씨와, 청중 열 분이 오늘도 자리를 함께해 주셨습니다. 환영합니다.

궁금 안녕하세요. 역사 도우미 개그맨 궁금 인사드립니다. 오늘은 2주 전부터 이야기하신 최대의 난제 찾아보기의 최선책을 진짜로 이야기해 주신다고 해서 큰 기대를 품고 왔는데요, 경청하며 배우는 자세로 역사 도우미 양념의 역할 잘할 수 있도록 최선을 다하겠습니다.

사회자 네, 감사합니다. 그리고 지난주에 자존심의 표시로서 새롭게 탄생한 지도책의 이름을 동여도에서 청구도로 바꾸었다는 이야기를 들었습니다. 오늘도 자존심으로 똘똘 뭉친 이야기를 해 주실 김정호 선생님을 모셨습니다. 큰 박수로 환영해 주시기 바랍니다.

김정호 안녕하세요. 오늘도 여러분들을 만나 뵙게 되어 아주 기쁘고 들뜬 마음으로 방송국에 도착했습니다. 안시리 아나운서가 이야기했던 자존심으로 똘똘 뭉쳤던 저의 이야기를 오늘도 여러분들에게 쉽고 재밌게 들려 드릴 수 있도록 해 보겠습니다.

사회자 네, 이제 '역사 환생 인터뷰 김정호 편' 10부를 본격적으로 시작하겠습니다. 궁금 씨 첫 질문 멋지게 문을 열어주십시오.

1   세계 최고의 찾아보기지도를 만들다

궁금이 첫 질문은 군더더기를 붙일 필요가 없는 것 같습니다. 선생님, 최대의
난제였던 찾아보기 문제에 대한 최선의 해결책이 어떤 것이었는지 말씀해
주십시오.

김정호 궁금 씨가 단도직입적으로 물어왔듯이 오늘은 그 이야기로 바로 들어
가도록 하겠습니다. 최한기 선생의 서문이 수록된 청구도를 세상에 내놓으
니까 반응이 꽤 좋았는데요, 이 말이 꽤 팔렸다는 의미라는 걸 이제는 모든
분들이 잘 아실 거라고 생각합니다. 이때부터는 작은 지도 출판사를 운영하
고 있었기 때문에 주문이 들어오면 직원들이 옮겨 그려서 팔았는데요, 저도
정확히 몇 부를 팔았는지 지금은 기억이 가물가물합니다. 많아야 십여 부
정도 팔았다고 생각하면 별로 틀리지 않을 텐데요, 그 정도만 팔아도 수입
은 꽤 괜찮았습니다.

궁금이 처음이라면 선생님의 이 말씀이 이해가 잘 안 갔을 텐데요, 이젠 아주
자연스럽게 이해됩니다. 앞으로는 이런 말씀 굳이 안 하시고 본론으로 바로
들어가셔도 괜찮을 거 같습니다.

김정호 네, 알겠습니다. 그럼 계속 찾아보기 관련 이야기를 하겠는데요, 지난
주에 설명했듯이 주현총도목록만 있으면 지도책에서 어느 고을이 ○층○

편에 있는지 찾아보는 데 별 불편이 없어요. 그리고 각 층편의 사각형이 우리나라의 어디쯤에 있는지 알고 싶으면 팔도분표를, 각 고을이 각 도(道)의 어디쯤에 있는지를 알고 싶다면 도별전도를 보면 되잖아요. 만약 처음에 목표했던 찾아보기를 편리하게 하는 것에만 만족하려 했다면 팔도분표와 도별전도를 지도책에서 없애 버리면 되는데 그게 쉽지 않더라고요. 그래서 청구도를 세상에 내놓고 나서 주현총도목록과 팔도분표 그리고 도별전도 세 개를 합쳐서 하나로 만들 수는 없는지 긴긴 싸움에 들어갔어요.

궁금이 세 개를 합친다고요? 만약 그것이 성공하면 어느 고을이 지도책의 ○층○편에 있는지, 각 층편의 사각형이 우리나라의 어디쯤에 있는지, 각 고을이 각 도(道)의 어디쯤에 있는지를 동시에 알 수 있다는 건데요, 점점 궁금해지는데요? 성공하셨나요?

김정호 하하하! 궁금 씨가 상당히 급하게 물어보는데요, 네, 성공했어요! 자, 그 결과물을 이미지로 준비했는데요, 화면에 띄워 주시죠. 왼쪽에는 전체를 띄웠고요, 오른쪽에는 전체가 잘 안 보일 것 같아서 두만강가와 서울 부근 두 군데를 확대한 거예요. 어떤가요?

궁금이 지도책 총 4면에 걸쳐 만든 것이네요? 사각형 안에는 고을의 위치에 고을의 이름을 써넣었고요···. 아, 더 세밀하게 말씀드리기는 어려우니 선생님께서 먼저 설명해 주시는 게 나을 것 같습니다.

김정호 알았어요. 이제 찬찬히 설명해 보겠습니다. 각 고을이 지도책 안에서 ○층○편에 있는지 찾아볼 수 있게 만든 찾아보기지도[索引圖]인데요, 자신이 찾고자 하는 고을의 이름 위치를 먼저 찾은 후 그것이 오른쪽에 적혀 있는 남북 ○층, 위쪽과 아래쪽에 적혀 있는 동서 ○편에 있는지 확인하여 지도책 안의 ○층○편을 찾아가면 되게 만들었어요. 찾아보기지도의 이름인 본조팔도주현총도(本朝八道州縣總圖)에서 본조(本朝)는 지금의 우리나라인 조선, 팔도(八道)는 전국, 주현(州縣)은 고을이라는 의미로, 합해 보면 '조선 전

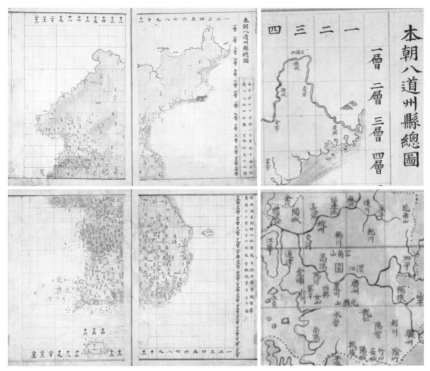

세 번째 『청구도』의 찾아보기지도, 두만강가(우 상단), 서울 부근(우 하단), 청구도(韓5-110),
일본 오사카부립 나카노시마도서관(고려대학교 해외한국학자료센터)

세 번째 『청구도』 찾아보는 방법

규장각한국학연구원에 세 번째 『청구도』가 '청구도(古4709-21)'로 소장되어 있는데, 규장각한국학연구원의 홈
페이지에서 '바로가기 구(舊) 원문검색서비스 → 고지도 → 필사본(방안식) → 청구도'의 순서로 찾아가면 원문 이
미지를 볼 수 있다. 그리고 '고려대학교 해외한국학자료센터'의 홈페이지를 방문하여 '청구도'로 검색하여 이미지
를 누르면 세 번째 『청구도』 계통인 일본 오사카 부립 나카노시마도서관 소장 『청구도』의 이미지를 볼 수 있다.

국 모든 고을의 위치를 알려 주는 총도'라는 뜻이에요. 이렇게 만들어 놓으
니까 어느 고을이 지도책의 ○층○편에 있는지를 알려 주는 주현총도목록,
각 층편의 사각형이 우리나라의 어디쯤에 있는지를 알려 주는 팔도분표, 각
고을이 각 도(道)의 어디쯤에 있는지를 알려 주는 도별전도 세 개의 기능이
다 들어가 있게 돼요.

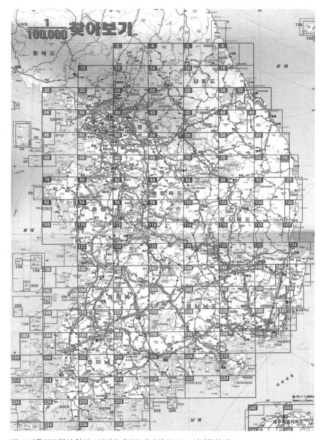

1만:1 서울지도책의 찾아보기지도, 『지도대사전』(2009, 성지문화사)

사회자 선생님께서 그토록 만들고 싶어 하셨던 찾아보기의 최선책이 이거였습니까?

김정호 예, 이거예요. 저로서는 이것보다 더 편리한 찾아보기 방법을 개발해 내지 못했는데요, 안시리 아나운서가 어디 부족한 점이라도 발견했나요?

사회자 아… 아닙니다. 부족한 것을 발견해서가 아니라 너무 놀라서 되물어본 겁니다. 제가 평상시에 지도에 대해 좀 관심을 갖고 있었다고 말씀드렸는데요, 내비게이션이 보편화되기 전에 자가용을 몰고 여행 다닐 때 갖고 다니던 10만:1 도로지도책에서 저 본조팔도주현총도와 똑같은 형식과 원리의 찾아보기지도를 수시로 보았습니다. 그 찾아보기지도를 선생님의 청구도에서 볼 줄은 꿈에도 생각하지 못하고 있다가 막상 보니까 너무 놀라워서요.

김정호 하하하! 이런 거 말인가요?

사회자 저건 10만:1 도로지도책 앞쪽의 찾아보기지도네요. 우리나라를 동일한 크기의 사각형으로 나눈 후 번호를 붙인 건데요, 저 번호가 지도책의 쪽수를 가리킵니다.

김정호 하하하! 10만:1 도로지도책의 찾아보기지도를 보여 줬는데도 설명이 줄줄 나오네요. 안시리 아나운서가 지도에 대해 평상시에도 관심이 많았다는 말이 거짓이 아니란 게 확인되네요. 하기야 원리가 같은 거니까 설명도 같을 수밖에 없지만요.

사회자 '원리가 같은 거니까 설명도 같을 수밖에 없다'는 말은 제가 선생님께 말씀드리고 싶은 것이었는데요, 어떻게 요즘의 지도책에 나오는 찾아보기지도를 그때 개발하실 수 있었는지 궁금합니다.

김정호 맞아요. 안시리 아나운서가 저에게 하고 싶었다는 말이 이해가 가요. 저도 하늘나라에 가서 공부해 보니까 일제강점기 때 일본의 5만:1 지형도를 묶은 지도책에도 똑같은 원리의 찾아보기지도가 있었더라고요. 그리고 안시리 아나운서가 말했듯이 1980년대부터 서서히 나오기 시작하다가 1990년대부터 꽃을 피운 우리나라의 10만:1 도로지도책에도 찾아보기지도가 앞쪽에 수록되어 있었어요. 전국을 모두 연결해서 그린 후 동일한 사각형으로 잘라서 묶은 이런 형식의 지도책에서는 찾아보기지도가 없으면 찾아보기가 너무 어려워서 당연한 결과라고 생각하는데요, 근대 이후의 지도책 제작자들이나 청구도를 만든 저 김정호나 고민이 같았기 때문에 해결책도 같았을 것이란 생각을 하게 되니까 웃음이 나오더라고요.

궁금이 두 분의 말씀을 들으면서 놀라고 있었는데요, 여기서 궁금한 게 하나 있습니다. 선생님, 본조팔도주현총도와 같은 찾아보기지도를 처음부터 개발할 수는 없었나요?

김정호 하하! 처음부터 개발할 수 있었다면 정말 좋았겠지요. 하지만 이미 지난주에 이야기한 것처럼 처음에는 개발하지 못했는데요, 나중에 꼼꼼하게 검토해 보니까 그 이유가 팔도분표에 있었어요. 팔도분표를 만들 때 지도책의 한 면에 넣어야 이용자들이 이해하기 쉬울 거라는 생각을 떨쳐버릴 수 없었는데요, 그렇게 하면 고을의 이름을 적어 넣을 수가 없어요.

궁금이 왜요?

김정호 왜냐하면요, 전국 약 330개의 고을 수가 지도책의 한 면에 읽을 수 있는 크기로 적어 넣기에는 너무 많았기 때문이에요. 만약 요즘과 같은 첨단 기술을 이용할 수 있었다면 써넣을 수는 있었을지 몰라요. 하지만 그래 봐야 아무런 쓸모가 없어요. 너무 작아서 이용자들이 읽을 수가 없으니까요. 그때는 그걸 극복할 방법이 없다고 생각했는데요, 나중에서야 한 가지의 강박관념만 버리면 쉽게 해결될 수 있는 문제라는 걸 알게 되었어요.

궁금이 한 가지의 강박관념만 버리면요? 그게 뭔데요?

김정호 궁금 씨, 저 화면을 다시 한번 봐주겠어요? 본조팔도주현총도가 지도책의 몇 면에 있나요?

궁금이 네 면 아닌가요? 아하…. 팔도분표 같은 걸 지도책의 네 면에 걸쳐 그리니까 전국 약 330개의 고을 이름을 다 써넣어도 이용자가 읽을 수 있는 크기가 되었다는 의미네요.

김정호 맞아요. 바로 그거예요. 아주 간단한 변화인데도 그게 처음에는 정말 생각나지 않더라고요. 아니다…, 생각나지 않은 게 아니라 팔도분표는 한 면에 수록해야 효과적이라는 생각을 바꾸지 못하니까 생각할 수가 없었다고 해야 맞는 거네요.

사회자 아주 작은 거라도 도그마에 빠져서 헤어나오지 못하면 창의적인 생각을 하기가 어렵다는 이야기로 들리는데요?

김정호 　도그마요? 하하하! 아주 적절한 표현입니다. 우리의 삶에는 크든 작든 도그마가 항상 따라다니는데요, 역시 크든 작든 창의적인 생각을 하려면 이 도그마로부터 벗어나야 해요. 사람들은 제가 살아가는 동안 늘 창의적이기만 했던 것으로 착각할 수 있는데요, 실제로는 그렇지 않았어요. 창의적인 사고를 통해 도그마로부터 벗어나면 그것 자체가 다시 새로운 도그마가 되기도 하고, 또 그 도그마를 벗어났다가 또 만들고를 반복했던 삶이었던 것 같아요.

사회자 　우리의 삶에는 항상 도그마가 따라다닌다…, 창의적인 사고를 위해 우리가 명심해야 할 말씀이라고 여겨집니다. 그런데 선생님, 저 화면을 보면서 궁금한 게 하나 생겼습니다. 지도책이 펼쳐진 두 면의 본조팔도주현총도가 위와 아래로 두 개 있는데요, 혹시 한 책에 수록되어 있는 것은 아니죠?

김정호 　네, 위와 아래의 두 이미지를 한 책에 수록하면 불편한 점이 있게 되는데요, 안시리 아나운서가 '혹시 한 책에 수록되어 있는 것은 아니죠?'라고 물어보는 것을 보니까 그걸 찾았나 보네요?

사회자 　제 생각이 맞았나 보네요? 두 개를 한 책에 수록하면 위와 아래를 연결해서 볼 수 없는 불편함이 생기는데요, 위의 이미지를 1책에, 아래의 이미지를 2책에 수록하면 펼친 후 위와 아래를 연결해 볼 수 있을 것 같은데요….

김정호 　정확하게 맞췄어요. 바로 그렇게 했어요. 와~ 안시리 아나운서의 관찰력이 대단한데요? 듣는 제 마음이 다 시원합니다.

사회자 　아휴…, 선생님, 너무 띄우지 마세요. 별것 아닌데요….

김정호 　하하하! 별것 아니라니요. 작은 것 같지만 큰 아이디어였어요. 왜인지 말하고 넘어가야 할 것 같은데요, 그 이야기에 앞서 새로 만든 청구도의 본조팔도주현총도에 남북으로는 29층, 동서로는 22편의 번호가 붙어 있는 것부터 잠깐 이야기할게요. 이전의 청구도와 비교할 때 동서 22층은 변함이 없는데요, 남북으로는 1층 늘렸어요. 그 이유는 전라도 해안가와 제주도 사이의 바다 거리를 다시 검토해 보니까 남북으로 100리를 더 설정해야 되더라고요. 그래서 기존의 남북 28층을 29층으로 바꾸었다는 것을 살짝 알려드리니 이해해 주기를 바랍니다. 다시 남북으로 위와 아래층을 연결해서 보는 문제를 이야기하면요, 본조팔도주현총도만이 아니라 지도책의 모든 면에서도 이 문제가 나타났어요. 청구도를 처음 만들었을 때 1책에 1~14층을, 2책에 15~29층을 묶은 적이 있는데요, 그렇게 하면 책을 해체하지 않는 한 위와 아래층을 연결해서 볼 수가 없잖아요. 이 문제를 해결하기 위해 곧바로 1책에는 홀수 층을, 2책에는 짝수 층을 수록했는데요, 이렇게 하면 모든 위층과 아래층을 펼쳐서 연결해 볼 수 있어요.

사회자 그 문제가 단지 본조팔도주현총도에만 있었던 건 아니었네요. 제가 질문 잘했다는 생각에 기분이 살짝 업되는데요, 하하하!

2
역사 정보를 강조하다

김정호 하하하! 네, 그래서도 됩니다. 충분히 그럴 만한 자격 있고요, 정말 잘
질문해 주었어요. 눈썰미가 참 좋습니다. 여기서 이 얘기는 멈추고요, 찾아
보기지도 적용을 단지 본조(本朝), 즉 당시의 우리나라인 조선에만 머물지
않았다는 이야기로 넘어가죠.

궁금이 당시의 우리나라인 조선에만 머물지 않았다고요? '당시의 우리나라'
란 표현을 쓰시는 걸 보니까 '당시'가 아니거나 '우리나라'가 아니거나 둘 중
의 하나이네요. 선생님의 전체 작품 표를 볼 때 세계지도는 그렸지만 '우리
나라'가 아닌 '다른 나라'를 그린 지도는 없었던 것 같은데요, 그러면 '당시'가
아닌 '다른 시기의 우리나라'에 대한 찾아보기지도도 만들었다는 의미로 들
리는데요?

김정호 궁금 씨가 정확히 맞췄어요. 지난주 양반 지식인들 사이에 역사지리에
대한 연구가 활발하였고, 그들이 청구도의 가장 큰 고객 중 한 부류여서 백
제, 고구려, 신라, 고려 때의 고을 이름도 기록해 주었다고 했던 거 기억할
거예요. 바로 그때의 고을 이름에 대한 찾아보기지도도 만들었는데요, 다는
아니고 통일신라와 고려에 대한 찾아보기지도예요. 말로 하는 것보다 이미
지를 보는 게 더 좋겠죠? 자, 화면에 띄워 주시죠.

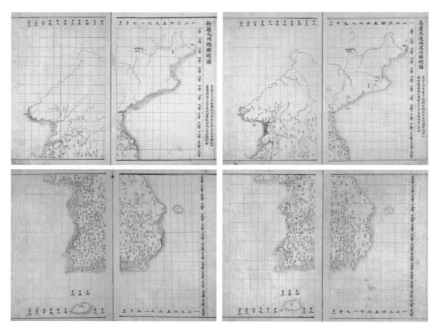

세 번째 청구도의 신라구주군현총도(좌)와 고려오도양계주현총도(우), 청구도(韓5-110),
일본 오사카 부립 나카노시마도서관(고려대학교 해외한국학자료센터)

왼쪽의 것은 통일신라, 오른쪽의 것은 고려의 찾아보기지도예요. 통일신라
의 전국 행정구역은 759년(경덕왕 16)에 완성된 것으로 이야기되고 있는데
요, 옛 신라 땅에 3개의 주(州), 옛 고구려 땅에 3개의 주, 옛 백제 땅에 3개의
주 등 전국을 9개의 주로 나눈 후의 고을 이름을 찾아본다는 의미에서 신라
구주군현총도(新羅九州郡縣總圖)란 이름을 붙였어요. 고려의 전국 행정구역은
1018년(현종 9)에 완성된 것으로 알려져 있는데요, 중국 대륙과 북쪽 유목민
의 침입으로부터 상대적으로 안전하여 일반 행정 체제를 갖추었던 남쪽의
5개 도(道)와 상대적으로 안전하지 못해 군사 행정 체제를 갖추었던 북쪽의
2개 계(界), 즉 양계(兩界)를 합해 불렀던 오도양계(五道兩界) 때의 고을 이름을
찾아본다는 의미에서 고려오도양계주현총도(高麗五道兩界州縣總圖)란 이름을
붙였어요.

궁금이 저의 추론이 100점은 아니어도 50점 정도는 맞춘 것 같아서 저도 기분이 업되는데요?

김정호 에이! 50점은 스스로 너무 낮춰서 말한 것이고요, 90점 정도 줄 수 있어요. 궁금 씨가 너무 겸손하려고 노력하는 것 같은데요, 겸손하지 않아도 돼요. 이제 이 이야기는 넘어가고요, 제가 통일신라와 고려의 고을 이름에 대한 찾아보기지도까지 만들었다는 것은 역사 정보를 강조하고 싶은 마음이 강해졌다는 의미로 보면 돼요. 이런 마음을 표현한 것 중의 하나가 신라 구주군현총도와 고려오도양계주현총도를 본조팔도주현총도보다 앞에 배치한 것이었는데요, 첫 번째와 두 번째 청구도를 만들고 나서 주문이 들어오는 양상을 보니까 양반 지식인이 가장 큰 고객 중 한 부류가 아니라 그냥 다수를 차지하더라고요. 당시 양반 지식인뿐만 아니라 양반 대갓집이나 관청에서도 지도의 수요가 많았기 때문에 청구도에 대한 수요도 그럴 것이라고 예상하고 만들었는데요, 결과를 보고 나니까 제가 예상했던 것보다 더 적더라고요.

사회자 선생님의 말씀에만 입각해 보면 양반 대갓집과 관청에서 지도의 수요는 많았지만 청구도에 대한 수요는 적었다는 의미로 볼 수 있는 것 같은데요, 그 이유는 뭐라고 생각하셨나요?

김정호 양반 대갓집이나 관청에서는 동람도식 소형 지도책이나 정상기 선생의 대형 지도에 대한 수요는 많았지만 청구도처럼 정확하고 자세한 초대형 지도에 대한 수요는 별로 없었더라고요. 부연하면 그런 그룹은 굳이 청구도처럼 그렇게 정확하고 자세하지 않아도 우리 국토를 이해하는 데 별 문제가 없는 지도 욕구만 갖고 있었다고 보면 돼요. 다행스럽게도 양반 지식인들 사이에서의 수요는 제가 예상했던 것보다 더 컸더라고요. 그들은 관리가 되든 안 되든 조선의 과거와 현재 그리고 미래에 대해 끊임없는 지적 호기심을 갖고 있는 집단이었고, 그들의 눈에는 저의 청구도가 그런 지적 호기심을 채워나가는 데 아주 적합한 자료 중의 하나로 여겨진 거예요.

사회자 선생님, 그렇다면 새로 만들 청구도는 최대의 수요자 그룹이었던 양반 지식인들의 욕구가 더욱 반영된 형식이 되어야 한다고 생각을 했고, 그래서 신라구주군현총도와 고려오도양계주현총도를 본조팔도주현총도보다 앞에 배치하게 되었다는 의미예요?

김정호 맞아요. 청구도는 지금의 조선은 당연한 것이고 양반 지식인들이 한창 관심을 갖고 연구하고 있는 과거의 우리나라 역사 정보도 잘 담고 있다는 것을 앞쪽에서 보여 주고 싶어서 그렇게 배치한 거죠. 그리고 여기에만 그치지 않았어요. 양반 지식인들은 특히 우리나라의 고대사에 대해 관심이 많았었는데요, 그것을 반영해 여러 가지 역사 지도를 그려서 수록했어요. 고조선과 주변 나라의 위치를 그린 동방제국도(東方諸國圖), 고조선이 멸망한 후 성립했던 한사군과 마한·진한·변한의 삼한 그리고 주변 나라의 위치를 그린 사군삼한도(四郡三韓圖), 고구려·백제·신라가 각축을 벌이던 시대의 세 나라와 주변 나라의 위치를 그린 삼국전도(三國前圖) 세 지도가 그것인데요, 신라구주군현총도와 고려오도양계주현총도를 본조팔도주현총도보다도 더 앞쪽에 배치해서 관심을 끌 수 있도록 했어요. 세 지도의 이미지를 한번 보실래요?

궁금이 멋진데요? 저런 지도가 가장 앞쪽에 있다면 과거는 지금보다 더 호기심의 대상이 되기 때문에 저라도 지도책을 넘겨 보면서 관심이 저절로 갔을 것 같은데요?

김정호 하하하! 궁금 씨 그렇게 봐 주니 고마워요. 저 세 개의 지도 말고도 하나 더 그려서 첨가했는데요, 바로 조선성경합도(朝鮮盛京合圖)라는 지도예요. 성경(盛京)은 청나라가 중국 대륙을 장악하여 수도를 북경(北京)으로 옮기기 전 만주에 있었던 수도의 이름인데요, 제가 살던 시절에는 만주 지역 전체를 통칭하는 용어로도 사용되었어요. 1700년 전후부터 우리나라에서는 중

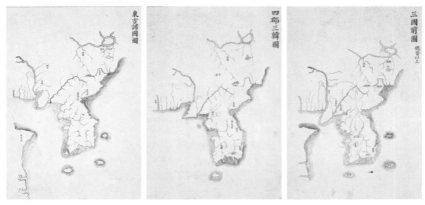

세 번째 청구도의 동방제국도, 사군삼한도, 삼국전도.
청구도(韓5-110), 일본 오사카 부립 나카노시마도서관(고려대학교 해외한국학자료센터)

세 번째 청구도의 조선성경합도.
청구도(韓5-110), 일본 오사카 부립 나카
노시마도서관(고려대학교 해외한국학자
료센터)

국 대륙에서 쫓겨난 청나라가 만주로 돌아오면서 우리나라를 대규모로 침략하여 큰 전쟁이 벌어질 수 있다는 두려움이 컸는데요, 그래서 우리나라 북부와 만주 지역을 합해 그린 군사 지도가 당시에 유행했어요. 조선성경합도는 그런 유행을 고려해서 만들어 수록해 넣은 건데요, 역사 지도는 아니어서 앞의 세 역사 지도는 1책의 가장 앞쪽에 넣어 준 반면에 조선성경합도는 2책의 가장 앞쪽에 넣어 줬어요. 세 역사 지도만큼은 아니더라도 2책에도 지금 유행하고 있는 이런 지도가 수록되어 있다는 것을 보여 줘서 관심을 끌기 위한 전략이었죠.

3. 통계와 기호 정보를 약화시키다

사회자　선생님, 방금 말씀하신 '전략'이라는 용어를 들은 시청자들께서 상당히 놀라고 계실 것이라는 생각이 듭니다. 실은 저도 그렇거든요. 김정호와 전략. 기존에는 연결될 것이라고 상상도 못해 떠올려보지도 못한 단어를 지금 선생님께서 너무나 자연스럽게 사용하고 계시니 놀라는 것이 당연한 게 아닌가 합니다. 이 또한 현실 속에 존재하는 선생님이 아니라 비현실적인 신화의 세계 속에 갇혀 있던 잘못된 선생님의 이미지 때문에 나타난 현상이 아닌가 하는데요, 다시 한번 반성해 봅니다.

김정호　하하하! 감사드려요. 저는 그런 생각도 못했는데요, 이번엔 안시리 아나운서가 먼저 지적해 주네요. 현실 속의 김정호를 자연스럽게 말하고 있는 것 같아서 저로서는 기분이 좋은데요.

사회자　괜히 쑥스럽습니다. 당연한 것을 당연하다고 생각조차 못해 오다가 이제서야 조금 당연한 것을 당연하다고 생각하는 데 익숙해지고 있을 뿐입니다.

김정호　'당연한 것을 당연하다고 생각하는 데 익숙해지고 있을 뿐이다!' 참 멋진 말 같습니다. 앞으로도 계속 익숙해졌으면 좋겠습니다. 다시 원래의 이야기로 돌아가면요, 양반 지식인들의 수요를 겨냥한 역사 정보에 대한 강조는 다른 정보에도 영향을 미쳤어요.

궁금이 다른 정보요? 그렇다고 지명, 산줄기와 물줄기, 해안선 등의 기본 정보를 바꾸신 건 아니죠?

김정호 청구도를 다 만들 때까지는 해동여지도의 기본 정보를 그대로 따랐다는 말을 2주 전에 했으니까 그러진 않았겠죠? 그럼 남는 건 하나밖에 없잖아요. 제가 관청의 관리들을 위해 새로 첨가해 넣었다고 했던 호(戶)·곡(穀)·군[田]·병(兵)의 통계 정보와 서울과 고을 사이의 거리 정보[京], 지방관의 이름을 한 글자로 써넣은 것을 삭제해 버렸어요. 지금은 이렇게 과감하게 말하지만 삭제하려고 마음먹었을 때는 정말 많이 주저했던 게 사실이에요. 오랫동안 고민하고 정리해서 이미 넣었던 것을 삭제한다는 게 아깝지 않을 리가 없잖아요. 하지만 관청에서의 수요가 별로 없고 양반 지식인들의 수요가 생각보다 더 많다는 것이 확인된 이상, 그것을 따르는 것이 좋겠다고 생각해서 삭제했어요.

궁금이 대단하십니다. 말씀하셨듯이 오랫동안 고민하고 정리한 것을 삭제하는 것이 정말 아까웠을 텐데요, 그럼에도 과감하게 삭제하는 것을 선택하는 것은 쉬운 일이 아니라고 생각됩니다.

김정호 이왕 이해해 준 것 하나 더 이해해 주길 바라요. 또 하나 바꾼 것이 있는데요, 기호의 사용을 대폭 줄였어요. 고을을 네 개의 기호로 표시해 준 것은 그대로 두었지만 해동여지도에 없던 찰방역, 속역, 목장, 창고, 면에 사용된 기호를 없애 버리고 다시 해동여지도처럼 ○○驛(역), ○○牧(목), ○○倉(창), ○○面(면)으로 써 주었어요. 청구도를 이용했던 사람들에게 들어 보니 의외로 기호에 익숙하지 않은 사람들이 많다는 생각이 들었고요, 그래서 기호의 자리에 驛(역)·牧(목)·倉(창)·面(면)의 글자를 넣어 주는 것이 정보 전달에서 더 효과적이라는 판단이 서서 되돌렸어요. 이것도 지금은 이렇게 과감하게 말하지만 다시 되돌릴 때는 많이 주저했던 게 사실이에요. 관계된 이

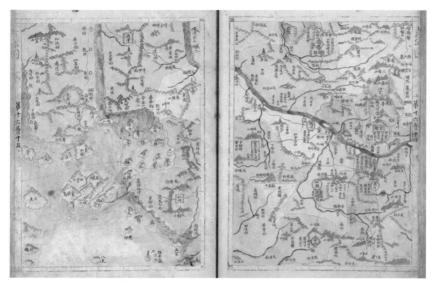

세 번째 청구도에서 기호 사용을 대폭 줄인 사례(서울, 인천 부근), 청구도(韓5-110),
일본 오사카 부립 나카노시마도서관(고려대학교 해외한국학자료센터)

미지 한번 보실래요? 서울 부근의 이미지, 화면에 띄워 주시죠.

기호의 사용이 확 줄었죠? 이러다 보니까 기호를 따로 정리해야 할 필요성
도 확 줄었고요, 그래서 제표총목(諸標總目)이란 기호표도 따로 만들지 않았
어요. 지도를 좀 복잡하게 만들었다가 다시 단순화시켰다고 보면 돼요.

4 　지도의 외곽선 등을 목판에 새겨 인쇄하다

사회자　정말 지난주에 보여 주었던 지도 면에는 기호가 가득했는데요, 이번에
　　는 기호가 별로 안 보이네요. 수요자의 욕구에 대해 관찰한 결과에 따라 변
　　화를 주려면 과감하게…. 이것도 우리들이 한 번쯤 생각해 보아야 할 이야
　　기가 아닌가 합니다.

김정호　네, 하지만 이렇게 과감하게 삭제하거나 변화를 준 것도 상황에 따라
　　다시 바뀔 수 있는 것임을 잊지 않았으면 좋겠어요. 어느 것이든 상황에 상
　　관없이 절대적으로 옳은 것은 거의 없습니다.

사회자　예, 잘 알겠습니다. 지금까지 비슷한 말씀을 여러 번 하셨기 때문에 시
　　청자 여러분께서도 충분히 이해하실 것이라 생각합니다.

김정호　고맙습니다. 마지막으로 새로운 세 번째 청구도에서 찾아보기지도만
　　큼 획기적으로 바꾼 것 하나를 말할 텐데요, 말로 하면 어려울 것 같아서 이
　　미지 하나를 준비했습니다. 화면에 띄워 주시죠.
　　왼쪽의 것은 서울 부근의 두 면이고요, 오른쪽은 그중에서 가운데의 '靑邱圖
　　(청구도)'란 이름이 있는 부분을 확대시킨 거예요. 책으로 묶기 전 지도 두 면
　　의 모습을 보여 주는 이미진데요, 다 그린 후 가운데를 바깥쪽으로 접어서
　　책으로 묶었어요. 그런데 두 번째 청구도까지는 축척이 표시된 사각형의 외

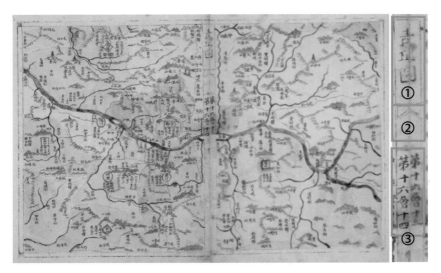

* ①은 청구도 ②는 어미 ③은 층편번호를 의미함

세 번째 청구도에서 책으로 묶기 전 서울 및 광주 부근 지도의 모습(좌). '청구도' 이름과 어미의 두 외곽선 부분을 합한 모습(우),
청구도(韓5-110), 일본 오사카 부립 나카노시마도서관(고려대학교 해외한국학자료센터)

곽선과 가운데의 靑邱圖(청구도)란 이름, 그리고 물고기 꼬리 모양의 魚尾(어
미)까지 모두 손으로 그리거나 필사한 후 그 안에 지도를 그려 넣었어요. 하
지만 찾아보기지도가 있는 세 번째의 새로운 청구도를 만들 때는 이 부분을
목판에 새겨 많이 인쇄한 후 주문이 왔을 때 인쇄된 종이 안에 지도를 그려
넣어서 팔았는데요, 이렇게 하면 사각형의 외곽선과 청구도란 이름, 그리고
어미를 그리는 시간이 확 줄어들어요. 혹시 목판으로 인쇄했다는 것이 무엇
인지 알기 어려울 것 같아서 가운데의 청구도와 어미 부분의 이미지를 확대
해서 표의 오른쪽에 넣었는데요, 靑邱圖(청구도)란 이름과 魚尾(어미) 그리고
외곽선은 목판에 새겨 인쇄한 거고요, 第十六層十三(제십육층십삼)과 第十六
層十四(제십육층십사)란 글씨는 붓으로 쓴 거예요. 확대해서 보니까 확연히
구분되지 않나요?

궁금이 선생님, 이왕 하실 거면 지도 부분까지도 다 목판에 새겨서 인쇄할 생

각은 없으셨나요? 그렇게 하면 훨씬 빠르게 지도책을 만들 수 있었을 것 같은데요….

김정호 맞아요. 목판을 구하고 새기는 데 비용과 시간이 꽤 들지만 막상 만들어 놓고 나면 지도책을 그리는 것보다 인쇄하는 시간이 훨씬 덜 들어요. 그럼에도 이때까지는 그런 생각을 하지 못했는데요, 그 이유는 지도책을 컬러로 만들기 위해서였어요. 제가 주문 판매를 했다고 했던 것 기억할 텐데요, 주문하는 모든 분들이 지도책을 앞에서 제시한 이미지처럼 컬러로 만들어 달라고 했거든요. 목판에 새겨서 인쇄하면 흑백으로밖에 할 수가 없어서 그렇게 하지 않았던 거예요.

사회자 선생님, 이웃나라인 중국과 일본에서는 목판에 그림을 새겨서 인쇄한 것 중에 컬러로 만든 것도 많다고 알고 있는데요….

김정호 저도 하늘나라에 가서 검토해 보니까 그렇더라고요. 어떤 영문인지는 모르겠으나 제가 살던 조선에서는 목판에 컬러로 인쇄하는 경우는 별로 없었어요. 그래서 저도 지도를 컬러로 만들려면 필사로만 해야 한다고 생각했는데요, 지금 와서 생각해 보면 이 부분은 좀 아쉽네요.

궁금이 선생님, 하나 여쭤볼 게 있습니다. 두 번째 청구도까지는 외곽선 부분도 붓으로 그리다가 세 번째 청구도에서 목판에 새겨 인쇄한 이유가 있을 것 같은데요….

김정호 세 번째 청구도를 만들고 나서 주문을 받아 팔아 본 이후 평판을 들어 봤는데요, 제 입으로 말하기는 좀 그렇지만 아주 좋았어요. 특히 심혈을 기울여 만든 세 개의 찾아보기지도가 눈길을 사로잡았던 것 같은데요, 그때 머리를 스치는 생각이 있었어요.

궁금이 음…. 혹시 '야! 이거 꽤 잘 팔리겠는데….' 뭐 이런 것 아닐까요?

김정호 정확히 맞혔어요. 궁금 씨가 말한 것과 똑같이 '야! 이거 꽤 잘 팔리겠는데….'라는 생각이 머리를 스쳤고요, 주문이 들어오면 되도록 빨리 만들 수 있는 방법을 마련해 놓아야겠다고 생각했어요. 그래서 외곽선과 청구도라는 이름, 어미 등을 목판에 새겨 인쇄해 놓아야 주문이 들어올 때마다 빨리 지도를 그려서 팔 수 있겠다는 생각을 하게 된 거고요, 실제로 그렇게 하니까 주문이 들어왔을 때 훨씬 편리하더라고요. 그때 이미 작은 지도 출판사를 만들고 있는 상태였는데요, 주문이 들어오면 직원이 인쇄된 종이 위에 그려서 팔았어요.

5   이용자의 목소리에 귀 기울이다

사회자 찾아보기지도를 완성하면서 세 번째 청구도는 근대와 현대의 지도책에서 나타나는 거의 모든 특징을 담고 있는 세계 최고의 지도책 반열에 올랐다고 말해야 하는 것이 아닌가 생각됩니다. 비록 전통 시대에 살면서 전통적인 기법으로 지도책을 완성했지만 이용의 관점에서는 근대의 지도책과 다를 바가 없으니 김정호 선생님을 '근대를 들어 올린 거인'이라고 불러도 손색이 없지 않을까 합니다. 이제 오늘의 인터뷰도 벌써 2/3가 넘어갔는데요, 청중분들에게 질문의 기회를 드려야 할 시간이 왔습니다. 질문이 있으신 분 손 들어 주십시오. 앞줄에서 가장 가까이 앉으신 분, 자기소개 간단히 부탁드리고요, 질문해 주십시오.

청중 안녕하세요. 저는 서울 청인고등학교에서 지리를 가르치고 있는 교사입니다. 대동여지도와 김정호 선생님의 삶에 대해서는 늘 관심이 많았고, 학생들에게 가르쳐야 하는 의무를 갖고 있는 지리 교사이기 때문에 의문과 고민도 많았는데요, 그동안 많은 의문과 고민을 풀어 주신 선생님께 지리 교사로서 감사드립니다. 저의 질문은 간단합니다. 선생님의 작품 전체 표에서는 청구도를 다섯 번이나 만드신 것으로 나와 있는데요, 오늘 세 번째 청구도까지 들었습니다. 세계 최고 수준의 세 번째 청구도를 만들었음에도 네

번째 청구도를 또 만드셨는데요, 어떤 계기가 있었는지 그게 궁금합니다.

김정호 그러고 보니 지리 교사분의 질문은 처음인 것 같습니다. 반갑고 환영합니다. 그렇게 훌륭한 세 번째 청구도를 만들었음에도 또 네 번째 청구도를 만든 계기가 있었을 것 같은데 그게 무엇이냐고 질문해 주셨는데요, 세 번째 청구도를 구입하여 이용하던 사람 중 일부로부터 들은 항의가 그 계기였어요.

궁금이 예? 항의라고요? 그렇게 훌륭한 청구도인데도 항의가 있었다는 것이 신기하게 들리는데요, 어떤 항의였나요?

김정호 먼저 지도의 자세함에 대해 항의해 온 사람이 있었어요. 어떤 사람이 대뜸 우리 출판사로 찾아와서는 눈을 부릅뜨고 저를 찾더라고요. 그래서 차분히 방으로 안내한 후 도대체 왜 그러는지 물었더니 청구도를 주문하여 사 가서는 유용하게 보고 있다고 먼저 칭찬을 하시더라고요. 그러다가 갑자기 이렇게 자세하고 정확한 지도책 안에 왜 자기의 고향 마을과 근처의 하천과 산봉우리의 이름이 나오지 않느냐며 언성을 높이는 거예요. 저는 생각지도 못한 항의를 듣고 깜짝 놀랐는데요, 마음을 가다듬고 찬찬히 설명하며 납득시켰더니 조용히 돌아가시더라고요.

궁금이 저도 지도책을 볼 때는 가장 잘 아는 우리 동네부터 보는데요, 그분도 마찬가지였던 것 같네요. 그런데 선생님이 어떻게 설명하셨길래 그분이 조용히 돌아가셨나요?

김정호 간단했어요. 청구도는 당시까지 가장 자세한 지도책이었지만 세필로 아주 작게 쓰더라도 10리 간격의 눈금 안에 산과 하천의 이름을 겨우 두세 개밖에 쓸 수 없다고 먼저 말했어요. 그다음에 고을, 창고, 방면(坊面), 역원, 진보(鎭堡), 나루[浦] 등의 이름을 다 써넣어야 하는데 선생님의 고향 마을이나 근처의 하천과 산봉우리의 이름까지 모두 써 줄 수는 없는 것 아니냐…. 이렇게 말했더니 고개를 끄덕이면서 돌아가시더라고요.

궁금이 하하하! 정말 간단하게 설명하셨네요. 다른 항의도 있었나요?

김정호 예, 있었어요. 청구도를 구입해 갔던 또 다른 한 분이 찾아와서는 조용히 고향 근처 산의 이름을 잘못 기록했으니 앞으로는 고쳐서 지도책을 팔라는 것이었어요. 그래서 어떤 산이냐고 물었더니 청구도에 城山(성산)이라고 기록되어 있는데 자기의 고향에서는 盃山(배산)으로 쓴다는 거예요. 그래서 먼저 고향 사람들은 그 산을 어떻게 부르냐고 물었더니 '잣미'로 부른다고 하셔서 찬찬히 설명했어요. 城山(성산)은 우리말 땅이름 '잣미'를 '잣 城(성)' 자와 '뫼 山(산)' 자로, 盃山(배산)은 '잔 盃(배)' 자와 '뫼 山(산)' 자로 쓴 것이라고 하면서 우리말 땅이름을 한자의 뜻과 소리를 따서 표기할 때 서로 다른 한자를 쓰는 경우가 있으니 어느 것이 맞고 어느 것이 틀리다고 말할 수는 없다고 설명했어요. 또한 지금 사람들이 쓰고 있는 지명의 한자와 옛 자료 속의 한자가 다를 수도 있고 지명 자체가 변한 곳도 있는데 전국 곳곳에서 나타나는 이런 변화를 최대한 조사하여 지금의 표기에 가깝게 하려고 노력하더라도 우리나라 전체에 걸쳐 엄청나게 많은 지명을 모두 조사하여 반영할 수 있다고 장담할 수는 없다고 했어요. 그래서 일부 다를 수도 있다는 것을 전제하면서 청구도를 이용해 달라고 정중하게 부탁했더니 이해한다며 조용히 돌아가시더라고요.

사회자 우리말 땅이름을 한자로 표기할 때 한자의 뜻과 소리 중 어느 것을 빌려서 표기하느냐에 따라 다를 수 있다는 의미네요. 저도 미처 생각해 보지 못한 것입니다.

김정호 다른 항의도 이야기해 드릴게요.

궁금이 또요? 생각보다 많았네요….

김정호 어떤 분은 청구도를 펴 놓고는 어떤 산의 위치가 자기 고을의 중심지를 기점으로 동북쪽에 있는데 이 지도에는 동쪽에 표시되어 있으니 완전히 잘못된 것 아니냐며 따지듯 물어왔어요. 저도 그런 경우가 꽤 있을 것임을 이미 알고 있었기 때문에 충분히 있을 수 있는 항의였는데요, 다만 왜 그런 현상이 나타났는지 설명해 줄 필요가 있었어요. 이미 이 인터뷰의 초창기에 말한 것처럼 지리지에 수록되어 있는 지명의 방향 정보는 보통 동서남북 네 방향이 대부분으로 90°의 오류 가능성을 갖고 있잖아요. 그래서 항의해 온 분에게 보통 90°의 오류 가능성을 갖고 있는 방향 정보를 기초로 지도를 제작할 수밖에 없는 상황을 자세히 설명했고요, 제가 고을의 중심지를 기점으로 동쪽에 있는 것을 서쪽에 그렸다면 그건 분명히 저의 잘못이기 때문에 고쳐야 하지만 동북쪽에 있는 것을 동쪽에 그리거나 동쪽에 있는 것을 동남쪽에 그리는 것처럼 90° 안에서 나타난 오류는 큰 흐름에서는 틀린 것이 아니니 이해해 달라고 했어요. 만약 방향에서 약간의 차이가 있다고 하여 청구도 전체가 틀렸다고 강하게 비난만 한다면 지도 제작의 과정과 방법을 전혀 이해하지 않으려 하는 태도이니 어쩔 도리가 없다고 말했어요. 더불어 청구도 제작자로서 저는 그분에게 세세한 내용까지 모두 맞을 것이라고 여기면서 이용하면 안 된다고 설명하면서 청구도를 가지고 우리나라의 산줄기와 물줄기의 큰 흐름을 분별하고 고을의 동서와 거리의 원근, 지형의 험하고 평탄함을 대략적으로 헤아릴 수 있으면 그것으로 만족한다고 말했더니 수긍하면서 돌아가시더라고요.

사회자 진짜 다양한 항의 사례가 있었네요. 전혀 생각지도 못한 이야기를 들으니 그 자체만으로도 놀랍습니다. 다른 청중분에게도 기회를 드려야 할 것 같은데요, 뒷줄 맨 끝에 앉아 계신 분, 자기소개 간단히 부탁드리고요, 질문해 주십시오.

청중 2 안녕하세요. 저도 앞에서 질문했던 분과 함께 온 지리 교사인데요, 저의 질문도 정말 간단합니다. 지금까지 이용자의 여러 항의를 들었는데요, 들으면 들을수록 있을 수 있는 항의였다는 생각이 듭니다. 그런데 더 있을 것 같은 예감이 드는데요, 혹시…, 더 있었다면 그것까지 들을 수 있을까요?

김정호 청중분이 이렇게 질문하시는 것은 처음인 것 같은데요, 청중분의 예감
이 맞습니다. 다만 항의는 아니고요, 문의라고 하는 게 나을 것 같네요. 함
경도 함흥이 고향인 사람이 찾아와서는 조용히 말하더라고요. 함흥에 면
(面)이 많이 표기되어 있는데, 다른 도(道)의 고을에도 면(面)이 많이 표기되
어 있는 것을 보고는 무슨 의미인지는 알겠다고 했어요. 그런데 함경도에서
는 면(面)이 아니라 사(社)라고 한다면서 왜 사(社)라 하지 않고 면(面)이라고
했는지 그 이유가 궁금하다며 설명해 줄 수 있느냐고 물어왔어요. 전국적인
차원에서 살펴보면 함경도의 사(社)에 해당되는 것을 면(面)이라고 하는 고
을이 압도적으로 많았고요, 방(坊)이나 리(里)라고 하는 고을도 있었어요. 제
가 참고했던 해동여지도에서는 모두 해당 고을에서 사용하는 용어를 그대
로 기록하였고, 26책의 지도책을 만들 때까지는 저도 그대로 따랐어요. 그
러다가 청구도를 만들 때 이름이 통일되지 않으면 이용자들에게 혼란을 줄
수도 있다고 생각하여 가장 많이 사용하는 면(面)으로 통일한 거라고 설명
해 주니까 알겠다고 하면서 돌아가시더라고요.

궁금이 굉장히 점잖은 분이었네요. 조용히 묻고 차근하게 설명하니 이해하며
돌아가는….

김정호 맞아요. 또 다른 사례도 있어요. 어느 날 어떤 분이 심각한 얼굴을 하
고서 찾아왔는데요, 차근차근 그분의 말을 다 듣고 나서 저는 머리를 탁 쳤
어요. 왜 내가 그걸 고려하지 못했지?

궁금이 선생님이 미처 고려하지 못한 어떤 것을 말씀해 주셨다는 거네요.

김정호 예, 그래요. 저는 우리 출판사에서 주문을 받아 베껴서 옮겨 그려 판다
는 생각만 했지 구매해 간 사람의 청구도를 또 다른 누군가가 다시 옮겨 그
릴 수도 있다는 생각에는 미치지 못했거든요. 저를 찾아온 그분은 자신이
구매해 간 청구도를 본 사촌 형님이 너무 훌륭한 지도책이라고 감탄하면서
자기 스스로 직접 옮겨 그려서 갖고 싶다는 말을 했다는 거예요. 그래서 저

에게 가서 주문을 하면 똑같이 옮겨 그린 청구도를 구매할 수 있다고 알려 주었는데도 사촌 형님은 한사코 자기 스스로 훌륭한 지도책을 직접 베껴서 옮겨 그려 보고 싶다고 주장한다는 거예요. 그분의 이야기를 다 듣고 나서 그러면 직접 옮겨 그리면 되지 왜 찾아왔냐고 물어봤어요. 그랬더니 똑같이 옮겨 그리는 것이 생각보다 쉽지 않다는 것을 곧바로 알게 되어 멈추고는 어떻게 하면 똑같이 옮겨 그릴 수 있는지 묻고 싶어서 왔다는 거예요. 그 때서야 전문가가 아닌 사람이 똑같이 베껴서 옮겨 그리는 게 꽤 힘든 일이라는 것을 깨닫곤 10리 간격으로 눈금을 그은 책받침을 만들고 얇은 종이를 그 위에 올려놓고 옮겨 그리는 방법을 가르쳐 주었어요. 그분은 저의 말을 들을 때마다 놀란 표정을 하면서 이해하겠다는 표시로 고개를 끄덕였는데요, 설명을 다 듣고 나서도 가시질 않는 거예요. 조금 주저하다가 그냥 옮겨 그리는 것이 아니라 축소해서 정확하게 옮겨 그릴 수 있는 방법도 들을 수 있느냐는 거예요. '아~~' 하면서 머리가 또 띵해졌어요. 이용자들이 축소해서 그리고 싶을 수도, 확대해서 그리고 싶을 수도 있다는 것을 왜 내가 생각해 보지 못했지? 그래서 축소하고 싶으면 10리의 눈금 간격을 더 좁게 그은 책받침을, 확대하고 싶으면 더 넓게 그은 책받침을 하나 더 만든 후 비교하면서 옮겨 그리면 정확하게 옮겨 그릴 수 있다고 설명을 했어요. 그랬더니 충분히 이해하겠다는 말과 함께 정말 고맙다는 말을 여러 번 건네면서 돌아갔어요.

사회자 선생님의 말씀을 들으면 들을수록 소비자와의 피드백에 많은 신경을 쓰셨다는 것을 알 수 있는데요, 와~ 요즘 일상화된 소비자와의 피드백을 그때 똑같이 행하셨다는 것이 너무나 놀랍습니다. 흥미로운 이야기가 계속 나오니까 그것에 집중하느라 질문 시간을 까먹고 있었는데요, 다시 청중분들께 질문의 기회 드리겠습니다. 뒷줄 가운데 앉아 계신 분 간단한 소개와 질문 부탁드립니다.

청중 3 안녕하세요. 저도 앞에서 질문하셨던 분과 함께 나온 지리 교사인데요, 질문의 기회 세 번이 모두 지리 교사에게만 올 줄은 몰랐습니다. 제 질문도 간단한데요, 소비자와의 피드백을 적극적으로 하시면서 새로운 어떤 것을 생각하신 것이 있는지 말씀해 주시면 감사하겠습니다.

김정호 예, 좋은 질문이라고 생각합니다. 짧게 대답해 드리면 저에게 이용자들의 이런 항의와 문의는 더 좋은 지도 작품을 상품으로 만드는 데 너무나 소중한 목소리였어요. 그래서 이왕 이렇게 듣게 된 것 더 꼼꼼하게 전면 재검토할 필요가 있다고 생각했어요.

궁금이 예? 소비자의 항의와 문의를, 청구도의 여러 측면을 다시 한번 꼼꼼하게 재검토해 보는 계기로 삼으셨다는 말씀이신데요, 와~ 대단하다는 생각밖에 안 듭니다.

김정호 아휴! 궁금 씨, 너무 절 띄우지 말아요. 지도 상품을 최대한 많이 팔아야 하는 지도 출판사 사장님이라면 당연히 그래야 하는 거 아닌가요? 네, 어쨌든 제가 찾아낸 것 하나만 더 이야기하면서 오늘의 인터뷰를 마무리 지을까 합니다. 우리 출판사로부터 구입해 간 청구도를 누군가 베껴서 옮겨 그린 것을 보게 되었는데요, 면(面)·역(驛)·창고(倉) 이름의 위치가 바뀐 경우가 꽤 많더라고요. 베껴서 옮겨 그린 사람이 똑같이 옮겨 그리는 데 신경을 써야 하는데 그렇지 않았던 거예요. 그때 이런 생각을 했어요. 이런 것이 몇 번에 걸쳐 이루어지면 그 위치가 진짜 엉망이 될 수도 있겠구나…. 이를 방지하는 방법을 알려 줘야겠다…. 그래서 이런 내용을 알려 주기로 했어요. 한자 지명을 두세 번 옮겨 그리는 과정에서 그 위치가 바뀔 가능성이 있는데 이를 방지하기 위해 이 지도책에서는 지명의 위치에 진(鎭)·보(堡)·사(寺)·원(院)·면(面)·역(驛)·창(倉)의 한자를 썼으니, 고유 이름인 '○○'는 옮겨 그리는 형편에 따라 세로로 쓰든 가로로 쓰든 상관없지만 진(鎭)·보(堡)·사(寺)·원(院)·면(面)·역(驛)·창(倉)의 한자 위치만은 바꾸지 말아 주세요. 이렇게요.

사회자　흥미진진한 이야기를 듣다 보니 오늘도 시간이 금세 흘렀습니다. 이제 3분 정도 남은 것 같은데요, 선생님께서 마무리 멘트를 해 주실 수 있는 시간은 되는 것 같습니다. 짧게 한마디 해 주십시오.

김정호　오늘 다섯 번째 청구도까지 다 마치려고 했는데요, 하다 보니까 세 번째 청구도만으로 시간을 꽉 채웠습니다. 그만큼 청구도에 대해 할 말이 많았다는 것을 저 스스로도 인지하고 있지 못했던 것 같은데요, 다음 주에는 세 번째 청구도에 대한 소비자의 항의와 문의가 계기가 되어 새롭게 만들어 낸 네 번째 청구도뿐만 아니라 마지막 다섯 번째 청구도까지 다 하겠다는 마음가짐으로 잘 준비해 오겠습니다.

사회자　저뿐만 아니라 이 프로그램을 시청하신 모든 분들이 네 번째 청구도 이야기가 무척 궁금할 것이라고 생각합니다. 오늘도 좋은 역사와 지도 이야기를 해 주신 김정호 선생님께 감사드리고요, 궁금 씨와 청중 열 분 그리고 늦은 밤까지 시청해 주신 시청자 여러분 편안한 일요일 맞이하시길 바랍니다.

11부

찾아보기 쉬운
청구도에서
이어보기 편리한
대동여지도로

사회자 안녕하십니까. 역사방송 아나운서 안시리 인사드립니다. 지난주에는 김정호 선생님께서 만들어 세 번째 청구도에 수록한 세계 최고의 찾아보기지도[索引圖]의 개발 과정과 특징에 대해 들었는데요, 이번 주에는 세 번째 청구도에 대한 소비자의 항의와 문의를 계기로 새롭게 만들어 낸 네 번째 청구도 이야기를 해 주신다고 하셨는데요, 무척 기대됩니다. 오늘도 우리 프로그램의 멋진 양념이 되어 역사와 지도 이야기를 맛깔나게 만들어 줄 역사 도우미 개그맨 궁금 씨와 청중 열 분이 자리를 함께해 주셨습니다. 환영합니다.

궁금 안녕하세요. 역사 도우미 개그맨 궁금입니다. 안시리 아나운서의 말씀처럼 멋진 양념으로 맛 깔난 이야기를 만들어드리는 역할에 더욱 충실할 수 있도록 오늘도 집중 집중하도록 하겠습니다.

사회자 네, 감사합니다. 그럼 오늘도 재밌고 흥미진진한 역사와 지도 이야기 소개해 주실 김정호 선생님을 모시겠습니다. 큰 박수로 맞아주십시오.

김정호 안녕하세요. 김정홉니다. 이 프로그램에 처음 출연하기 위해 매서운 북서계절풍의 찬바람 을 맞으며 역사방송국 건물로 들어오던 것이 엊그제 같은데 벌써 봄이 막 시작되려나 봅니다. 어 제는 전국적으로 봄비가 흠뻑 내려 겨울 가뭄이 해소되었다는 기쁜 소식도 있었는데요, 첫 출연 자로서 이 프로그램이 역사의 봄비가 될 수 있도록 노력하겠다는 말씀드려 봅니다.

사회자 네, 감사합니다. 그럼 이제 '역사 환생 인터뷰 김정호 편'의 열한 번째 시간을 시작하도록 하 겠습니다. 궁금 씨 준비해 오신 멋진 질문으로 첫 포문을 열어 주시기 바랍니다.

1 서울을 자세하게 그려 넣다

궁금이 지난주까지 제가 첫 질문의 포문을 여는 역할을 계속해 왔는데요, 오늘은 유난히 어려운 느낌입니다. 미리 공부를 해 오긴 했습니다만 네 번째 청구도에 대한 구체적인 지식이 부족한 저로서는 좀 어려워서 뭘 어떻게 질문해야 할지 막막합니다. 그래도 제가 어떻게든 말문을 트는 역할을 해야 하니까 질문을 드리면요, 혹시 세 번째 청구도에서 가장 혁신적이었던 찾아보기지도에 대해 더 혁신적인 어떤 개선이 있었을지도 모른다는 생각이 드는데요…. 선생님…, 자신이 없습니다…. 그냥 이 정도의 질문에 대한 대답으로 오늘의 이야기를 시작하시면 어떨까 하는데요?

김정호 자신이 없어 하는 모습을 보니, 궁금 씨도 대답을 어느 정도 예상했을 것 같은데요, '그런 일은 없었다!' 입니다. 저도 혹시나 해서 네 번째 청구도를 만들 때뿐만 아니라 죽을 때까지 틈틈이 청구도의 찾아보기지도에 어떤 문제점이 없나 이리저리 뜯어보긴 했는데요, 더 이상의 문제점을 발견할 수 없더라고요.

궁금이 예…. 저도 그럴 거라는 걸 예상하고 질문을 드린 건데요…. '역시나!' 이군요. 그러면 선생님, 네 번째 청구도 이야기는 어떤 것부터 풀어 가실 것인지….

김정호 궁금 씨가 난처해하시니 오늘은 그냥 제가 시작할게요. 세 번째 청구
도에 대한 항의와 문의를 받으면서 전면 재검토할 생각을 먹은 후 정말 찬
찬히 그리고 꼼꼼하게 살펴보니까 여러 측면이 눈에 들어오더라고요. 그중
에서 첫 번째가 서울의 구석구석을 보고 싶은 사람들이 많은데 청구도로는
그것을 알 수가 없다는 사실이었어요.

사회자 아…, 그거요?

김정호 예? 뭐가 그거요? 전 말한 게 없는데요….

사회자 선생님의 말씀을 듣자마자 10만:1 도로지도 뒤쪽에 지도의 이용자들
이 많이 보고 싶어 하는 서울, 부산, 대전, 대구 등 주요 대도시 지역의 지도
가 10만:1보다 여덟 배나 자세한 25,000:1 축척으로 수록되어 있다는 사실
이 갑자기 떠올라서 말씀드린 겁니다. 10만:1의 축척으로는 크기가 작아서
구석구석 알 수가 없거든요.

김정호 제가 말하려고 했던 게 바로 그거예요. 제 청구도가 조선에서 가장 자
세한 지도라고 하나 서울의 모습은 엄지손톱보다 약간 크게 그려져 있을 뿐
이에요. 그러니 서울의 구석구석을 알고 싶은 사람은 만족할 수가 없죠. 당
시 서울을 자세하게 그린 낱장 지도가 꽤 많이 이용되고 있었는데요, 그건
수요가 많다는 의미잖아요. 그래서 그걸 제 청구도 속으로 끌어들이면 더
많은 사람들이 청구도에 관심이 많아질 것이란 생각이 들었고요, 그렇게 하
려면 모든 지역에 동일한 축척을 적용해야 지도답다고 생각해 왔던 저의 도
그마를 바꾸어야 했어요.

사회자 그러면 서울 전체를 자세하게 그려서 네 번째 청구도에 담아냈나요?

네 번째 『청구도』 찾아보는 방법
규장각한국학연구원에 네 번째 『청구도』가 '청구요람(古4709-21A)'으로 소장되어 있는데, 규장각한국학연구원
의 홈페이지에서 '바로가기 구(舊) 원문검색서비스 → 고지도 → 필사본(방안식) → 청구요람'의 순서로 찾아가면
원문 이미지를 볼 수 있다.

김정호 서울을 그려 넣기로 했지만 서울 전체를 자세하게 그려서 넣을까 말까 고민을 꽤 했어요.

궁금이 왜요? 그냥 그려서 넣으면 되지 않나요?

김정호 그게 말이 쉽지 실제로는 그렇지 않았어요. 당시 한성부 관할의 서울 구석구석을 알아볼 수 있는 서울지도를 그리면 지도가 상당히 커지는데요, 그것을 청구도 크기로 잘라서 넣으면 한 50쪽은 넘을 거예요. 그렇다면 우리나라 전체의 지도책이 아니라 마치 서울의 지도책처럼 되어 버릴 수도 있잖아요. 그래서 꽤 고민할 수밖에 없었는데요, 이런 문제 때문에 당시의 많은 낱장 서울지도가 인구와 기능이 밀집한 도성 안은 크고 자세하게, 인구와 기능이 희박한 도성 밖 성저십리(城底＋里) 지역은 상대적으로 작고 자세하지 않게 그려서 하나로 합하는 방법을 사용했어요. 그런데 저는 동일한 공간에 대해 이렇게 다른 축척을 적용하는 방법을 용납하지 못하겠더라고요. 그렇다고 50쪽이 넘어가는 서울지도를 청구도에다 그려 넣기도 꺼려졌고요.

궁금이 그래서 어떻게 하셨어요?

김정호 답은 간단하게 내렸어요. 인구와 기능이 밀집하여 사람들이 관심이 많은 도성 안 전체와 도성 밖의 일부만 그려서 넣자! 그렇게 했더니 청구도 안에 여덟 장만 그려 넣으면 되더라고요.

사회자 단순하게 생각하면 잘 정리되는 거네요.

김정호 맞아요. 사람들이 관심이 많은 지역만 그려 넣자! 이렇게요. 그렇게 여덟 장의 서울지도를 그려 넣기로 했는데요, 또 하나 문제가 생겼어요. 네 장은 도성의 북쪽, 나머지 네 장은 남쪽을 그린 것인데요, 책 한 권에 모두 넣으면 북쪽과 남쪽을 연결해서 볼 수가 없잖아요. 다행히 이 문제는 그 이전에도 많이 접했던 것이라서 곧바로 해결했는데요, 북쪽 네 장은 1책에, 남쪽 네 장은 2책에 넣는 방법이었어요. 그리고 서울지도가 메인이 되어서는 안

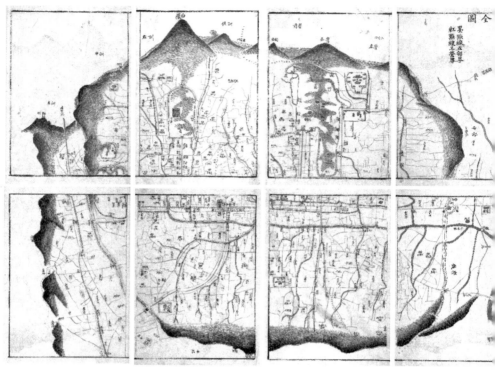

네 번째 청구도에서 여덟 장으로 구성된 서울지도, 청구요람(古4709-21A), 규장각한국학연구원

되기 때문에 조선의 찾아보기지도인 본조팔도주현총도의 다음에 넣기로
했어요. 한번 구경해 보시라고 이미지를 준비해 봤습니다.

궁금이 여덟 장을 한꺼번에 보니 진짜 서울 도성 안을 다 볼 수 있네요.

김정호 맞아요. 다만 지금은 한 면 한 면 이미지를 따서 넣은 것이니까 그렇게
볼 수 있는 거고요, 실제로는 책으로 묶여 있으니까 동서로는 두 면밖에 볼
수가 없어요. 그래서 남북으로도 연결해서 볼 수 있도록 각각 다른 책에 수
록하는 방법으로 총 네 면을 연결해서 볼 수 있게 만들었어요.

사회자 현대의 대중 지도책에 나오는 방법이 네 번째 청구도에 적용된 모습을
보니까 역시 선생님은 '근대를 들어 올린 거인' 맞는다고 말씀드릴 수밖에

없습니다.

김정호　아휴~ 자꾸 쑥스럽게…. 일제강점기의 지도책에서도 이런 방법이 적
　　　용된 사례를 찾기는 어렵지 않은데요, 아무튼 제가 생각해 낸 아이디어가
　　　일제강점기와 현대의 지도책에 동일하게 들어가 있다는 사실을 하늘나라
　　　에서 알고 나서 마음이 상당히 뿌듯했던 것은 사실이에요. 지도책을 만든
　　　원리가 같으면 아이디어도 비슷하구나! 이런 것….

2

산줄기를 없애다

사회자 선생님, 바로 그것이 '근대를 들어 올린 거인'의 모습입니다. 그러니 너무 거부하지 않으셔도 된다고 봅니다.

김정호 아휴~ 제 입으로 말하면 좀 그렇지만 여러분들이 말하는 것까지 말리지는 않을게요. 그렇게 서울지도를 자세하게 그려 넣는 아이디어를 실현시키고 나서 또 재검토에 들어갔는데요, 오랜 장고 끝에 엄청나게 큰 변화를 주었어요. 세 번째와 네 번째 청구도 개성 지역을 동시에 보여 드릴 테니까 어떤 변화였는지 궁금 씨가 한번 맞혀 보세요. 화면 띄워 주시죠.

궁금이 선생님, 너무 쉽지 않나요? 세 번째 청구도에는 산줄기가 가득하고요, 반면에 네 번째 청구도에는 산줄기가 없잖아요.

김정호 하하하! 궁금 씨가 정확히 맞혔어요. 실제 눈으로 보면서 비교해 보니까 쉽죠? 신경준 선생의 지도책이든, 그것을 이용하기 편리하게 개선한 해동여지도 3책이든, 그리고 제가 만든 동여도와 조선도, 그리고 세 개의 청구도 모두 산줄기를 중요하게 그렸어요. 그런데 네 번째 청구도에서는 산줄기를 빼 버렸으니 엄청난 변화라고 생각할 수밖에 없지 않나요?

궁금이 그렇게 설명을 하시니까 엄청난 변화라는 말이 쉽게 다가오는데요? 그런데 선생님, 왜 그 전에는 계속 산줄기를 그렸나요?

세 번째 청구도, 청구도(古4709-21), 규장각한국학연구원 　　네 번째 청구도, 청구요람(古4709-21A), 규장각한국학연구원

김정호 풍수가 과학적이니 미신이니 의견들이 분분한데요, 과학적이든 미신이든 조선에서는 수도, 고을, 궁궐, 관아, 마을, 집, 무덤 등 풍수가 적용되지 않은 곳이 없었어요. 실제로는 풍수가 빵점이라고 하더라도 어떻게든 백점에 가깝게 만들려고 했던 나라가 조선이었고요, 그 풍수에서 가장 핵심이 되는 것은 지기(地氣)가 흐른다고 생각한 산줄기였어요. 그래서 조선의 자세한 지도에서는 산줄기를 그 어떤 정보보다도 눈에 띄게 그렸는데요, 이것은 다른 나라나 문명권에서는 찾아볼 수 없는 우리나라 지도만의 특징이에요. 만약 자세한 지도책에서 산줄기를 그리지 않으면 사람들이 외면해 버렸어요. 그러니 많이 파는 것을 목적으로 삼았던 저의 지도책에서도 당연히 산줄기를 강조해서 그리지 않으면 안 되었다는 것을 충분히 이해할 텐데요, 그럼에도 네 번째 청구도에서는 산줄기를 없애 버렸어요. 왜 그랬을까요?

사회자 답은 앞에서 보여 주신 두 지도의 차이에 있지 않을까 하는데요, 가만히 보니까…. 아…, 저거네요. 세 번째 청구도에는 글씨가 별로 없는데 네 번째 청구도에는 글씨가 빼곡한 것… 맞나요?

김정호 예, 맞아요. 네 번째 청구도에서는 글씨를 빼곡히 쓰기로 했는데요, 세 번째 청구도처럼 산줄기까지 그려 넣으면 너무 복잡해지는 거예요. 어떻게 해야 하나 고민 많이 했어요. 산줄기를 없애자니 풍수를 당연하게 여기는 사람들에게 외면받을 테고, 산줄기를 그냥 두자니 글씨를 빼곡히 쓰기 어렵고…. 고민 고민 하다가 산줄기를 없애는 쪽으로 결론을 내렸어요.

사회자 산줄기를 없애면 사람들의 외면을 받을 가능성이 크다는 것을 아시면서도 그렇게 했다는 것은 글씨를 빼곡히 써야 하는 이유가 더 컸기 때문이라는 의민데요, 도대체 어떤 내용이었길래 그랬는지 엄청 궁금한데요?

김정호 궁금하죠? 그렇게 중요한 산줄기 정보까지 없애버리면서까지 써넣으려 했던 게 뭘까? 지난주인가요? 아니면 지지난주인가요? 막상 주문 판매를 해 보니까 청구도의 주 고객이 양반 지식인이었고, 그런 양반 지식인들 사이에 우리나라 역사에 대한 관심이 아주 많았다고도 했잖아요. 그래서 청구도에 우리나라 역사에 대한 정보를 많이 넣어 주면 좋겠다는 판단을 내리게 되었는데요, 역사 정보 외에도 지형이 특이하거나 바다를 운항하는 배의 운송에 중요한 정보 등도 찾아서 넣기로 했어요. 그러다 보니까 써넣어야 할 글씨가 엄청 많아졌고, 결국엔 그 중요한 산줄기까지 없애게 된 거예요.

궁금이 그러면 양반 지식인에겐 산줄기에 대한 정보가 별로 필요 없었나요? 실학자들이 풍수에 비판적이었다는 이야기를 들은 적이 있어서요….

김정호 역시 역사 도우미 궁금 씨다운 질문입니다. 공부 많이 했네요. 하지만 실제로는 그렇지 않았어요. 개인적인 글에서는 풍수에 비판적인 실학자가 없는 것은 아니었으나 집안이나 사회적 분위기 차원에서 풍수를 전면 거부할 수 있는 실학자는 없었다고 보면 돼요. 만약 그런 실학자가 있었다면 아무리 뛰어난 사람이라고 하더라도 집안에서, 더 나아가 양반 사회에서 완전히 매장당했을 테니까요. 긍정과 부정을 떠나서 풍수에 대한 믿음이 그만큼 강했던 시대가 바로 그 시기였다는 것은 부정할 수 없는 사실이에요.

궁금이 그러면 선생님, 네 번째 청구도에서 아무리 역사 정보를 풍부하게 제공하려는 좋은 의도라고 하더라도 산줄기를 없앤 것이 양반 지식인 사이에 환영받기가 어려웠다는 것인데요….

김정호 맞아요. 아무리 제 의도가 좋더라도 환영받기 어려웠고요, 저도 그 사실을 잘 알고 있었기 때문에 대안을 마련했어요.

사회자 대안요? 지도 위에는 산줄기가 없는데요, 대안이 있을 수 있나요?

김정호 지도만 보면 당연히 그렇게 생각될 거예요. 지도 위에는 산줄기를 없앴는데 지도 이용자들에겐 산줄기의 정보가 필요하다…, 그렇다면 산줄기가 없는 지도 위에서 산줄기 찾아내는 방법을 설명문 형식으로 청구도의 앞쪽에 써 주면 되겠다…, 이렇게 생각한 거예요.

사회자 산줄기 찾아내는 방법을 글로 써 준다는 것인데요, 어떻게 찾을 수 있는지 잘 상상이 안 가는데요? 선생님께서 설명해 주셔야 할 것 같습니다.

김정호 원리가 아주 단순하기 때문에 조금만 들어보면 아주 쉬워요. 물줄기는 산줄기를 넘지 못하기 때문에 돌아가잖아요. 똑같은 원리로 보면 산줄기도 물줄기를 넘지 못하기 때문에 돌아가고요. 그러니 물줄기 사이에는 산줄기가 있는 것이고, 산줄기 사이에는 물줄기가 있는 거예요. 네 번째 청구도에도 물줄기는 그려 넣었기 때문에 산줄기를 찾고 싶다면 물줄기 사이에 산줄기가 있다고 생각하면서 연결하면 돼요. 군데군데 유명한 산을 높이나 웅장함의 정도에 따라 3~4개의 산봉우리를 겹친 모양으로 그려놓았으니 물줄기 사이에 있는 그 산봉우리들을 연결하면 산줄기를 훌륭하게 찾아낼 수 있어요. 신경준 선생이나 저의 지도책에 그려져 있는 산줄기도 다 그런 원리로 그려 넣은 거예요.

3 지도책에 대한 설명문, 청구도범례를 써서 가장 앞쪽에 수록하다

사회자 선생님의 설명을 들으니까 산줄기와 물줄기를 찾아내는 원리가 아주 단순하고 쉽네요. 그동안 지도책 안의 우리나라 전국 방방곡곡에 거미줄처럼 그려진 산줄기를 보면서 '산줄기를 어떻게 저렇게 자세하게 그릴 수 있었지? 직접 답사해서 조사하지 않고는 그릴 수 없었을 거야…' 이렇게 생각하신 분들이 대다수였을 거라고 보는데요, 선생님의 설명을 들어 보면 단순하고 쉬운 원리를 괜히 복잡하고 어렵게 생각해서 그런 거였네요.

김정호 네, 맞아요. 이야기 계속하면요, 그런데 이렇게 역사 정보를 강조하는 과정에서 오히려 세 번째 청구도의 역사 지도가 문제가 될 수도 있겠다는 판단이 들었어요. 우리나라의 역사에 대한 양반 지식인들의 지식이 대단하더라고요. 저도 그분들 못지않게 역사 자료를 충분히 참고하고 검토한 후 동방제국도(東方諸國圖), 사군삼한도(四郡三韓圖), 삼국전도(三國前圖)를 그려서 세 번째 청구도에 넣었다고 생각했는데요, 그 지도들을 보고 이의를 제기해 오는 분들이 있더라고요. 그래서 어떻게 해야 하나 고민하게 되었는데요, 일단 그 시기에 대한 역사 저술을 수소문하여 찾을 수 있는 한 다 찾아서 읽어 봤어요. 그랬더니 양반 지식인들 사이에 그 시기 나라의 위치나 국경선에 대해 서로 다른 의견이 꽤 있는 거예요. 이걸 어떻게 해야 하나 고민했는데요, 제가 '이건 맞고 저건 틀리다'라고 단언하기 어렵다는 결론을 내렸어요. 그래서 네 번째 청구도에서는 세 개의 지도를 아예 싣지 않기로 결정했어요.

궁금이 선생님의 그 지도들이 틀렸다고 생각했기 때문이 아니라 여러 견해 중 어느 것이 맞는다고 단언하면 문제가 될 것 같아서 싣지 않았다는 말씀으로 들리네요.

김정호 역시 궁금 씨네요. 맞아요. 저도 충분히 참고하고 검토해서 그린 것이니까 틀렸다고는 생각하지 않았어요. 다만 틀릴 가능성이 있기 때문에 여러 견해를 존중해서 잠시 보류하자는 의미였다고 보면 돼요. 네 번째 청구도를 내고 나서도 계속 검토해 봤는데요, 저의 세 지도가 틀렸다는 확증을 찾아낼 수 없더라고요. 그래서 나중에는 다시 청구도에 넣었어요.

궁금이 예? 그러면 청구도를 또 하나 만들었다는 건가요?

김정호 궁금 씨, 왜 놀라요? 지난주 말미에 이야기했잖아요. 오늘 네 번째와 다섯 번째 청구도 이야기를 하겠다고….

궁금이 아…, 말씀하시니까 기억이 납니다.

김정호 다섯 번째 청구도는 조금 나중으로 미루고요, 네 번째 청구도를 마무리 짓기 위해 몇 가지 더 이야기할게요. 지난주에 세 번째 청구도에서는 일반 양반이나 관청에서 주문 판매 요청이 생각보다 적어서 그들에게 필요하다고 생각했던 호(戶)·곡(穀)·군(田)·병(兵)의 통계 정보와 서울과 고을 사이의 거리 정보[京], 지방관의 이름을 한 글자로 써넣은 것을 삭제해 버렸다고 했는데요, 청구도를 구매해 간 양반 지식인들로부터 '굳이 왜 뺐느냐'는 반응이 꽤 있었어요. 자신들이 지식인인 근본 이유는 국가의 경영에 참여하든 안 하든 나라를 부강하게 만들고 백성의 삶을 윤택하게 하는 목적이라는 점을 강조하더라고요. 당시의 지식인들은 연구와 정치를 분리하지 않았는데 요즘의 지식인들처럼 연구가 주 목적이었던 것으로 제가 잠시 착각했던 거죠. 그래서 네 번째 청구도에서는 호(戶)·곡(穀)·군[田]·병(兵)의 통계 정보와 서울과 고을 사이의 거리 정보[京]를 고을의 빈 공간에 다시 써넣기로 했어요. 또한 고을에 파견된 지방관의 이름도 중심지 주변에 한 글자로 써넣기로 했는데요, 이렇게 하면 굳이 서로 구분하는 기호를 사용할 필요가 없어서 고을의 기호는 큰 사각형으로 통일했어요. 이왕 하는 것 군사기지인 진보(鎭堡)에도 파견된 무관의 이름 중 한 글자를 작은 사각형 안에 僉(첨, 종3품 첨사), 万(만, 종4품 만호), 將(장, 종9품 별장), 管(관, 종9품 권관)으로 써넣었고요, 창고와 목장에도 작은 사각형 안에 倉(창), 牧(목) 등의 한자를 써 주는 방식으로 통일했어요. 첫 번째와 두 번째 청구도에서 세분했던 기호를 세 번째 청구도에서는 너무 번잡하여 오히려 이해에 방해가 된다고 여겨서 많이 줄였는데요, 네 번째 청구도에서는 더 줄이고 단순화시킨 거예요. 강화도 부근의 사례 간단하게 보여 드리죠.

사회자 통계 정보를 새로 써넣었다가 삭제하고 그리고 다시 부활시키고…, 참고했던 지도책보다 기호의 종류를 세분했다가 점점 단순화시키고…, 선생님의 판단이 시공간을 초월하여 항상 최고는 아니라는 반증으로 보입니다. 이용자들의 정보 욕구를 무엇으로 이해하느냐에 따라 유연하게 바뀔 수 있

네 번째 청구도에서 기호를 단순화한 사례(강화 부근), 청구요람(古4709-21A), 규장각한국학연구원

는 것, 이게 핵심인 것 같은데요, 지도 출판사의 사장님이셨기 때문에 유연한 사고의 기본은 수요자의 경향에 대한 관찰과 피드백이었다는 사실이 아주 인상적이었습니다. 이후의 작품들에서는 또 어떻게 바뀔지, 그리고 바뀌었다면 그 이유가 무엇이었을지 더 궁금해집니다.

김정호 네, 아주 정확하게 정리해 주셨네요. 다시 본 이야기로 돌아가면요, 지난주에 이야기했던 이용자들의 항의와 문의, 그리고 오늘 이야기했던 서울 지도, 역사 지도, 통계 등등 청구도란 지도책의 내용을 이해하는 데 필요한 여러 가지에 대한 설명문을 모아서 청구도범례(靑邱圖凡例)란 이름을 붙여 1책의 가장 앞쪽에 넣어 주기로 했어요. 그리고 이왕 이렇게 된 것 청구도범례의 가장 앞쪽에는 『국조보감(國朝寶鑑)』 등의 자료에서 찾아 정리한 우리나라 지도 제작의 간단한 역사, 제가 참조했던 해동여지도의 문제점, 청구도가 그 문제점을 어떻게 극복했는지의 이야기를 써서 배치했어요. 궁금하실 것 같아서 청구도범례의 첫 두 면을 보여 드릴게요.

사회자 혁신이네요. 청구도와 같은 형식의 지도책은 그 당시에는 최초의 것이

네 번째 청구도의 청구도범례, 청구요람(古4709-21A), 규장각한국학연구원

었잖아요. 그러니 이용자들이 이해하기 어렵거나 오해할 만한 측면이 있을 수 있고, 지난주에 말씀하셨던 이용자들의 항의와 문의가 그것을 잘 보여주는 것이 아닌가 합니다. 이런 문제에 대한 대응이 이용자가 이해하기 어렵거나 오해할 만한 것에 대한 자세한 설명문을 모아 놓은 청구도범례의 수록이었으니…. 누구도 생각하지 못했던 것을 하신 것이니 혁신이라 말하지 않을 수 없습니다.

김정호 그래요? 혁신이라고까지 생각지는 못했는데요, 안시리 아나운서가 그렇게 말하니까 그럴 수도 있겠다는 생각이 듭니다. 제3자의 관찰이 더 정확할 때가 있으니까…. 혁신…, 맞아요. 맞는 것 같습니다.

4   더 정확한 지도, 더 자세하고 체계적인 지리지를 국가에 부탁하다

사회자 하하하! 선생님이 제 의견을 받아주시니까 신기합니다. 상대방의 의견
이 합리적이라고 여겨지면 받아들이는 것도 빠르시네요. 이제 청구도범례
이야기는 이 정도로 충분히 이해되었을 것 같은데요, 그럼 다음 이야기는
무엇인가요?

김정호 안시리 아나운서가 청구도범례 이야기가 이 정도면 충분히 이해되었
을 것 같다고 말했지만 아직 더 남아 있습니다.

궁금이 더요? 청구도에서 이해하기 어려웠던 것이 더 있다는 말씀인가요?

김정호 아니요. 청구도에 수록된 정보의 이해 이야기는 다 했고요, 청구도 자
체의 한계를 극복하기 위한 이야기가 아직 남아 있다는 말이었어요.

사회자 선생님, 청구도 자체의 한계라고요? 세계 최고의 찾아보기지도가 들
어가 있고, 청구도에 수록된 정보의 이해를 위한 자세한 설명문도 달려 있
고…. 선생님께서 늘 중요하게 여기시는 이용의 관점에서 이보다 더 훌륭하
기는 어려울 것 같습니다. 그런데도 청구도 자체의 한계가 있다는 말씀이
와 닿지가 않는데요?

김정호 하하하! 안시리 아나운서에게 '이용의 관점'이란 말이 완전히 정착된
것 같아서 기분이 좋네요. 그동안 우리나라의 지도 역사를 이해할 때 잊고

있었던 '이용의 관점', 이것은 아무리 강조해도 지나치지 않다고 말씀드리고 싶고요, 제가 제작했던 지도책과 낱장 지도를 제대로 이해하기 위한 핵심도 바로 그 '이용의 관점'에서 보는 것이죠. 하지만 그렇다고 해서 그동안 중요하게 여겨 왔던 지도의 정확함이란 관점이 중요하지 않다는 이야기는 아니죠. 정확한 지도를 제작하고 싶은 지도 제작자라면 가슴속 깊이 더 정확하게 만들고 싶은 욕구를 늘 품고 있거든요. 저도 더 정확하게 만들고 싶어서 기존의 지도와 지리지를 최대한 수집해서 비교 검토했고요, 그 결과물로 『동여편고(東輿便考)』(2책), 『동여도지(東輿圖志)』(20책), 또 다른 『동여도지』(3책)의 편찬을 다섯 번의 청구도 제작과 동시에 진행했어요. 하지만 더 정확하게 지도를 제작하는 데 기존의 지도와 지리지만으로는 해결할 수 없는 것이 있었는데요, 바로 위치, 거리, 방향 등등에 대한 청구도의 내용이 맞는지 틀리는지 제가 직접 확인하기 어렵다는 거였어요.

궁금이 왜요? 선생님이 직접 답사해 조사하면서 확인하면 되는 것 아닌가요?

김정호 맞아요. 제가 직접 답사하여 조사하면서 확인하는 방법이 최고예요. 하지만 그게 쉽나요? 충분한 자금과 시간이 있다면 가능해요. 저도 가난뱅이가 아니었고 최한기 선생 같이 부유한 친구도 있었으니까 충분한 자금은 어떻게든 모을 수 있었다고 쳐도 저에겐 충분한 시간을 마련할 방법이 없었어요.

궁금이 혹시 전국을 다 답사하여 조사하면서 확인하는 것이 평생을 바쳐도 쉽지 않은 일이어서 그랬던 건가요?

김정호 그건 아니에요. 충분한 자금만 있다면 길면 15년, 짧으면 10년 정도의 시간만 집중적으로 투자하면 가능했을 거예요.

궁금이 그러면 하면 되지 않나요?

김정호 맞아요. 하면 되지요. 하지만 문제는 저에겐 그렇게 긴 시간을 투자할 여력이 없었다는 거예요. '더 정확하게 만드는 것', 당연히 중요해요. 하지만 지도 출판사 사장으로서 저에게 그것보다 더 중요한 건 저의 가족과 직원 가족이 먹고살기 위해, 그리고 웬만하면 잘 먹고 잘살기 위해 이용하기 편리하여 잘 팔릴 수 있는 지도 상품을 지속적으로 만들어 내는 것이었다는 이야기를 여러 차례 했잖아요. 가족들을 굶주리게 하면서까지 더 정확한 지도를 만드는 데 집중할 필요성이 있을까요? 더군다나 신경준 선생의 지도책이 정확성에서 100%는 아니더라도 상당히 높은 수준이어서 이용하는 데 불편할 정도는 아니었고요, 그것이 해동여지도 3책을 거쳐 저의 청구도에까지 그대로 이어졌기 때문에 '더 정확하게 만드는 것'에 대한 욕구가 아주 절실하진 않았죠. 그래도…, 그래도 말이죠…. 혹시 제가 자금과 시간을 직접 투자하지 않아도 가능한 방법이 있다면 더 정확한 지도를 만들고 싶은 욕구가 밖으로 확 분출될 수 있는 것 아니겠어요?

사회자　그러면 선생님이 자금과 시간을 직접 투자하지 않아도 가능한 방법을 생각해 냈다는 의미네요.

김정호　맞아요. 생각해 냈어요.

사회자　와~ 그게 뭐였는지 정말 궁금한데요?

김정호　전국적인 탄탄한 행정망을 갖고 있는 국가에 부탁하는 거였어요. 그렇다고 제가 정확한 지도 제작 기획서 같은 것을 가지고 높은 관청을 찾아가서 설명하며 부탁한다고 해서 될 거라고 생각한 바보는 아니었다는 것, 알고 있겠죠? 평민이 아무리 똑똑하고 훌륭해도 국가에서 그런 부탁을 들어줄 리 없다는 것, 저는 잘 알고 있었어요. 하지만 혹시…, 혹시라도 말이죠…. 높은 관청의 판서나 참판급의 인물이 제 청구도를 자세히 보고 감탄하는 상황이 벌어진다면 달라질 수도 있지 않을까…. 이런 기대감이 생기는 거예요. 나중엔 헛된 기대감이었음이 확인되었지만 그땐 한번 기대감을 갖게 되니까 자꾸 가능할 거라는 생각에 점점 빠져드는 거예요.

궁금이　선생님, 그래서 어떻게 하셨어요?

김정호　제가 생각해 낸 방법은 청구도범례에 그런 부탁을 기록해 놓는 거였어요. 만약 판서나 참판급의 인물에게까지 제 청구도가 들어가게 된다면 제 청구도의 훌륭함을 보고 감탄하는 상황이 발생할 것이고, 그러면 청구도범례에 기록되어 있는 그런 부탁에 주목해서 들어줄 수도 있지 않을까 이렇게 생각한 거예요. 혼자만의 상상이 자꾸 더해지면서 현실의 실제 상황으로 착각하기 시작한 거죠. 어쨌든 그래서 글을 쓰기 시작했는데요, 먼저 국가에서 제 청구도에 있는 고을 부분을 한 장씩 만든 후 전국 모든 고을에 내려보내면 그곳을 잘 아는 고을의 관리나 향리들이 잘못된 것을 다 수정하면 된다고 썼어요. 그리고 고을에는 정확한 지도 제작의 전문가가 없는 현실을 고려하여 지도를 정확하게 수정하는 방법을 자세하게 적어놨어요. 그중에서 가장 강조한 것이 10리 간격의 원을 그려서 거리를 정확하게 표시하는 방법, 4개가 아니라 12개의 방향을 측정하여 방향을 정확하게 잡는 방법, 산의 높이나 웅장함에 따라 겹쳐진 봉우리의 수를 달리하는 방법 등이에요. 하지만 이렇게 글로 설명해도 쉽게 이해하지 못하는 경우에 대해서도 대비해야 했고요, 그래서 정확한 지도 그리는 방법을 '지도식(地圖式)'이라는 그림으로도 그려놓았어요. 궁금할 것 같아서 지도식 이미지를 준비했어요.

사회자 지방의 고을에 지도 제작 전문가가 없는 현실까지 고려하셨다니…. 게다가 글로만 하면 이해하기 어려울 수도 있어서 지도식이라는 그림으로까지 그려주셨다니…. 선생님, 해 달라고 주장만 하는 것이 아니라 현실을 면밀히 관찰한 후 어떤 상황에도 대비하려는 모습, 정말 주도면밀하시네요.

김정호 주도면밀하다기보다는 당연하고 자연스러운 것 아닌가요? 정확한 지도 제작 전문가가 없는데 정확하게 수정해 달라고 하면 그게 너무 무례한 것 아닌가요? 어쨌든 한때는 지도식이 제가 청구도를 그린 방법이라고 소개된 적이 있었는데요, 저는 청구도범례에 분명히 청구도의 기본 정보는 해동여지도 3책의 것을 그대로 따랐으며 지도식은 제 청구도를 정확하게 수

다섯 번째 청구도의 지도식, 청구도(한貴古朝61-80), 국립중앙도서관

정하는 방법의 그림이라고 써 놓았어요. 그럼에도 오해를 한 것에 대해 저는 잘 이해가 안 가지만 이미 다 지난 일이니 앞으로는 그런 오해를 하지 않았으면 좋겠어요. 그리고 이왕 국가에 부탁하는 것 지도의 정확한 수정뿐만 아니라 지리지의 체계적인 편찬을 요청하는 글도 써서 넣었어요. 이미 앞에서 이야기했지만 그때 저는 기존의 지도와 지리지를 최대한 수집하여 필요 없는 항목이나 내용은 없애거나 줄이고, 서로 비교하여 틀리거나 바뀐 내용을 수정하여『동여편고』(2책),『동여도지』(20책), 또 다른『동여도지』(3책)를 편찬한 상태였어요. 그런 지리지를 편찬할 때마다 당시의 상황에 가장 적합한, 제가 진정으로 원하는 항목과 내용의 체계적인 지리지를 처음부터 다시 만들고 싶은 욕구가 마음속에서 늘 부글부글 끓고 있었는데요, 바로 이때다

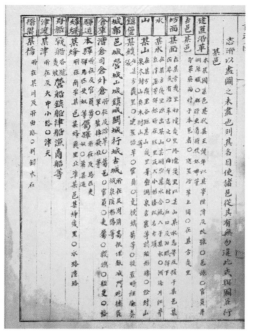

다섯 번째 청구도의 청구도범례, 청구도(한貴古朝61-80), 국립중앙도서관

하고 청구도범례에 써넣은 거예요. 물론 지리지 편찬의 전문가도 고을에는 없는 현실을 고려하여 어떤 항목을 어떤 방식으로 써야 하는지에 대해 아주 세세하게 서술했어요. 이것도 궁금해할 것 같아서 이미지를 하나 준비했습니다.

5 　　　　　　　　　　생각보다 평이 좋지 않았다

궁금이 국가에서 선생님의 부탁을 들어 주었나요?

김정호 지도에 대한 제 부탁을 국가가 들어 주지 않은 것처럼 지리지도 마찬
가지였어요.

궁금이 너무 아쉽네요. 선생님의 진심을 국가가 들어 주었다면 좋았을 텐데….

김정호 궁금 씨, 너무 아쉬워하지 말아요. 저는 조선이란 국가가 잘못했다기
보다는 제 욕심이 과했다고, 아니 제 상상이 너무 많이 나갔다고 봐요. 지금
와서 생각해 보면 국가에서나 사회에서나 그때는 제가 원했던 만큼의 정확
한 지도나 체계적인 지리지가 굳이 필요하지 않았어요. 왜냐하면 그렇게 정
확한 지도와 체계적인 지리지가 없다고 해도 국가와 사회가 작동하는 데는
아무런 문제가 없었거든요. 그러니 조선이란 국가가 굳이 행정력을 소비하
면서까지 저의 부탁을 들어줄 필요는 없었던 거죠.

사회자 선생님이 많이 서운해하셨을 줄 알았는데 전혀 예상하지 못한 답을 하
시니까 너무 놀랐습니다. 현실에 대한 예리한 분석과 있는 그대로의 현실에
대한 인정…. 참 이것도 쉽지 않은 것인데요. 그렇다고 더 정확한 지도의 제
작과 더 체계적인 지리지의 편찬은 포기하신 것은 아니셨죠?

김정호 하하하! 안시리 아나운서가 제가 어떻게 대답할지 미리 예상하고 있는

듣하네요. 맞아요. 포기하지 않았죠. 비록 국가에 부탁했던 수준까지는 아니더라도 기존의 풍부한 지도와 지리지에 대한 비교 검토를 통해 제가 직접 하면 되는 것이었으니까요. 나중에 자세히 이야기할 것이지만 실제로도 그렇게 했어요.

사회자 그러실 줄 알았습니다. 그게 선생님다운 모습이시죠. 이제 오늘 주어진 시간이 벌써 2/3가 넘어서 청중분들에게 질문의 기회를 드려야 할 것 같습니다. 앞줄 끝에 앉아 계신 분 질문해 주십시오.

청중 1 저는 경남 거제시의 기성고등학교에 재직하고 있는 지리 교삽니다. 조금이라도 더 많은 이야기를 듣고 싶어서 다른 이야기는 다 생략하고 곧바로 질문드리겠습니다. 선생님, 네 번째 청구도의 성적은 어땠나요?

김정호 하하하! 직설적으로 물어오시니, 저도 시간을 절약하기 위해 직설적으로 대답해 드리겠습니다. 여기서 성적이란 얼마나 팔렸느냐 이것을 물어보신 것으로 생각하는데요, 성적이 저조했습니다.

청중 1 예? 이용자의 상황을 그렇게나 많이 고려했는데도요?

김정호 양반 지식인들에게 많이 필요하다고 여겨서 산줄기를 없애면서까지 빼곡하게 채워 넣었던 역사 정보들이 그 원인이었습니다. 지도책을 주문해 간 좀 친한 분에게 물어봤더니 다른 건 다 좋았는데 지도 위에 역사 정보가 빼곡하게 기록되어 있으니까 너무 복잡해서 다른 정보를 이해하는 데 방해가 되었다고 하더라고요. 제가 나름 이용자의 욕구를 잘 분석하는 사람이라고 생각했는데요, 이것 역시 제 상상이 현실인 것처럼 착각했던 것 같아요. 이 정도면 충분한 대답이 되었을까요?

사회자 전혀 의외의 성적, 아니 판매 결과를 들으니까 저도 깜짝 놀랐는데요, 자세한 것이 상황에 따라 좋을 수도 있지만 항상 좋은 것만은 아니라는 사실을 다시금 확인한 결과인 것 같습니다. 그럼 다음 청중분에게 질문 기회 드리도록 하겠습니다. 뒷줄 왼쪽 끝에 앉아 계신 분 간단한 자기소개와 질

다섯 번째 『청구도』 찾아보는 방법

국립중앙도서관에 다섯 번째의 『청구도』가 '청구
도(한貴古朝61-80)'로 소장되어 있는데, 국립중
앙도서관 홈페이지에서 '청구도'로 검색한 후 청
구기호를 확인하여 '원문보기'를 누르면 원문 이
미지를 볼 수 있다.

문 부탁드립니다.

청중 2 저는 부산 비사벌대학교 경제학과에 다니고 있는 대학생인데요, 질문
드리겠습니다. 네 번째 청구도의 성과가 좋지 못한 결과를 받고 나서 선생
님께서는 어떤 결정을 내리셨나요? 이게 저의 질문입니다.

김정호 짧게 대답해 드리면 네 번째 청구도의 성과가 낮게 된 원인을 제거한
다섯 번째 청구도를 제작해서 세상에 내놓기로 했습니다. 이 정도면 대답이
될까요?

청중 2 아…. 예…, 충분합니다.

사회자 제가 들어도 짧지만 충분한 대답이었다고 생각됩니다. 그러면 선생님,
다섯 번째 청구도 이야기를 본격적으로 들을 수 있을까요?

김정호 예, 이제 다섯 번째 청구도 이야기를 본격적으로 하겠습니다.

사회자 아참, 선생님 다섯 번째 청구도 이야기를 본격적으로 하기에는 시간이 별로 안 남은 것 같아서….

김정호 알고 있습니다. 하지만 걱정하지 마세요. 다섯 번째 청구도 이야기는 생각보다 아주 짧습니다. 먼저 판매 성과를 저조하게 만든 빼곡한 역사 정보를 아주 중요한 일부만 남기고 다 없애 버렸고요, 대신 다시 산줄기를 회복시켰습니다. 그렇다면 청구도범례에 적은 산줄기에 대한 이야기도 당연히 삭제했겠죠?

궁금이 오늘 마무리 부분은 정말 시원시원하게 말씀하시고, 이해하기도 정말 명쾌하고 쉽습니다. 그런데 선생님, 그것만 변화를 준 건가요?

김정호 가장 핵심적인 변화는 방금 말한 건데요, 이번에도 이왕 하는 것 다른 것도 변화시킬 것이 없나 찾아봤죠. 그러고는 이왕 지도 위에 글씨를 최대한 줄여서 깨끗하게 해 주는 것, 호(戶)·곡(穀)·군(田)·병(兵)의 통계 정보와 서울과 고을 사이의 거리 정보[京] 등을 2책의 끝 부분에 군국총목표(軍國總目表)라는 이름의 표로 만들어 넣기로 했어요. 물론 여기서도 이왕 표로 만드는 것 앞의 통계만이 아니라 전국 고을의 상황을 이해하는 데 필요한 통계 몇 개를 첨가해 넣었어요. 이번에도 궁금해할 것 같아서 군국총목표의 앞부분 이미지를 하나 준비해 봤습니다.

사회자 선생님, 10만:1 도로지도책의 뒷부분에도 저런 통계까지는 아니지만 전국 여러 지역을 이해하는 데 필요한 정보가 표로 정리되어 있는 경우가 많았거든요. 비록 통계의 종류는 다르지만 통계를 따로 표로 만들어서 지도책의 뒷부분에 수록해 주는 방법에서는 공통적이네요.

김정호 그 밖에 네 번째 청구도를 만들 때 양반 지식인 사이에 의견 차이가 있어서 생략하기로 했던 동방제국도, 사군삼한도, 삼국전도를 다섯 번째 청구도에서는 다시 넣어 주기로 했어요. 이리저리 검토해 봐도 제가 별로 틀렸다는 생각이 안 들었고요, 서로 이견이 있더라도 지도라는 이미지로 각 나라의 위치와 경계선을 보는 것이 더 도움이 된다는 의견을 진지하게 듣기도 해서예요. 결국엔 지도의 이용자들이 알아서 판단하면 될 것이라는, 한 단어로 표현하면 자율성을 존중한 것이기도 해요.

6   이어보기 편리한 대동여지도를 향하여…

사회자 선생님께서 만든 내용 자체가 절대적으로 옳은 것은 아니니까 각 내용에 대한 판단은 이용자의 자율에 맡긴다는 말씀이네요. 거의 끝나가는 데요, 그래도 청중 한 분의 짧은 질문을 들을 시간은 되는 것 같습니다. 맨 앞줄에 앉아 계신 분 자기소개와 질문 짧게 해 주시면 고맙겠습니다.

청중 3 저도 지리 교사 모임에서 나온 수원 수성고등학교의 지리 교사입니다. 선생님께서는 다섯 번째 청구도를 끝으로 더 이상 청구도란 이름의 지도책을 만들지 않고 대동여지도란 이름으로 바꾼 것으로 알고 있습니다. 제가 생각하기에는 이렇게 훌륭한 청구도란 이름을 계속 썼어도 될 것 같은데요, 굳이 대동여지도란 이름으로 바꾼 이유를 말씀해 주시면 감사하겠습니다.

김정호 청구도를 마무리 짓는 시점에서 아주 좋은 질문이라고 생각합니다. 질문하신 것에 대한 대답을 하기 전에 서울 부근의 대동여지도 이미지를 먼저 보여 드리겠습니다.

질문하신 청중분께서 지금까지 오랫동안 들어왔던 청구도와 비교할 때 어떤 차이가 있는지 한번 관찰한 후 말해 줄 수 있나요?

청중 3 예…. 동서로 쫙 연결된 것, 이거 아닌가요? 청구도는 책으로 되어 있어서 펼쳤을 때 동서로는 두 면밖에 볼 수 없었거든요.

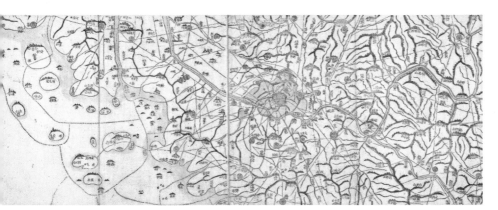

대동여지도의 서울 부근, 대동여지전도(한貴古朝61-2), 국립중앙도서관

김정호 정확하게 말해 주었습니다. 청구도는 책인 반면에 대동여지도는 동서로 병풍처럼 접었다 폈다 할 수 있는 첩(帖)인데요, 동서로 이어보기가 아주 편리한 방식이죠. 게다가 잘 보시면 남북으로도 빈틈이 거의 안 보이잖아요? 각 층을 동서로 쫙 편 다음에 남북으로 이어보기도 아주 편리한 방식이에요. 청구도가 찾아보기 쉬운 지도책이었다면 대동여지도는 동서와 남북으로 이어보기 쉬운 지도첩이라는 전혀 다른 특징을 갖고 있기 때문에 청구도란 이름을 사용하지 않고 대동여지도란 이름을 새로 만들어서 붙인 겁니다. 다음 주부터는 이어보기 편리한 대동여지도를 네 번에 걸쳐 만들면서 제가 고민하고 창안했던 여러 방식에 대한 이야기를 본격적으로 해 드리도록 하겠습니다.

사회자 찾아보기 쉬운 지도책에서 이어보기 쉬운 지도첩으로…. 질문하신 청중 분에게 충분한 답변이 되지 않았을까 합니다. 이제 끝내야 할 시간입니다. 김정호 선생님께서 다음 주의 이야기에 대해 '개봉박두!' 하는 식으로 두근두근하게 만드는 간단한 소개를 살짝 해 주셨는데요, 정말 기대가 됩니다. 오늘도 늦은 밤까지 시청해 주신 시청자 여러분, 그리고 이 자리에 참석하신 궁금 씨와 청중 열 분, 마지막으로 오늘도 흥미진진한 역사와 지리 이야기를 열정적으로 이야기해 주신 김정호 선생님. 모든 분께 감사의 인사를 드리며, 편안한 밤, 즐거운 주말 보내시기를 바랍니다. 다음주에 다시 찾아 뵙도록 하겠습니다. 안녕히 계십시오.

12부

이어보기
편리한
대동여지도,
새로 시작하다

_____

사회자 안녕하십니까. 역사방송 아나운서 안시리 인사드립니다. 오늘은 봄이 오는 소리만큼 기쁜 소식부터 전합니다. 드디어 우리 대한민국 사람이라면 누구나 한 번쯤 들어 봤을 그 유명한 대동여지도의 이야기가 본격적으로 시작됩니다. 지난주 선생님께서는 청구도가 찾아보기 편리한 지도책인 반면 대동여지도는 이어보기 편리한 지도첩이라는 상반된 특징에 대한 정보를 우리에게 제공해 주면서 청구도와는 전혀 다른 새로운 특징의 대동여지도를 만들며 또 어떤 고민을 하고 창의적인 아이디어를 냈을지 두근두근 궁금하게 만드는 마무리 멘트를 하셨습니다. 사회자로서 무척 기대됩니다. 오늘도 저처럼 큰 기대감을 갖고 오셨을 열 분의 청중, 새로운 상황에 어떤 새로운 첫 질문을 가져왔을지 궁금하게 만드는 역사 도우미 개그맨 궁금 씨가 함께 자리를 해 주셨습니다. 환영합니다.

궁금 안녕하세요. '역사 환생 인터뷰, 김정호 편'이 시청자 여러분께 좀 더 친근하게 다가갈 수 있도록 노력하고 있는 역사 도우미 개그맨 궁금 인사드립니다.

사회자 네, 어서오세요. 이어서 오늘부터 이어보기 편리한 대동여지도의 이야기를 흥미진진하게 해 주실 김정호 선생님을 모시겠습니다. 큰 박수로 맞아 주십시오.

김정호 안녕하세요. 김정홉니다. 오늘 전해 드릴 대동여지도 이야기도 흥미롭고 즐겁게 들으실 수 있도록 최선을 다해 보겠습니다.

사회자 네, 감사합니다. 자 이제, 청구도를 끝내고 대동여지도의 이야기를 본격적으로 시작하도록 하겠는데요, 궁금 씨가 첫 질문 잘 준비해 왔을 거라고 봅니다. 첫 질문 부탁합니다.

1   찾아보기와 축척 표시의 편리함을 포기하다

궁금이 오늘은 첫 질문이 정말 간단합니다. 이어보기 편리한 새로운 형식의
지도첩 이름으로 왜 대동여지도란 이름을 쓰셨는지 그게 궁금합니다.

김정호 하하! 제가 제 지도 작품에 이름을 붙일 때 나름 고민을 많이 해서 붙
인다는 사실을 이미 들어 알고 있어서 그런 질문을 하신 거 같네요.

궁금이 예, 맞습니다. 동여도도, 청구도도 '우리나라의 지도'라는 보통명사임
에도 다른 지도나 지도책에서 발견하기 어려운, 그래서 선생님만의 작품이
라는 자존심을 표현한 이름이라는 것을 들으면서 깜짝 놀랐던 기억이 생생
합니다. 그러니 대동여지도란 이름도 마찬가지가 아니었을까…, 생각했습
니다.

김정호 맞아요. 저만의 작품이라는 저의 자존심을 담아내기 위해 고민해서 붙
인 이름이 대동여지도죠. 원래는 동여도(東輿圖)로 할까 했는데요, 이미 청
구도 전에 동여도란 이름을 붙인 적이 있지만 너무 평범해 보여서 청구도
로 바꿨잖아요. 그래서 '우리나라의 지도'라는 의미를 담고 있으면서 평범해
보이지 않는 이름을 열심히 찾았는데요, 그때 권문해(154~1591) 선생이 단군
시대로부터 편찬 당시까지 우리나라의 지리·역사·인물·문학·식물·동물 등
을 총망라하여 지은 『대동운부군옥(大東韻府群玉)』, 이우(1637~1693) 선생이 신

라 이후 우리나라의 각종 금석문을 모아 편찬한 『대동금석서(大東金石書)』와 같은 이름이 제 눈에 확 띄더라고요. 대동(大東)은 '중국의 동쪽에 있는 큰 나라'란 뜻으로 우리나라의 문화적 자존 의식을 잘 담고 있는 이름이고 다른 지도나 지도책에서는 발견되지 않기 때문에 '바로 이거다!'라고 하면서 곧바로 채택하여 저의 새로운 지도첩의 이름을 대동여지도(大東輿地圖)로 짓게 되었어요. 나중에 제가 만든 대동여지도를 개장하거나 필사한 사람들이 표지에 대동여지도를 줄여서 동여도(東輿圖)나 동여(東輿) 등의 이름으로 붙여 놓은 경우도 있었는데요, 그냥 대동여지도로 해 줬으면 좋았을 텐데…. 저로서는 좀 아쉬웠어요.

사회자 대동여지도란 이름은 지금 들어 봐도 귀에 확 들어옵니다. 사람들이 대동여지도란 이름을 잘 기억하게 된 최고의 이유는 당연히 남북 6.6m 동서 4m의 엄청난 크기와 자세함, 그리고 정확함 때문이겠지만 한번 듣거나 보았을 때 귀와 눈에 확 들어오는 이름도 한몫 톡톡히 한 것이 아닌가 합니다. 지금도 그렇지만 그때도 그랬을 것 같고요, 지도 수요자들에게 신제품으로서 확실한 각인을 시키기에 이보다 더 좋은 이름은 없었을 것 같습니다.

김정호 안시리 아나운서의 이야기를 듣고 나니 제가 대동여지도란 이름은 잘 지었다는 생각이 들어 기분이 좋네요.

사회자 그런데 선생님, 찾아보기 쉬운 청구도에서 이어보기 쉬운 대동여지도로의 전환이 자연스럽게 이루어졌을 것 같지는 않은데요, 실제로는 어떠셨는지 궁금합니다.

김정호 그렇죠. 자연스럽게 이루어지지 않았죠. 왜 자연스럽게 이루어지지 않았는지 이해하기 위해 이전에 말했던 것을 약간 복습해 볼게요. 원래 제가 처음 만든 초대형 지도는 동서로 이어보기 편리하게 병풍처럼 접었다 폈다 할 수 있게 만든 동여도 17첩이었고, 두 번째가 그것을 26책으로 묶은 조선도였잖아요. 둘 다 시범적인 작품들이었는데요, 둘을 통해 첩과 책의 형식 중에서 어떤 것을 선택할지 고민한 후 최종적으로 책의 형식을 선택하여 청구도를 다섯 번이나 만들었죠. 이때 책의 형식을 선택한 이유는 첩의 형식으로는 찾아보기와 축척 표시의 문제를 해결하기 어려워서였는데요, 두 문제를 해결하려면 청구도처럼 각 면의 외곽에 여백이 충분히 확보되어야 했잖아요. 그런데 동서로 이어보기 편리하게 만들려면 각 면에 동서의 여백을 만들지 말아야 하고, 남북까지 이어보기 편리하게 하려면 역시 각 면에 남북의 여백을 만들지 말아야 했어요.

궁금이 선생님, 그러면 이어보기 편리한 대동여지도를 만들면서는 두 가지의 문제를 해결하신 건가요?

김정호 아니오. 몇 번 시도해 봤지만 끝끝내 해결하지 못했어요. 자세한 것은 각각의 대동여지도 이야기할 때 말할 텐데요, 해결될 것 같으면서도 끝내는 해결되지 않더라고요. 결국엔 해결될 수 없는 문제였다는 것을 확인했을 뿐이에요.

궁금이 선생님, 그러면 너무 궁금한 것이 있습니다. 두 가지 문제를 끝내 해결하지 못하셨음에도…, 아니 이미 동여도 17첩과 조선도 26책 때 그렇게나 많은 고민을 했지만 해결되지 않은 것이었음에도 왜 찾아보기 편리한 청구도에서 이어보기 편리한 대동여지도로 과감하게 전환하셨는지…. 그게 궁금합니다.

김정호 제가 궁금 씨의 입장이었더라도 이해가 잘 안 갔을 겁니다. 동여도 17첩과 조선도 26책, 그리고 다섯 종류의 청구도 제작 과정을 순서대로 들어온 입장에서 볼 때 이어보기 편리한 대동여지도로의 전환을 논리적으로는 이해하기가 쉽지는 않을 테니까요. 이럴 때 지도 출판사 사장님으로서의 판단과 결정에 가장 큰 영향을 미치는 것이 무엇이었는지 생각해 보면 될 것 같은데요….

궁금이 아…, 예…, 바로 떠오른 생각이 있습니다. 이용자들의 요구가 있었던 것 아닌가요?

김정호 하하하! 딩동댕!입니다. 지도 출판사의 사장님에게 가장 중요한 것은 뭐니 뭐니 해도 지도를 많이 판매하는 것이고, 그러기 위해서는 이용자들의 요구를 잘 파악하여 적용하는 것이죠. 청구도를 구매해 간 사람들로부터 내용에 대한 항의와 문의는 꽤 받았지만 찾아보기와 축척 표시의 편리함에 대해서만큼은, 제 입으로 직접 이야기하기는 좀 그렇지만 칭찬 일색이었어요. 그런데 '다 좋은데…, 음…, 동서와 남북으로 이어보기가 불편한데…. 음…, 이것도 개선할 수 있으면 좋겠는데…. 음…, 아마 그러면 청구도보다도 더 잘 팔릴 것 같은데….' 뭐 이런 식의 이야기가 지속적으로 들려왔어요. 그래도 일단 시작한 청구도의 개선에 집중하느라 그냥 흘려들었는데요, 다섯 번째 청구도를 만들고 나서는 이제 더 이상의 청구도 개선은 불가능하다…, 이런 생각을 하게 되니까 흘려들었던 이야기들에 다시 집중하게 되더라고요. 그중에서도 '음…, 아마 그러면 청구도보다도 더 잘 팔릴 것 같은데….' 이런 말이 가장 와 닿았고요, 나중에 목판본의 대동여지도를 만들어 세상에 내놓고 나자 사실임이 확인되었어요. 당시에는 찾아보기 쉬운 지도책보다 이어보기 편리한 지도첩에 대한 이용자의 욕구가 더 컸던 거예요.

사회자 그러면 첫 번째 대동여지도를 만들 때 찾아보기와 축척 표시의 편리함에 대해서는 아예 포기하고 시작하신 건가요?

김정호 예, 맞아요. 그 전에 그렇게 고민했는데도 안 되었다는 것을 저는 잘 알고 있었잖아요. 그래서 너무 아쉽지만 찾아보기는 각 첩의 표지에 쓰는 것으로, 축척 표시는 해동여지도 3책처럼 지도 위에 20리 간격의 눈금을 다시 그려 주는 것으로 후퇴했어요. 특히 지도 위에 그려진 20리 간격의 눈금은 지도의 내용을 헷갈리게 만든다고 생각하여 처음부터 10리 간격의 책받침을 만들고 그 위에 밑이 비치는 얇은 종이를 대고 그리는 방법까지 만들어 없애 버렸던 것이잖아요. 눈물겨운 후퇴였죠. 궁금할 것 같아서 첫 번째

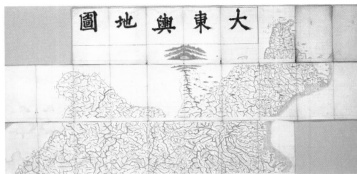

첫 번째 대동여지도에서 14층 표지(좌), 1~3층을 연결한 이미지(우), 백두산 부근 확대(하),
동여(M번 127), 국립중앙박물관(e-뮤지엄)

대동여지도 중 수록 지역의 고을 이름이 적힌 14층의 표지, 1~3층을 연결한
이미지, 백두산 부근 1면을 준비했습니다.

첫 번째 『대동여지도』 찾아보는 방법

첫 번째 『대동여지도』인 필사본 14첩의 대동여지도는 국립중앙박물관에 '동여(東輿, M번 127)'란 이름으로 소장
되어 있다. 국립중앙박물관에서 운영하는 e뮤지엄(www.emuseum.go.kr/main)'에서 '동여'로 검색하면 원문 이
미지를 볼 수 있다.

2   기호의 사용을 다시 강화시키다

궁금이 선생님, '大東輿地圖(대동여지도)'란 이름이 정말 선명하게 쓰여 있네요.
　　　그리고 고을을 표지에 기록한 것, 동서와 남북으로의 이어보기, 지도 위 20
　　　리 간격의 눈금도⋯. 그런데 '눈물겨운 후퇴'라고 말씀하시니까 듣는 저도
　　　눈물겨운 마음이 듭니다.

김정호 궁금 씨, 공감해 줘서 고마워요. 다만 눈물겨운 후퇴라고 하니까 청구
　　　도가 사라진 것처럼 오해하는 사람도 있을 수 있어서 하는 말인데요, 몇 부
　　　에선지 기억나지 않지만 이어보기 편리한 지도첩 형식의 대동여지도 제작
　　　은 청구도의 소멸이 아니라 또 하나의 새로운 상품 개발이라고 이야기한 적
　　　이 있습니다. 청구도는 이미 있는 상품이니 찾아보기와 축척 표시의 편리
　　　함을 찾는 수요자가 나타나면 청구도를 옮겨 그려서 팔면 되고요, 이어보기
　　　편리한 지도첩을 원하는 수요자가 나타나면 대동여지도를 옮겨 그리거나
　　　인쇄해서 팔면 되는 거예요.

사회자 네, 그렇군요. 그럼 이어서 질문을 드리면, 첫 번째 대동여지도를 만들
　　　때 이어보기 편리한 지도첩으로의 변화 이외에 다른 변화도 혹시 있었나요?

김정호 가장 큰 변화인 이어보기 편리한 지도첩으로의 변화보다는 작지만 중
　　　요한 변화를 준 것이 두 개 있었는데요, 첫 번째가 하나의 지도 면에서 더

많은 지역을 볼 수 있도록 하면 좋겠다는 판단을 했던 거예요. 청구도의 지도 한 면은 남북과 동서가 100리와 70리였는데요, 첫 번째 대동여지도에서는 남북과 동서를 200리와 140리로 바꾸었어요. 거리로는 청구도의 두 배를 담은 건데요, 축척을 이야기할 때 말했듯이 거리가 두 배면 면적으로는 네 배가 되잖아요. 결국 첫 번째 대동여지도 한 면에는 청구도의 네 면을 들어가게 그린 건데요, 다만 지도 면의 실제 크기를 네 배로 만들면 너무 커서 보기가 불편하기 때문에 좀 줄였어요. 다섯 번째 청구도의 경우 지도 면의 세로×가로 크기가 25.6×17.0cm였는데요, 첫 번째 대동여지도는 37.3×26.6cm로 2배가 아니라 약 1.5배 정도밖에 안 돼요. 그래서 청구도의 경우 모두 연결하면 남북 약 7m 정도인 데 반해, 첫 번째 대동여지도는 남북 약 5.3m 정도 돼요.

궁금이 이용자들이 되도록 더 많은 지역을 한 면에 볼 수 있도록 한 것 역시 이용자 중심으로 생각하시는 선생님의 경향을 그대로 보여 주네요.

김정호 궁금 씨가 이젠 저의 지도를 이야기할 때 너무나 자연스럽게 '이용자 중심'이라고 말하니까 기분이 좋습니다. 다만 '이용자 중심'이기 때문에 잘 바뀌기도 하죠. 이야기를 계속하면요, 두 번째 청구도부터 남북 100리씩 29층으로 만들어 우리나라의 남북을 총 2,900리로 봤다고 했잖아요. 그런데 첫 번째 대동여지도에서 한 첩의 지도면을 남북 200리로 하니까 남북이 딱 떨어지지가 않더라고요. 만약 200리×15층을 하면 3,000리가 되고, 200리×14층을 하면 2,800리가 되어 고민스러웠는데요, 저는 우리나라 남해안과 제주도 사이의 섬이 없는 바다에서 100리를 줄여 후자를 선택했어요. 바다는 육지와 달리 걸어가면서 거리를 측정할 수 없기 때문에 배가 며칠 걸려서 도착하느냐에 따라 거리를 추정했는데요, 섬이 없는 먼 바다의 경우 100리 정도의 오차는 언제든지 있을 수 있거든요. 따라서 섬이 없는 먼 바다에서 100리 정도는 지도 제작자의 판단에 따라 달라질 수 있다고 보면 돼요.

궁금이 그렇지 않아도 바다에서는 거리를 어떻게 측정했을지 궁금했는데요, 마침 이야기해 주시네요. 그럼 선생님, 작지만 중요한 두 번째의 변화는 무엇인가요?

김정호 예, 그건 기호의 사용과 관련된 것이에요. 청구도를 처음 만들 때 여러 정보에 대해 기호를 정교하게 만들어서 사용하려고 노력했다가 세 번째, 네 번째로 가면서 그것이 오히려 이용하는 데 불편한 점이 더 크다고 판단하여 단순화시키는 반대 방향으로 갔잖아요. 그런데 다섯 번째 청구도로 가면서 또 생각이 달라지는 거예요. 제가 너무 왔다 갔다 하죠?

궁금이 그 이유가 다 이용의 문제였다는 것도 잘 알고 있는데요, 이번엔 어떤 측면이었는지 궁금합니다.

김정호 궁금 씨가 이해해 주니 정말 고맙네요. 여기서 고백할 것이 하나 더 있는데요, 지난주에 살짝 까먹었던 것이 있었어요. 구매해 간 청구도를 다시 옮겨 그릴 때 지명의 위치를 바꾸는 현상이 나타나서 '지명의 위치에 진(鎭)·보(堡)·사(寺)·원(院)·면(面)·역(驛)·창(倉)의 한자를 썼으니, 고유 이름인 ○○는 옮겨 그리는 형편에 따라 세로로 쓰든 가로로 쓰든 상관없지만 진(鎭)·보(堡)·사(寺)·원(院)·면(面)·역(驛)·창(倉)의 한자 위치만은 바꾸지 말아 주세요.'라는 내용을 써서 청구도범례에 넣어 주었다고 했던 것 기억날 거예요. 그럼에도 네 번째 청구도를 구매해 간 사람들 중에 베껴서 옮겨 그릴 때 지명의 위치를 바꾸는 현상이 또 나타나는 거예요. 청구도범례의 내용을 자세히 읽지 않아서 나타난 현상이었는데요, 제가 청구도범례를 이용자들이 충분히 읽고 지도를 볼 것이라고 착각했던 거죠. 그래서 특단의 조치가 필요하다고 생각했는데요, 다섯 번째 청구도에서는 네 번째 청구도에서 기호를 쓰지 않았던 역(驛)과 면(面)에도 작은 ○의 기호를 표시했어요. 다만 ○만 표시하면 헷갈릴 것 같아서 ○ 안에 역(驛)과 면(面)의 한자를 써 주었는데요, 그랬더니 다시 옮겨 그릴 때 지명의 위치를 바꾸는 현상이 나

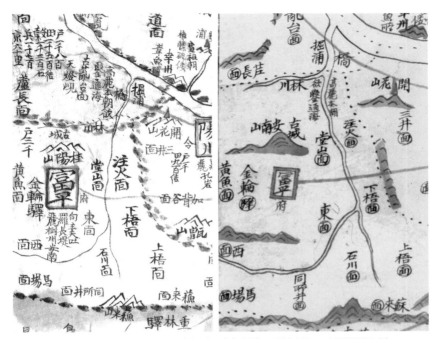

네 번째 청구도, 청구요람(古4709-21), 규장각한국학연구원   다섯 번째 청구도(한貴古朝61-80), 국립중앙도서관

타나지 않는 거예요. 혹시 궁금할 것 같아서 지금은 인천과 부천에 속한 부평(富平) 지역의 네 번째 청구도와 다섯 번째 청구도의 이미지를 비교해 보시라고 준비해 봤습니다.

궁금이 선생님, 진짜 다섯 번째 청구도에는 면(面)과 역(驛)에 모두 ○이 표시되어 있네요. 이렇게 하면 옮겨 그릴 때 ○의 위치를 마음대로 바꾸기가 찜찜할 것 같습니다.

김정호 바로 그거예요. 기호가 위치를 마음대로 바꾸기에는 찜찜하게 만드는 역할을 하더라고요. 이때서야 확실히 알게 된 것이 있는데요….

궁금이 이때서야 확실히 알게 된 거요?

김정호 그게 뭐냐고 하면요, 그 전에는 기호의 사용이 동일한 정보를 일목요연하게 파악하는 데 도움을 준다고만 생각했는데, 이때서야 위치를 가리키

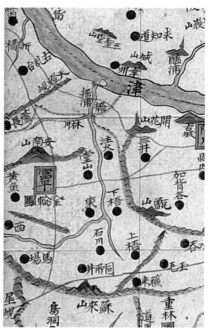

다섯 번째 청구도(한貴古朝61-80), 국립중앙도서관 　　첫 번째 대동여지도, 동여(M번 127), 국립중앙박물관(e-뮤지엄)

는 역할이 그것 못지않게 크다는 것을 알게 되었다는 거예요. 그래서 사람
들이 옮겨 그릴 때 쉽게 바꾸지 못한 건데요, 앞으로는 기호를 정교하게 사
용해야겠다는 생각을 확실하게 굳히게 되었죠.

사회자 무슨 말씀인지 확실하게 이해된 것 같습니다. 그렇다면 첫 번째 대동
여지도에서는 다섯 번째 청구도보다 기호를 정교하게 사용하게 되었다는
의미로 들으면 되겠네요?

김정호 맞아요. 첫 번째 대동여지도에서는 바로 그렇게 했는데요, 역시 비교
해 보시라고 부평 지역의 다섯 번째 청구도와 첫 번째 대동여지도 이미지를
준비해 봤습니다.

사회자 두 개를 비교해 보니까 첫 번째 대동여지도에서 면의 기호가 확실히
눈에 더 띄도록 만들어졌다는 것이 확인되는 것 같습니다.

김정호 다섯 번째 청구도에서는 역(驛)이라는 한자에 ○의 기호로, 첫 번째 대
　　　동여지도에서는 마(馬)라는 한자에 □의 기호로 사용되었다는 차이도 보이
　　　죠? 이렇게 세세한 기호의 차이는 더 있는데요, 오늘은 첫 번째 대동여지도
　　　로 가면서 기호의 사용을 다시 강화하기 시작했다는 점만 분명히 이해하고
　　　넘어가면 충분할 것 같습니다.

궁금이 네, 잘 알겠습니다. 선생님, 또 다른 변화는 없었나요?

김정호 자잘한 변화는 당연히 더 있었죠. 다만 큰 틀에서의 변화는 지금까지
　　　말한 게 다인 것 같아요.

궁금이 그러면 선생님, 이제 두 번째 대동여지도로 넘어가는 건가요?

김정호 예, 이제 두 번째 대동여지도로 넘어갑니다.

3   우리나라를 다시 그리기 시작하다

사회자 두 번째 대동여지도와 관련해 먼저 궁금한 것은 역시 왜 첫 번째 대동
여지도를 만드셨음에도 다시 새롭게 만들게 되었는가 하는 것입니다.

김정호 첫 번째 대동여지도를 세상에 내놓았는데요, 의외로 이용자들의 반응
이 별로 없었어요. 이렇게 말하면 신제품이 워낙 뛰어나서 항의가 없었다.
이렇게 생각할 수도 있을 텐데요, 이번에는 아니었어요. 주문 자체가 별로
들어오지 않았어요. 신제품이 워낙 별 볼 일 없어서 반응이 없었던 거예요.

궁금이 그래서 두 번째 대동여지도란 신제품을 만들었다…, 이런 말씀이네요.

김정호 맞긴 맞아요. 주문 자체가 별로 들어오지 않은 이유는 무엇일까? 제가
지도 출판사의 사장이잖아요. 판매하려고 만들었는데 판매가 잘되지 않았
다…. 그러면 당연히 그 원인을 따져 봐야 하는 것 아닌가 해요.

궁금이 그러면 그 원인은 무엇이었나요?

김정호 음…. 찾지 못했어요.

사회자 예? 찾지 못하셨다고요? 이번에도 의외의 말씀을 하시네요. 원인을 찾
지 못했다면 개선의 방향도 설정하기 힘들었다는 것인데요, 그렇다면 그다
음 작품, 아니 신제품을 만들기도 쉽지 않았을 텐데요.

김정호 원인이 파악되지 않았으니까 신제품은 아예 꿈도 꿀 수 없는 거죠. 그

래서…, 음…, 당분간 초대형의 지도로는 신제품을 세상에 내놓는다는 생각을 아예 버리자…. 이렇게 생각했어요.

사회자 그러면 두 번째 대동여지도는 신제품이 아니란 소린데요, 그동안 말씀해 오신 선생님의 삶을 들어 봤던 입장에서는 이해하기가 쉽지 않은데요?

김정호 이해하기가 쉽지 않을 거예요. 나중에 다시 말할 것이지만 결과론적으로 두 번째 대동여지도는 성공하지는 못했지만 신제품은 맞아요. 다만 첫 번째 대동여지도 판매가 부진한 원인에 대해 파악하고 그것을 개선해서 만든 신제품이 아니라 아예 처음부터 다시 시작하자는 마음으로 만들어 낸 신제품이에요. 처음부터 다시 시작하자….

궁금이 이어보기 편리한 지도첩에 대한 고민을 처음부터 다시 시작하자…, 이렇게 생각하신 건가요?

김정호 와~~ 궁금 씨가 핵심을 정확히 찔렀어요. 초대형의 지도를 처음 만들 때 이미 이어보기 편리한 지도첩을 만들어 봤잖아요. 그래서 찾아보기 편리한 청구도를 만들고 나서 이어보기 편리한 지도첩으로 전환할 때 너무 쉽게 생각한 거죠. 첫 번째 대동여지도는 큰 틀에서 볼 때 청구도를 만들기 전에 만들었던 동여도 17첩과 별 차이가 없었어요. 그래도 '다 좋은데…, 음…, 동서와 남북으로 이어보기가 불편한데…. 음…, 이것도 개선할 수 있으면 좋겠는데…. 음…, 아마 그러면 청구도보다도 더 잘 팔릴 것 같은데….' 이런 반응이 있었기 때문에 성공할 줄 알았던 거죠. 하지만 결과는 이미 말한 것처럼 좋지 않았고요, 그 원인도 찾지 못하겠더라고요. 그래서 처음부터 다시 시작하자…, 이 생각 이외에는 할 수가 없었죠.

두 번째 『대동여지도』 찾아보는 방법

국립중앙도서관에 두 번째 『대동여지도』가 '대동여지도(한貴古朝61-1)'로 소장되어 있는데, 국립중앙도서관의 홈페이지에서 '대동여지도'로 검색한 후 청구기호를 찾아 '원문보기'를 누르면 원문 이미지를 볼 수 있다.

사회자 선생님, 그러면 무엇부터 다시 시작하셨나요?

김정호 무엇부터 다시 시작했냐고요? 처음부터 다시 우리나라 지도를 그려야 겠다…, 이거였죠.

궁금이 그럼 청구도와 완전히 다른 지도를 그렸다는 의민가요?

김정호 하하하! 아무리 그래도 완전히 다른 지도라고 말할 것까지야…. 청구 도를 기반으로 하되 제가 새로 정리한 자료를 가지고 하나하나 다시 따져 가면서 그려야겠다…, 뭐 이런 정도로 생각해 주면 될 것 같아요. 두 번째 대동여지도를 제작할 때쯤에는『신증동국여지승람』,『동국문헌비고』등 국 가와 민간에서 편찬한 많은 지리지, 해동여지도와 그림식 고을지도책 등의 여러 지도책을 수집하여 비교·검토한 후 저만의 전국 고을지리지인『동여 편고』(2책),『동여도지』(20책), 또 다른『동여도지』(3책)을 편찬했고, 최성환 선 생과 함께『여도비지』(20책)를 한참 편찬하고 있었거든요. 그래서 저의 판단 이 들어간 정보가 한참 쌓여 있어서 그걸 바탕으로 청구도 위 산줄기와 물 줄기, 해안선, 지명의 위치 등을 하나하나 재검토해서 다시 그려 나가기로 한 거죠. 다섯 번째 청구도와 얼마나 달라졌는지 비교해 보시라고 먼저 우 리나라에서 제일 춥다는 평안도 압록강가의 중강진 지역 이미지를 준비해 봤습니다.

궁금이 큰 강, 아… 압록강이라고 하셨죠? 압록강의 흐름은 비슷한데요, 그 지 류와 산줄기의 모습이 확실히 더 정교해졌네요.

김정호 맞아요. 그럼 이런 산줄기와 물줄기의 흐름을 정교하게 한 방법은 무 엇일까…. 깊이 생각할 필요 없어요. 아주 간단하거든요. 네 번째 청구도를 이야기할 때 했던 '산줄기 사이엔 물줄기가 있고 물줄기 사이엔 산줄기가 있 다'란 말을 기억하면 됩니다. 전국 그림식 고을지도책과『신증동국여지승 람』,『동국문헌비고』등을 더 꼼꼼하게 참고하면서 산줄기와 물줄기를 더 그 려 나갔는데요, 그때 앞의 말을 늘 머릿속에 담고서 했다고 보면 됩니다. 그

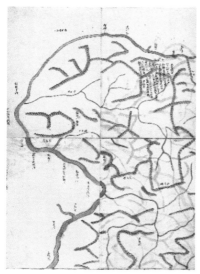

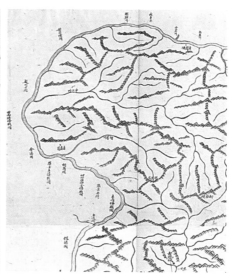

청구도의 압록강가 중강진 지역, 청구도(古4709-21),
규장각한국학연구원

두 번째 대동여지도의 압록강가 중강진 지역,
대동여지도(한貴古朝61-1), 국립중앙도서관

런데 압록강의 흐름은 비슷하기 때문에 세부적으로만 자세하게 한 것처럼
잘못 생각할 수 있어서 큰 흐름도 달라진 사례로 우리나라 최북단 함경도
두만강가의 온성 지역 이미지를 준비했어요. 궁금 씨 어때요? 두만강의 흐
름이 좀 달라져 보이나요? (다음 쪽 그림 참조)

궁금이 비슷한 것 같으면서도 자세히 보면 오른쪽 위의 두만강 흐름처럼 달라
진 부분이 보입니다.

김정호 맞아요. 언뜻 보면 비슷한 것 같으면서도 자세히 보면 달라진 부분들
이 보일 겁니다. 만약 청구도와 두 번째 대동여지도를 모두 연결한 모습을
보면 거의 비슷하게 보일 건데요, 앞에서 보여 준 온성 지역처럼 세부적으
로 들어가면 바뀐 곳도 꽤 됩니다.

궁금이 선생님, 저렇게 하나하나 따져가면서 그리시는 데 시간이 엄청 많이
걸렸겠네요.

김정호 많이 걸렸죠. 다만 저는 지도 제작 전문가이니까 비전문가의 관점에서

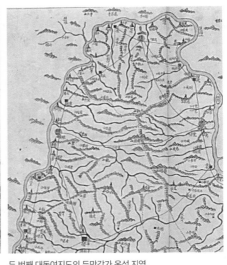

청구도의 두만강가 온성 지역, 청구도(古4709-21),
규장각한국학연구원

두 번째 대동여지도의 두만강가 온성 지역,
대동여지도(한貴古朝61-1), 국립중앙도서관

시간이 많이 걸렸다고 생각하진 말아주세요. 청구도라는 기본도도 있었고,
자료도 충분히 축적해 놓았기 때문에 몇 개월? 이 정도로만 생각해 주면 좋
을 것 같아요.

사회자 선생님께서 말씀해 주지 않으셨다면 '시간이 많이 걸렸다'는 의미가 몇
년은 걸렸을 것이라고 생각했을 것 같습니다.

김정호 지리지와 기존의 지도책 등에 수록된 정보를 비교 검토하고 선택하여
정리하는 데 시간이 많이 걸리는 것이지 막상 그렇게 정리한 정보를 가지고
지도를 그리는 시간은 그렇게 오래 걸리지 않아요. 그건 그렇고 이왕 전면
적으로 다시 그리는 것, 지도 면의 크기도 청구도나 첫 번째 대동여지도와
는 전혀 다르게 하기로 했어요. 두 번째 대동여지도는 지도의 이해와 관련
된 정보를 정리한 '대동여지도목록(大東輿地圖目錄)'과 지도 면이 수록된 1~17
첩 등 총 18첩으로 구성되어 있어요. 그러니까 지도첩으로만 보면 17첩인
데요, 각 첩의 지도 면은 남북 150리, 동서 100리로 만들었어요. 우리나라

의 남북을 17첩×150리=2,550리로 그린 건데요, 청구도가 남북 2,800리나 2,900리, 첫 번째 대동여지도가 2,800리로 그린 것과 비교해 보면 엄청 짧아진 거예요. 우선 두 번째 대동여지도목록 표지와 모두 연결한 대동여지도 전체 이미지를 보여 드릴게요.

두 번째 대동여지도 전체 이미지(좌), 목록 표지(우), 대동여지도(한貴古朝61-1), 국립중앙도서관

궁금이 표지에 대동여지도란 이름이 선명하고 우리나라 전체의 모습이 멋지네요. 그런데 선생님, 남북의 거리가 많이 짧아진 이유는 무엇인가요?

김정호 남해안에서 섬이 없는 바다 부분과 최북단 함경도 온성의 두만강가 북쪽 부분의 여백을 거의 없애 버리니까 그렇게 되더라고요. 온성 지역은 앞에서 보여 드렸고요, 이번엔 남해안과 제주도 사이의 바다 부분을 청구도와 비교하면서 볼 수 있도록 해 드릴게요.

궁금이 두 번째 대동여지도에서 남해안과 제주도 사이의 바다가 확 줄어들었네요. 선생님, 그러면 이용자들이 오해할 수 있지 않았을까요?

김정호 맞아요. 오해할 수 있다고 봐요. 다만 그때는 굳이 섬이 없는 먼 바다까지 그릴 필요가 있을까…, 그냥 그 방향으로 가면 제주도가 있다…, 뭐 이 정도만 알면 된다고 생각했어요. 울릉도도 그렇게 생각하고 그렸는데요, 한번 보실래요? 울릉도가 해안에서 저렇게 가깝지는 않잖아요.

궁금이 선생님, 그래도….

김정호 하하하! 자꾸 '오해할 수 있다'가 아니라 '오해한다' 이렇게 생각되죠? 제주도와 울릉도는 너무나 잘 알려진 섬이라 오해할 수는 있지만 그런 사람은 거의 없을 것이다…, 저는 이렇게 생각했어요. 하지만 결국엔 이용자 중에 오해하는 사람이 있다는 것을 확인하게 되었고요, 그래서 세 번째 대동여지도부터는 남해안와 제주도, 동해안과 울릉도 사이의 넓은 바다를 그리는 방향으로 다시 바꾸었어요.

사회자 역시 자신의 생각을 무조건 밀고 나가시지는 않고 이용자들이 어떻게 생각하느냐…, 그것에 따라 결정을 하시네요. 그렇다면 만약 이용자 중에 오해하는 사람이 거의 없었다면 계속 그렇게 그리셨을 것이라는 의미로 들리는데요…. 맞나요?

김정호 당연하죠. 이용하는 데 불편하지 않으면 굳이 왜 바꾸나요? 게다가 섬이 없는 먼 바다를 그리지 않는 것의 장점도 크지는 않지만 있긴 있었거든

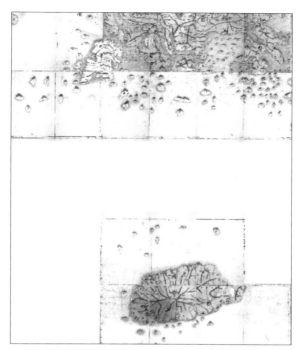

청구도의 남해안과 제주도, 청구도(古4709-21), 규장각한국학연구원

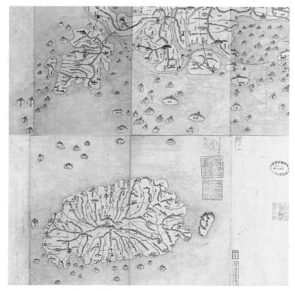

두 번째 대동여지도의 남해안과 제주도, 대동여지도(한貴古朝61-1), 국립중앙도서관

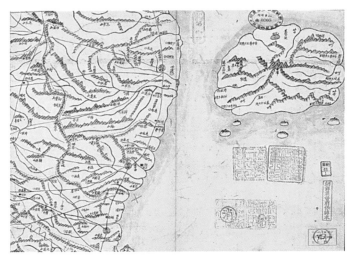

두 번째 대동여지도의 울릉도, 대동여지도(한貴古朝61-1), 국립중앙도서관

요. 바로 종이를 아낄 수 있는 건데요, 지금은 종이값이 너무 싸서 고려할 필요가 없지만 당시에는 종이값이 엄청 비쌌어요.

4 찾아보기와 기호의 사용…
여러 가지가 다시 고민되다

사회자 여기서도 이용 중심으로 생각하는 선생님의 경향을 다시 한번 확인한 것 같습니다. 이제 시간이 2/3가 넘어가고 있어서 청중분들께 질문 기회를 드리도록 하겠습니다. 질문하고 싶으신 분 손 들어 주십시오. 오늘도 열 분 모두 손을 들어 주셨네요. 뒷줄 끝에 앉아 계신 분 간단한 자기소개와 질문 부탁드립니다.

청중1 안녕하세요. 저는 전북 완산대학교 지리학과 교순데요, 역사지리와 고지도가 전공이 아니기 때문에 김정호 선생님의 삶과 작품에 대한 깊이 있는 지식은 없습니다. 다만 그래도 지리학과 교수라서 늘 관심은 갖고 있었는데요, 제 질문은 축척에 관한 것입니다. 첫 번째 대동여지도에서는 20리 간격의 눈금을 그어서 해결했다고 하셨는데요, 몇 개 보여 주신 두 번째 대동여지도에서는 그런 눈금이 보이지 않습니다. 혹시 축척 표시를 아예 포기하신 것인지, 포기하시지 않았다면 어떻게 표시하셨는지 궁금합니다.

김정호 지리학과 교수님이 이렇게 청중으로 나와 주셔서 정말 감사드립니다. 지리학과 교수님이라서 그런지 질문이 아주 예리합니다. 말씀하신 것처럼 지도 위에는 축척을 표시하는 눈금을 긋지 않았는데요, 첫 번째 대동여지도에 20리 간격의 눈금을 그어 놓고 나서 정말 많이 고민한 결과입니다. 아무리 축척의 표시가 중요하다고 하더라도 지도 위에 눈금을 긋는 것은 산줄기와 물줄기, 해안선과 지명 등의 정보를 이해하는 데 방해가 된다는 초창기의 판단으로 다시 돌아간 건데요, 정말 아쉽게도 지도 위에 축척을 표시하는 다른 방법은 개발하지 못했습니다.

청중1 그럼 선생님, 축척 표시는 아예 포기하신 건가요?

김정호 그렇지는 않습니다. 아주 궁여지책(窮餘之策)으로 목록의 한 부분에 '눈금[經緯線] : 지도 (펼쳐 놓았을 때의) 모든 두 면 중 한 면은 세로(남북)로 150리, 가로(동서)로 100리'라는 문구를 써 놓았습니다. 축척을 알고자 하는 이용자가 있다면 이 문구를 보면 된다고 생각한 것인데요, 과연 그런 이용자가 있었는지는 저도 잘 모르겠습니다. 이어보기 편리한 첩의 형식에서 축척의 표시는 이전에 말씀드렸듯이 지도 외곽에 여백이 없어서 정말 어려웠는데요, 세 번째 대동여지도에 가서 청구도보다는 훨씬 못하지만 그래도 이용자의 눈에 띄는 방법 두 가지를 개발하여 적용했습니다.

사회자 이 정도면 축척의 표시에 대한 대답은 충분히 하신 것 같은데요, 세 번째 대동여지도에서는 어떤 방법을 개발하여 적용하셨는지 벌써 궁금해집니다. 다만 그 이야기는 세 번째 대동여지도 이야기할 때 듣기로 하고요, 다음 청중분께 질문 기회 드리기로 하겠습니다. 앞줄에서 저랑 가장 가까이 앉아 계신 분 간단한 자기소개와 질문 부탁드립니다.

청중2 안녕하세요. 저는 서울 경해대학교 지리학과 교수고요, 아쉽게도 우리 과에는 역사지리 전공 교수가 없습니다. 아쉬움을 달래며 질문 간단하게 드리겠습니다. 이어보기 편리한 첩 형식의 대동여지도에서는 청구도의 찾아보기 지도와 같은 방식을 적용하기 어렵다고 하셨는데요, 그래도 혹시 그 정도는 아니더라도 새로운 방식을 개발하신 것이 있는지 질문드리고 싶습니다.

김정호 지리학과 교수님들이 이렇게 많이 참석해 주시고 질문해 주셔서 다시 한번 감사드립니다. 그럼 질문하신 것에 대해 답변드리겠는데요, 이어보기 편리한 대동여지도에서 찾아보기는 정말 구현하기 어려운 것이라서 어쩔 수 없이 궁여지책 하나를 만들어서 적용해 봤습니다.

궁금이 선생님, 이번에도 궁여지책이라고요?

김정호 맞아요. 궁여지책이에요. 어떻게든 해 보자는 방식으로 두 번째 대동여지도에서 하나 만들어 봤는데요, 별 효과는 못 봐서 마지막의 대동여지도에서는 결국 포기하고 말았죠.

궁금이 예? 결국엔 포기하셨다고 말씀하시니까 어떻게든 해 보자는 방식으로 만든 찾아보기 방식이 더 궁금해지는데요?

김정호 첫 번째 청구도에서 만들었던 찾아보기 방식인 주현총도목록과 비슷한 여지도목록(輿地圖目錄)을 만들었는데요, 잘 이해가 가지 않을 것 같아서 두 이미지를 함께 띄워 보겠습니다.

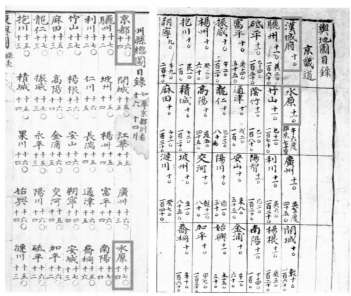

첫 번째 청구도의 주현총도목록, 동여도 (20.32), 미국 버클리대학교 동아시아도서관(고려대학교 해외한국학자료센터)

두 번째 대동여지도의 여지도목록, 대동여지도(한貴古朝61-1), 국립중앙도서관 궁금이 파란색의 사각형이 두 곳에 다 그려져 있는데요, 비교해서 설명하시려는 거죠? 왼쪽의 주현총도목록은 이미 공부했던 것이라서 아는데 서울인 경도(京都)의 경우 지도책의 16층 14편을 찾아가면 볼 수 있다는 의미였습니다.

김정호 맞아요. 궁금 씨가 복습도 엄청 열심히 하는 것 같네요. 그런데 오른쪽 여지도목록에서 서울인 한성부(漢城府)의 파란색 사각형 안에 기록되어 있는 '十0'은 10층을 가리키고요, 이것은 서울인 한성부가 17첩 중에서 10층, 즉 10첩에 있다는 의밉니다. 같은 방식으로 보면 경기도의 수원(水原)은 11첩에 있는 것이고 다른 고을도 다 그렇게 찾아가면 돼요. ○층만 있고 ○편이 없는 점, 찾아보기지도가 아니라 목록으로만 제시한 점은 청구도에 비하면 찾아보기 방식에서 엄청나게 후퇴한 궁여지책이었죠.

궁금이 선생님의 설명을 들으니까 이제 궁여지책이라는 의미가 잘 다가옵니다. 그런데 선생님, 수원의 사각형 안에는 11첩이라는 정보 말고도 아래쪽에 두 개의 정보가 더 표시되어 있는데요, 무슨 뜻인가요?

김정호 아, 그거요? 별로 중요한 것이 아니라서 굳이 말 안 하고 넘어가려 했는데요, 물어보니까 이야기할게요. 먼저 오른쪽의 '오육도(午六度)'는 '정남쪽인 오(午) 방향 6°'라는 의미인데요, 이때 방향의 기준은 서울이에요. 서울에서 정남쪽 오방향인 180°에서 6° 더 지난 186° 방향에 수원 고을의 중심지가 있다는 의미인데요, 다른 고을의 경우 글씨 도(度)를 '。'로 바꾸어 썼어요. 서울을 기준으로 한 것이니까 서울인 한성부에는 앞의 화면에서처럼 이 정보가 기록되어 있지 않겠죠? 이 방향 정보는 지리지에도 수록해 넣었는데요, 나중에 보니까 천체 관측에 의해 나온 것으로 오해하는 사람들이 있더라고요. 그건 아니고요, 대동여지도 위에서 서울을 기준으로 각 고을의 중심지가 어느 방향에 있는지 제가 직접 재서 기록한 것이에요. 천체 관측에 의한 방향 정보가 쓸모가 있다고 생각했는데요, 저 혼자만의 힘으로

두 번째 대동여지도의 지도표(좌), 강화 부근 이미지(우), 대동여지도(한貴古朝61-1),
국립중앙도서관

전국 모든 고을의 중심지에 대한 천체 관측 정보를 만들 수는 없었어요. 그
래서 대동여지도의 것을 가지고 측정해서 기록해 놓은 것인데요, 분명 어떤
쓸모가 있을 거라고 생각해서 한 것이지만 나중에는 별로 쓸모가 없다는 결
과가 나와서 생략해 버렸어요.

궁금이 선생님, 이제 오른쪽의 것은 알겠는데요, 그럼 왼쪽의 것은 무엇을 의
미하나요?

김정호 네, 왼쪽에 기록된 '거경칠십리(距京七十里)'는 해석하면 '서울까지의 거
리가 70리'라는 의밉니다. 서울과 고을 중심지까지의 거리는 오고갈 때 얼
마나 걸리는지 알기 위해서 중요하잖아요. 그래서 청구도에서도 꼭 넣어 주
려고 노력했는데요, 두 번째 대동여지도에서도 그런 노력을 했다고 이해해
주면 돼요. 다만 수원 다음 고을부터는 복잡하게 쓰지 않고 거리만 'ㅇㅇㅇ

ㅇ'식으로 썼는데요, 'ㅇ'는 리(里)를 가리켜요. 여기서 다시 복습하고 싶은 것이 있는데요, 조선시대의 10리는 요즘 사람들이 일반적으로 말하는 4km 가 아니라 약 4.45km였어요. 그래서 평지라면 4.45×9≒40km를 갔는데요, 산지라면 10리를 측정하는 걸음걸이의 보폭이 짧아지기 때문에 험할수록 거리가 더 짧아질 수밖에 없어요. 그래서 옛날 사람들은 하루에 지형의 험한 정도에 따라 요즘의 거리 단위로 40km나 약간 못 미치는 거리 정도를 갔다고 보면 별로 틀리지 않을 거예요. 요즘 사람들에게 하루에 저 거리를 걸어가라고 하면 아마 거의 대부분 초주검이 될 텐데요, 옛날 사람들은 걷는 것이 일상이어서 대부분 걷기의 달인이었기 때문에 저 정도로 걸어가는 것은 쉬운 일이었어요.

사회자 옛날 사람들이 하루에 대략 40km를 갔다는 건 다시 들어도 대단한 것 같습니다. 이제 마지막 세 번째 분에게 질문 기회 드리겠는데요, 앞줄 가운데 앉아 계신 분 간단한 자기소개와 질문 부탁드립니다.

청중 3 안녕하세요. 저는 부산 금관가야대학교 지리학과 교숩니다. 환생하신 김정호 선생님을 이렇게 직접 만나 뵙고 생생한 이야기를 듣게 될 줄은 꿈에도 생각지 못했는데요, 지리학과 교수로서 영광스럽고 감사드립니다. 제 질문은 간단합니다. 아까 첫 번째 대동여지도에서 기호의 사용을 다시 강화하기 시작했다고 하셨는데요, 두 번째 대동여지도에서도 그 경향이 지속되었는지 그게 궁금합니다.

김정호 네, 질문 감사드리고요, 질문하신 기호의 사용에 대한 대답으로 지도 표(地圖標)와 강화 부근 이미지 두 개를 보여 드리겠습니다.

궁금이 선생님, 왼쪽의 지도표 비슷한 것을 초창기의 청구도에서 본 것 같은데요, 맞나요?

김정호 역시 궁금씹니다. 맞아요. 첫 번째와 두 번째 청구도에서는 기호표의 이름을 '제표총목(諸標總目)'이라고 했는데요, 여기서는 '지도표'로 이름을 바꾸었어요. 기호의 종류는 감영·통영·병영·수영을 가리키는 영아(營衙), 일반 고을을 가리키는 주현(州縣), 통영·병영·수영 밑의 군사기지인 진보(鎭堡), 종6품의 찰방이 파견된 찰방역과 그 관할하의 속역(屬驛)을 가리키는 역도(驛道), 방면(坊面), 창고(倉庫), 봉수(烽燧) 등 7개로 했고요, 봉수를 제외하면 원과 사각형 두 개의 도형만으로 만들면서 크기와 색깔 등으로 구별할 수 있도록 했어요. 역도의 기호인 ◐는 제가 특별히 개발한 것이니까 다른 지도에서는 발견할 수 없을 거예요.

5　　　두 개의 서울지도, 사고의 도그마를 깨다

사회자　제 기억으로는 청구도의 제표총목에서 기호의 숫자가 12~13개였던 것
　　에 비하면 꽤 적어진 느낌인데요, 그 밖에 두 번째 대동여지도에서 특별히
　　변화를 주신 것이 있다면 시간 관계상 짧게 말씀해 주시면 감사하겠습니다.

김정호　제표총목에서의 기호의 숫자까지 기억하고 있다니, 기억력이 대단하
　　십니다. 어쨌든 기호에 대해서도 제 생각이 왔다 갔다 하죠? 두 번째 대동여
　　지도까지는 기호가 너무 많은 것이 결코 좋다고 보지 않았는데요, 이 생각
　　도 세 번째 대동여지도로 가면 또 바뀌어요. 이 이야기는 그때 가서 할게요.
　　'대동여지도목록'에는 우리나라의 지리와 역사 정보에 대해 앞에서 언급한
　　것보다 더 다양한 내용을 넣었는데요, 나중에는 대부분 폐기해요. 그러니
　　더 이상 말하지 않겠는데요, 딱 하나만 더 이야기하겠습니다. 자, 화면 한번
　　보시죠. 궁금 씨, 서울의 두 지도는 두 번째 대동여지도에서 처음으로 수록
　　한 것인데요, 뜬금없는 질문이기는 하지만 어떻게 보이나요?

궁금이　위쪽의 서울지도는 네 번째 청구도부터 본 것과 비슷하고요, 아래쪽의
　　서울지도는 보지 못하던 것인데요….

김정호　하하하! 서울 전체의 범위인 한성부는 아래쪽의 서울지도고요, 그중에
　　서 경복궁 등의 궁궐이 있는 도성 지역은 위쪽의 서울지도예요. 별것 아닌

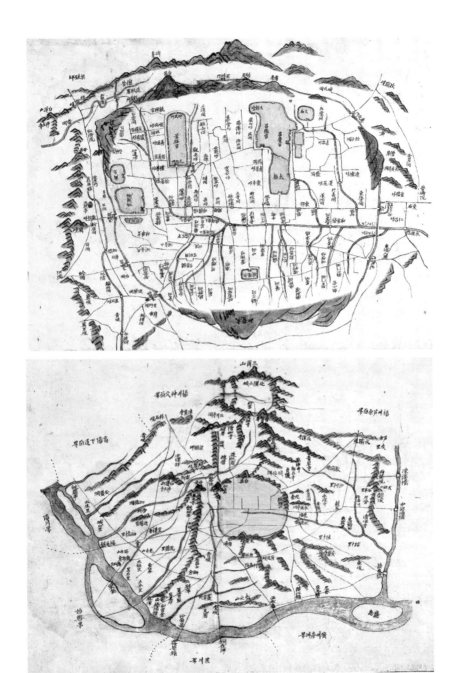

두 번째 대동여지도에서 궁궐이 있는 도성 지역(상), 한성부 전체(하), 대동여지도(한貴古朝61-1), 국립중앙도서관

것 같지만 이 아이디어를 내는 데 시간이 엄청 오래 걸렸답니다.

궁금이 아이디어요? 어떤 아이디어인지…. 그리고 시간이 엄청 오래 걸렸다고요? 잘 이해가 가지는 않지만 선생님에게 그렇게 오랜 시간이 걸렸다면 그 아이디어를 내는 데 어떤 큰 장애가 있었다는 의미로 들리는데요?

김정호 하하하! 어떤 큰 장애라…. 이젠 뭐 척척입니다. 이미 전에 말한 것이지만 지명을 알 수 있을 정도로 서울 전체를 그리면 지도가 너무 커져서 청구도에 싣기가 어려웠잖아요. 이런 문제를 해결하기 위해 기존의 많은 서울지도에서는 도성의 안과 밖의 지역에 다른 축척을 적용하여 하나로 합해서 그리는 방법을 사용했다는 것도 이미 말한 적이 있는데요, 저도 서울의 낱장 목판본 지도인 수선전도에서는 그렇게 했어요. 모든 지역에 동일한 축척을 적용한 청구도와 대동여지도에서는 일관성을 유지해야 한다는 생각이 강해서 도저히 그렇게 하질 못하겠더라고요. 이것이 바로 궁금 씨가 말한 '어떤 큰 장애', 즉 사고의 도그마였어요. 그러다가 어느 날 문득 생각해 낸 것이 앞의 두 지도를 그리는 것이었는데요, 두 지도 각각의 축척은 다르지만 각 지도 위의 모든 지역에서는 축척이 같거든요. 두 지도를 만들어 두 번째 대동여지도, 그리고 최성환 선생과 함께 편찬한 『여도비지(輿圖備志)』(20책)에 싣고 나서 '이렇게 쉬운 걸 왜 생각해 내지 못했지?' 하면서 피식 웃었던 기억이 납니다.

사회자 마지막의 두 서울지도를 통해 또 '사고의 도그마'란 이야기를 들을 수 있었는데요, 더 이상 말씀드리지 않아도 시청자 여러분께서 그 의미를 분명히 이해하셨을 것이라 생각합니다. 오늘도 늦은 밤까지 시청해 주신 시청자 여러분! 다음 주에도 세 번째와 네 번째 대동여지도 이야기로 다시 찾아뵐 것을 약속드리면서 인사드립니다.

13부

목판본
대동여지도,
끝나지 않은
꿈

사회자 안녕하십니까. 역사방송 아나운서 안시리 인사드립니다. 지난주 첫 번째와 두 번째 대동여지도에 이어 오늘은 세 번째와 네 번째 대동여지도 이야기가 우리를 기다리고 있습니다. 특히 네 번째 대동여지도는 우리나라 사람들이 '대동여지도' 하면 떠올리는 목판본 22첩의 대동여지도, 지도 제작자로서 김정호 선생님의 인생이란 꽃이 활짝 핀 그 대동여지도입니다. 첫 번째와 두 번째 대동여지도에 대한 지난주의 이야기들은 뭔가 완성되지 못하고 이리저리 헤매며 시험하는 듯한 느낌이 있었는데요, 목판본 22첩의 대동여지도로 활짝 핀 꽃을 보기 위한 전초전의 성격이 강하지 않았을까 예상해 봅니다. 오늘도 김정호 선생님의 이야기를 더욱 맛깔나게 해 줄 우리 프로그램의 소중한 양념 궁금 씨와 열 분의 청중분이 자리를 함께해 주셨습니다. 어서 오십시오. 환영합니다.

궁금 안녕하세요. '역사 환생 인터뷰'의 소중한 양념, 역사 도우미 궁금 인사드립니다. 안시리 아나운서의 표현대로 '목판본 22첩의 대동여지도로 활짝 핀 꽃', 어떻게 활짝 피었을지 정말 궁금한데요, 시청자 여러분도 같은 마음일 것이라 생각합니다. 오늘도 '역사 환생 인터뷰'의 소중한 양념 역할 충실히 수행할 수 있도록 노력하겠습니다.

사회자 오늘도 즐겁고 유익하며 혁신적인 지도와 역사 이야기를 해 주실 김정호 선생님께서 오셨습니다. 활짝 핀 벚꽃 길을 걸어 우리 방송국에 오시면서 이승의 봄맛을 오랜만에 느끼셨을 것 같은데요, 모두 큰 박수로 환영해 주십시오.

김정호 안녕하세요. 안시리 아나운서의 말처럼 150여 년 만에 이승의 달콤한 봄맛을 느끼며 황홀함에 잠시 길을 잃을 뻔했던 김정호 인사드립니다.

사회자 그럼 오늘의 '역사 환생 인터뷰 김정호 편'을 시작하도록 하겠습니다. 궁금 씨 첫 질문 부탁합니다.

1

완전한 내 작품을 꿈꾸다

궁금이 오늘의 첫 질문 드리겠습니다. 선생님, 두 번째 대동여지도에 대한 소비자들의 반응은 어땠나요?

김정호 이미 지난주에도 말한 바 있지만 반응이 정말 별로였습니다. 내용이 '좋다 나쁘다'를 떠나서 주문 자체가 별로 없었어요.

궁금이 첫 번째 대동여지도도, 두 번째 대동여지도도 반응이 별로였다, 더 솔직하게 말해서 주문 자체가 별로 없었다고 말씀해 주시니까 궁금한 게 있습니다. 실망 많이 하지 않으셨나요?

김정호 실망요? 음…. 일반적으로는 실망하는 게 맞죠. 하지만 이번엔 그렇게 실망스럽지 않았어요. 이미 어느 정도 예견된 것이었기 때문에….

사회자 지난주에 첫 번째와 두 번째 대동여지도에 대해 뭔가 완성되지 못하고 이리저리 헤매며 시험하는 듯한 느낌이 강했던 선생님의 말씀을 기억한다면 어느 정도 예견된 것이었다는 오늘의 말씀도 충분히 이해됩니다. 그러면 선생님, 그렇게 고민했으면서도 소비자의 욕구를 채워 주지 못하여 주문 자체가 별로 없었다면 이어보기 편리한 대동여지도는 이미 실패한 상품이니 포기하는 것이 출판사 사장님으로서 해야 할 판단과 결정 아닌가요? 만드는 데 들어가는 시간과 돈이 다 손해인데요….

김정호 맞아요. 손해를 볼 가능성이 아주 높기 때문에 그래야 이치에 맞아요. 그런데 아무리 그래도 포기하지 못하게 만드는 요인이 저에게 둘이 있었어요. 우선 제가 젊은 사람이었다면 그런 결정을 하지는 않았을 거예요. 젊었을 때는 아무리 저 김정호라도 가능성이 낮은 것은 일단 제외하고 가능성이 높은 것부터 했겠죠. 그런데 두 번째 대동여지도를 다 만들고 나니까 제 나이가 50대 중반을 넘어 후반에 접어들고 있더라고요. 지금이야 백세시대니까 50대 중반이라면 청춘이라고 하지만 그때는 언제 죽을지 모르는 노인이었어요. 그래서 젊었을 때 심혈을 기울였던 찾아보기 편리한 청구도는 제 마음에 쏙 들게 만들었으니 이제는 이어보기 편리한 대동여지도도 제 마음에 쏙 들게 한번 만들어 보고 죽을 수 있도록 노력해 보자…, 이런 생각을 하게 되더라고요. 이게 첫 번째 요인이었어요.

궁금이 그럼 두 번째 요인은요? 첫 번째 요인이 의외의 것이었으니까 두 번째 요인도 그럴 것 같은데요….

김정호 단도직입적으로 말해서 그동안 벌어 놓은 것이 꽤 되어서 혹시 신상품을 만들지 못해 돈을 더 벌지 못해도 먹고사는 데 지장이 없을 정도는 되었어요. 오늘 벌어 오늘 먹고사는 생활에서 새로운 도전이란 거의 불가능하다고 봐요.

궁금이 그러면 세 번째 대동여지도를 만들 때 어떤 마음가짐을 갖고 시작하셨나요?

김정호 마음먹고 내 마음에 드는 이어보기 편리한 대동여지도를 만들겠다고 했으니 진짜로 처음부터 다시 시작한다는 마음가짐으로 했지요.

궁금이 두 번째 대동여지도를 만들 때도 처음부터 다시 시작한다는 마음으로 했다고 하셨는데요….

김정호 맞아요. 그랬어요. 다만 다시 시작한 후 어느 정도 마음에 드는 성과가 있었다면 그다음 작품을 만들 때 다시 시작한다는 마음가짐을 갖지는 않겠지요? 그런데 두 번째 대동여지도를 만들고 나서 소비자의 반응도 그렇고 제가 다시 검토해 봐도 마음에 드는 구석이 많지 않았어요. 게다가 저는 나이도 너무 많이 먹어 가고 있었고요. 그러니 두 번째 대동여지도까지 만든 모든 아이디어는 다 없던 것으로 간주하고 처음부터 다시 시작하자는 마음가짐을 갖지 않을 수 없었답니다.

사회자 그러면 세 번째 대동여지도는 선생님의 초대형 우리나라 지도라는 측면에서 볼 때 필생의 꿈을 실현하려는 집대성 작품이었다고 보면 되겠네요?

김정호 반은 맞고 반은 아닙니다.

사회자 예? 모든 아이디어는 다 없던 것으로 간주하고 처음부터 다시 시작하는 마음가짐을 갖고 만들기 시작했다고 하지 않으셨나요?

김정호 그랬죠. 하지만 안시리 아나운서가 '두 번째 대동여지도까지 만든'이란 부분을 제외한 채 말한 것이 문제예요. 찾아보기 편리한 지도책의 모든 아이디어는 청구도에 담겨 있고요, 대동여지도에는 이어보기 편리한 지도첩의 모든 아이디어를 담았을 뿐이에요. 그러니 세 번째 대동여지도가 제 필생의 꿈을 실현하려는 집대성 작품이었다고 단정 지으면 안 되는 것이죠. 다만 세 번째 대동여지도가 거리와 방향이 정확한 우리나라 지도를 제작하고 싶은 필생의 꿈을 실현한다는 측면에서 집대성 작품이라고 보면 그건 맞아요. 두 번째 대동여지도에서부터 청구도를 기본도로 하면서 제가 정리해 놓은 위치 정보를 가지고 우리나라 곳곳을 다시 그려 나갔다고 했죠? 그런데 다 그리고 나서 보니까 좀 서둘러 그래서 그런지 아직 많이 부족하더라고요. 그래서 세 번째 대동여지도에서는 진짜 산줄기, 물줄기, 해안선, 지명하나하나를 빼먹지 말고 모두 다 비교 검토하여 다시 그리자고 마음먹었죠. 물론 그렇다고 해도 우리나라 전체의 이미지를 보여 주면 청구도와 두 번째 대동여지도 모습에서 큰 차이를 못 느꼈듯이, 두 번째와 세 번째 대동여지도 모습에서도 큰 차이를 못 느낄 거예요. 하지만 세부적으로 들어가면 그

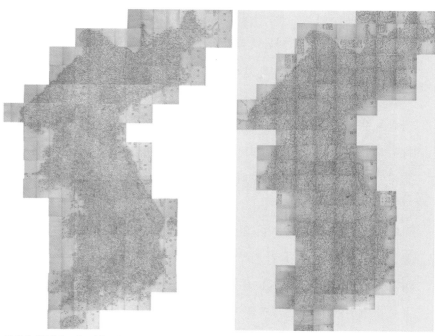

두 번째 대동여지도, 대동여지도(한貴古朝61-1), 국립중앙도서관   세 번째 대동여지도, 동여도(奎10340), 규장각한국학연구원

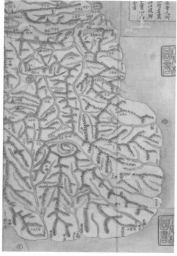

두 번째 대동여지도 함경도 명천, 대동여지도(한貴古朝61-1),
국립중앙도서관

세 번째 대동여지도 함경도 명천, 동여도(奎10340),
규장각한국학연구원

야말로 똑같은 것을 거의 찾기 어려울 정도로 다 바꾸었어요. 얼마나 많이 변했는지 궁금할 것 같아서 우리나라 전체의 모습과 함경도 명천 지역의 이미지를 준비해 봤습니다. 왼쪽이 두 번째 대동여지도, 오른쪽이 세 번째 대동여지도예요.

사회자 와⋯, 선생님이 말씀하셨듯이 우리나라 전체의 모습만 보면 별 차이가 보이지 않는데요, 함경도 명천 지역을 보니까 산줄기와 물줄기, 해안선 어느 구석 변하지 않은 곳이 없네요. 이미지가 너무 작아서 잘 보이지는 않지만 지명의 위치도 엄청 바뀌었겠죠?

김정호 하하하! 당연히 지명의 위치도 바뀐 곳이 꽤 많아요. 지명의 위치를 하나하나 비교 검토해 가면서 다시 잡아 나갔기 때문에 해안선의 모습, 산줄기와 물줄기의 흐름이 저렇게 많이 바뀔 수 있었던 거예요. 또 자세히 보면 산줄기와 물줄기의 흐름이 엄청 자세해졌죠? 제가 『신증동국여지승람』, 『동국문헌비고』 등의 지리지, 그림식 전국 고을지도책 등을 참고하여 정리해 놓은 정보를 가지고 다시 그려 나갔기 때문에 나타난 현상이에요. 이때 '산줄기 사이에는 물줄기가 있고 물줄기 사이에는 산줄기가 있다.'는 원리를 지키려고 노력했어요.

궁금이 선생님, 그러면 두 번째 대동여지도는 물론이거니와 청구도보다도 훨씬 더 정확해졌겠네요?

김정호 음⋯, 궁금 씨가 고민스런 질문을 하네요. 저는 분명히 더 정확하게 그리려고 많이 노력했어요. 하지만 그것이 더 정확해졌다는 것을 보장해 주지는 않아요.

세 번째 『대동여지도』 찾아보는 방법
규장각한국학연구원에 세 번째 『대동여지도』가 '동여도(奎10340)'로 소장되어 있는데, 규장각한국학연구원의 홈페이지에서 '바로가기 구(舊) 원문검색서비스 → 고지도 → 필사본(방안식) → 동여도'의 순서로 찾아가면 원문 이미지를 볼 수 있다.

사회자 '정확하게 그리려고 많이 노력했지만 그것이 더 정확해졌다는 것을 보장해 주지 않는다'는 선생님의 말씀이 이해하기 어려운데요, 좀 더 자세하게 설명해 주시면 좋겠습니다.

김정호 인터뷰 초창기에 말한 정보의 오류 가능성을 다시 떠올려 주면 좋겠어요. 제가 참고한 정보도 방향에서는 90°의 오류 가능성을 갖고 있었고요, 거리에서도 산 넘고 물 건너 구불구불 가면서 측정한 거리 정보였기 때문에 평면으로 환산할 때 나타나는 오류 가능성이 당연히 있었어요. 저는 그 오류를 최대한 줄이기 위해 많은 자료를 꼼꼼하게 비교 검토하여 판단하고 선택했지만 그 판단과 선택은 더 정확해지려는 저의 노력이었을 뿐 항상 옳았다는 것을 보장해 주지는 않아요. 이런 점을 고려한다면 '더 정확해졌다'가 아니라 '더 정확해지려 노력했다'라는 관점에서 봐 주면 좋겠어요. 하늘나라에 가서 청구도와 여러 대동여지도를 근대식 측량 지도와 꼼꼼하게 비교 검토해 봤는데요, 세 번째 대동여지도에서 전반적으로는 더 정확하게 고쳐진 곳이 많더라고요. 하지만 오히려 더 부정확하게 고친 곳도 꽤 있었고요, 게다가 청구도와 대동여지도 모두 완벽하게 잘못 그린 곳도 있더라고요. 그러니 너무 '정확해졌다'에 초점을 맞추지 말아주면 좋겠어요.

사회자 그럼 선생님, 저렇게 하나하나 비교 검토하여 다시 그리는 데는 얼마나 걸렸나요? 꽤 걸렸을 것 같은데요….

김정호 두 번째 대동여지도 때는 몇 개월 정도로 말했는데요, 세 번째 대동여지도는 그거보단 많이 걸렸다고 생각하면 돼요. 한 반년? 이 정도로 말하면 될까요?

궁금이 이젠 그런 말씀하셔도 충분히 이해됩니다. 다만 진짜 그리는 시간이 그 정도라는 것이지 정보를 비교 검토하여 판단과 선택을 내리고 정리해 놓는 시간까지 합하면 몇 배는 걸렸을 것이라고 보는 게 옳지 않을까 합니다.

김정호 궁금 씨가 제가 하고 싶은 말을 다 해 주네요. 한 가지만 덧붙이면요,

정보를 비교 검토하여 판단과 선택을 내리고 정리하는 것을 단지 지도 제작을 위한 것에만 한정하지 말고 지리지의 편찬과 지도의 제작을 동시에 위한 것으로 이해하면 좋겠어요. 지리지의 편찬이 '더 정확해지려 노력한' 지도의 제작에 많은 도움이 되었는데요, 지리지의 편찬에 대해서는 마지막 시간에 한번 정리할 기회를 갖도록 하겠습니다.

사회자 선생님, 혹시… 대동여지도만큼 크고 자세한 우리나라 지도를 처음으로 그리거나, 기존의 지도를 참조하면서도 전면적으로 다시 그리기 위해서는 전국 지리지의 편찬이 필수적으로 따라야 하는 것 아닌가 하는 생각도 드는데요…. 어떻게 생각하시나요?

김정호 음…. 미처 생각해 보지 않았던 것인데요, 안시리 아나운서의 말을 들으니까 그렇다는 생각이 듭니다. 청구도의 경우 1만 3천여 개, 세 번째 대동여지도는 1만 8천여 개, 네 번째 목판본 대동여지도에는 1만 1천여 개의 지명이 수록되어 있고요, 여기에 지명이 기록되지 않았더라도 산줄기, 물줄기, 해안선 등도 모두 위치 정보예요. 이렇게 많은 위치 정보를 이용하여 능숙하게 크고 자세한 지도를 제작하기 위해서는 그것보다 훨씬 더 많은 정보를 확보해서 비교 검토하고 판단과 결정을 내려 정리하는 과정이 꼭 필요한데요, 그 정도가 되려면 전국 지리지를 편찬하는 것과 다름이 없다는 생각이 듭니다. 저는 전국 고을지리지의 편찬을 당연하고 자연스럽게 여러 번 하다 보니까 크고 자세한 지도의 제작과 전국 지리지의 편찬 관계에 대해 깊게 생각해 보지 못했는데요, 안시리 아나운서의 말을 듣고 보니까 아주 밀접한 관계가 있다고 여겨집니다. 그리고 보니 청구도 크기의 지도를 처음으로 제작한 신경준 선생도 『동국문헌비고』 40책 중 무려 7책을 차지하는 우리나라 지리지인 「여지고」를 편찬하셨잖아요. 그런 지리지의 편찬이 없었다면 청구도 크기의 지도를 제작하기 어려웠을 것인데요, 제가 미처 생각해 보지 않았던 문제를 잘 지적해 주어서 고맙습니다.

2   지도첩의 크기와 찾아보기

사회자 아유…, 과찬이십니다. 혹시나 해서 여쭌 건데 크고 자세한 지도의 제
작과 전국 지리지의 편찬 관계에 대해 다시 한번 생각해 보는 계기가 되셨
다니 다행일 뿐입니다. 그럼 다음 주제로 넘어가면 좋겠는데요, 선생님만의
작품은 단지 전면적으로 다시 그리는 것에 한정되지 않을 것 같은 느낌이
듭니다. 혹시 다른 것도 있었는지 조심스럽지만 여쭙고 싶습니다.

김정호 많았어요. 왜냐면 거의 모두 처음부터 다시 시작한다는 마음으로 만들
었으니까요. 하나하나 이야기할 텐데요, 먼저 지도첩의 크기부터 시작하겠
습니다.

궁금이 지도첩의 크기요? 선생님, 그러면 지도 면의 남북과 동서의 거리를 바
꾸었다는 의민가요?

김정호 말한 그대로예요. 지도 면의 남북과 동서의 거리가 청구도는 100리와
70리, 첫 번째 대동여지도는 200리와 140리, 두 번째 대동여지도는 150리
와 100리였잖아요, 이 중에서 그래도 일반 책의 크기와 비슷한 거는 청구도
였어요. 첫 번째와 두 번째 대동여지도에서는 일반 책의 크기보다는 한 면
에 더 많은 지역을 보여 주고자 하는 욕심이 컸는데요, 그러다 보니까 지도
첩의 크기가 너무 커져서 다른 책들과 함께 보관하기가 많이는 아니지만 좀

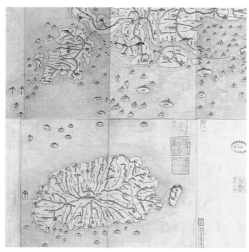

두 번째 대동여지도의 남해안과 제주 사이, 대동여지도(한貴古朝61-1), 국립중앙도서관

세 번째 대동여지도의 남해안과 제주 사이, 동여도 (奎10340), 규장각한국학연구원

불편한 거예요. 그래서 세 번째 대동여지도를 만들 때는 청구도를 만들 때의 생각처럼 일반 책과 비슷한 크기로 다시 돌아가기로 했는데요, 똑같이 하지는 않고 120리와 80리로 했어요. 이렇게 하면 지도첩의 세로와 가로 비율이 3:2가 되는데요, 신기하게도 요즘의 길이 단위로 하면 거의 정확하게 30cm와 20cm예요.

궁금이   요즘 가장 많이 사용하는 A4 용지의 29.7cm와 21cm 크기와 거의 비슷하네요. 일부러 그렇게 맞춘 것도 아닌 것 같은데 신기합니다. 그런데 선생님, 세 번째 대동여지도는 남북이 22층으로 구성되어 있다고 알고 있는데요, 그렇다면 22층×120리=2,640리라서 남북 2,900리인 청구도보다 많이 짧게 그리신 거 아닌가요?

김정호   그 부분은 두 번째 대동여지도에서도 잠깐 이야기했는데요, 우리나라 최북단 두만강 북쪽 부분의 여백을 최소화시키고, 남해안과 제주도 사이의 바다 부분을 줄였기 때문에 그렇게 된 거예요. 물론 남북을 2,550리로 그린 두 번째 대동여지도보다는 바다 부분을 좀 더 그려 넣었어요. 혹시 궁금할 것 같아서 남해안과 제주도 사이의 이미지를 두 번째와 세 번째 대동여지도로 준비해 봤습니다.

사회자 세 번째 대동여지도의 첩 크기가 요즘 가장 많이 사용되고 있는 A4 용지와 비슷다는 것은 미처 생각하지 못했는데요, 궁금 씨의 상식이 대단합니다. 선생님, 질문이 하나 있는데요, 세 번째 대동여지도는 일반적으로 동여도(東輿圖)란 이름으로 부른다고 들었습니다. 어떻게 생각해야 하는지요?

김정호 하하하! 그 부분은 이미 이야기한 바 있는데요, 대동여지도의 줄임말로 표지에 동여도로 썼더니 그게 고유 이름으로 불리더라고요. 제가 처음에 만든 동여도 17첩과 첫 번째 청구도에도 동여도란 이름을 붙였는데요, 그때는 진짜 이름이 동여도였어요. 하지만 세 번째 대동여지도 표지에 적혀 있는 동여도는 대동여지도의 줄임말로 보면 돼요.

사회자 예, 무슨 뜻인지 알겠습니다. 그럼 세 번째 대동여지도에서 혁신적으로 바뀐 측면에 대해 계속 말씀해 주십시오.

김정호 다음으로 찾아보기 문제에 대한 이야기를 하겠습니다. 세 번째 대동여지도는 우리나라를 남북 22층으로 나누었다고 했는데요, 그렇다면 22첩이면 되잖아요. 그런데 세 번째 대동여지도를 보통 '동여도 23첩'이라고 불러요. 그 이유는 1~22층의 지도첩 외에 찾아보기 내용을 수록한 한 첩의 지도목록(地圖目錄)이 더 있기 때문인데요, 지도목록은 1~22층의 지도첩보다 앞쪽에 배치했어요. 두 번째 대동여지도의 찾아보기 방식은 여지도목록에 도별로 각 고을의 이름을 적고 이름 밑에 몇 첩에 있는지를 기록해 주는 것이었는데요, 세 번째 대동여지도에서는 반대로 1첩을 가리키는 1권[卷之一]부터 22첩을 가리키는 22권[卷之二十二]까지 첩의 번호를 먼저 쓰고 각 첩에 그려진 고을의 이름을 적어 주는 방법으로 바꾸었어요. 말로만 하면 좀 헷갈릴 것 같아서 두 번째 대동여지도의 여지도목록과 세 번째 대동여지도의 지

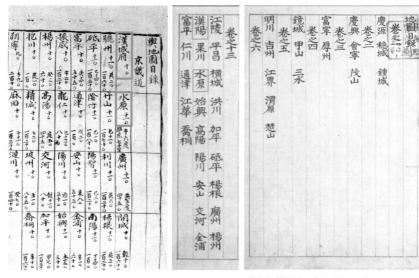

두 번째 대동여지도의 여지도목록,
대동여지도(한貴古朝61-1), 국립중앙도서관

세 번째 대동여지도의 지도목록, 동여도(奎10340),
규장각한국학연구원

도목록 이미지를 준비했는데요, 화면에 띄워 주시죠. 궁금 씨, 두 개의 찾아
보기 방식을 비교해 보니까 어떤가요?

궁금이 왼쪽 두 번째 대동여지도의 여지도목록은 이미 지난주에 설명해 주셔
서 알고 있는 것이고요, 오른쪽 세 번째 대동여지도의 지도목록은 오늘 처
음 보는 것인데도 어떤 방식으로 찾아보는 것인지 금방 이해가 되는데요?
예를 들어 함경도의 경원(慶源), 온성(穩城), 종성(鍾城)이 1첩에 있다는 의미
고, 13첩에는 강원도의 강릉, 평창, 횡성, 홍천과 경기도의 가평, 지평, 양근,
광주, 양주, 한양(서울), 과천, 수원, 시흥, 고양, 양천, 안산, 교하, 김포, 부평,
인천, 통진, 강화, 교동이 수록되어 있네요. 저에게는 여지도목록보다 지도
목록이 찾아보기 더 쉬울 것 같다는 생각이 드는데요, 선생님은 어떠세요?

김정호 궁금 씨, 진짜 그렇게 생각되나요?

궁금이 예. 저는 그렇게 생각되는데요….

김정호 다행입니다. 두 번째 대동여지도의 여지도목록이 생각했던 것보다 찾
아보기가 복잡하다고 생각하여 세 번째 대동여지도에서 지도목록의 방식
을 개발하여 적용한 것인데요, 궁금 씨가 그렇게 생각해 주니 성공한 것이
네요. 물론 아무리 그래도 ○층 ○편처럼 정확한 위치를 한 번에 찾아갈 수
있는 청구도의 찾아보기지도 방식보다는 훨씬 불편한 것이지만요.

궁금이 그런데 선생님, 청구도의 찾아보기지도 방식보다 훨씬 불편하다는 말
씀이 한 번에 확 다가오지는 않는데요?

김정호 하하하! 말로만 들으면 그럴 거예요. 예를 들어 경기도의 가평을 찾고
싶을 때 13첩에 가평이 있다는 사실만 확인하면 끝날 것 같으니까요. 만약
그렇게 간단하게 찾아볼 수 있다면 청구도의 찾아보기지도 방식 못지않게
편리하다고 말해도 돼요. 하지만 그다음부터 복잡해져요. 13첩은 12면으로
구성되어 있는데요, 지도목록에서는 경기도의 가평이 12면 중에서 어디에
있는지에 대한 정보는 제공하고 있지 않거든요. 그래서 12면을 일일이 펴
가면서 경기도의 가평을 찾아봐야 해요. 자신이 잘 아는 지역이라면 그래도
괜찮겠지만 잘 모르는 지역이라면 찾아보기가 생각보다 쉽지 않을 거예요.
이것도 말로 하면 이해가 어려울 것 같아서 12면으로 구성된 13첩에서 가
평이 어디에 있는지를 표시한 이미지를 하나 준비했으니 한번 보세요.

궁금이 이제 이해가 됩니다. 청구도의 찾아보기지도 방식이라면 가평이 13첩
7면에 있다고 알려 줘서 바로 찾아가면 되는데, 지도목록에서는 13첩에서
7면에 있다는 사실을 알지 못하기 때문에 일일이 찾아보는 데 시간이 걸린

세 번째 대동여지도의 13첩, 동여도(奎10340), 규장각한국학연구원

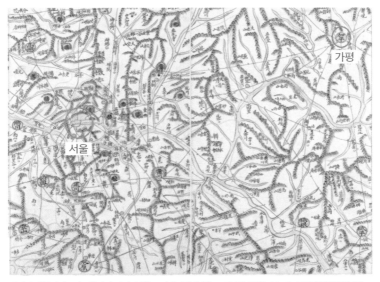

세 번째 대동여지도의 13첩에서 가평이 있는 7면과 서울이 있는 8면, 동여도(奎10340), 규장각한국학연구원

다는 의미네요.

김정호 바로 그거예요. 여기서 간단하지만 중요한 변화 하나 말할게요. 첫 번째와 두 번째 대동여지도에서는 동서로 이어보기 편하도록 모든 첩의 지도면에 여백을 하나도 남기지 않았는데요, 남북으로도 이어보기 편하도록 만들었지만 여백을 그래도 약간은 남겨 두었다고 했어요. 하지만 세 번째 대동여지도에서는 동서뿐만 아니라 남북으로도 모든 첩의 지도 면에 여백을 하나도 남기지 않았어요. 따라서 13첩의 경우 지도 면의 번호를 써 줄 수 있는 공간이 완전히 없어진 건데요, 가평이 있는 7면과 서울이 있는 8면의 모습을 보여 드릴게요. 세 번째 대동여지도의 모든 면이 다 이런 모습이에요.

사회자 선생님, 그러면 동서와 남북으로 완벽하게 이어보기 편리한 지도첩이 세 번째 대동여지도에 와서야 완성되었다고 보면 되는 거네요.

김정호 예, 그렇게 보면 돼요.

3

축척의 표시

사회자 찾아보기 방식에서 청구도의 찾아보기지도보다는 훨씬 못하지만 그래도 최선의 방식을 찾아내신 것 같습니다. 그리고 찾아보기만큼 어려웠던 축척의 표시도 나름 최선의 방식을 찾아내셨을 것 같은데요…. 선생님, 어떻게 하셨는지 궁금합니다.

김정호 안시리 아나운서가 핵심을 꼭꼭 짚어서 물어보네요. 축척의 표시 정말 어려웠지요. 진짜 엄청 고민해서 하나 만들어 냈는데요, 말로 하면 이해하기 어려울 것 같아서 아예 이미지를 준비했어요. 한번 보시죠.

사회자 눈금표인가요? 오른쪽의 작은 이미지는 눈금표의 파란색 사각형인 것 같은데요?

김정호 눈금표라…. 이름이 예쁘네요. 축척 표시인 도리표(道里表)인데요, 오른쪽의 작은 이미지에 '모든 사각형은 사방 10리다. (그래서) 가로로는 80리, 세로로는 120리다.'라는 설명 문구를 적어 넣었어요. 그리고 그 아래로는 대각선을 긋고 '14리'란 거리를 적었는데요, 여러분들이 고등학교 수학 시간의 피타고스정리에서 한 변의 길이가 1인 정사각형의 대각선이 무리수(무한소수)인 '1.41421356…=1.414'라는 것을 배운 적이 있을 거예요. 이미 조선시대에도 그 사실을 잘 알고 있었고요, 같은 원리를 적용하면 사방 10

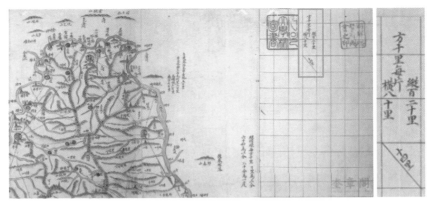
세 번째 대동여지도의 도리표, 동여도(奎10340), 규장각한국학연구원

리인 정사각형에서는 대각선의 길이가 '14.14'가 되는데요, 여기서 소수점 아래를 버리면 14리가 돼요. 축척 표시에서 가로세로의 길이만이 아니라 대각선의 길이까지 알려 주고 싶어서 적어 넣은 거예요. 이 눈금표를 두만 강 최북단의 온성, 종성, 경원이 수록된 1첩의 앞쪽에 수록해서 지도의 축척 을 알고자 하는 사람들이 쉽게 찾아볼 수 있도록 했어요.

궁금이 선생님, 축척의 표시를 멋지게 해결하셨네요?

김정호 하하하! 궁금 씨가 멋지게 해결했다고 표현해 주니까 고맙네요. 하지 만 그렇게 멋지게 해결한 것은 아니에요. 다시 말하지만 최고의 축척 표시 는 청구도처럼 모든 면에 표시하는 것이고요, 이어보기 편리하도록 지도 면 의 동서와 남북에 여백을 완전히 없애 버린 세 번째 대동여지도에서는 모든 면에 표시할 수 없어서 궁여지책으로 도리표를 하나 만들어서 참고할 수 있 도록 해 주었을 뿐이에요.

사회자 여기서도 궁여지책이라는 말이 나오는군요. 처음에 그 말을 들었을 때 는 의미가 확실하게 파악되지 않았는데 이젠 그 의미가 확 다가옵니다. 그 런데 선생님, 대동여지도에서의 축척 표시라고 하면 길 위에 10리마다 사선 을 그은 것이 가장 유명하지 않나요? 게다가 10리마다 그은 사선의 간격을 평지와 산지에서 다르게 하여 실제 거리를 잘 반영했다고 알려져 있는데요.

김정호 대동여지도의 내용 중 가장 많이 알려진 것 중의 하나지만 내용이 잘못 알려진 것 중의 하나이기도 하죠. 제가 첫 번째로 제작한 동여도 17첩에서 처음으로 길 위에 10리 간격으로 원을 표시했는데요, 세 번째 대동여지도를 그릴 때 그 방법을 다시 차용하면 좋겠다는 생각이 든 거예요. 지도에 그려진 길 정보라는 차원에서 볼 때 신경준 선생의 지도에는 길이 별로 그려져 있지 않았고요, 그것을 기초로 편집한 해동여지도(3책)와 다섯 종류의 청구도도 마찬가지였어요. 그러다가 두 번째 대동여지도를 그릴 때『신증동국여지승람』, 『동국문헌비고』, 정리표, 전국 그림식 고을지도책 등의 여러 자료에서 많은 길을 찾아서 지도에 그려 넣었는데요, 비교해 보시라고 세 번째 청구도, 두 번째 대동여지도, 세 번째 대동여지도에 그려진 서울 부근의 이미지를 차례대로 준비했어요.

궁금이 저렇게 비교해 보니까 청구도보다 두 번째와 세 번째 대동여지도 위에 그려진 길의 양이 훨씬 많은 것이 확실하게 보입니다.

김정호 그렇죠? 세 번째 대동여지도에서는 두 번째 대동여지도에 그려진 길

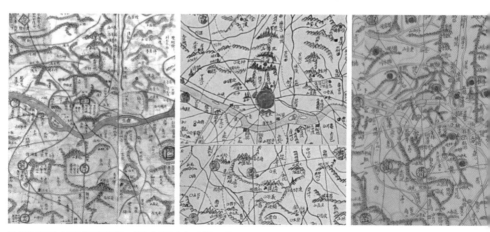

세 번째 청구도, 두 번째 대동여지도, 세 번째 대동여지도 / 청구도(古4709-21), 동여도(奎10340), 규장각한국학연구원(좌, 우), 대동여지도(한貴古朝61-1), 국립중앙도서관(중)

위에 10리마다 사선을 첨가했죠. 그러면 10리마다 사선을 그을 수 있는 거리 정보는 어떻게 찾아냈을까요?

궁금이 직접 답사해서 조사한 것은 아니라고 하셨는데….

김정호 그것도 다 『신증동국여지승람』, 『동국문헌비고』, 정리표, 전국 그림식 고을지도책 등의 여러 자료에서 찾아낸 거예요. 길은 찾아냈는데 거리 정보는 못 찾아낸 것도 있어서 10리마다 사선이 그어지지 않은 길도 꽤 있는데요, 강원도 양구 주변의 길 중에서 10리마다 사선이 그어진 길을 노란색 사각형으로, 사선이 그어지지 않은 길을 파란색 사각형으로 표시한 이미지를 준비해 봤어요. 한번 보시죠.

사회자 강원도 양구면 산간벽지인데요, 그런 지역이라면 두 지점 사이의 거리 정보를 기록한 자료가 없는 길도 꽤 있을 것 같다는 생각이 저절로 듭니다. 평안도와 함경도의 두메산골이라면 10리마다 사선이 그어지지 않은 길이 더 많을 것 같기도 한데요….

김정호 안시리 아나운서의 추론이 맞아요. 두메산골일수록 거리 정보가 없는 길이 더 많았어요.

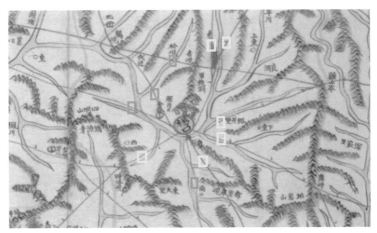

세 번째 대동여지도의 강원도 양구 주변 길, 동여도(奎10340), 규장각한국학연구원

사회자 선생님, 평지 지역과 산지 지역의 길 위에 그어진 사선의 간격이 다른
　　　것도 좀 설명해 주시면 좋겠는데요….

김정호 그것도 많은 사람들이 오해할 만한 부분이니까 설명이 필요하다고 봅
　　　니다. 제가 수집하여 참고하며 비교 검토한 거리 정보도 모두 산 넘고 물 건
　　　너 구불구불한 길에서 실제로 가는 두 지점 사이의 거리를 측정한 것일 수
　　　밖에 없잖아요. 그런 거리 정보를 되도록 곧게 그린 길에 10리마다 사선을
　　　그어 표시하면 어떤 현상이 벌어질까요? 산지 지역의 사선 간격이 평지 지
　　　역의 사선 간격보다 더 짧게 그려질 수밖에 없지 않을까요?

궁금이 선생님, 혹시 그림으로 설명해 주시면 좋지 않을까 하는데요….

김정호 다음의 그림을 한번 보죠. 산지 지역에서는 길이 오르내리기도 하고 구
　　　불구불 돌아가기도 하잖아요. 앞의 그림을
보면 지도에서는 구불구불 돌아가는 산지
의 길 60리와 평지의 길 40리가 같은 길이
로 그려져요. 따라서 그 안에 표시된 10리
사선의 간격은 평지의 길보다 산지의 길이
더 짧게 그려질 수밖에 없는 것 아닌가요?

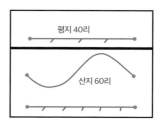

궁금이 그림을 보면서 설명을 들으니까 선생님 말씀 이해하겠는데요, 그럼 두
　　　지점 사이에 구불구불 돌아가는 길을 그대로 그리지 왜 직선에 가깝게 그렸
　　　는지…. 이것도 궁금한데요?

김정호 제가 직접 가 본 곳이 아니라 자료를 보고 파악한 것이기 때문에 두 지
　　　점 사이의 길이 어떻게 구불구불 돌아가는지 정확하게 알기 힘들었던 것이
　　　첫 번째 이유고요, 구불구불 돌아가든 직선으로 가든 길을 가는 사람들에게
　　　길은 하나니까 굳이 구불구불 돌아가는 길을 자세히 그리지 않아도 되는 것
　　　이 두 번째 이유였어요.

4 기호 사용의 세분화와 서울지도

사회자 선생님, 그동안 알려졌던 이야기와 비슷하면서도 약간씩 다른 이야기가 되고 있는 것 같은데요, 그 '약간'이 실제로는 큰 차이라는 느낌이 듭니다. 이제 오늘의 시간도 2/3가 넘어가고 있어서 청중분께 질문할 기회를 드려야 하는 시간입니다. 질문 있으신 분 손 들어 주시기 바랍니다. 오늘은 모두 젊은 분들인 것 같은데요, 앞쪽 끝에 앉아 계신 분 간단한 자기소개와 질문 부탁드립니다.

청중1 안녕하세요. 서울 수선대학교 지리학과 4학년생이고요, 김정호 선생님을 직접 뵙고 이야기를 듣게 되어 영광입니다. 저의 질문은 기호의 사용에 대한 것인데요, 일반적으로 대동여지도에서는 근대 지도와 비슷한 수준으로 자세하게 구분된 기호가 사용된 것이 혁신적이라고 알려져 있습니다. 기호의 사용을 혁신적으로 하게 되신 이유가 무엇이고, 어느 정도로 혁신적이었는지 알고 싶습니다.

김정호 수선대학교 지리학과 학생을 만나 뵈어서 너무 반갑고요, 관심 가져 주셔서 정말 감사드립니다. 질문하신 기호의 혁신적인 사용에 대해서는 어느 날 갑자기 하늘에서 뚝 떨어지듯이 이루어진 아이디어가 아니라는 것을 먼저 이야기하고 싶습니다. 이미 여러 차례 말한 바 있듯이 청구도를 만들 때는 기호의 사용을 강화시켰다가 다시 약화시켰고요, 대동여지도로 가면서 또다시 강화시키는 것으로 바뀌면서 일반적으로 말하는 목판본 대동여지도의 혁신적인 지도표가 나오게 된 것입니다. 그리고 혁신적인 지도표의 출발은 목판본, 즉 네 번째 대동여지도가 아니라 지금 말하고 있는 세 번째 대동여지도였습니다. 지도에서 기호 사용의 장점을 처음에는 정보를 종류별로 일목요연하게 파악할 수 있는 것에서만 봤는데요, 시간이 지나면서 정보의 위치를 표시하는 기능도 크다는 것을 알게 되었습니다. 그리고 맨 마지막에는 정보의 글씨를 최소화시키는 장점도 갖고 있다는 것을 파악하게 되었는데요, 세 번째 대동여지도에서부터 확실하게 적용시켰습니다. 일단 말로만 하면 답답할 테니 세 번째 대동여지도의 지도표 이미지를 한번 보시죠.

궁금이 선생님, 위의 이미지는 도리표가 있는 1첩에 지도표를 넣었다는 것을 의미하고, 아래의 이미지는 그 지도표를 확대해서 보여준 거네요.

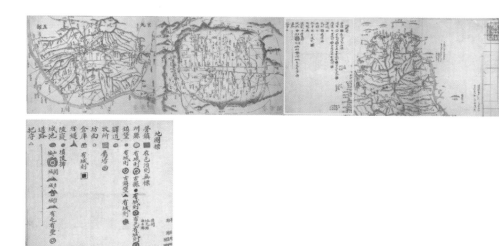

세 번째 대동여지도의 지도표(상), 지도표 확대 이미지(하), 동여도(奎10340), 규장각한국학연구원

김정호 예, 맞아요. 지도표를 도리표처럼 1첩에 넣어 주어 이용자들이 처음부터 그 존재를 쉽게 파악할 수 있도록 해 주었어요. 여기서 작지만 나름 신경을 쓴 것 하나를 언급하고 싶은데요, 도리표를 지도표보다 앞쪽에 넣어 준 것은 지도에서 축척을 아는 것이 기호를 아는 것보다 더 중요하다고 여겼기 때문이에요. 기호를 알면 당연히 더 좋지만 만약 몰라도 지명을 통해 어디에 무엇이 있는지 알 수는 있지만 축척을 모르면 두 지점 사이의 대략적인 거리를 알 수 있는 방법이 전혀 없거든요. 그래서 청구도 때도 축척 표시에 대해 찾아보기 다음으로 많이 신경을 쓴 것이고요, 이어보기 편리한 대동여지도로 오면서도 마찬가지였어요.

궁금이 왜 지도표만 보여 주지 않았는지 살짝 궁금하긴 했었는데요, 그런 뜻이 담겨 있었던 거네요. 그리고 아래의 이미지에는 청구도의 제표총목이나 두 번째 대동여지도의 지도표에서 보았던 기호의 종류와는 차원이 다를 정도로 많은 기호가 등장하는데요, 제가 이리저리 파악해 보니 총 26개나 되는데요?

김정호 그 사이에 어떻게 다 세어 보았는지 신기하네요. 26개 맞아요. 12개의 중요한 정보에 기호를 사용했고요, 고을[州縣]·진보(鎭堡)·목장[牧所]·성곽[城池]에서 세부적으로 14개의 기호를 추가했어요. 한자로 기록된 정보 중에 지금은 쓰지 않는 용어가 많아 생소한 경우가 꽤 될 것 같아 간단하게라도 용어 설명을 하는 게 낫다고 생각되는데 어떤가요?

궁금이 저도 그 생각했는데요….

김정호 하하하! 그럼 이해하기 어려운 용어만 설명할게요. 처음에 나오는 영진(營鎭)은 최고의 군사기지인 통영·수영·병영·행영을 가리키는데요, 행영(行營)은 수영이나 병영이 일정 기간 옮겨가 있는 곳을 가리켜요. 주현(州縣)은 일반 고을을, 진보(鎭堡)는 통영·수영·병영 관할의 군사기지를, 역도(驛道)는 역을, 목소(牧所)는 국영 목장을, 능침(陵寢)은 왕릉을, 성지(城池)는 성곽을, 파수(把守)는 요즘의 국경 초소를 의미해요.

사회자 선생님, 조선에서 만들어진 지도들 중 사용된 기호의 수 측면에서 세
번째 대동여지도가 가장 많을 것 같은데요?

김정호 맞아요. 당시까지 제가 봤던 어느 지도보다도 많았고요, 하늘나라에
가서 혹시나 해서 다시 옛 지도들을 살펴봤는데 더 많은 지도를 찾지 못했
어요.

사회자 그랬군요. 저렇게까지 많은 기호를 저렇게나 체계적으로 만들어 사용
했다는 것이 놀라울 따름입니다. 마치 근대 지도를 보는 것 같고요, 역시 김
정호 선생님답습니다. 지도표 왼쪽에는 서울지도 두 장이 보이는데요, 이미
두 번째 대동여지도에서 봤던 것이라 특별하게 보이지는 않습니다만…. 선
생님, 혹시 서울지도에 대해 말씀하실 것이 있으십니까?

김정호 별거 아니지만 딱 한 가지만 덧붙이면 두 장의 서울지도 또한 1첩에 수
록하여 누구든 쉽게 그 존재를 알게 해 주려고 했고요, 도리표와 지도표 다
음에 넣은 것은 지도첩에서 서울지도가 축척과 기호 다음으로 중요하다고
보았기 때문입니다.

사회자 세 번째 대동여지도 이야기가 점점 더 흥미로워지고 있는 것 같은데
요, 선생님, 다음으로 해 주실 이야기는 뭔가요?

김정호 여백 곳곳에 지리와 천문의 중요성, 지도와 지지의 관계 등에 대한 이
야기를 여러 자료에서 찾아서 써넣었는데요, 하나하나 이야기할 수 있으면
좋겠지만 세 번째 대동여지도의 핵심적인 것은 아니니까 이것으로 끝내고
네 번째 대동여지도로 넘어가면 좋겠습니다.

사회자 예? 네 번째 대동여지도로 넘어가신다고요? 시간이 얼마 안 남았는데
요….

김정호 저의 지도 작품 중 가장 유명한 것이 네 번째 목판본 대동여지도잖아
요. 유명해진 이유는 아주 간단하죠. 많이 팔렸으니까요. 그래서 사람들은

제가 목판본 대동여지도에 대해 많은 시간을 할애하면서 설명할 것으로 기대하고 있을 것 같은데요, 그럴 필요가 없어요.

궁금이 그렇게 유명한 작품에 대해 그럴 필요가 없다고요? 이해가 잘 안 가는데요?

김정호 세 번째와 네 번째 대동여지도는 큰 틀에서는 기본적으로 같기 때문에 네 번째 대동여지도에 적용된 내용 대다수가 세 번째 대동여지도에서 설명되었기 때문이에요. 그래서 세 번째에서 네 번째로 갈 때 있었던 변화만 설명하면 되니까 시간이 많이 걸리지 않겠죠.

사회자 의외이긴 하지만 설명을 들으니까 대략 이해가 갑니다. 그럼 이제부터는 네 번째 대동여지도 이야기를 시작하면 될 것 같은데요, 첫 질문의 기회를 청중분께 드리도록 하겠습니다. 뒷줄 끝에 앉아 계신 분 간단한 자기소개와 질문 부탁드립니다.

5

네 번째 목판본 대동여지도, 마지막 아이디어를 쏟아 붓다

청중 2 안녕하세요. 저도 서울 수선대학교 지리교육과 3학년 학생입니다. 선생님, 네 번째 대동여지도는 많이 인쇄해서 팔 수 있는 목판본인데요, 원래부터 의도하셨던 것인지 궁금합니다.

김정호 질문하신 내용에 대해 짧게 말하면 원래부터 의도한 것은 아니었습니다. 만약 의도했다면 세 번째 대동여지도처럼 기호에 다양한 색을 사용하여 구분하고 산줄기의 표현을 복잡하게 만들지는 않았을 겁니다. 목판본은 흑백의 두 가지 색으로만 모든 기호를 표현해야 하고요, 복잡한 산줄기의 모양을 새기는 것은 가능하긴 하지만 너무 시간과 비용이 많이 들잖아요.

청중 2 선생님, 그러면 어떤 이유로 목판본의 네 번째 대동여지도를 만들게 되신 건가요?

김정호 세 번째 대동여지도에 대해 몇 번의 주문 판매가 있었는데요, 그 반응이 아주 좋았어요. 보통 같았으면 주문 판매를 충분히 하면서 돈을 더 벌고 반응도 더 체크하려 했을 텐데요, 그렇게 하지 않았어요. 왜냐고요? 첫 번째 이유는 주문 판매한 것에 대한 반응이 아주 좋았기 때인데요, 원래부터 목표로 했던 것은 아니지만 갑자기 목판에 새겨 인쇄하여 팔면 대박이 날 수도 있겠다는 것에 생각이 미치더라고요. 두 번째 이유는 이미 제 나이가 너무 많아서 시간이 기다려 주지 않을 수도 있다고 생각했기 때문에 이왕 할 거면 빨리 시작하자는 판단을 하게 되었어요.

사회자 네, 그럼 이제 마지막으로 청중분에게 질문 기회를 드리도록 하겠습니다. 앞줄에서 저와 가장 가깝게 앉아 계신 분 자기소개와 질문 부탁드립니다.

청중 3 안녕하세요. 저도 서울 수선대학교 지리학과 2학년생이고요, 저 역시 시간이 아깝다는 생각이 들어서 바로 질문드립니다. 세 번째 대동여지도에서 네 번째 대동여지도로 가면서 변한 내용은 있는지, 있다면 그렇게 변화시키게 된 이유는 무엇인지 궁금합니다.

김정호 그렇게 서두르지 않아도 되는데요. 변한 내용이 당연히 있고요, 그 이유로 첫째, 나무에 새기는 어려움이 있었고요, 둘째, 흑백의 두 색으로만 표현해야 하는 제한 때문이었어요.

궁금이 아…, 그런 차이가 있었네요. 먼저 나무에 새기는 어려움은 세밀하게 새길 수 없어서 그런 것으로 생각되는데요…. 선생님 맞나요?

김정호 보통은 그렇게 생각할 거예요. 하지만 아니에요. 나무에 새기더라도 아주 단단한 나무에 새기면 엄청나게 세밀하게 새길 수 있고요, 오랜 각수 생활을 한 저에게 그렇게 세밀하게 새기는 것은 어렵지 않은 일이에요. 하지만…. 단단한 나무는 비싸고, 새기는 시간도 오래 걸려요. 지도 한 장을 새겨서 인쇄하는 것이라면 그 정도 비싼 것과 시간이 오래 걸리는 것은 별로 문제가 되지 않지만 네 번째 대동여지도는 총 246면이나 되기 때문에 비용과 시간 대비 이익을 남길 가능성이 거의 없어요. 자칫 잘못하다가는 큰

네 번째 『대동여지도』 찾아보는 방법

규장각한국학연구원에 네 번째 『대동여지도』가 '대동여지도(奎10333)'로 소장되어 있고, 홈페이지에서 '바로가기 구(舊) 원문검색서비스 → 고지도 → 목판본(방안식) → 대동여지도'의 순서로 찾아가면 원문 이미지를 볼 수 있다. 국립중앙도서관에는 '대동여지전도(한貴古朝61-2)'로 소장되어 있고, 홈페이지에서 '대동여지전도'로 검색한 후 청구기호를 찾아서 '원문보기'를 누르면 원문 이미지를 볼 수 있다.

손해를 볼 수도 있지요. 그래서 상대적으로 값이 싸고 덜 단단해서 빠르게 새길 수 있는 피나무를 선택했어요. 피나무는 세밀하게 새길 수 없는 단점을 갖고 있어서 내용을 최대한 줄일 필요가 있었어요. 이게 나무에 새기는 어려움이었어요.

궁금이 아…, 전혀 상상도 못했던 건데요. 그럼 선생님, 나무에 새기는 어려움 때문에 변화시킨 것들에는 무엇이 있었나요?

김정호 우선 지명의 수를 대폭 줄였어요. 세 번째 대동여지도에 있던 18,000 여 개의 지명을 11,000여 개로 줄였는데요, 지명에서 가장 많은 비율을 차지했던 방면(坊面) 대부분을 비롯하여 상대적으로 덜 중요하다고 생각되는 지명을 상당수 없앴어요. 비교해 보시라고 경기도의 부평과 김포 지역 이미지를 준비했어요.

궁금이 왼쪽이 세 번째, 오른쪽이 네 번째 대동여지도 이미지네요. 언뜻 보기만 해도 지명의 수가 상당히 줄어든 것이 눈에 보이는데요. 그다음은요?

김정호 찾아보기에 해당되는 지도목록도 없애 버렸어요. 이 때문에 세 번째

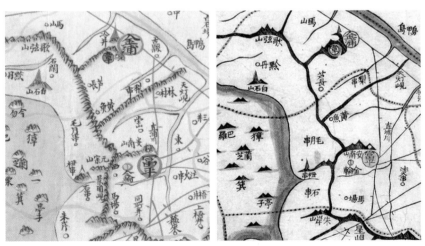

세 번째(좌)와 네 번째(우) 대동여지도의 경기도 부평·김포 이미지, 동여도(奎10340), 대동여지도(奎10333), 규장각한국학연구원

대동여지도가 동여도 23첩으로 불리는 반면 네 번째 대동여지도는 목판본 대동여지도 22첩으로 부르게 되었어요.

궁금이 선생님, 이어보기 편리한 지도첩에서도 찾아보기를 쉽게 할 수 있도록 엄청 고민하여 만든 것인데 그것을 없애 버리실 때 마음이 상당히 아팠을 것으로 생각되는데요….

김정호 상당히는 아니고요 조금 아팠어요. 그래도 열심히 고민해서 만든 것인데…, 하는 생각이 들었거든요. 다만 찾아보는 데 도움을 주었던 것이 사실이지만 도움의 크기를 생각하면 그렇게 크지는 않았어요. 그래서 많이 아프지는 않았던 거예요. 네 번째 대동여지도에서 찾아보기는 각 지도첩의 표지에 고을의 이름을 동쪽부터 차례대로 써 주는 초기의 모습으로 돌아갔어요. 서울이 있는 13층인 제13폭의 이미지를 준비했는데요, 가장 동쪽의 강원도 강릉(江陵)부터 가장 서쪽의 경기도 교동(喬桐)까지 표지에 순서대로 기록되어 있어요. 그리고 지도의 여백에 넣었던 지리와 천문, 지도와 지지의 관계 등에 대한 이야기 중에서도 상대적으로 덜 중요하다고 판단되는 부분을 줄였어요.

네 번째 대동여지도의 13폭 표지, 대동여지도(奎 10333), 규장각한국학연구원

사회자 손으로 그리는 것과 나무에 새기는 것의 차이가 이렇게 컸네요. 물론 그 차이가 단지 나무에 새기는 것에서 나오는 것이 아니라 경제적인 이유로 세밀하게 새기기 어려운 피나무를 선택했기 때문이란 이야기도 미처 생각해 보지 못했던 것입니다. 그런데 선생님 글자의 수를 줄이는 것 외에도 또 있을 것 같은데요….

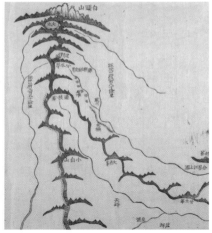

세 번째(좌)와 네 번째(우) 대동여지도의 백두산 부근 이미지, 동여도(奎10340), 대동여지도(奎10333), 규장각한국학연구원

김정호 있었어요. 글자의 수를 줄이는 것보다도 훨씬 더 많은 고민을 해서 만들어 낸 아이디어인데요, 여러분들이 그냥 스쳐 지나갔을 것 같지만 이미 경기도의 부평과 김포 이미지에서 나왔어요. 그래도 여러분들에게 더 강렬하게 다가갔으면 하는 의미에서 민족의 영산이라는 백두산 지역의 이미지를 보여 드릴 테니까 그 아이디어가 무엇이었는지 안시리 아나운서가 맞혀 보면 어떨까 합니다.

사회자 제가요? 음…. 아, 저거였네요. 산과 산줄기의 표현….

김정호 맞아요. 바로 그거예요. 세 번째 대동여지도는 산을 겹쳐진 모습으로 정밀하게 그렸는데요, 그것을 피나무에 새겨 넣기에는 너무 어렵더라고요. 그래서 많이 고민할 수밖에 없었는데요, 그때 생각난 것이 족보에 많이 수록되어 있는 조상 무덤의 지도, 즉 산도였어요. 제가 살던 시절에는 족보의 간행이 가문마다 엄청 유행했는데요, 글씨는 목활자로, 산도는 목판에 새겨 찍어냈어요. 그중에서 산도는 조상의 무덤이 풍수의 명당에 있다는 것을 보여 주기 위해 만든 것이잖아요. 그래서 산줄기와 물줄기의 흐름을 강조하는데요, 특히 산줄기의 흐름을 실제보다 엄청 과장되게 표현해요. 이것도 말

로 하면 아리송할 수 있으니 하나 보여 드
릴게요.

궁금이 산과 산줄기의 표현이 네 번째 대동
여지도와 많이 비슷하네요.

김정호 비슷할 수밖에 없죠. 제가 저 산도의
산과 산줄기 표현을 보고 아이디어를 만들
어 냈으니까요. 산과 산줄기의 모습이 단
순하면서도 강렬한 흐름을 잘 표현하고 있
잖아요. 게다가 목판에 새기기도 쉽고요.
아 이거다! 오랫동안 고민하다가 산도를

『충주지씨족보』(古2518-75-13)의 산도(山圖),
국립중앙도서관

생각해 내고는 무릎을 탁 쳤죠. 산과 산줄기가 엄청 복잡한 강원도 금강산
지역의 이미지 한 장을 더 보여 줄게요.

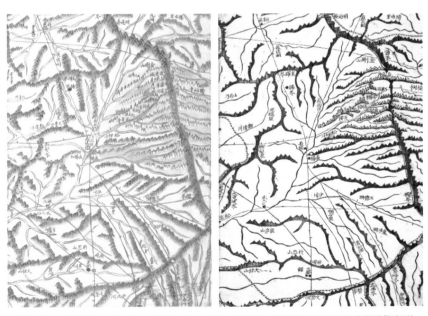

세 번째(좌)와 네 번째(우) 대동여지도의 금강산 지역 이미지, 동여도(奎10340), 대동여지도(奎10333), 규장각한국학연구원

사회자 백두산 지역의 이미지를 비교해 볼 때는 '와…, 산과 산줄기의 표현이 정말 단순하면서도 웅장하고 멋있게 바뀌었네!'라는 느낌으로 다가왔는데요, 금강산 지역의 이미지를 비교해 보니까 '산과 산줄기의 흐름이 웅장하고 멋있게 다가올 뿐만 아니라 목판에 새기기에도 정말 편해졌겠다!' 이런 생각이 들었습니다.

김정호 하하하! 그렇게 생각되죠? 산도에서 산과 산줄기 표현의 아이디어를 따온 것은 안시리 아나운서가 말했듯이 웅장하고 멋있게 표현할 수 있게 되었을 뿐만 아니라 목판에 새기기도 쉬운 일석이조(一石二鳥)의 효과 만점이었어요. 제가 만든 아이디어였지만 다 완성된 네 번째 대동여지도를 보면서 스스로도 자신을 너무나 대견하다고 생각했던 기억이 지금도 생생합니다.

사회자 저 이미지를 보니까 충분히 그러셨을 것으로 생각되는데요, 혹시 저거 말고도 변화된 이야기가 더 남아 있나요?

김정호 하나 더 있어요. 진짜 짧게 끝날 줄 알았는데 생각보다 길어지고 있는데요, 이게 마지막이니까 참고 들어 주세요. 이미지부터 보여 드릴게요.

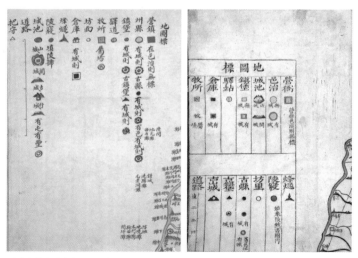

세 번째(좌)와 네 번째(우) 대동여지도의 지도표, 동여도(奎10340), 대동여지도(奎10333), 규장각한국학연구원

궁금이 선생님, 지도표네요. 첫 인상은 뭔가 깔끔해진 느낌인데요?

김정호 깔끔해졌다고요? 만든 저도 생각해 보지 못한 느낌인데요, 그 표현 멋지네요. 오른쪽 네 번째 대동여지도 지도표에서 색을 칠한 것은 후대의 이용자가 한 거고요, 원래는 흑백 두 가지의 색밖에 없었어요. 세 번째 대동여지도는 다양한 색을 사용할 수 있었고 그런 전제로 기호를 만들었는데요, 목판본으로 만들다 보니까 흑백 두 가지의 색만 쓸 수밖에 없잖아요. 그러니까 기호를 흑백 두 가지의 색만으로 구별할 수 있도록 만들 수밖에 없었어요. 새로운 정보를 추가하지 않은 채 파수를 삭제한 14개의 주요 정보와 세부 구분까지 합해서 총 22개의 기호로 줄였어요. 용어가 바뀐 것이 4개 있는데요, 영진(營鎭)을 영아(營衙)로, 주현(州縣)을 읍치(邑治)로, 역도(驛道)를 역참(驛站)으로, 방면(坊面)을 방리(坊里)로 바꾸었어요. 여러 색을 사용하다가 흑백 두 가지의 색으로만 22개의 기호를 만들다 보니까 꽤 힘들었는데요, 만들고 나니까 여러 색을 사용한 것보다 더 깔끔하고 보기에 좋은 것 같아서 보람이 꽤 컸어요.

사회자 가끔은 컬러사진보다는 흑백사진이, 컬러영화보다는 흑백영화가 더 큰 감동으로 다가오는 것과 비슷한 효과가 아닌가 합니다. 혹시 더 말씀하실 것이 있으신지….

김정호 세부적으로 들어가면 당연히 더 있지만 큰 것은 대략 다 한 것 같아요. 마지막으로 지도의 내용 외적인 것에 대해 말하고 싶은 게 두 개 있는데요, 첫 번째가 저의 마지막 작품일지도 모르는 목판본 대동여지도에 저의 작품임을 지도 이름뿐만 아니라 제 이름으로도 새겨 넣고 싶었어요. 그래서 지도의 이름인 '대동여지도(大東輿地圖)', 간행연도인 1861년을 가리키는 '당저십이년신유(當宁十二年辛酉)', 저의 호(號)인 '고산자(古山子)', 제가 모든 것을 창작한 것이 아니라 기존의 정보를 정리하고 판단 결정하여 간행했다는 의미의 '교간(校刊)'이란 글자를 목판에 새긴 후 인쇄하여 지도첩의 가장 앞쪽에 넣었습니다.

사회자 선생님의 자존심을 더 강하게 담은 지도
첩이네요.

김정호 예. 우리나라에서는 저처럼 지도 제작자
의 이름이나 호, 제작연도를 이렇게 분명하게
적어 넣은 지도 작품은 거의 없었으니까요.

궁금이 선생님, 잠시 잊으신 것 같은데요, 지도
의 내용 외적인 것을 두 개 말씀하신다고 했
습니다. 다른 하나는 뭔가요?

김정호 아, 맞다! 다른 하나는 값이 싸고 딱딱하

네 번째 대동여지도의 1첩 1면 표지,
대동여지도(奎10333), 규장각한국학연구원

지 않은 피나무에 새겼다고 했는데요, 여기서 값이 쌌다고 하는 것은 단단
한 나무보다 쌌다는 것이지 쉽게 살 수 있을 정도로 쌌다는 의미는 아니라
는 거예요. 그래서 비용을 최대한 줄이기 위해 목판의 앞뒤에 다 새겼고요,
여백이 많이 남는 목판의 경우 다른 부분의 지도 면을 새겨 넣기도 했어요.
대동여지도는 지도가 그려진 총 246면, 그것을 목판의 수로 바꾸면 절반인
123면으로 구성되어 있는데요, 목판의 수는 그 절반이 안 되는 약 60매 정
도였어요. 이제 네 번째 대동여지도 이야기는 이것으로 마칠까 합니다.

궁금이 선생님, 궁금한 게 하나 있는데요, 목판에 새기는 데는 얼마나 걸렸나요?

김정호 그걸 이야기 안 했네요. 먼저 목판에 붙이기 위해 지도를 그리는 데는
얼마나 걸렸느냐…. 한 몇 달? 이렇게 생각하면 되고요, 새기는 데는 얼마나
걸렸느냐…. 이것도 한 몇 달? 이렇게 생각하면 돼요. 몇 년처럼 엄청 오래
걸렸을 거라고 생각하는 사람들이 많은데요, 첫째, 저는 수준 높은 지도 제
작자이자 각수였고요, 둘째, 목판이 빨리 새기기에 편리한 피나무였다는 점
을 고려하면 쉽게 이해될 거라고 생각해요.

6 　　　다섯 번째 대동여지도, 끝나지 않은 꿈

사회자　선생님, 이젠 네 번째의 목판본 대동여지도 이야기가 다 끝난 건가요?

김정호　예, 맞아요.

사회자　그러면 궁금한 것이 있는데요, 수요자들의 반응은 어땠나요?

김정호　하하하! 그거 물어볼 줄 알았습니다. 음…, 제 입으로 말하긴 그렇지
만… 대박이었죠. 그래서 돈도 많이 벌었고요. 그 덕분에 대동여지도가 유
명해졌고, 지금 이 자리에 제가 이렇게 앉아 있는 것도 다 그 덕분이 아닌가
합니다. 감사할 따름이죠.

궁금이　그러면 구체적으로 얼마나 팔렸는지도 알 수 있나요?

김정호　정확하게 얼마나 팔렸는지는 기억이 안 나요. 그런데 목판에 인쇄하여
팔았다고 하니까 많게는 몇백 부가 팔린 것처럼 생각하는 사람들이 있는 것
같은데요, 그렇지 않았어요. 목판본 대동여지도도 당연히 주문 판매였고요,
50부 안팎 팔았다고 여기면 될 것 같아요. 그때는 그 정도만 팔려도 대박이
었고요, 돈도 충분히 벌 수 있었어요. 여기서 주문 판매와 관련하여 하나 말
하고 싶은 것이 있어요. 청구도도 그렇지만 대동여지도의 주문 판매는 가격
을 미리 정해 놓고 주문을 받아 판매하는 방식이 아니라, 주문하는 사람이
지불하는 돈의 수준에 맞게 지도첩을 만들어 파는 방식이었어요. 물론 우리

가 손해를 보는 수준이라면 당연히 안 되죠. 어느 정도의 이익이 보장된 수준에서 지불한 돈에 합당한 수준의 종이 등을 구입하여 인쇄하고 첩으로 만들어 제공하는 방식이었어요. 따라서 목판본 대동여지도의 수준은 아주 질이 낮은 것부터 번쩍번쩍 금색으로 표지를 치장한 것까지 천차만별이었고요, 당연한 것이지만 질이 높은 대동여지도를 주문 받아서 만들어 팔면 질이 낮은 것보다 이익이 훨씬 많이 남았기 때문에 엄청 정성을 들여서 만들었어요. 지금 20부 안팎의 목판본 대동여지도가 전해지고 있는 것으로 조사되었다고 들었는데요, 질적 수준이 다양한 것은 그런 이유 때문이에요.

사회자 저도 목판본이라는 것을 대량 생산, 대량 판매로 이해하면서 최소 몇백 부는 판매되지 않았을까 생각했는데요, 그게 아니었네요. 선생님으로부터 듣지 않았다면 계속 오해했을 것 같습니다.

김정호 대부분의 사람들이 안시리 아나운서 같은 생각을 하고 있는 것 같아서 특별히 말한 거고요, 여기서 하나 더 이야기하면 피나무로 만든 대동여지도의 목판으로는 몇백 부까지 찍지 못해요. 목판본의 대동여지도 중에 산줄기와 물줄기, 지명이 약간 뭉개져 보이는 것이 있기도 한데요, 너무 많이 찍어서 목판 자체가 뭉개지기 시작했기 때문에 나타난 현상이에요.

궁금이 지금까지 선생님의 이야기를 들어봤을 때 항상 끝은 없었는데요, 그래서 궁금한 게 있습니다. 초대형의 지도 제작이라는 관점에서 네 번째의 목판본 대동여지도가 진짜로 선생님의 마지막 작품인가요?

김정호 항상 끝은 없었다…. 제 삶에 대해 그렇게 말해 주는 궁금 씨가 정말 고맙네요. 맞아요. 살아 있는 동안 저에겐 항상 끝은 없었던 것 같아요. 하나의 끝은 다른 하나의 시작이었을 뿐이죠. 나이가 많이 들어서 언제 죽을지 모르기 때문에 네 번째 목판본 대동여지도를 서둘러 만들었잖아요. 그런데 다 만들고 났는데도 죽지 않았더라고요. 그래서 그동안 미루어 왔던 『대동지지』란 지리지를 편찬하기 시작했는데요, 여러 정보를 비교 검토하여 정리하는 과정에서 네 번째 목판본 대동여지도 내용 중 틀린 것이 간혹 발견되는 거예요. 그때마다 바로바로 수정했는데요, 목판에서 잘못된 내용을 파내고 새로운 내용을 만들어 끼어 넣었죠. 그래서 1861년이라는 연도가 같더라도 내용적으로 약간씩 다른 대동여지도가 발견되는 건데요, 그게 조금씩 자꾸 쌓이더라고요. 그래서 간행연도 부분을 파내고 1864년을 가리키는 당저이년갑자(當宁二年甲子)를 만들어 끼워 넣은 후 인쇄해서 팔기도 했습니다. 네 번째 목판본 대동여지도 내용을 아주 많이는 아니지만 수정한 것이기 때문에 다섯 번째 목판본 대동여지도라고 불러도 별로 문제가 없을 겁니다.

궁금이 그렇다면 제가 봐도 다섯 번째 목판본 대동여지도라고 부르는 것이 더 좋을 듯합니다. 그런데 선생님, 당저이년갑자가 왜 1864년을 가리키나요?

김정호 아…, 요즘 분들에게는 어려운 연도 표시죠? 당저(當宁)는 지금 임금이라는 뜻이고요, 당저이년갑자(當宁二年甲子)는 당시의 임금인 고종이 재위한 지 2년째 되는 갑자년이라는 뜻으로 1864년이에요.

사회자 선생님의 말씀을 계속 듣다 보니까 다섯 번째 목판본 대동여지도는 선생님의 끝나지 않은 꿈을 담고 있는 거네요?

김정호 끝나지 않은 꿈요? 표현이 정말 멋지네요. 제가 살아 있는 한 꿈은 끝나지 않죠. 하지만 아쉽게도 초대형의 우리나라 지도로는 다섯 번째 목판본 대동여지도가 저의 마지막 작품이었어요.

궁금이 왜요?

김정호 하하하하하! 간단하잖아요. 다른 작품을 만들기 전에 제가 하늘나라로 떠났기 때문이죠.

사회자 저도 순간적으로 궁금 씨처럼 '왜요?'라고 물어볼 뻔 했습니다. 그러면 이것으로 선생님의 초대형 우리나라 지도 이야기는 끝나는 거네요.

김정호 끝나는 거죠. 다만 초대형의 우리나라 지도 이야기는 끝나지만 아직

두 개의 이야기가 더 남아 있습니다. 우리나라의 전국 지리지와 낱장 지도 이야기요. 어느 것을 먼저 할까 생각해 봤는데요, 초대형의 우리나라 지도 제작과 밀접한 관련이 있는 우리나라의 전국 지리지 편찬 이야기를 먼저 하는 것이 좋다고 생각해서 다음 주에는 『동여편고』, 『동여도지』, 『여도비지』, 『대동지지』 이야기를 하려고 합니다.

사회자 오늘은 이야기가 좀 길었습니다만 빨리 진행하여 2시간 안에 다 끝냈습니다. 다음 주에는 선생님의 전국 지리지 이야기를 가지고 만나 뵙도록 하겠습니다. 오늘도 늦은 밤까지 시청해 주셔서 감사합니다. 지금까지 역사방송 아나운서 안시리였습니다. 편안한 밤 되십시오.

14부

전국 고을지리지,
진정한
지리학자
김정호의 꿈

━━━━━━

사회자 안녕하십니까. 역사방송 아나운서 안시리 인사드립니다. 지난주를 마지막으로 김정호 선생님의 초대형 우리나라 지도에 대한 이야기가 대단원의 막을 내렸는데요, 이번 주에는 『동여편고』, 『동여도지』, 『여도비지』, 『대동지지』 등 우리나라 전국 고을지리지의 편찬에 대한 이야기를 해 주시겠다는 예고를 하셔서 기대가 큽니다. 오늘도 후반부에 날카로운 질문을 해 주실 청중 열분과, 저와 함께 '역사 환생 인터뷰 김정호 편'을 부드럽게 이끌어 줄 역사 도우미 궁금 씨가 오셨습니다. 어서 오세요. 환영합니다.

궁금 안녕하세요. 역사 도우미 궁금 인사드립니다. 우리나라 전국 고을지리지의 편찬이란 새로운 분야의 이야기이니만큼 나름 열심히 공부해 오긴 했는데요, 부족하지만 선생님의 이야기가 시청자 여러분께 잘 전달될 수 있도록 도우미의 역할에 충실하도록 하겠습니다.

사회자 오늘도 김정호 선생님께서 오셨습니다. 열렬한 환영의 박수 부탁드립니다. 선생님, 안녕하세요.

김정호 안녕하세요. 김정홉니다. 지난주에 말씀드렸듯이 오늘은 우리나라 전국 고을지리지의 편찬에 대한 이야기를 해 드릴 텐데요, 제 이야기가 여러분에게 즐거운 역사 지식으로 다가갈 수 있도록 차분히 해 보도록 하겠습니다. 반갑습니다.

사회자 네, 감사합니다. 그럼 이제 김정호 선생님의 이야기를 시작하도록 하겠습니다. 궁금 씨, 분야가 달라져서 열심히 공부해 오셨다고 하셨죠? 첫 질문이 어떤 것일지 궁금합니다. 자, 첫 질문 부탁드립니다.

1   나는 책 속에 파묻혀 살았다

궁금이 많이 부족한 상태에서 질문드리는 것이니 혹시 초점이 제대로 맞지 않아도 이해해 주실 것을 부탁드립니다. 먼저 선생님이 편찬한 전국 고을지리지를 모두 쌓아 놓으면 50책은 족히 넘을 것 같은데요, 다른 것 다 떠나서 그 많은 양의 내용을 쓰기 위해 어떤 자료를 얼마만큼 수집해서 비교 검토하신 것인지 궁금합니다.

김정호 이미 7부에서 소개해 드렸습니다만 단독으로 편찬한 전국 고을지리지를 순서대로 다시 말씀드리면『동여편고』2책,『동여도지』20책, 또 다른『동여도지』3책,『대동지지』20책이 있었고요, 최성환 선생과 함께 공동으로 편찬한『여도비지』20책도 있었습니다. 단독으로 편찬한 것만 합하면 45책이고요, 공동으로 편찬한 것까지 합하면 65책이에요. 전국 고을지리지를 편찬하기 위해서는 그만큼 자료가 충분해야 하잖아요. 그러면 자료를 얼마나 많이 수집하고 참고하여 그렇게 많은 전국 고을지리를 편찬했을까? 이에 대한 답도 이미 1부에서 보여 드렸는데요,『대동지지』의 앞쪽에 수록한 인용서목에 중국 책 22종, 우리나라 책 43종 등 총 65종을 제시했어요. 그중에서 지금 책 수를 알 수 있는 것만 추적해 보니까 총 1,163책이었잖아요.

번호	책 이름	저자	책수	연도	나라
1	사기(史記)	사마천	[31]	[기원전 108-91]	
2	전한서(前漢書)	반고	[24]	[50-92]	
3	후한서(後漢書)	범엽	[50]	[300년대 전반]	
4	삼국지(三國志)	진수	[20]	[200년대 후반]	
5	진서(晉書)	방교 등	[20]	643	
6	남사(南史)	이연수	[20]	659	
7	북사(北史)	이연수	[20]	659	
8	수서(隋書)	위징	[20]	636	
9	당서(唐書)	유후	[43]	945	
10	송사(宋史)	구양수, 송기	[167]	1060	
11	요사(遼史)	탁극탁	[8]	1345	중국
12	금사(金史)	탁극탁	[20]	1344	
13	원사(元史)	탁극탁	[32]	1345	
14	명사(明史)	송렴	[120]	[1369~1370]	
15	통감집람(通鑑輯覽)	장정옥	[40]	1735	
16	명일통지(明一統志)		[50]	1768	
17	성경지(盛京志)	이현 등	[20]	1461	
18	광여기(廣輿記)		[14]	1779	
19	개국방략(開國方略)	채방병	[16]	[1600년대 후반]	
20	고려도경(高麗圖經)		[3]	1769	
21	문헌통고(文獻通考)	서긍	[120]	1123	
22	조선부(朝鮮賦)	마단임	[1]	1310	
23	삼국사기(三國史記)	서긍	[10]	[1488]	
24	고려사(高麗史)	김부식	[75]	1145	
25	동국사략(東國史略)	정인지	[2]	1451	
26	동국통감(東國通鑑)	권근, 이첨	[28]	[1403]	
27	동사강목(東史綱目)	서거정	[20]	1485	
28	역대총목(歷代総目)	안정복	[1]	[1700년대 후반]	
29	동국유사(東國遺事)	홍만종		1705	
30	주관육익(周官六翼)	안홍			
31	국조보감(國朝寶鑑)	김경숙	[19]	고려후기	조선
32	여지승람(輿地勝覽)		[25]	1782	
33	선원보략(璿源譜略)	노사신, 서거정		1531	
34	대전통편(大典通編)		[5]		
35	문헌비고(文獻備考)		[40]	1785	
36	만기요람(萬機要覽)		[11]	1770	
37	화성지(華城志)		[3]	1807	
38	남한지(南韓志)		[7]	1831	

39	송경지(松京志)	홍경모	[5]	1847	
40	강도지(江都志)		[2]	1830	
41	관북지(關北志)		[7]	1783	
42	관서지(關西志)			[1776-1800]	
43	호남지(湖南志)			[1776-1800]	
44	강역고(疆域考)		[3]	[1800-1834]	
45	발해고(渤海考)	정약용	[1]	[1811]	
46	탐라지(耽羅志)	유득공	[1]	1784	
47	택리지(擇里志)		[1]	[1653]	
48	연려기술(燃藜記述)	이중환		1751	
49	연려전고(燃藜典故)	李令翊		[1740-1780]	
50	군국총목(軍國總目)	李令翊		[1740-1780]	
51	통문관지(通文館志)		[4]	1828	조선
52	서포만필(西浦漫筆)		[1]	[1778]	
53	연암외집(燕岩外集)	김만중	[2]	[1687]	
54	부계기문(涪溪記聞)	박지원	[1]	[1800년 전후]	
55	관북연혁고(關北沿革考)	김시양		[1600년대 전반]	
56	박씨소원록(朴氏溯源錄)	정약용	[2]		
57	존주록(尊周錄)		[5]	1768	
58	이계집(耳溪集)	이서구	[17]	1716	
59	수경(水經)	홍양호	[4]	1843	
60	동국지리변(東國地理辯)	정약용		[1800년대 전반]	
61	지리군서(地理群書)	한백겸		[1800년대 전반]	
62	조두록(俎豆錄)	유형원	[2]		
63	정리표(程里表)			[1776-1800]	
64	와유록(臥遊錄)	이곤수		[1762-1788]	
65	여지도(輿地圖)				
합계			[1,163]		

*표 안의 책수 [ ]는 국립중앙도서관 현재 소장 책수를 의미하고, 연도의 [ ]는 추정을 의미함.

궁금이 1,163책! 이 숫자가 제 귀에 확 들어오는데요? 게다가 책 수가 표시되지 않은 것까지 합하면 그보다 더 많았겠죠?

김정호 더 많았죠. 청구도든 대동여지도든 우리나라의 초대형 지도를 그리는 데도 여러 자료가 필요하지만 그렇게까지 많은 자료가 필요하지는 않아요. 우리나라의 기본적인 지리지와 지도 계통만 있어도 그려낼 수 있으니까요.

그런데 제가 왜 그렇게나 많은 자료를 수집하여 비교 검토했느냐? 바로 오늘 이야기하고자 하는 전국 고을지리지를 편찬하기 위해서였어요. 지리지에는 지도 제작에 필요한 위치 정보만이 아니라 역사, 지리, 사회, 경제, 인물 등 다양한 요소가 수록되는데요, 우리나라의 지리지를 완성하기 위해서는 우리나라의 역사서나 지리지뿐만 아니라 중국의 역사서나 지리지도 참조해야 했습니다.

사회자 선생님, 초대형 지도의 제작과 전국 고을지리지의 편찬 중 어느 것에 더 많은 시간을 투자하셨나요?

김정호 13부까지 오면서 가끔씩 말하긴 했습니다만 이번에 확실하게 말할게요. 제 삶에서 초대형 지도의 제작에 들어간 시간이 '1'이었다면 전국 고을지리지의 편찬에 들어간 시간은 '3'이었다고 보면 돼요. 왜 전국 고을지리지의 편찬에 들어가는 시간이 그렇게 오래 걸렸느냐고 하면요, 앞에서 제시한 책들의 내용을 꼼꼼하게 읽으면서 검토하고 판단하여 정리하고, 그것을 기초로 전국 모든 고을의 내용을 채워 나가면서 편찬하는 과정을 반복해야 했기 때문이에요. 궁금 씨, 제가 살면서 가장 많이 있던 곳이 어디였을 것 같아요?

궁금이 방금 하신 말씀에 초점을 맞춘다면 당연히 서재 아니었나요?

김정호 너무 쉬운 질문이었죠? 우리 집의 방 하나는 책으로 가득한 서가가 빼곡하게 배열되어 있었다고 보면 돼요. 그리고 먹고 잠자는 것 포함하여 제 인생의 절반 이상은 그 방 안의 책상 앞에 책상다리를 하고 앉아서 늘 책을 읽고 먹을 갈아 붓을 들고 정리하거나 지리지를 편찬하는 모습으로 살았어요. 거짓말 하나 안 보태고 책 속에 파묻혀 살았다고 하면 그 표현이 딱 맞아요. 지도를 그리는 작업도 그 방에서 이루어졌는데요, 다만 지도를 목판에 새기거나 인쇄하는 작업장은 따로 있었어요.

사회자 그렇게까지 전국 고을지리지에 많은 시간을 투자했음에도 지금 사람들은 '김정호'라는 이름을 들으면 지리지가 아니라 대동여지도란 지도의 이름부터 먼저 떠올립니다. 어떤 느낌이 드시나요?

김정호 당연한 것이죠.

사회자 그렇게 말씀하실 줄 알았습니다.

김정호 우선 초대형의 우리나라 지도는 전체적으로 볼 때 잘 팔렸지만 지리지는 하나도 안 팔렸다는 이야기부터 하고 싶네요. 지리지가 왜 하나도 안 팔렸느냐 하면요, 원래부터 팔려고 만들지 않았기 때문이에요. 그러면 또 왜 지리지를 원래부터 팔려고 하지 않았는지 궁금할 수 있는데요, 지리지에 대한 수요가 거의 없다는 것을 저는 잘 알고 있었기 때문이에요. 잘 팔려서 유명해진 지도와 하나도 팔리지 않아 알려지지 않은 지리지 중 여러분들은 어느 것으로 저를 기억해 주겠습니까?

궁금이 그야 잘 팔려서 유명해진 지도를 통해 기억하는 것이 자연스러운 것 아닐까요?

김정호 바로 그렇게 생각하면 돼요.

궁금이 선생님, 그렇긴 한데요, 하나 궁금한 것이 있어요. 당시 지식인들 사이에 『신증동국여지승람』이 상당히 많이 퍼져 있었고, 『동국문헌비고』도 『신증동국여지승람』만큼은 아니지만 꽤 퍼져 있었다고 말씀하신 적이 있습니다. 그렇다면 전국 고을지리지에 대한 수요도 꽤 있었던 것이 아닌가요?

김정호 예, 그렇게 생각하는 것이 논리적이에요. 그런데 세상에는 논리적으로 설명이 안 되는 현상도 꽤 있더라고요. 유형원(1622~1673) 선생, 신경준(1712~1781) 선생 등 민간의 양반 지식인들이 편찬한 지리지도 있었지만 그게 나라에서 편찬한 『신증동국여지승람』이나 『동국문헌비고』처럼 유행하지가 않았어요. 진짜 극히 일부의 지식인들만이, 그것도 가끔 관심을 보이는 정도였어요. 예를 들어 신경준 선생의 『강계고』, 『산수고』, 『도로고』, 『사연고』 등의 지리지가 지금은 아주 유명하잖아요. 하지만 제가 살던 시절에는 정말 그 방면에 관심이 있는 극히 일부의 사람들만이 알고 있는 지리지였을 뿐이에요. 개인이 아무리 훌륭한 지리지를 편찬했다고 하더라도 수요가 없는 것이 당시의 현실이었고, 제가 편찬한 전국 고을지리지 또한 예외가 아니었어요.

궁금이 그러면 선생님께서는 이익도 낼 수 없는 전국 고을지리지를 왜 그렇게 많이 편찬하셨나요?

김정호 하하하! 그게 참 미스터리예요. 내가 왜 그랬지? 지금 와서 생각해 봐도 잘 모르겠어요. 어떤 운명의 힘에 이끌렸다고밖에 달리 말할 수가 없네요. 저는 청년시절부터 지도를 제작하여 판매하는 일을 우연히 접하게 되었고, 그 이후로 그것을 직업으로 삼아 평생 동안 살았잖아요. 그러고는 작은 지도 출판사의 사장님까지 되었는데요, 그런 저의 삶에서 지도 말고 또 만난 것이 바로 전국 고을지리지였어요. 그러면 왜 전국 고을지리지를 만나게 되었는가? 제 가슴속에서 솟아난 강력한 욕구 분출 때문이었다고밖에 설명할 수가 없어요.

궁금이 강력한 욕구 분출 때문이라고요? 너무 추상적인 것 같아서 확 다가오지는 않습니다. 선생님께서 설명을 해 주셔야 할 것 같은데요….

김정호 예, 이해하기가 쉽지 않을 거라고 봐요. 찬찬히 설명해 볼게요. 제가 지도를 제작할 때 가장 신경 쓴 것이 이용하기 편리한 지도라고 했는데요, 그 이유가 잘 팔기 위해서였잖아요. 만약 제가 그렇게만 살았다면 전국 고을지리지를 만나지 못했을 거라고 봐요. 잘 팔기 위해서라면 이용하기 편리한 지도만 만들면 되고 그러면 해동여지도(3책)의 정보만 있어도 충분해요. 그런데 해동여지도(3책)를 보면 볼수록 '거기에 수록된 지명의 위치, 산줄기, 물줄기, 해안선, 길 등의 정보가 과연 다 맞을까?' 이런 의문이 갑자기 생기면서 풀고 싶은 욕구가 강하게 분출하는 거예요. 그리고 이 욕구는 동여도 17첩, 조선도 26책, 다섯 번의 청구도를 만드는 내내 사라지지 않더라고요.

사회자 무슨 말씀인지 대충 이해할 수 있을 것 같습니다. 그러면 그런 욕구가 강하게 분출된 후 어떤 행동을 하셨나요?

김정호 당연한 것이지만 해동여지도(3책)에 수록된 지명의 위치, 산줄기, 물줄기, 해안선, 길 등의 정보가 맞는지 확인할 수 있는 자료를 열심히 찾게 되었고요, 그 과정에서 그림식 전국 고을지도책 등의 지도뿐만 아니라『신증동국여지승람』,『동국문헌비고』, 각종 도별·고을별 지리지 등등을 차례대로 수집하여 비교 검토하게 된 것이죠. 이렇게 지리지의 세계에 빠져 들어가면서 제가 살던 시기의 상황을 담아내지 못한 기존 지리지의 문제점까지 파악하게 되었고, 제 성격상 그냥 넘어갈 수 없더라고요. 그래서 제가 합리적이라고 판단한 구성과 항목과 내용을 갖춘 새로운 지리지의 편찬을 시작할 수밖에 없었고, 나이가 먹어갈 수록 책의 수를 더 늘리게 되면서 평생 동안 책 속에 파묻혀 사는 인생이 되어 버렸죠.

2

『동여편고』 2책,
편할 때 참고할 지리지를 편찬하다

궁금이 이제 선생님의 첫 번째 전국 고을지리지인 『동여편고』로 가서 질문드
리면요, '동여편고'란 이름의 뜻은 무엇인가요?

김정호 하하하! 제가 보통명사이면서도 고유명사인 것처럼 이름을 짓지 않았
겠느냐, 이거 물어보고 싶은 거죠?

궁금이 맞습니다.

김정호 지리지에도 제 자존심을 담아내고 싶어서 고민해서 지은 이름이라 유
일할 거예요. 동여(東輿)는 지도 이야기할 때 여러 번 말한 것처럼 '우리나라
의 지리'란 뜻이고요, 편고(便考)는 '편할 때 참고한다'는 의미예요. 합하면
'우리나라의 지리를 편할 때 참고할 수 있는 지리지'란 뜻인데요, 말로만 하
면 좀 지루할 수 있어서 목차와 내용의 이미지를 준비했어요.

궁금이 선생님, 저 깨알 같은 글씨는 뭐예요? 가장 오른쪽의 이미지는 잘 안
보일까봐 일부러 확대해서 보여준 거네요. 이미지만 봐도 나중에 엄청 수정
한 것을 느낄 수가 있습니다.

김정호 맞아요. 나중에 엄청 수정한 건데요, 먼저 수정하기 전의 이야기부터
해 볼게요. 제가 가장 먼저 입수한 전국 고을지리지는 『신증동국여지승람』
이었는데요, 읽고 또 읽고 또 읽었어요. 『신증동국여지승람』은 건치연혁(역

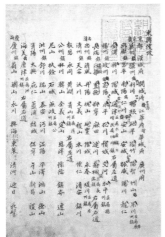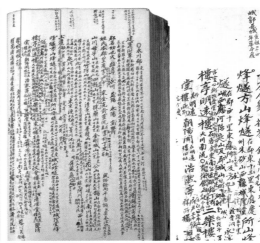

『동여편고』(한貴古朝60-75), 국립중앙도서관

사), 고을 이름[郡名], 성씨, 풍속, 산천, 성곽, 토산(土山, 토산물), 봉수, 궁실(宮室, 임금과 관련된 건축물), 누정(樓亭), 학교, 역원, 교량, 공해(公廨, 관청), 불우(佛宇, 사찰), 사묘(祠廟, 제사처), 능침(陵寢, 왕실의 무덤), 고적, 제영(題詠, 시와 짧은 글) 등의 항목을 전국 모든 고을에 거의 동일하게 적용했는데요, 각 항목의 내용은 나열식으로 무미건조하게 서술된 편이어서 일반적으로는 지루하게 느껴질 거예요. 그런데 저는 그런『신증동국여지승람』전체를 읽고 또 읽고 또 읽었어요.

궁금이 지루한 글을 읽고 또 읽고 또 읽으셨다고요? 참을성 엄청나시네요.

김정호 제가 생각보다 참을성이 강한 편이지만 25책이나 되는『신증동국여지승람』전체를 읽고 또 읽고 또 읽은 것을 단지 참을성의 문제만으로 설명할 수는 없어요. 『신증동국여지승람』안에 재미있는 내용이 부분적으로 없는

『동여편고』찾아보는 방법

국립중앙도서관에 『동여편고』가 '동여편고(한貴古朝60-75)'로 2책 중에서 1책만 소장되어 있는데, 홈페이지에서 '동여편고'로 검색한 후 청구기호를 확인하여 들어가면 원문 이미지를 볼 수 있다.

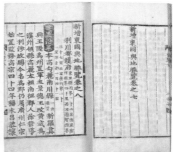

『신증동국여지승람』(한貴古朝60-3), 국립중앙도서관

것은 아니지만 전체적으로는 고을마다 계속 반복되는 서술이기 때문에 지루할 수밖에 없고요, 제가 아무리 참을성이 강해도 그런 지루함을 쉽게 극복하기는 어려워요. 그럼에도 반복해서 읽을 수밖에 없었던 것은 어떤 목적이 있었기 때문이에요. 어떤 목적이었느냐 하면요, 처음에는 해동여지도(3책)의 지명, 산줄기와 물줄기, 해안선 등등의 내용과 대조하면서 고을 하나하나를 확인해 보며 읽었어요. 그다음에는 그때의 관점에서 볼 때 굳이 필요 없는 내용은 없을까 생각해 보면서 읽었어요. 마지막으로는 필요 없다고 판단된 내용을 제외하고 옮겨 적으면서 읽었어요.

사회자 선생님, 마지막에 필요 없다고 판단된 내용을 제외하고 옮겨 적으면서 읽었다는 말이 귀에 쏙 들어오는데요, 혹시 그렇게 옮겨 적은 것이 『동여편고』 2책 아니었나요?

김정호 하하! 역시 안시리 아나운서의 센스는 알아주어야 합니다. 바로 맞혔어요. 『동여편고』는 『신증동국여지승람』 중 우리 국토의 구체적인 지리와 역사를 이해하는 데 실용성이 떨어진다고 판단된 풍속(風俗), 형승(形勝), 명환(名宦, 유명한 관료), 인물(人物), 제영(題詠, 시), 기문(記文, 어떤 일을 기념하여 쓴 글) 등을 제외하고 내용과 순서를 똑같이 옮겨 적어서 편집한 전국 고을지리지예요.

궁금이 선생님, 그러면 창작한 것은 아니네요?

김정호 창작요? 제가 완전히 새로 조사해서 썼다는 의미로 창작이란 말을 한 거죠?

궁금이 에, 그런데요. 제가 뭐 잘못 말한 게 있나요?

김정호 궁금 씨가 잘못 말한 것은 없어요. 이왕 나온 것, 제 작품 중에 제가 완전히 새로 조사해서 썼다는 의미의 창작은 없었다는 걸 확실히 말하고 싶네요. 다 기존에 있던 자료들을 수집해서 꼼꼼한 비교와 검토 후 신중한 판단과 선택 그리고 수정을 통해 제가 원하는 방식대로 다시 정리하여 편집한 것이라고 보면 돼요. 그런데 사람들은 이런 편집을 너무 낮게 평가하는 경향이 있는 것 같아서 늘 아쉬웠는데요, 하늘에서 보니까 지도와 지리지의 제 작품에 대해 심하게는 '짜깁기'라는 말까지 쓰더라고요. 그 말을 보았을 때 제 입에서는 쌍욕까지는 아니어도 '참 나원!' 이런 말이 곧바로 튀어나왔어요. 물론 짜깁기도 편집의 한 종류이기는 한데요, 내 작품인 것처럼 남을 속이겠다는 의도가 듬뿍 담긴 편집이죠. 꼼꼼한 비교와 검토를 통한 신중한 판단과 선택 그리고 수정의 과정이 생략된 편집이어서 속도도 엄청 빠르잖아요. 저는 그런 짜깁기를 한 적이 없어요. 꼼꼼하게 비교하고 검토하는 데 진짜 많은 시간을 투자했고요, 제 기준에 따른 판단과 선택 그리고 수정과 정리에서도 항상 최선이 무엇인지 신중에 신중을 기했어요. 이런 정도의 편집을 통해 만들어진 결과물이라면 거기에는 창의성이 담겨 있다고 봐야 하는 것 아닌가요? 남들은 어떨지 몰라도 저는 그렇게 생각해요. 그래서 제 지도와 지리지들을 제 작품이라고 당당하게 말하고 있는 것이고요.

사회자 선생님의 말씀 충분히 이해가 갑니다. 하늘 아래 새로운 것은 없다는 말이 새삼 떠오르는데요, 특히 지도의 제작과 지리지의 편찬에서는 기존에 확보한 자료들을 기초로 비교와 검토, 판단과 선택, 수정과 정리를 통해 편집하는 것이 당연하고 자연스러운 과정이 아닌가 합니다. 선생님께서 네 번째의 목판본 대동여지도 표지에 '교정하여 간행했다'는 의미의 교간(校刊)이란 용어를 분명하게 써 놓았던 것, 『대동지지』의 가장 앞쪽에 인용서목을 65종이나 기록해 놓았던 것이 다 그런 의미를 충분히 담고 있다고 생각됩니다. 그런데 선생님, 질문이 있는데요, 『신증동국여지승람』은 25책인데 『동여편고』는 2책밖에 안 됩니다. 무려 23책의 차이가 있는데요, 이를 어떻게 봐야 합니까.

김정호 별것 아닌 걸로 여기고 스쳐 지나갈 수도 있는 것을 안시리 아나운서가 잘 관찰했네요. 책 수의 차이만 봐도 확 줄었다는 느낌이 들 텐데요, 두 가지 이유가 있었어요. 첫째, 제가 제외시킨 풍속, 형승, 명환, 인물, 제영, 기문 등이 항목의 수로만 보면 적은 것 같지만 실제 내용의 양으로 보면 전체의 절반을 훨씬 넘습니다. 그러니 『동여편고』에서는 양을 확 줄일 수 있게 된 거죠. 둘째, 『신증동국여지승람』은 큰 글씨의 금속활자로 인쇄했는데요, 『동여편고』에서는 글씨를 작게 썼어요. 그래서 25책이던 것을 2책으로 확 줄일 수 있게 된 것인데요, 그때 종이값이 엄청 비쌌기 때문에 저로서는 종이값을 아낄 필요도 있었어요.

궁금이 선생님, 저도 질문이 하나 있는데요, 혹시 『동여편고』를 완성된 전국 고을지리지로 보고 편찬하신 건가요?

김정호 그렇다고 보기에는 좀 뭔가 미심쩍은 측면이 있다는 소리로 들리는데요, 잘 짚었습니다. 아무리 비교와 검토, 판단과 선택의 과정을 밟았다고 하더라도 양을 대폭 줄인 것일 뿐 줄이지 않은 부분의 내용과 순서는 바꾸지 않고 그대로 옮겨 적었으니까요. 저의 성향상 이런 지리지를 세상에 내놓으려고 만들지는 않았겠죠? 저 혼자 보면서 다른 자료와 비교 검토할 때 참조하려고 만든 겁니다. 그래서 이름에 '편할 때 참고한다'는 뜻의 편고(便考)란 한자를 넣은 거예요. 왜냐하면요? 『신증동국여지승람』(25책)은 나라에서든 민간에서든 우리나라 지리 정보에 관한 한 표준 정보원으로 여기고 있었기

『동국문헌비고』(한古朝31-20)의 「여지고」 국립중앙도서관

때문에 저의 새로운 지도 제작과 지리지 편찬도 다 거기에서 시작할 수밖에 없었어요. 다만 단점이 있었는데요, 양이 너무 많다는 점입니다. 그래서 우리 국토의 구체적인 지리와 역사를 이해하는 데 실용성이 떨어지는 내용을 대폭 삭제한 『동여편고』를 편찬하여 다른 자료와 비교 검토하는 토대로 삼으려고 한 겁니다. 물론 누군가가 『동여편고』를 보고는 옮겨 적어서 이용하고 싶다는 요청이 왔으면 흔쾌히 빌려줄 용의가 있었지만 그런 일은 일어나지 않았어요.

사회자 선생님, 그러면 원래의 글 옆에 깨알 같은 글씨로 교정한 내용들은 어떤 자료를 기초로 하신 건가요?

김정호 지금까지 들어 왔다면 쉽게 맞힐 수 있는 자료일 거예요. 첫 번째로 중요하게 생각한 자료는 1770년 나라에서 편찬한 『동국문헌비고』 40책이었어요. 거기에는 『신증동국여지승람』 이후에 변화된 내용이 잘 담겨 있고요, 『신증동국여지승람』에 없던 것, 『신증동국여지승람』과 다르게 기록한 것 등도 꽤 있어요. 두 자료를 꼼꼼하게 비교 검토한 후 교정하거나 첨가해 나갔어요. 그다음으로는 유형원 선생이 『신증동국여지승람』을 기초로 하면서 일부 변화된 내용을 수정 첨가하여 1656년에 편찬한 『동국여지지(東國輿地志)』(10책)을 참고했어요. 『동국여지지』는 필사본으로만 전해졌기 때문에 그 존재 자체를 알기도 어려웠는데요, 저에게 행운이 있어서 어렵게 찾아서 참고할 수 있었어요. 나중에는 홍경모(洪敬謨, 1774~1851) 선생이 1847년에 편찬한 경기도 광주의 고을지리지인『중정남한지(重訂南漢志)』(7책) 등 여러 고을지리지, 도별지리지 등을 구할 때마다 내용을 비교하여 교정하거나 첨가했어요. 이렇게 교정하거나 첨가한 내용들은『동여도지』,『여도비지』,『대동지지』등 저만의 전국 고을지리지를 편찬할 때, 청구도와 대동여지도에서 지명, 산줄기와 물줄기, 길, 해안선 등의 정보를 수정하거나 새로 첨가할 때 사용했어요.

3

『동여도지』 20책, 나만의 첫 번째 전국 고을지리지

사회자 결국 『동여편고』의 여백에 깨알같이 쓰여 있는 글씨들은 선생님께서 여러 자료를 통해 끊임없이 수정하거나 첨가해 나간 평생의 흔적이라고 말할 수 있을 것 같습니다. 그럼 이제부터는 선생님만의 전국 고을지리지 이야기를 하면 어떨까 합니다.

김정호 네, 맞아요. 『동여편고』는 저 김정호만의 전국 고을지리지는 아니었죠. 이제부터는 안시리 아나운서의 말처럼, 저 김정호만의 전국 고을지리지를 이야기할 차례가 된 것 같습니다.

궁금이 선생님, 궁금한 것이 하나 있습니다. 혹시 처음부터 선생님만의 전국 고을지리지를 편찬할 계획을 갖고 있었던 건가요?

김정호 제가 왜 어떤 과정을 거쳐 저 김정호만의 지리지를 편찬하려 했는지 이해하는 데 중요한 질문을 해 주셨네요. 지도야 나와 직원 그리고 가족들이 잘 먹고 잘살기 위해 판매하려고 만든 것이어서 모든 지도를 처음부터 계획하진 않았더라도 새로운 지도를 지속적으로 만들어야 하는 삶을 처음부터 예상했다고 말할 수 있어요. 하지만 지리지는 아니에요. 왜냐면요, 이미 말한 바 있지만 지리지는 판매하여 이익을 남길 수 있는 작품이 아니었기 때문이에요. 처음에 저에게 지리지는 더 정확하고 자세한 지도를 만들기 위해 검토해야만 했던 자료였을 뿐이었고요, 조금 더 나아가서 『동여편고』처럼 『신증동국여지승람』이란 기준을 확실히 세워 놓고 여러 자료와 비교 검토하면서 수정하거나 첨가하는 수준에서만 멈추려고 했어요. 그런데…. 그게 진행되면 될수록 거기서만 멈추기가 어렵더라고요.

궁금이 선생님의 가슴속에서 뭔가 꿈틀거리는 강력한 욕구가 분출된 거네요?

김정호 하하하! 네, 맞아요. 뭔가 가슴속에서 꿈틀거리는 강력한 욕구가 느껴지는 거예요. 『신증동국여지승람』은 편찬된 지 너무 오래되어 제가 살던 시기의 상황을 잘 반영하지 못하고 있었고요, 『동국문헌비고』의 「여지고」는 제가 살던 때로부터 멀지 않은 시기에 편찬되었지만 고을별이 아니라 주제별로 정리되어 있는 단점이 있었어요. 그리고 1847년에 홍경모 선생이 편찬한 『중정남한지』처럼 제가 살던 시기의 상황을 반영한 지리지가 많았지만 고을 단독지리지거나 잘해야 도 단위의 고을지리지였어요. 그런 지리지들을 비교 검토하는 과정에서 이런 생각이 자연스럽게 들더라고요. '이거 안 되겠는데…. 내가 살던 시기의 상황을 반영한 전국 고을지리지를 나 김정호라도 만들어야 하는 것 아닐까….' 그래서 만든 저 김정호만의 첫 번째 전국 고을지리지가 바로 『동여도지(東輿圖志)』 20책이었어요.

사회자 돈이 되지는 않지만 그래도 하나쯤 있어야 하는 것 아닌가란 사명감에 만드셨다는 의미네요. 여기서 잠깐 듣고 싶은 것이 있는데요, 『동여도지』란 이름에는 어떤 뜻이 담겨 있나요?

김정호 '동여도(東輿圖)'는 여러 번 말했듯이 '우리나라 지도'라는 뜻이고요, '동여지(東輿志)'는 '우리나라 지리지'란 뜻이에요. 두 개를 합해서 '동여도지(東輿

『동여도지』 찾아보는 방법

『동여도지』 22책 중에서 17책이 영남대학교 도서관에 소장되어 있지만 아직 영인본 제작도 이루어지지 않았고, 원문 이미지 서비스도 제공하고 있지 않아 직접 열람이 아니라면 볼 수가 없다. 규장각한국학연구원에 '동여도지(권5~7, 가람古951.01-G421d)' 1책이 소장되어 있는데, 홈페이지에서 '동여도지'로 검색한 후 청구기호를 찾아 '원문 이미지'를 누르면 볼 수 있다.

圖志)'라고 한 것인데요, 고을의 지도와 지리지를 하나의 세트로 만든 지리지란 의미예요.

사회자 그럼『동여도지』에는 모든 고을마다 지도와 지리지가 함께 수록되어 있겠네요?

김정호 음…. 아쉽게도 아니에요. 그렇게 하려고 했는데요, 결과적으로『동여도지』20책에는 고을지도를 넣지 못했어요. 제 인생에서 지도 제작에 들어간 시간이 '1'이라면 지리지 편찬에 들어간 시간은 '3'이라고 이미 말했잖아요. 게다가『동여도지』는 저 김정호만의 전국 고을지리지란 측면에서 첫 작품이었기 때문에 여러 지리지를 비교 검토한 후 제가 살던 시기의 상황을 잘 반영하는 항목의 설정, 내용의 정리와 서술 등에 들어가는 시간이 정말 오래 걸렸어요. 그래서 빨리 그릴 수 있는 지도는 나중에 첨가하는 것이 효율적이라고 생각하면서 진행시켰는데요, 그 결과 지도가 첨부되지 않은『동여도지』20책이 만들어졌어요.

궁금이 선생님, 그럼『동여도지』20책은 완성본은 아니었네요.

김정호 맞아요. 지리지 부분이 다 완성되고 나면 지도를 첨부하여 새로운『동여도지』20책을 편찬하려고 했어요.

궁금이 그럼 편찬하셨나요?

김정호 하하하! 많이 궁금하시겠지만 그 얘기는 조금 이따가 하기로 하고요, 다른 부분부터 이야기할게요.『동여도지』20책을 전국 고을지리지라고 했지만 앞쪽에는 우리나라 옛 나라들의 역사와 영토, 관제(官制) 문제를 꽤 많이 할애하여 다루었는데요,『신증동국여지승람』에는 없던 거예요. 그럼 어디에 있었느냐 하면요 바로『동국문헌비고』의「여지고」에 있었어요.『동국문헌비고』의「여지고」는 고을별 지리지가 아니라 주제별 지리지라는 단점을 갖고 있었다고 앞에서 이야기했는데요, 우리나라 옛 나라들의 역사와 영토, 관제 부분은 장점으로 여겨지더라고요. 그래서『동여도지』20책을 편찬할 때 차용하여 앞쪽에 배치했는데요, 이때『동국문헌비고』의「여지고」뿐만 아니라 우리나라의 역사책, 중국의 역사책과 지리지를 광범위하게 참고하여 나름 꼼꼼하게 비교 검토한 내용을 수록했어요.

사회자 선생님, 아…, 이제야 그동안 궁금했던 것 하나가 풀리는 것 같습니다. 이 프로그램을 진행하면서 중국의 역사책과 지리지가 22종이나 등장하여 도대체 어디에 쓰시려고 그런 책을 참고하셨는지 궁금했거든요. 왜냐하면요, 그 책들을 대학교와 대학원 때 슬쩍 본 적이 있는데 우리나라에 관한 내용들은 상당히 소략했어요. 그렇다면 고을별 지리지에 참고할 것이 별로 없을 것 같은데 왜 그런 책들을 수집해서 참고하셨다고 하는지 이해가 잘 안 갔습니다. 우리나라 옛 나라들의 역사와 영토, 관제(官制) 문제를 꽤 많이 할애하여 수록했다고 하시니까, '아 바로 그거였구나.' 이런 생각이 퍼뜩 들었습니다. 고조선과 삼한, 동예와 옥저를 비롯하여 우리나라 고대의 나라들에 대한 기록이 우리나라의 역사서에는 상당히 부족한데 그런 내용이 상대적으로 풍부한 중국의 역사책과 지리지들을 통해 보충하신 거네요.

김정호 안시리 아나운서의 역사 지식이 상당하네요. 70% 정도 맞췄어요. 100%가 아니라 70%라고 했냐면요, 우리나라 고대 부분만 참고한 것이 아니었기 때문이에요. 고려와 조선에 대한 부분에서도 우리나라 역사책과 지리지만으로는 해결되지 않는 부분이 있었는데요, 바로 영토를 확장해 간 평안도와 함경도의 국경 지대와 중국 여러 나라와의 관계에 대한 정보 부분이었어요. 이런 부분에 대해서도 중국의 역사책과 지리지를 참고해 보충해 나갔어요.

사회자 아, 그 부분까지는 미처 생각하지 못했습니다. 중국의 역사책과 지리지 22종에 대해서는 그 정도면 충분히 이해할 수 있을 것 같은데요, 그 외에『동여도지』20책에 대해 더 알려 주시고 싶은 내용이 있으신가요?

김정호 하나 더 있습니다. 혹시『신증동국여지승람』과『동여도지』를 비교해 보신 분이 있다면 하나의 큰 의문을 갖게 될 겁니다.『동여도지』의 고을들에는 연혁(沿革, 역사), 고읍(古邑, 사라진 옛 고을), 산류(山類), 수류(水類), 도서(島嶼), 강역(疆域), 형승(形勝), 풍속, 방면(坊面), 호구, 전부(田賦), 성곽, 진보(鎭堡), 군병(軍兵), 창고, 곡부(穀簿), 봉수, 역참, 원점(院店), 진도(津渡, 나루), 교량, 토산, 장시, 궁실, 단유(壇壝, 제사처), 묘전(廟殿, 제사처), 전고(典故, 주로 외적의 침입과 전투 등을 다룸) 등의 항목으로 이루어져 있어요. 그런데 이런 항목들을 『신증동국여지승람』의 항목들과 비교해 보면 같은 것보다는 다른 것이 훨씬 더 많은데요, 조선 후기에 편찬된 개별 또는 도별 고을지리지의 항목들과 전국 고을지도책의 주기 내용을 비교 검토하여 제가 선택하거나 새롭게 만든 항목들이었기 때문이에요.

궁금이 그럼 『동여도지』의 전체적인 구성뿐만 아니라 고을의 항목에 대해서도 기존 지리지와 지도책에 대한 깊은 연구를 통해 선생님께서 새롭게 만들어 내신 거네요?

김정호 제가 깊은 연구를 통해 새롭게 만들어 낸 거라고요? 아⋯, 듣기만 해도 좋고 고마운 이야기네요.

궁금이 예? 듣기만 해도 좋고 고마운 이야기라고요?

김정호 제 지리지의 편찬에 대해 '연구', '새롭게 만들어 낸' 이런 평가를 해 주어서 좋고 고맙다는 이야기에요. 저의 지리지에 대해 아주 심하면 '짜깁기', 그보다는 덜하더라도 '편집' 정도로 평가하는 사람들이 있을 수 있는데요, 만약 그런 경우를 제가 만난다면 저도 사람이니까 좀 서운할 것 같아요. 왜냐면요, 방금 궁금 씨가 말했듯이 깊은 연구, 아니다⋯, 그것보다는 오랜 시간의 연구를 통해 제가 살던 시기의 상황을 가장 잘 반영할 수 있는 구성과 항목을 고민하여 만들어 낸 것이거든요. 물론 내용도 그냥 옮겨 적은 것이 아니라 여러 자료에 대한 비교 검토를 통해 선택하여 재구성한 것이고요.

사회자 그런데 선생님, 저번에 네 번째 청구도이야기를 할 때 청구도범례에 국가에 전국 고을지리지를 다시 편찬해 달라는 부탁을 하시는 내용을 담았다고 했잖아요. 그리고 거기에 지방 고을에 지리지 전문 편집자가 없는 상황을 고려하여 어떤 항목에 어떤 내용을 어떻게 서술해 달라고까지 자세하게 설명하셨고요. 그건 어떻게 이해해야 하나요?

김정호 하하하! 안시리 아나운서가 그것까지 기억해서 질문할 줄은 몰랐습니다. 맞아요. 청구도범례에서 그렇게 했지요. 이유는 딱 하나예요. 『동여도지』 내용들은 하나의 자료를 기초로 편찬된 것이 아니라서 시기적인 통일성이 부족해요. 그게 늘 아쉬웠기 때문에 국가에서 제가 연구해서 만들어 낸 항목과 내용, 서술 방법에 따라 모든 고을에 명령해 시기적인 통일성이 높은 지리지를 만들어 달라고 부탁한 거예요. 국가가 그런 제 부탁을 들어줄 가능성이 높다고 보지는 않았지만 혹시라도 들어준다면 정말 수준 높은 전국 고을지리지가 편찬될 수 있다는 작은 희망까지 버릴 수는 없었거든요. 물론 이미 말했듯이 결과적으로 국가가 제 부탁을 들어주지 않았지만요.

궁금이 선생님, 정말 아쉽네요. 청구도범례를 할 때도 아쉬움이 없지 않았는데요, 『동여도지』를 주제로 이야기하면서 들으니까 정말 아쉽습니다.

김정호 그때도 말했지만 아쉽긴 아쉽죠. 하지만 그렇다고 해서 제 지리지의 통일성이 엉망인 것은 아니니까 너무 아쉬워하진 않기를 바라요. 제 마음에 100% 흡족하지는 않더라도 조선은 지리지의 나라답게 엄청나게 많은, 그리고 훌륭한 지리지와 지도책을 편찬하여 저에게 선물해 주었으니까요. 그것만으로도 고맙고 충분했다고 말하고 싶네요.

궁금이 참…, 선생님께서는 많이 너그러우시네요.

김정호 많이 너그럽다고요? 아니에요. 조선이란 나라는 제가 전국 고을지리를 편찬하는 데 필요한 자료를 충분히 제공한 나라예요. 다른 문명권의 전통 국가 중 조선만큼 충분한 자료를 제공해 줄 수 있는 나라도 많지 않을 거예요. 제가 지리지 편찬자로서 욕심이 컸던 것일 뿐이에요.

4

『동여도지』3책, 지도와 지리지의
결합을 시도하다 포기하다

사회자 그럼 이런 정도에서『동여도지』20책 이야기를 끝내고 다음으로 넘어
가면 좋을 것 같은데요, 여기서 아까 궁금 씨가 했던 질문을 다시 드리고 싶
습니다. '동여도지'란 이름에 걸맞게 고을의 지도와 지리지가 합해진 전국
고을지리지를 편찬하셨나요?

김정호 편찬을 시도했어요. 하지만 완성하지 못하고…. 아니다, 완성하지 않
고 그만두어서 저의 전국 고을지리지에 또 하나의 미완성 작품인『동여도
지』3책이 들어가게 되었어요.

궁금이 편찬을 시도했지만 완성하지 않고 그만두었다는 말씀은 시도할 때의
생각과 막상 편찬을 진행하면서 갖게 된 생각이 달라졌다는 의미로 들리는
데요, 선생님 혹시 맞나요?

김정호 예, 맞아요. 편찬을 진행하는 과정에서 생각이 달라졌어요.『동여도지』
20책을 끝내고 났을 때 저는 이미 세 번짼가 네 번째 청구도를 만든 상태였
는데요, 그때 청구도의 완성도에 대해 상당히 흡족해하고 있었어요. 그래서
그런지『동여도지』20책을 편찬하기 시작했을 때의 마음과 달리 고을의 지
도와 지리지를 겸비한 전국 고을지리지를 굳이 만들 필요가 있나 하는 약간
회의적인 생각이 들더라고요. 지도가 없는 지리지라도 청구도를 사거나 옮

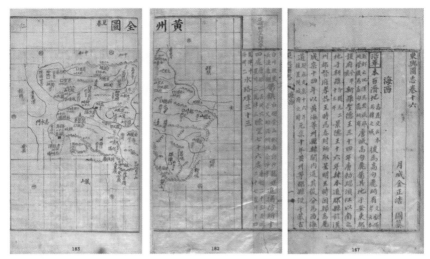

겨 그러서 서로 비교하면서 이용하면 충분하지 않을까 이런 생각을 하게 된
거예요. 그래도 마음을 가다듬고 한번 만들어 보고 나서 실용성이 있는지
없는지 확인해 보자고 하면서 시작하긴 했는데요, 고을 수가 가장 적은 편
인 황해도와 강원도부터 해 보고 판단하기로 했어요.

궁금이 그럼『동여도지』3책 속의 황해도와 강원도는 실험작이었던 거네요.

김정호 예, 우리나라 전체의 차원에서 보면 실험작이었어요. 다만 황해도와
강원도란 도지리지의 차원에서만 보면 완성품이었어요.『동여도지』20책의
구성과 항목과 내용을 그대로 옮겨 적고 지도만 추가하기에는 이미 제 생각
이 많이 달라져 있었는데요, 그래서 이름은 같지만 전혀 다른 저만의 두 번
째 전국 고을지리지를 만들기로 했던 결과예요. 황해도와 강원도 전체의 차

『동여도지』3책 찾아보는 방법
영국국립도서관에『동여도지』3책이 소장되어 있는데, 국립중앙도서관 고문헌과에서 운영하는 한국고전적종합
목록시스템(www.nl.go.kr/korcis/)에서 '동여도지'로 검색한 후 영국국립도서관 소장본을 확인하여 '원문'을 누
르면 원문 이미지를 볼 수 있다.

원에서 다른 지리지는 물론이거니와 『동여도지』 20책에도 없던 강역표(疆域表, 고을의 여덟 방향 경계선까지의 거리표), 도리표(道里表, 도 소속 고을 사이의 거리표), 군전적표(軍田籍表, 세금이나 군사 관련 도 전체와 고을의 통계표) 등의 새로운 항목을 대폭 추가했어요. 고을 부분에서는 10리 간격으로 눈금을 긋고 여덟 방향을 표시한 고을지도, 연혁(역사), 산천(지리), 식화(食貨, 경제), 무비(武備, 군사), 도리(道里, 교통), 사전(祀典, 제사) 등 총 7개의 대항목으로 나누고 그 아래에 소항목을 두었는데요, 이런 형식도 다른 지리지는 물론이거니와 『동여도지』 20책에도 없던 거로 제가 새로 만든 거예요. 특히 고을지도에서 여덟 방향을 표시한 것은 방향을 세분하여 오류 가능성을 줄이기 위한 저의 시도였어요.

사회자 구체적인 이미지를 하나하나 보지 않고 선생님의 말씀만 들었는데도 구성과 항목과 내용에서 세상에서 하나밖에 없는 형식의 지리지란 생각이 드는데요, 엄청 고민해서 편찬하신 거네요.

김정호 일부러 세상에서 하나밖에 없는 형식의 지리지를 만들려고 한 것은 아닌데요, 만들고 나니까 그렇게 되었던 것 같네요. '세상에서 하나밖에 없는 형식의 지리지' 그 자체만으로는 훌륭하다고 할 수 없어요. 지리지는 그것이 당시 국토의 역사와 지리 정보를 이해하는 데 얼마나 효율적으로 구성되어 있느냐가 중요한 것이죠. 저는 후자를 최고로 추구했는데요, 그게 전자의 모습으로도 나타난 것일 뿐이에요.

사회자 그런데 선생님, 이렇게 훌륭한 지리지를 만들다 왜 그만두신 건가요?

김정호 제가 최고로 훌륭한 지리지를 만들려고 노력한 것은 사실이지만 그렇다고 해서 제가 만든 지리지가 최고로 훌륭하다고 말할 수 있는 것은 아니에요. 황해도와 강원도를 다 만들고 나서 보니까 고을지도를 첨부한 것이 그렇게 효율적이지는 않다는 판단이 확실히 들더라고요. 거리와 방향이 정확한 고을지도를 첨부했다 하더라도 고을 단독 지도이기 때문에 옆 고을의 지도와 연결해서 볼 수는 없잖아요. 제가 초대형의 지도를 그리기 위해 수집했던 해동여지도 3책의 단점을 그대로 갖고 있는 것인데요, 지도를 첨부했다는 의미 이외에는 별 효용성이 보이지 않더라고요. 그래서 황해도와 강원도만 편찬한 다음에 마음을 바꾸어서 그만두기로 했던 거예요.

궁금이 아…, 그런 사정이 있었던 거네요. 그런데 선생님,『동여도지』3책이라고 했는데요, 황해도와 강원도가 3책으로 편집된 건가요? 아니면 다른 도가 한 책 더 있는데 빼먹으신 건가요?

김정호 궁금 씨, 관찰력 좋습니다. 경기도가 한 책 더 있는데요, 빼먹은 것이 아니라 아직 이야기를 하지 않은 거예요. 황해도와 강원도를 끝으로 고을지도를 첨부한 형식의『동여도지』는 그만두기로 하고 나서 고을지도가 없는 새로운『동여도지』를 편찬해 보기로 했어요.

궁금이 고을지도가 없는『동여도지』는 이미 20책이나 편찬한 적이 있는데 또 고을지도가 없는 새로운『동여도지』를 편찬해 보기로 하셨다고요?

김정호 제가 생각해 봐도 그게 참 이상해요. 굳이 제가 왜 자꾸 새로운 지리지를 만들려고 그렇게 노력했는지….『동여도지』20책과『동여도지』2책(황해도와 강원도)의 공통적인 단점은 도(道) 차원의 내용이 너무 번잡스러울 정도로 많은 거였고,『동여도지』20책만의 단점은 고을지리지의 항목이 너무 자세했다는 거였고,『동여도지』2책만의 단점은 항목을 지나치게 소수의 대항목으로 구성했다는 거였어요. 편찬을 시작할 때는 다 장점이라고 생각해서 선택했던 것들인데, 막상 편찬을 끝내고 나서 보니까 단점으로 보이니 이게 죽을 때까지 치료되지 않는 저 김정호의 불치병인 것 같아요. 어쨌든 그런 불치병 때문에 도(道) 차원의 내용을 대폭 축소하고, 고을의 항목을 다시 정비한 전국 고을지리지를 편찬하는 방향으로 선회하고는 경기도의 지리지를 먼저 만들어 봤어요.

궁금이 선생님, 이번 것은 완성하셨나요?

김정호 하하하! 완성했다면 저의 작품으로 미완성의『동여도지』3책 이런 것
    은 없었겠지요. 아까 황해도와 강원도 2책에서 끝났는데도『동여도지』2책
    이라고 하지 않고 3책이라고 했잖아요. 경기도를 끝으로 더 이상 만들지 않
    았기 때문이에요.

5 『여도비지』20책, 최성환과 합작한 전국 고을지리지

사회자 선생님,『동여도지』3책의 이야기를 듣다 보면 저도 자꾸 궁금해지는 것이 많습니다. 겨우 경기도 하나만 편찬해 보고는 왜 그만두신 건가요?

김정호 그때가 다섯 번째 청구도를 끝내고 나서 첫 번째 대동여지도를 막 구상하려고 마음의 준비를 하고 있을 때였기 때문이에요.

사회자 예? 그게 무슨 뜻인가요? 말씀만으로는 잘 이해가 안 되는데요….

김정호 제 인생에서 시간적으로 지도를 만드는 데 1을 썼다면 지리지를 편찬하는 데 3을 썼다고 말했지요? 하지만 그것이 지리지의 편찬을 지도의 제작보다 세 배 더 중요하게 여겼다는 의미는 아니에요. 저의 삶에서 가장 중요한 것은 지도를 제작하여 판매하는 것이었고요, 지리지의 편찬은 지도를 제작하다가 만난 두 번째의 일이었을 뿐이에요. 그럼에도 시간상으로는 세 배가 들었다고 말한 것뿐인데요, 새로운 지도의 구상이 시작되면 지리지의 편찬이 아무리 많이 진행되었다고 하더라도 일단은 멈추는 것이 저의 인생이었어요. 새로운『동여도지』를 편찬하기 시작했을 때 공교롭게도 찾아보기 쉬운 지도책이 아니라 이어보기 편리한 지도첩이란 대동여지도의 제작에 대한 욕구가 강하게 분출했고, 그래서 그것을 완성하기 전까지는 새로운 『동여도지』의 편찬을 멈추게 된 거예요. 그런데 새로운 대동여지도를 네 번

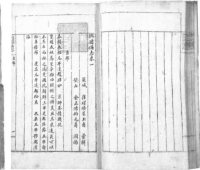

『여도비지』(古貴0233-3, 古貴2770-1), 국립중앙도서관

째의 목판본 대동여지도로 완성하는 데 10년 가까이 걸리게 되었고요, 그
사이에 저만의 지리지 편찬은 멈추게 되었어요.

궁금이 그러면『여도비지』와『대동지지』는 모두 네 번째의 목판본 대동여지도
를 완성하고 나서 편찬하신 건가요?

김정호 그건 아니에요. 첫 번째 대동여지도에 집중하며 전국 고을지리지의 편
찬을 멈추려고 할 때 최성환(崔星煥, 1813~1891) 선생이 갑자기 '짠' 하며 나타
나는 거예요. 제 지도를 구해서 보고는 감동해서 찾아왔다면서…. 그래서
꽤 대화를 나누었는데요, 전국 고을지리지의 편찬을 잠시 멈추었다고 했더
니 언제 다시 시작할 것이냐고 물어 오더라고요. 그래서 대동여지도가 끝나
면 다시 시작할 거라고 했더니 대동여지도는 언제 끝나느냐고 다시 물어 와
서 아직 기약이 없다고 대답했어요. 그때 최성환 선생이 의외의 말을 하더
라고요.

『여도비지』 찾아보는 방법

『여도비지』 20책 중 15책이 국립중앙도서관에 '여도비지(古貴0233-3, 13책)'와 '여도비지(古貴2770-1, 2책)'로
소장되어 있다. 홈페이지에서 '여도비지'로 검색한 후 청구기호를 찾아서 '원문보기'를 누르면 원문 이미지를 볼
수 있다.

궁금이 의외의 말이라고요? 뭘까 궁금해지는데요?

김정호 궁금하죠? 무엇이었느냐고 하면요, 실례가 되지 않는다면 자신이 전국 고을지리지의 편찬을 대신 맡아도 되냐는 거였어요. 물론 자신은 전국 고을지리지를 편찬한 경험도 없고 편찬에 필요한 자료도 갖고 있지 않으니 제가 그동안 준비한 자료를 제공해 주면 그것에 입각하여 편찬해 보겠다는 거였어요. 처음엔 조금 망설여지더라고요. 이 사람이 정말 해낼 수 있을까…. 그러다가 책의 편찬에 오랫동안 몸담아 왔던 최성환 선생의 이야기를 듣다 보니 해낼 수 있는 사람이라는 확신이 서게 되더라고요. 그래서 그동안 제가 만들었던『동여도지』20책과 3책, 그리고 그것을 준비하면서 이리저리 정리해 두었던 자료를 제공해 주면서 편찬해 보라고 허락했고, 그렇게 탄생한 전국 고을지리지가『여도비지』20책이에요.

사회자 『여도비지』20책에는 두 분의 역사적 만남이란 인연이 담겨 있는 거네요? 최성환 선생님은 선생님의 작품을 보고 감동해서 찾아왔고, 선생님은 그렇게 찾아온 손님과 진솔하게 대화하면서 함께할 수 있는 동료로까지 생각하고…. 그리고 그 만남의 결과물로『여도비지』20책이란 작품이 세상에 태어나고….

김정호 안시리 아나운서의 논리를 따라가다 보면 고개가 자연스럽게 끄덕여지는데요, 최성환 선생만이 아니라 저를 도와줬던 친구 최한기도, 그리고 신헌(申櫶, 1811~1884) 선생도 모두 저의 지도 작품을 보고는 감동해서 찾아왔다고 했으니까 저는 참 인복(人福)은 많은 사람이라고 생각합니다. 모든 분들께 감사하죠.

사회자 하하하! 최한기 선생님도, 신헌 선생님도 그런 연유로 찾아와서 선생님을 만나고 도와주신 거네요. 신분의 차이가 엄연했던 그 시절에 아무리 감동했다고 하더라도 신분이 낮은 선생님을 직접 찾아와 진심으로 도와주려 했던 최한기, 신헌, 최성환 선생님들의 모습도 존경받아 마땅하다는 생각이 듭니다. 선생님의 작품들에는 신분을 뛰어넘는 우정이 담겨 있다고 말하고 싶네요.

궁금이 저도 안시리 아나운서의 이야기에 적극 공감합니다. 어쨌든 그렇게 해서 최성환 선생님의『여도비지』20책이 나왔는데, 그걸 보신 선생님의 소감은 어땠을지 궁금합니다.

김정호 한마디로 말하면 대만족이었죠. 최성환 선생의 편집 능력을 믿어서 시작한 거지만 완성된『여도비지』20책을 보니까 편집 능력이란 측면에서 최성환 선생은 최고의 전문가인 것이 분명하더라고요. 최성환 선생은『여도비지』를 편집하는 도중에 이해가 잘 안 되는 내용이 나오거나 자신의 편집이 잘 되고 있는지 점검하고 싶을 때마다 저에게 와서 묻고 확인해 갔어요. 그렇게 만들어진『여도비지』20책이어서 그런지 제가 만들고 싶었던 전국 고을지리지의 모습을 거의 다 담아냈고요, 그래서 대만족일 수밖에 없었죠. 최성환 선생에게 고맙다고 하면서 선생의 작품이라고 말했더니 자신은 편집한 것일 뿐 내용은 다 김정호가 만든 것이니 자신의 작품이 아니라고 우기더라고요. 아휴…, 그때 힘들었어요. 저도 고집스럽지만 최성환 선생의 고집도 대단하더라고요. 그래서『여도비지』20책의 저자를 어떻게 표기할까 고민하다가 최성한 선생이 편집하고 제가 지도를 그렸다는 내용을 넣는 선에서 타협을 했어요. 둘 다 저자로 표기하기로 한 거죠.

6 『대동지지』20책, 미완성의 작품은 꿈을 가진 자의 특권이다

사회자 두 분 다 고집이 대단하셨다고 하셨는데요, 제가 보기엔 고집이라기보다 두 분 다 겸손이 대단하셨던 것으로 여겨집니다. 어쨌든 최성환 선생님이 『여도비지』20책을 책임지고 편찬하신 덕에 선생님께서는 지리지 편찬의 일을 당분간 완전히 잊고 편안하게 대동여지도의 완성에만 집중하실 수 있지 않았을까 조심스럽게 예상해 봅니다.

김정호 최성환 선생 덕에 제가 대동여지도 완성에만 편안하게 집중할 수 있지 않았을까 조심스럽게 예상해 주었는데요, 음…. 반은 맞고 반은 틀렸어요.

사회자 예? 반은 맞고 반은 틀렸다고요? 그러면 대동여지도를 만들면서도 지리지를 편찬하셨다는 건가요?

김정호 편찬까지는 아니었지만 지리지 관련 내용들 중 일부를 새롭게 정리해 나갔어요.

궁금이 선생님, 그러면 대동여지도의 제작과 지리지의 편찬을 병행했다는 의미로 들으면 되는 건가요?

김정호 그렇진 않아요. 편찬까지는 아니고 일부를 새롭게 정리해 나갔다고 말한 것 그대로만 들으면 돼요. 그러면 왜 일부를 새롭게 정리해 나갔느냐…. 대동여지도를 제작하는 데 필요해서였어요.

『대동지지』(古貴0235-2), 국립중앙도서관

궁금이 그렇다면 혹시 거리와 방향이 서로 다른 정보가 나올 경우 어느 것이
맞는지 자신할 수가 없어서 일단 청구도까지는 해동여지도(3책)의 기본 정
보를 그대로 따르다가 대동여지도에서 바꾸기 시작했다고 이야기하셨던
것과 관련이 있는 건가요?

김정호 예, 바로 그거예요.

궁금이 그런데 선생님, 『동여편고』 2책, 『동여도지』 20책과 3책, 『여도비지』 20
책 등 이미 정리해 놓은 자료가 많기 때문에 청구도의 내용을 대동여지도에
바꾸어서 그리기 위해 군이 새롭게 정리할 필요까지 있었을지 잘 이해가 안
되는데요?

김정호 첫 번째 대동여지도까지는 기본 정보를 바꾸지 않다가 두 번째 대동여

『대동지지』 찾아보는 방법

『대동지지』 15책의 김정호 친필본이 고려대학교 도서관에 소장되어 있는데, 영인본이 간행되어 국립중앙도서관
등을 방문하여 열람 신청하면 볼 수 있다. 고려대학교 도서관 홈페이지에서는 대동지지의 원문 이미지가 pdf로
서비스되고 있는데, 교내에서만 볼 수 있다. 국립중앙도서관에는 일제강점기 때 원본과 동일하게 필사한 대동지
지 15책이 '대동지지(古貴0235-2)'로 소장되어 있다. 홈페이지에서 '대동지지'로 검색한 후 청구기호를 찾아서
'원문보기'를 누르면 원문 이미지를 볼 수 있다.

지도부터 바꾸기 시작했다고 이야기한 바 있는데요, 일반적으로 동여도(東興圖) 23첩이라 부르고 있는 세 번째 대동여지도에서는 바꾸기 시작한 것이 아니라 우리나라 최북단인 두만강가부터 최남단인 제주도까지 지도 위에 표시된 모든 지명과 길, 산줄기, 물줄기, 해안선의 정보를 하나하나 꼼꼼하게 검토해 가면서 다시 그렸어요. 이를 위해 제가 지리지에 정리해 놓은 정보와 청구도 위의 정보를 하나하나 다 대조해 나갔는데요, 그 과정에서 제가 정리해 놓은 자료라고 하더라도 다시 검토할 정보들이 꽤 나오더라고요. 그래서 기존의 지도뿐만 아니라 지리지 정보들까지 마지막 판단과 선택의 과정을 거치면서 일부를 새롭게 정리해 나갔다고 말한 거예요.

사회자 이제야 선생님의 말씀이 무슨 뜻인지 좀 이해가 가는 것 같습니다. 그렇다면 선생님, 최성환 선생님이 편찬한 『여도비지』20책의 정보들조차 대동여지도를 제작할 때 그대로 받아들이지 않았다고 보면 되는 건가요?

김정호 예, 맞아요. 그렇다고 다 바꾸었다는 것은 아니고요, 세 번째 대동여지도 위의 모든 정보를 하나하나 다 검토하는 과정에서 일부가 바뀌었다고 보면 돼요. 비록 일부이기는 하지만 모든 정보에 대한 검토에서 나타난 일부였기 때문에 저의 지리지 편찬에서는 꽤 의미 있는 변화였죠.

사회자 무슨 말씀인지 이해가 됩니다. 그러면 네 번째 목판본 대동여지도 간행 후 그렇게 새롭게 정리한 내용을 반영하여 새로 편찬한 지리지가 『대동지지』15책이었다고 볼 수 있는 거네요.

김정호 하하하! 미안하지만 여기서도 반은 맞고 반은 틀렸어요. 새로운 전국 지리지의 편찬을 시작하면 기존 지리지의 구성과 항목과 내용을 다시 한번 검토하는 과정에서 그대로 따라갈 수 없는 것들이 꽤 생기더라고요. 그래서 반만 맞았다고 한 거예요.

사회자 여기서도 무슨 말씀인지 이해가 됩니다. 막상 새로운 지리지를 편찬하려고 검토해 보니까 기존의 『동여도지』나 『여도비지』에 새로 정리한 자료만 수정하거나 첨가해 넣기에는 전체적인 구성과 항목에서 뭔가 마음에 들지 않는 부분이 생겼다는 의미네요. 초대형 지도의 제작에서도 그랬습니다만 지리지의 편찬에서도 선생님에게는 완성이란 없었던 것 같은데요….

김정호 예. 지나고 나서 돌이켜 보니까 저에게 완성이란 없었던 것 같아요. 어떻게 보면 저는 뭔가를 제작하거나 편찬하려 할 때 기존의 것을 그대로 잇지 못하고 문제점이 없나 계속 검토해야 직성이 풀리는 불치병의 환자였다는 생각이 듭니다.

궁금이 불치병의 환자요? 하하하! 스스로 말씀하시니까 오히려 더 멋있게 보이는데요? 저에겐 그 모습이 진정한 학자로 보이고요…. 그런데 여기서 질문 하나 드리면요, 『대동지지』에서 새로 정리한 내용 말고 구성이라든가 항목이라든가 이런 것에서 새로웠던 건 무엇이 있나요?

김정호 우선 『대동지지』는 전국 고을지리지 형식의 『신증동국여지승람』과 주제별 지리지 형식의 『동국문헌비고』의 「여지고」를 합해 놓았다고 보면 돼요. 물론 『동여도지』에서도 『동국문헌비고』의 「여지고」에 있는 주제별 형식을 앞쪽에 배치하고 『신증동국여지승람』의 전국 고을지리지 형식을 뒤에 배치했는데요, 『대동지지』에서는 순서를 바꾸었어요. 주로 역사를 다루었던 주제별 내용보다는 제가 살던 시기의 상황을 기록한 전국 고을지리지의 내용이 더 현실적인 관심을 받아야 한다고 생각했기 때문이에요. 참고로 『여도비지』 20책은 주제별 형식이 없는 거의 순수한 전국 고을지리지였어요.

궁금이 아무리 그래도 그냥 순서만 바꾸어 놓은 것을 가지고 새로워졌다고 말하기는 좀 무리인 것 같은데요…. 뭔가 또 있을 것 같은 느낌이 듭니다.

김정호 맞아요. 순서만 바꾸어 놓았다면 새로워졌다고 보기는 좀 그렇죠? 순서를 바꾸어 놓았을 뿐만 아니라 내용적으로도 많이 추가했어요. 『대동지지』의 뒤쪽에는 『동여도지』 20책에 없던 「산수고(山水考, 산과 하천 정보)」, 「변방고(邊防考, 국경 방어 관련 정보)」, 「정리고(程里考, 길 관련 정보)」란 주제를 추가했는데요, 『동국문헌비고』의 「여지고」에 나오는 것을 차용해서 적용한 거예요. 그리고 우리나라의 역사, 즉 조선 이전의 역사에 해당되는 방여총지(方輿總志)를 가장 뒤쪽에 넣었는데요, 진짜 관심 있는 사람만이 볼 것이라고 생각해서였어요. 그리고 가장 혁신적으로 변화시킨 것이 하나 있는데요, 비록 양은 많지 않지만 다른 지리지에 없던 총목(總目)이라는 것을 가장 앞쪽에 넣은 것이에요. 총목에는 고을에 수록된 각종 항목이 무엇을 뜻하는지, 어떤 의미가 있는지, 어떤 원칙으로 서술해 나갔는지 등등을 설명해 놓은 거예요. 이 총목의 끝에서 두 번째에 방언(方言)이란 항목을 넣었는데요, 여기서 방언이란 중국말과 비교하여 우리나라의 말이란 뜻이에요. 옛날에 우리나라에서는 우리말 땅이름을 한자의 뜻과 소리를 빌려 표기했는데요, 우리나라의 말과 한자 표기의 관계에 대해 비교하며 이해하는 원리를 간단하게 써 주었어요. 그리고 총목의 마지막에는 제가 어떤 자료를 참조하여 『대동지지』를 편찬했는지 알려 주는 인용서목(引用書目)을 배치했는데요, 『대동지지』가 하늘에서 뚝 떨어지듯이 편찬된 것이 아니라 많은 자료에 대한 비교와 검토, 판단과 선택을 통해 이루어졌음을 분명히 해 주기 위해서였어요.

사회자 선생님의 말씀만 들어도 『대동지지』는 『동여도지』나 『여도비지』와 비교할 때 지리지의 내용뿐만 아니라 구성과 항목까지 다 새롭게 했다는 느낌이 듭니다. 이제 시간이 별로 안 남았으니 청중 세 분이 진짜 짧게 질문하고 김정호 선생님도 짧게 대답하는 시간을 가져 보기로 하겠습니다. 질문하실 분 손 들어 주십시오. 이번에도 역시 다 드시는데요, 앞줄 끝에서 손드신 분 간단한 자기소개와 질문 부탁드립니다.

청중1 예, 안녕하세요. 저는 수원 연무중학교 3학년 학생이고요, 빨리 질문드리겠습니다. 선생님, 왜 '대동지지'란 이름을 선택하신 건가요?

김정호 제가 목판본 대동여지도를 만들고 나니까 진짜 죽을 날이 얼마 남지 않았다고 생각되더라고요. 그래서 저의 마지막 지리지 작품이라고 생각하게 되었고요, 사람들이 목판본 대동여지도와 짝하여 이용하면 좋겠다는 의미에서『대동지지』란 이름을 짓게 되었습니다.

사회자 대동여지도와『대동지지』, 이름만 들어도 하나의 세트가 되어 우리 국토를 이해하는 정보원으로 여겨졌으면 하는 선생님의 바람이 금방 이해됩니다. 자 다음으로 뒷줄 가운데에 앉아 계신 분 역시 간단한 자기소개와 질문 부탁드립니다.

청중 2 예, 안녕하세요. 저는 수원 수성고등학교 2학년 학생입니다. 드리고 싶은 질문은 대동여지도와『대동지지』의 완성을 통해 선생님의 궁극적인 꿈이 이루어졌다고 생각하시는지 궁금합니다.

김정호 저의 궁극적인 꿈요? 하하하! 아까 이미 말했듯이 저는 기존의 것에 대한 문제점을 발견하고 개선하려는 것이 습관화된 불치병의 환자였기 때문에 제가 살아 있는 한 완성이란 없을 테니까 궁극적인 꿈도 있기가 힘들었겠죠. 다만『대동지지』를 편찬할 때는 제가 얼마 못 살 것이라는 생각이 들었고요, 그래서『대동지지』만이라도 완성하여 사람들이 대동여지도와 함께 이용하는 모습을 보고 싶다는 꿈은 꾸었어요. 물론 그 꿈은 이루어지지 않았지만요.

궁금이 예? 그게 무슨 말씀인가요? 이루어지지 않았다니요.

김정호 죽을 날이 얼마 남지 않은 것 같아서『대동지지』의 편찬에 최선을 다하긴 했지만 아쉽게도 다 편찬하지 못하고 죽고 말았어요. 그래서 평안도 부분, 「산수고」, 「변방고」 부분이 비어 있었는데요, 평안도 부분은 누군가가 대신 써 주었더라고요. 다만 제가 아니니까 저처럼 구성하진 못했지만요.

사회자 자, 마지막으로 뒷줄 끝에 앉아 계신 분 역시 간단한 소개와 마지막 질문을 해 주시기 바랍니다.

청중 3 안녕하세요. 저는 수선대학교 지리학과 대학원 박사과정에 다니고 있는 대학원생입니다. 질문드리면요, 역사에 만약이란 없다지만 혹시라도 선생님께서『대동지지』를 완성했는데도 살아 계셨다면 그다음에는 무엇을 하셨을 것 같은지 말씀해 주실 수 있는지요….

김정호 하하하! 제가 살아 보지 않은 것을 질문하시니 좀 당황스럽긴 합니다. 그냥 가정을 전제로 대답을 하면요, 음…,『대동지지』를 목판에 새겨서 인쇄한 목판본의 판매를 시도해 봤을 것 같습니다.

궁금이 예? 목판본의 판매를 시도해 봤을 것 같다고요? 선생님, 지리지에 대한 수요가 없어서 아예 처음부터 팔 의도가 없이 지리지를 편찬했다고 말씀하시지 않았나요?

김정호 맞아요. 그렇게 말했죠. 근데 마지막엔 시도해 보고 싶었을 것 같아요. 일단 이미 돈도 벌만큼 벌어서 좀 넉넉한 편이라 설사『대동지지』를 목판본으로 만들어 판매하는 것이 실패하더라도 먹고사는 데 큰 지장이 없었을 것 같고요, 그래서 시도해 볼 용기를 가질 수도 있지 않았을까 해요. 혹시 성공한다면 꽤나 기분 좋은 일이 되지 않았을까요? 돈을 벌 수 있어서도 그랬겠지만 이미 죽을 날이 얼마 남지 않은 사람에게는 그보다는 대동여지도와『대동지지』가 짝이 되어 이용되는 모습을 보는 것이 크나큰 낙으로 다가오지 않았을까 해요. 물론 그런 일이 실제로 벌어지지는 않았으니 안심하세요. 그냥 가정이니까 더 편하게 이야기했을 뿐이에요.

사회자 끝까지 진정한 학자이자 지도 제작자, 지리지 편찬자다운 멘트를 날리시는 것 같습니다. 이제 시간이 다 되었습니다. 더 듣고 싶은 이야기가 있을 수도 있지만 이 정도면 전국 고을지리지 편찬에 대한 이야기의 실마리는 충분히 제공한 것이 아닐까 합니다. 오늘도 흥미로운 역사와 지리지 이야기를 해 주신 김정호 선생님께 감사드리고요, 함께해 주신 궁금 씨와 청중 열 분, 그리고 늦은 밤까지 시청해 주신 시청자 여러분께도 감사드립니다.

15부

낱장
목판본 지도들,
나에겐
효자 상품이었다

사회자 안녕하십니까. 역사방송 아나운서 안시리입니다. 지난주에 『동여편고』『동여도지』『여도 비지』『대동지지』 등 전국 고을지리지 편찬에 대한 이야기를 들었는데요, 오늘 아쉬운 이야기를 해야 할 것 같습니다. '역사 환생 인터뷰, 김정호 편'의 마지막 방송이 오늘입니다. 그동안 14부에 걸쳐 쉼 없이 달려온 것 같은데요, 15부로 김정호 선생님이 제작한 낱장 목판본 지도들의 이야기를 들으면서 대단원의 막을 내려야 할 것 같습니다. 오늘 마지막 인터뷰에서도 시청자 여러분들을 대신하여 선생님의 이야기를 듣고 궁금한 것 질문해 주실 청중 열 분과 역사 도우미 개그맨 궁금 씨가 오셨습니다. 환영합니다.

궁금 안녕하세요. 역사 도우미 개그맨 궁금 인사드립니다. 그동안 우리가 상식이라고 무심코 알고 있던 상당수의 역사 지식이 1부부터 처절하게 깨져 나가는 경험을 하면서 다음 시간에는 역사의 어떤 새로운 상식이 우리를 기다리고 있을지 늘 궁금해 하면서 인터뷰를 해 왔습니다. 이런 궁금함이 오늘로써 끝난다고 생각하니 무척 아쉽습니다. 마지막까지 역사 도우미의 역할에 충실하도록 하겠습니다.

사회자 궁금 씨의 아쉬움이 큰 것 같은데요, 청중 열 분과 시청자 여러분들도 비슷한 마음이 아닐까 생각합니다. 아쉽지만 오늘은 또 어떤 이야기를 해 주실지 기대하면서 김정호 선생님을 모시도록 하겠습니다. 모두 큰 박수로 맞아주십시오. 환영합니다.

김정호 안녕하세요. 김정홉니다. 이렇게 모두 아쉬워해 주시니 저로서는 영광입니다. 오늘 마지막 방송을 하게 되었는데요, 효자 상품이었던 낱장 목판본 지도들 이야기를 해 드리며 마치려고 합니다.

1 지도의 수요를 창출하다

사회자 오늘은 시작부터 생각지도 못했던 효자 상품이란 용어를 말씀하시는
데요, 궁금 씨 오늘도 첫 질문 부탁합니다.

궁금이 '역사 환생 인터뷰, 김정호 편'의 마지막 첫 질문이라 생각하니 꽤 떨
리는데요, 마음을 가다듬고 질문을 드려 보겠습니다. 미리 준비했던 것을
제쳐 놓고 방금 선생님의 말씀에 대한 질문인데요, 안시리 아나운서가 앞서
말한 것처럼 낱장 목판본 지도들을 왜 효자 상품이라고 말씀하신 건가요?

김정호 주력 상품은 아니었는데 꽤 히트를 쳐서 우리 출판사의 운영에 도움을
준 지도들이라서 효자 상품이라고 말했다고 하면 될까요?

사회자 선생님, 그러면 주력 상품은 뭐였나요?

김정호 그거야 다 알지 않나요? 청구도, 대동여지도와 같은 초대형 우리나라
지도책 또는 지도첩이 당연히 주력 상품이었죠. 자금과 시간을 많이 투자하
여 만들었기 때문에 실패하면 출판사의 운영이 흔들흔들할 수 있고, 반대로
성공하면 출판사를 확장하게 만들 수 있는…, 그런 게 주력 상품 아닌가요?
물론 큰 틀에서 보면 저는 주력 상품에서 성공을 거두었고요.

사회자 예, 충분히 예상했는데요, 인터뷰를 원활하게 진행하기 위해 주력 상
품과 효자 상품을 먼저 구별할 필요가 있어서 질문드렸습니다. 그러면 효자

상품의 첫 출발은 어떤 것이었나요?

김정호 음…, 효자 상품은 아니었지만 우리 출판사에서 꾸준하게 만들어 팔았던 상품부터 이야기하면 좋겠어요. 목판본의 동람도식 소형 지도책이 조선에서 가장 많이 제작되어 판매되었고, 그래서 지금도 국내외에 수백 종이나 전해지고 있을 정도로 흔하다는 점에 대해서는 이미 인터뷰 초창기에 말한 바 있어요. 이런 스테디셀러를 제가 몸담았던 출판사에서 만들지 않았다고 하면 그게 이상한 거겠죠. 역시 인터뷰 초창기에 말했지만 당연히 만들었고요, 다른 출판사의 지도책보다 더 많이 팔기 위해 엄청 신경을 써서 만들었어요. 다만 이건 김정호나 김정호의 출판사가 만든 것이라는 확실한 증표를 남기지 않아 사례를 들어 말하기가 어려울 뿐인데요, 앞으로 연구자들이 더 연구해서 찾아내 주면 그때는 분명한 사례를 들어 설명할 수 있을 것 같아요.

궁금이 그럼 선생님이 지도 제작의 세계에 처음 발을 내디뎠을 때 만났던 것이 목판본의 동람도식 소형 지도책이었다고 보면 될까요?

김정호 예, 그렇게 보면 돼요. 제가 나중에는 청구도, 대동여지도 등의 초대형 지도 제작자로 유명해졌지만 10대의 초짜 시절부터 그랬을 리는 만무하잖아요. 처음에 만난 지도 제작의 세계는 당시 가장 많이 제작해서 판매하던 목판본의 동람도식 소형 지도책이었고요, 그게 인연이 되어 청구도, 대동여지도의 제작에까지 이른 겁니다. 여기서 하나 더 말하면요, 처음부터 제가 지도만 제작하여 판매하는 일에 종사했다고 보진 않기를 바랍니다. 당시 지도에 대한 수요가 지도를 제작하여 판매하는 것만으로 먹고살기에는 턱없이 적었기 때문에 처음엔 어느 출판사에 속한 각수로서 이것저것 주문 들어오는 모든 것을 다 새겼다고 보면 돼요. 목판본의 동람도식 소형 지도책도 그중의 하나였는데요, 지도에 특별히 흥미를 느껴서 나중에는 새로운 지도 수요를 창출할 수 있는 다양한 지도 상품을 개발하여 지도만 제작하여 판매하는 것으로도 먹고살 수 있게 되었을 뿐이에요.

궁금이 선생님께서는 새로운 지도 상품을 개발하여 기존에 없던 지도 수요를 창출하며 살아가신 거네요. 이건 미처 생각해 보지 못했습니다.

김정호 지금까지 말해 왔던 지도 제작의 제 이야기가 다 새로운 지도 수요를 창출한 이야기였는데요, 확실하게 표현하지 않으니까 미처 알아채지 못했던 것 같네요. 저는 지도를 만들어 팔아서 먹고살아야 했기 때문에 기존에 없던 새로운 지도 수요를 창출해서 많이 팔아야 했어요. 청구도와 대동여지도 이야기를 할 때 이미 다 말한 것이지만 많이 팔기 위해서는 이용의 편리를 가장 먼저 생각할 수밖에 없었고요, 낱장 목판본 지도를 제작할 때 가장 먼저 생각한 것은 지도의 크기였어요.

사회자 무슨 이야기인지 이해할 수 있을 것 같습니다. 낱장으로 만들어 많이 팔기 위해서는 청구도와 대동여지도처럼 초대형의 크기로 만들었다면 너무 커서 이용하기 불편하니 팔릴 리가 없었을 것이고요, 그렇다고 동람도식 소형 지도책처럼 소형의 크기로 만들었다면 너무 작아서 이용자들이 필요로 하는 정보를 담아내기 힘들었을 테니까 잘 팔릴 리가 없었을 것 같아요.

김정호 이왕 이렇게 된 것 안시리 아나운서에게 하나 물어볼게요. 그러면 어느 크기로 만들어야 할까요? 동람도식 소형 지도책 다음으로 많이 유행하던 것은 정상기 선생의 대형지도였는데요, 그 정도 크기로 만들면 되었을까요?

사회자 아니오. 정상기 선생님은 우리나라를 8장으로 나누어 그렸는데 그것을 모두 이어 붙여 전도를 만들면 남북 2.3m 안팎의 대형 지도가 된다고 이미 말씀해 주셨습니다. 그렇게 큰 우리나라 전도는 걸어 놓을 곳도, 펴 놓을 곳도 찾기가 어려운 큰 지도이니 팔릴 가능성이 별로 없다고 봅니다. 그렇다면 정답은? 초대형도 대형도 소형도 아니니까 걸어 놓거나 펴 보기 쉬운 크기의 중형 지도라고 대답하면 되지 않을까 하는데요.

김정호 하하하! 안시리 아나운서의 설명이 하도 정확해서 제가 덧붙일 말이 없네요. 맞아요. 벽에 걸어 놓거나 바닥에 쫙 펴서 보기 편리한 중형 지도가 정답이에요. 요즘의 길이 단위로 하면 남북 1m 안팎 정도의 크기예요.

궁금이 지도의 크기 문제는 이미 앞서서 선생님에게 들었던 건데요, 낱장 목판본 지도의 이야기 부분에서 들으니까 더 실감이 납니다. 그러면 선생님, 효자 상품으로 낱장의 우리나라 목판본 전도부터 만들어 판매하신 건가요?

김정호 우리나라 목판본 전도부터 만들었다고 딱 잡아서 말하기는 어려워요. 제가 만든 낱장 목판본 지도가 꽤 많은데요, 아직 연구자들이 밝혀낸 것이 많지 않더라고요. 명지대학교 미술사학과에 재직하셨던 이태호 교수님이란 분이 19세기 중반까지 만든 목판본 지도는 다 김정호가 만든 것이라고 얘기한다는 소릴 들었는데요, 동람도식 소형 지도책 계통만 빼고는 다 맞을 거예요. 물론 이미 앞서 이야기했듯이 저도 동람도식 소형 지도책을 목판으로 만들긴 했는데요, 이 계통으로 19세기에 나온 모든 것을 제가 만들지는 않았기 때문에 '그 계통만 빼고'라고 말한 거예요. 다만 제가 만들었다는 표시를 해 두지 않았기 때문에 지금까지 제가 만든 것이라고 연구된 것 위주로만 이야기하고, 나중에 연구자들이 더 찾아냈을 때 설명할 기회가 있으면 좋겠어요.

2 수선전도, 김정호답지 않은 것처럼 보이지만 김정호다운 서울지도

사회자 선생님이 만든 것은 더 많지만 지금까지 연구자들이 밝힌 것 위주로만 이야기하신다는 말씀이 좀 아쉽기는 하지만, 현재의 연구 상황을 인정하는 선에서 이야기해야 한다는 점이 수긍됩니다. 그럼 선생님, 어느 지도부터 이야기해 주시겠습니까?

김정호 첫 번째로 이야기할 지도의 이미지를 준비해 봤습니다. 화면에 띄워 주시죠.

궁금이 그 유명한 서울지도인 수선전도(首善全圖) 아닌가요?

김정호 맞아요. 제 수선전도가 서울지도로는 가장 유명한 지도 중의 하나가 되어 있더군요.

궁금이 선생님, 수선전도란 이름에도 선생님의 자존심이 담겨 있는 것 같은데요, 혹시 맞나요?

김정호 맞아요. 제 자존심을 담아 이름을 지었어요. 수선(首善)은 '나라에서 모범이 되는 곳'이란 뜻으로 수도를 가리키는 보통명사인데요, 우리 조선에서는 당연히 서울을 가리켜요. 따라서 수선전도는 서울지도라는 의미인데요, 조선에서 서울지도에 '수선전도'란 이름을 붙인 경우는 저밖에 없어요. 청나라의 수도인 북경의 지도 중에도 수선전도가 있는데요, 큰 나라인 너희만

『수선전도』 찾아보는 법

국립중앙도서관에서 '수선전도'로 검색한 후 청구기
호 '한古朝61-47'의 수선전도 '원문보기'를 누르면
원문 이미지를 볼 수 있다.

『수선전도』(한古朝61-47), 국립중앙도서관

수도를 수선(首善)으로 부를 수 있는 것이 아니라 우리도 부를 수 있다는 것
을 보여 주고 싶기도 했어요.

사회자 당시 청나라에 대한 사대(事大)가 당연한 것처럼 받아들여지고 있던 시
절이었는데요, 큰 용기를 내신 거네요. 그런데 선생님, 이용자들 중에 항의
해 온 사람은 없었나요?

김정호 솔직히 저도 은근히 걱정했었는데요, 다행히 항의해 온 사람이 없더라
고요. 큰 용기라고까지는 하긴 어렵지만 그래도 진짜 다행이었어요.

사회자 그런데 음… 저 지도를 보면 목판으로 제작하여 인쇄했음에도 뭔가 산
수화를 보는 듯한 느낌이 드는데요…. 흑백 두 가지 색으로만 표현했지만
서울 북쪽에 하늘 높이 솟아오른 거대한 화강암의 백운대, 인수봉, 만경봉
세 봉우리의 모습이 마치 실제를 보는 것보다 더 웅장하고요, 그로부터 서
울까지 뻗어 내린 산줄기의 표현이 역동적입니다. 또 도성을 감싼 백악(白
岳)-인왕산(仁王山)-목멱산(木覓山)-타락산(駝駱山)의 산줄기를 도성 밖의 산과

산줄기와 다르게 표현하여 두 공간의 차이가 분명하게 드러나도록 그리셨네요.

김정호 네, 제가 그려 내고자 했던 서울의 모습을 잘 설명해 주었어요. 목판본이기 때문에 비록 흑백 두 가지의 색으로 표현할 수밖에 없는 한계 안에서 안시리 아나운서의 말처럼 최대한 산수화의 느낌이 들도록 그려 내려 했어요. 왜 그랬냐고 하면요, 벽에 걸어 놓고 싶은 산수화 같은 지도를 그려서 이용자들이 구입하여 걸어 놓고 싶은 욕구를 최대한 자극하고 싶었거든요. 그래야 잘 팔릴 수 있을 테니까요.

궁금이 선생님이 너무 솔직한 마음을 적나라하게 표현하니까 이해하기는 좋은데요, 사람들이 충격을 받을 수 있지 않을까 하는 걱정도 되는데요….

김정호 하하하! 궁금 씨의 마음도 충분히 이해합니다만 저를 현실 속의 지도 판매자가 아니라 세상에 존재하지 않는 고상한 지도 제작자로 보고 싶어 하는 지금까지의 잘못을 바로잡기 위해서는 있는 그대로 솔직하게 표현하는 것이 최곱니다.

궁금이 네, 알겠습니다. 그런데 선생님, 하나 궁금한 것이 또 있습니다.

김정호 뭔데요? 말해 보세요.

궁금이 두 번째 대동여지도부터는 서울의 지도가 두 장 들어가 있었잖아요. 하나는 인구가 밀집한 지역을 그린 도성도(都城圖)였고, 또 하나는 도성을 포함하여 서울의 영역 전체를 그린 경조오부도(京兆五部圖)였어요. 선생님께서 이렇게 두 장의 서울지도를 그린 이유는 거리와 방향이 정확한 지도를 그린다는 원칙을 지키기 위해서라고 하셨어요. 그런데 수선전도에서는 두 지도를 합해 그리면서 도성도 부분과 도성도 이외의 부분에 축척을 다르게 적용하셨는데요, 거리와 방향이 정확한 지도를 그린다는 원칙에 위배되는 것 같습니다. 선생님다운 모습이 아닌 것 같은데요, 어떻게 생각하시는지 궁금합니다.

김정호 축척에 대한 수선전도의 특징을 정말 잘 발견하여 의문을 제기한 것은
　　　지금까지 제 이야기를 들어온 입장에서 볼 때 정확하고 정당하다고 생각합
　　　니다. 다만 하나만 말하고 싶은 게 있는데요, 거리와 방향이 정확한 지도를
　　　그리는 것보다 더 중요한 원칙이 저에게 있었고요, 그런 원칙의 관점에서
　　　보면 수선전도는 하등 이상할 것이 없다고 봅니다. 궁금 씨도 잘 생각해 보
　　　면 기억할 수 있을 것 같은데요….

궁금이 음…, 뭘까… 잘 생각이 안 나는데요? 혹시…, 잘 팔기 위해서는 이용
　　　하기 편리한 지도를 제작해야 한다는 그런 원칙인가요?

김정호 바로 그거예요. 제가 지도를 제작한 목적은 잘 팔기 위한 거였고요, 그
　　　러기 위해서는 당연히 잘 팔릴 수 있도록 소비자의 소비 욕구를 자극하기
　　　위해 이용하기 편리한 지도를 제작하는 것을 최고의 원칙으로 삼을 수밖에
　　　없잖아요. 거리와 방향이 정확한 지도의 제작은 두 번째의 원칙일 뿐이에
　　　요. 만약 거리와 방향이 정확한 지도가 이용하기 편리한 지도의 제작이란
　　　원칙에 위배된다면 과감하게 포기될 수 있어야 해요. 거리와 방향이 정확하
　　　지만 이용하기 편리하지 않다면 소비자들이 과연 구입해 갈까요?

사회자 선생님께서는 그동안 거리와 방향이 정확한 지도가 아니라 이용하기
　　　편리한 지도의 제작이 제일 중요했다고 수없이 이야기했음에도 우리들은
　　　그때는 충분히 이해한 것처럼 생각했지만 결국은 아니었다는 것이 오늘 확
　　　인되는 것 같습니다.

김정호 제가 하도 이야기해서 여러분들이 충분히 이해하고 있는 것으로 저도
　　　착각하고 있었던 것 같아요. 오늘 보니 아니었네요. 일단 그건 이 정도로 넘
　　　어가고요, 수선전도의 크기는 남북 101.2cm, 동서 66.0cm예요. 이 정도 크
　　　기가 벽에 걸어 놓거나 바닥에 쫙 펴서 한 번에 보기 가장 좋다고 판단했어
　　　요. 그런데 이 크기에서 거리와 방향이 정확한 서울지도를 그리면 궁궐을
　　　비롯하여 중요 정보와 인구가 밀집되어 있는 도성 부분이 너무 작게 그려지

는 거예요. 그런 서울지도라면 구매해 갈 사람이 별로 없을 거라는 생각이 들어 도성 부분을 크게 그리고 상대적으로 정보와 인구가 밀집되지 않은 도성 밖은 작게 그리면 좋겠다는 판단이 서더라고요. 그런 판단 아래 제작한 것이 지금 여러분들이 보고 있는 수선전도의 모습이고요, 제 판단이 적중했는지 꽤 히트를 쳐서 효자 상품 중의 하나가 되었답니다.

궁금이 안시리 아나운서와 선생님의 이야기를 듣고 보니 이제 확실히 이해가 됩니다. 지도를 잘 팔기 위해 필요한 최고의 원칙은 거리와 방향의 정확성이 아니라 소비자들의 기호에 적합한 이용하기 편리한 지도라는 것을요.

김정호 네, 잘 이해해 주셔서 고맙습니다. 어쨌든 수선전도는 서울 사람뿐만 아니라 서울을 오가는 지방 사람, 오가지는 못해도 서울을 한 번이라도 가보고 싶은 사람에게 구매 욕구를 불러일으켜서 효자 상품이 된 것 같아요. 제가 하늘나라로 떠난 그 즈음인 1866년, 전주에서 제 수선전도를 모본으로 하여 똑같이 목판에 새겨서 다시 목판본으로 간행했더라고요. 제가 만든 수선전도를 많은 사람들이 이용한다는 증표라서 마음이 흐뭇했어요.

3 우리나라 전도인 해좌전도, 최고의 히트 상품

사회자 서울이 수도였기 때문에 낱장 지도라는 차원에서 볼 때 서울지도는 우리나라 사람들이 가장 많은 구매 욕구를 갖고 있던 지도가 아니었는가 하는데요, 선생님께서 바로 그 점을 집중 공략한 수선전도가 결실을 풍성하게 맺은 것 같아 저도 기쁩니다. 이제 다음 효자 지도를 이야기해 주실 차례 같은데요, 선생님 어떤 지도가 우리를 기다리고 있나요?

김정호 안시리 아나운서가 저를 진정한 지도 출판사 사장님으로 대우해 주고 있는 것 같아서 고맙고 기분이 좋습니다. 다만 하나 틀린 것이 있는데요, 우리나라 사람들이 가장 많은 구매 욕구를 갖고 있던 지도는 서울지도가 아니었어요.

사회자 예? 서울지도보다 더 구매 욕구가 컸던 지도가 있었다고요?

김정호 저는 낱장 지도로서 서울지도, 우리나라 전도, 세계지도 세 종류를 제작해서 판매했는데요, 이 가운데 어떤 것이 가장 수요가 많았을까요?

궁금이 그러면 최고의 효자 지도를 제가 한번 맞춰볼까요? 서울지도가 아니라면…, 쇄국정책을 폈던 조선에서 세계지도에 대한 수요가 제일 많았을 리도 없을 것 같고요, 그렇다면 당연히 우리나라 전도 아닌가요?

김정호 맞아요. 우리나라 전도였어요. 지금도 낱장 지도로만 따진다면 아무리 서울지도에 대한 수요가 많아도 우리나라 전도에 대한 수요보단 많진 않잖아요. 당연히 그때도 그랬는데요, 저도 그것을 잘 파악하고 있었기 때문에 우리나라 전도를 제작하여 대박을 터뜨린 적이 있어요.

궁금이 선생님, 그 지도가 어떤 지도였나요?

김정호 해좌전도(海左全圖)였어요. 하지만 처음부터 해좌전도를 만들어 대박을 터뜨리진 못했는데요, 그 전에 실패한 지도가 있었어요. 바로 다음의 지도예요.

사회자 동여총도(東輿總圖)라는 우리나라 전도네요. 지도의 이름에는 역시 선생님의 자존심이 담겨 있겠죠? 그 옆에는 서울과 경기도 지역을 일부러 확대해 놓으셨네요. 아무리 봐도 잘 만드셨는데요, 왜 실패했는지 궁금한데요?

김정호 지도의 이름에 당연히 자존심을 담았겠죠. 우리나라 전도라는 보통명

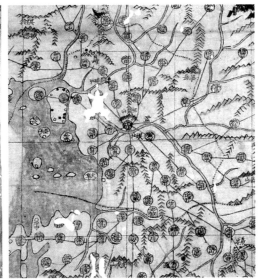

동여총도(한古朝61-16), 국립중앙도서관

『동여총도』 찾아보는 방법
국립중앙도서관에서 '동여총도'로 검색한 후 청구기호 '한古朝61-16'의 동여총도 '원문보기'를 누르면 원문 이미지를 볼 수 있다.

사의 뜻을 갖고 있으면서 동일한 이름의 우리나라 전도는 없을 거예요. 제 청구도나 대동여지도보다도 훨씬 많이 유행했던 정상기 선생의 우리나라 지도를 축소해서 그린 후 목판에 새겨 인쇄한 지도예요. 모양만 보면 나름 잘 만들었죠? 민족의 영산 백두산에서 뻗은 산줄기가 전국으로 시원하게 이어지고 있고, 동그라미 안에 모든 고을의 이름을 적었으며, 도(道)의 경계도 표시했어요. 크기는 남북 97.4cm, 동서 61.2cm로 수선전도와 별 차이가 없으니, 벽에 걸어 놓거나 바닥에 쫙 펴서 보기가 좋을 거예요. 그런데 구매해 가는 사람이 아주 적어서 효자 상품에 넣을 수가 없네요.

궁금이 선생님, 왜 그랬을까요? 분명 무슨 이유가 있었을 텐데요, 저 지도만 보고는 떠올리기가 쉽지 않은데요….

김정호 저도 처음엔 그 이유를 잘 모르겠더라고요. 내용이 너무 복잡하면 이용하기 불편할까 봐 백두산과 산줄기 그리고 그 위의 주요 고개, 고을의 이름과 도(道)의 경계선, 그리고 서울을 중심으로 전국의 모든 고을을 연결한 도로망 등 저 정도 크기의 우리나라 전도에서 진짜 핵심적인 내용이라고 판단한 정보만 넣어 이용하기 편리하게 만들었다고 생각했거든요. 그런데 안 팔려서 실패작이었어요.

궁금이 선생님, 그러면 실패한 이유는 영원히 모르는 건가요?

김정호 나중엔 알았죠. 그러고는 새로운 우리나라 전도를 제작하여 상품으로 내놓았는데요, 대박을 쳤어요. 그 지도가 바로 이거예요. 지도의 이름을 고대의 한자 글씨체인 전서(篆書)로 써서 이해하기 힘들 텐데요, 해좌전도(海左全圖)예요.

사회자 해좌전도도 꽤 알려져 있는데요, 얼핏 보아도 글씨가 엄청 빽빽하게 들어가 있는 점이 동여총도와 확실한 차이네요. 오른쪽에는 글씨 부분을 좀 자세히 보라고 확대한 이미지까지 넣어 주셨고요.

김정호 해좌전도에서 해좌(海左)는 북쪽에서 남쪽을 바라볼 때 중국 동쪽의 발

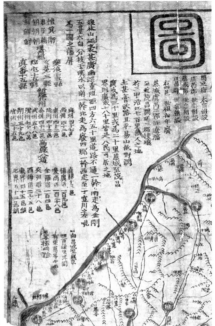

해좌전도(한古朝61-74), 국립중앙도서관

해좌전도 찾아보는 방법

국립중앙도서관에서 '해좌전도'로 검색한 후 청구기호 '한古朝61-74'의 해좌전도 '원문보기'를 누르면 원문 이미지를 볼 수 있다.

해란 바다 왼쪽(동쪽)에 있는 나라라는 뜻으로, 우리나라를 가리켜요. 그러니 해좌전도는 우리나라 전도라는 뜻인데요, 역시 다른 지도에서는 발견하기 어려울 거예요. 크기는 남북이 100cm, 동서가 57cm여서 동여총도와 다르지 않아요. 딱 봐도 글씨가 엄청 많죠? 그뿐만 아니라 각 고을에는 서울과의 거리 정보를 써 주었고요, 군사기지인 진보(鎭堡)와 찰방역(察訪驛)도 표시했어요. 그러니 동여총도에 비하면 복잡해졌다가 아니라 엄청 복잡해졌다고 말해야 옳을 건데요, 저 해좌전도가 대박을 터뜨렸으니 비교해서 보면 동여총도가 실패한 이유가 파악되지 않나요? 동여총도가 너무 간단한 내용만 담았기 때문에 외면받았다고 결론 내릴 수 있지 않을까 해요. 반대로 해좌전도는 비록 중형의 우리나라 전도일지라도 그 안에 담을 수 있는 정보를 최대한 많이 담아서 대박을 터뜨릴 수 있었다는 결론을 내릴 수 있게 되죠.

사회자 그러면 선생님, 어떤 내용을 빽빽하게 써넣은 건가요?

김정호 우선 단군조선부터 고려까지의 지방행정체계를 간단하게 정리했고요, 지역마다 중요한 역사나 지리 정보를 선별해서 써넣었어요. 지리 정보 중에는 특히 명산과 사찰, 바다의 섬에 대한 정보를 많이 넣었는데요, 소비자들이 가 보거나 가 보지 않더라도 알고 싶은 욕구가 일어날 수 있게 했어요. 그런데 이런 저의 의도가 명중하여 대박을 터뜨린 거예요. 첫 번째 목판에 너무 많이 인쇄하여 팔아서 글씨가 닳아 더 이상 인쇄할 수 없는 상태가 되었어요. 그래서 두 번째 목판을 제작했는데요, 그것도 글씨가 너무 닳을 정도로 많이 인쇄하여 팔아서 세 번째 목판까지 제작했어요. 이 정도면 대박 아닌가요?

궁금이 대박이죠. 대박! 몇천 부는 팔렸겠네요.

김정호 하하하! 몇천 부요? 그 정도는 아니에요. 해좌전도의 목판도 대동여지도 목판처럼 단단하지 않은 피나무로 만들었기 때문에 하나의 목판이 닳을 때까지 인쇄한 지도는 한 100부 안팎 정도였다고 보면 돼요. 그 정도면 그 당시에는 엄청 많이 팔린 거라고 이미 말한 적 있죠?

궁금이 아… 무슨 말씀인지 알겠어요. 어쨌든 그 당시의 입장에서는 몇백 부면 대박이고, 돈도 꽤 많이 벌었다는 의미네요.

김정호 꽤 많이 번 건 맞는데요, 그렇다고 떼부자가 되게 만든 건 아니에요. 그저 저와 직원, 가족들이 먹고사는 데, 그리고 제 출판사를 운영하는 데 큰 숨통을 틔워줄 정도는 되었다고 보면 돼요. 해좌전도가 아무리 많이 팔렸어도 낱장의 지도라서 책이나 첩이었던 청구도나 대동여지도와 비교해 가격이 비쌀 수가 없고요, 따라서 전체 이익의 관점에서는 청구도와 대동여지도의 성공이 훨씬 더 많은 이익을 가져다주었어요.

사회자 그렇게 비교하시니까 대박을 쳤어도 효자 상품이라고 표현하셨던 것
이 이해가 됩니다. 아무리 대박을 쳐도 청구도와 대동여지도의 성공만큼은
되지 못했다…, 이렇게 보면 될 것 같은데요….

김정호 맞아요. 이번에도 안시리 아나운서가 잘 정리해 주네요.

사회자 선생님의 우리나라 전도 중 대동여지전도(大東輿地全圖)도 유명하지 않
나요?

김정호 유명하죠. 하지만 효자 상품은 아니었어요. 우선 대동여지전도의 이미
지부터 볼까요?

궁금이 동여총도나 해좌전도와 비교해 보면 백두산으로부터 시작된 산과 산

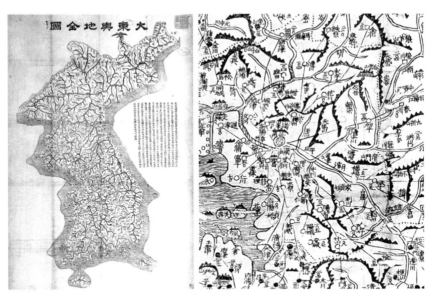

대동여지전도(한古朝61-15), 국립중앙도서관

대동여지전도 찾아보는 법
국립중앙도서관에서 '대동여지전도'로 검색한 후 청구기호 '한古朝61-15'의 대동여지전도 '원문보기'를 누르면
원문 이미지를 볼 수 있다.

줄기가 특히 눈에 띄도록 표현하셨네요. 제가 보기엔 흠잡을 데 없이 잘 만든 것으로 보이는데요…. 왜 효자 상품이 되지 않았는지 궁금합니다.

김정호 전체적으로 보았을 때 백두산으로부터 시작된 산과 산줄기가 특히 눈에 띄도록 표현하는 데 신경을 썼던 것에 대해서 제대로 봤어요. 목판본 22첩의 대동여지도가 산과 산줄기를 저렇게 표현해서 상당히 호평을 받았는데요, 그래서 중형의 우리나라 전도에서도 그것을 그대로 적용하면 좋겠다고 생각해서 만든 거예요. 거기다가 오른쪽 확대 부분에서 보이는데요, 동여총도에 비해 세 가지를 더 첨가했어요. 첫째, 각 고을마다 서울까지의 거리 정보를 써넣었어요. 둘째, 흑백 두 가지 색으로 표현할 수밖에 없는 한계 안에서 인접한 도(道)와 소속 고을의 표시를 달리하여 쉽게 구별할 수 있도록 했어요. 오른쪽의 확대 부분에서 보면 가운데 경기도의 고을은 흰색의 원으로, 남쪽으로 접한 충청도의 고을은 검은색의 원으로, 동쪽으로 접한 강원도의 고을은 흰색의 사각형으로, 북쪽으로 접한 황해도의 고을은 충청도처럼 검은색의 원으로 해서 구별해 준 것 보이죠? 셋째, 군사기지인 진보(鎭堡)의 정보를 자세하게 넣어 주었어요. 해좌전도에도 첫째와 셋째는 있었지만 둘째는 없었어요. 두 번째의 것은 대동여지전도를 제작할 때 꽤 신경을 써서 개발한 거예요. 그런데도 효자 상품이 되지는 못했어요. 참….

사회자 선생님, 아직 효자 상품이 되지 못한 이유를 설명해 주지는 않으셨는데요…. 많이 아쉬우신 것 같아요.

김정호 많이 아쉽죠. 동여총도와 해좌전도는 정상기 선생의 지도를 축소해서 제작한 것이고, 대동여지전도는 저의 대동여지도를 축소해서 제작한 것이에요. 제가 하늘나라로 떠나기 얼마 전, 신경준 선생으로부터 시작되어 저의 대동여지도로 이어진 우리나라의 모습도 중형의 우리나라 전도로서 사람들이 소장하며 이용하는 모습을 보고 싶어서 제작했다고 보면 돼요. 이때 실패한 동여총도와 대박을 터뜨린 해좌전도의 내용을 다시 검토하여 나름 복잡하지 않으면서도 구매자의 호기심을 불러일으킬 수 있도록 고민해서 구성해 냈는데요, 실패했다고 보기는 어렵지만 그렇다고 대박을 터뜨리지도 않았어요. 왜냐하면….

궁금이 선생님, 왜예요?

김정호 그런데 그 이유를 나도 정확히는 몰라요. 다만 대박을 터뜨린 해좌전도와 비교해서 생각해 보면, 역시 구매자들에게 인기 있는 중형의 우리나라 전도는 지역마다 역사와 지리 정보를 간략하게라도 빽빽하게 수록하여 호기심을 자극하게 만드는 것이 최고였다고밖에 설명할 수가 없네요. 해좌전도의 대박을 경험하면서 그런 점을 이미 파악하고 있었음에도 개인적으로는 역사와 지리 정보가 너무 빽빽하게 들어가 있는 것이 마음에 썩 들지는 않았어요. 그래서 대동여지전도를 제작할 때는 역사와 지리 정보를 과감하게 생략하면서 새로운 아이디어를 첨가해 봤는데요, 음… 역시 구매자와 저의 기호가 달랐던 것 같아요…. 그래도 지금은 만족합니다. 제 관점에서 볼 때 제가 만든 중형의 우리나라 전도 중 최고는 해좌전도가 아니라 대동여지전도입니다.

사회자 잘 팔릴 수 있도록 이용자가 편리하게 이용할 수 있는 지도의 제작을 최고의 원칙으로 삼았지만 우리나라의 중형 전도로서 대동여지전도에서만큼은 선생님이 좋아하는 지도를 제작해 보고 싶었다…, 이런 정도로 이해해도 될까 싶은데요….

김정호 예, 맞아요. 그랬더니 역시… 말했듯이 대박을 터뜨리진 못했네요.

4   도리도표, 길 정보와 지도의 결합

사회자 무슨 말씀인지 이제 충분히 이해할 것 같습니다. 그럼 목판으로 제작
한 우리나라의 중형 전도 이야기는 이 정도면 되는 건가요?

김정호 음…, 낱장 지도는 아니지만 도리도표(道里圖表)란 첩 하나를 더 이야기
하고 싶습니다.

사회자 도리도표요? 이름만 보면 도리도(道里圖)와 도리표(道里表)를 합해 놓은
것 같은 느낌이 확 드는데요?

김정호 안시리 아나운서가 정확하게 맞췄어요. 도리(道里), 즉 서울을 중심으
로 전국 모든 고을과 주요 군사기지까지 뻗어 있던 길 정보를 그린 지도와
표를 합해 놓은 거예요. 2부에선가 우리나라 전국의 길 안내책으로 정리표
(程里表)가 있다고 했는데요, 도리표(道里表)라고도 불렀어요. 서울을 중심으
로 전국 모든 고을과 주요 군사기지까지 길의 일정을 주요 지점 사이의 거
리[里]에 따라 정리한 노선도라고 했는데요, 거기에는 경기도부터 함경도까
지 도별로 도청소재지인 순영(巡營)과 모든 소속 고을 사이의 거리를 정리해
놓은 거리표가 있는 것이 다수였어요. 정리표 또는 도리표란 이 길 안내책
은 흔하게 있던 책, 다시 말해서 많은 사람들이 갖고 있으면서 이용하던 책
이었다고도 말했는데요, 그렇다면 많이 판매할 수 있는 상품이 될 수도 있

다는 의미예요. 당시에는 붓으로 옮겨 적은 필사본으로만 유통되고 있었는데요, 이것을 목판에 새겨서 인쇄하여 판매하면 꽤 팔 수 있겠다는 생각이 들었어요. 다만 저는 지도 출판사의 사장이었기 때문에 도리표 그대로만 목판으로 제작하기보다는 거리 정보를 포함한 중형의 우리나라 전도를 첨가해 넣으면 좋겠다는 생각을 하게 되었어요. 더불어 서울을 중심으로 전국 모든 고을을 연결한 노선도도 필사가 아니라 목판에 새기기 위해서는 좀 더 단순하게 다듬을 필요가 있다고 생각했고요. 그렇게 제작한 후 책 크기의 첩으로 만들어 접어서 넣었던 지도, 노선도, 거리표 이미지를 준비해 왔습니다.

궁금이 만약 지도만 만들었다면 벽에 걸어 놓거나 쫙 펴서 보기 편리한 낱장으로 만들었을 테지만 지도, 노선도, 거리표를 함께 묶어야 하기 때문에 책 크기의 첩으로 묶어서 접어 넣었다고 보면 될까요?

김정호 맞아요. 그런데 궁금 씨, 저 이미지를 보고 뭐 할 말은 없나요?

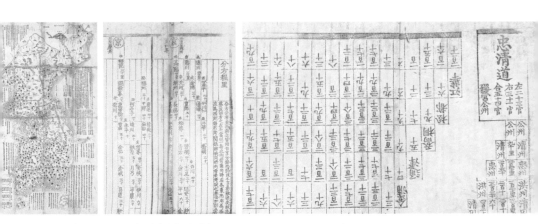

도리도표(구9881), 국립중앙박물관(e-뮤지엄)

도리도표 찾아보는 법
국립중앙박물관에서 운영하는 e-뮤지엄(http://www.emuseum.go.kr/main)에서 '도리도표'로 검색하면 국립중앙박물관 소장 '구9881'의 '도리도표' 원문 이미지 일부를 볼 수 있다.

궁금이 첫 번째는 누가 봐도 지도이고요, 두 번째와 세 번째가 각각 노선도와 거리표라고 보면 되나요?

김정호 맞아요. 그런데 뭐 할 말은 없어요?

궁금이 음…, 솔직히 노선도와 거리표에 대해서는 자세히 공부한 적이 없어서 드릴 말씀이 없고요, 지도에 대해서만 말하면 해좌전도처럼 글씨가 엄청 빽빽하게 기록되어 있으니 이것 또한 대박을 터트렸을 가능성도 있지 않을까 조심스럽게 예상되는데요….

김정호 대박요? 하하하! 지도만 보면 해좌전도의 사례가 있으니 그렇게 예측할 수 있을 것 같네요. 하지만 결론적으로 말하면요, 대박은 치지 못했고요, 수선전도 정도의 효자 상품은 되었어요. 제가 상품을 만들면서 너무 생각이 많아서 이용자들의 구매 욕구를 확 불러일으키지 못하여 대박을 치지 못한 것 같아요.

사회자 너무 생각이 많아서 대박을 치지 못하신 것 같다고요? 좀 더 구체적으로 말씀해 주시면 좋겠는데요.

김정호 좀 지루할 수 있는데요, 마지막이라 생각하고 잘 들어 주길 바랍니다. 우선 지도를 보면 수선전도처럼 색이 칠해져 있잖아요? 수선전도 때는 원래는 흑백 두 가지 색이었는데 소장자가 칠한 것이라고 말했는데요, 저 지도에서는 아니었어요.

궁금이 그럼 선생님께서 칠한 건가요?

김정호 우리 출판사에서 주문을 받아 인쇄하여 팔 때 칠한 거예요. 다만 인쇄하거나 색을 칠하는 것을 제가 할 수도 있고 직원이 할 수도 있으니 꼭 제가 칠했다고 보진 말아요. 그 당시 필사본에서는 도별로 고을의 색을 달리해 주는 것이 유행이었는데요, 흑백 두 가지의 색만 사용할 수 있는 목판본에서도 인쇄한 후에 색을 칠하면 좋겠다는 생각에서 그렇게 한 거예요. 그리고 지방 통치의 행정적 관점에서는 전국 8도가 중요했지만 군사 운용의 측면에서는 8도뿐 아니라 그 아래의 좌도(左道)·우도(右道), 남도(南道)·북도(北道), 영동(嶺東)·영서(嶺西) 구분도 중요했는데요, 저 지도에 그런 정보를 넣었어요. 여기에 서울과 고을과의 거리, 각 고을에 속한 면(面)의 수를 첨가했고요, 마지막으로 군사기지인 진보(鎭堡)는 검은색의 작은 원으로, 정6품의 찰방과 목관(牧官)이 파견된 찰방역과 목장은 황색의 작은 원으로 표시했어요. 이런 내용을 지도 왼쪽 위에 지도범례(地圖凡例)라는 이름으로 자세히 써 주었어요. 그리고 평안도 폐사군의 역사, 각 도의 주요 역사와 명산대천의 지리, 우리나라 물산을 총 정리한 물산총론, 각 도에 소속된 찰방역과 속역(屬驛)의 수 등을 정리해 넣었어요. 노선도에도 전체적인 설명과 함께 갈림길에서는 헷갈릴까 봐 4방향이 아니라 12방향으로 방향 정보를 세분한다는 내용 등을 최대한 자세하게 써넣었어요. 이야기만 들어도 상당히 복잡한 내용을 지도와 노선도 위에 수록했죠?

사회자 예, 선생님의 말씀만 들어도 상당히 복잡하네요. 그게 다 이용자에 대한 배려라고 생각해서 넣었던 것인데…. 음… 그것이 오히려 이용자들의 구매 욕구를 확 불러일으키지 못하여 대박을 치지 못하게 만든 요인이었다고 보시는 느낌이 드는데요… 맞나요?

김정호 안시리 아나운서가 정확하게 맞췄어요. 앞에서 좀 지루할 수 있는데 마지막이라 생각하고 잘 들어 주길 바란다고 했는데요, 좀 지루할 수 있는 것 자체가 구매 욕구를 확 불러일으키지 못했다는 것을 의미하기 때문에 일부러 자세히 말한 거예요. 결국은 그래서 대박은 치지 못하고 효자 상품 정도의 판매만 이루어졌다고 저는 봐요. 조금만 더 단순하게 생각했다면 대박을 칠 수도 있는 상품이었다고 생각되는데요…, 좀 아까웠어요.

5 여지전도, 김정호답지 않게 보이지만 역시 김정호다운 세계지도

사회자 예, 선생님의 말씀 무슨 뜻인지 알겠습니다. 그럼 이제 서울지도, 우리 나라 전도에 이어 세계지도를 말씀하실 차례인 것 같은데요….

김정호 네, 이제 제가 제작한 지도 중에 마지막으로 세계지도에 대해 말하겠 는데요, 먼저 제가 제작한 세계지도 중 가장 유명한 지구전후도(地球前後圖) 의 이미지를 보여 드릴게요.

궁금이 지구전후도는 유명해서 인터넷 포털사이트에서 검색하면 누구든 쉽게 이미지를 볼 수 있더라고요. 아시아, 유럽, 아프리카, 오세아니아를 그린 지 구전도(地球前圖)와 북아메리카와 남아메리카, 태평양을 그린 지구후도(地球 後圖) 두 장으로 구성된 모습을 잘 볼 수 있네요.

김정호 맞아요. 이규경(1788~1856) 선생이 1834년에 제가 목판에 새겼다는 기 록을 남겨 놓아서 저의 대표적인 작품 중의 하나로 유명해진 건데요, 친구 최한기 선생의 부탁을 받아서 새긴 거예요. 일반적으로 지구전후도라고만 알려져 있지만, 실제로는 별자리 지도인 황도남북항성도(黃道南北恒星圖)와 함께 세트로 있는 거예요. 황도남북항성도는 지구의 남반구에서 보이는 별 자리를 그린 황도남항성도(黃道南恒星圖)와 북반구에서 보이는 별자리를 그 린 황도북항성도(黃道北恒星圖) 두 장으로 이루어져 있어요. 지구전후도나 황

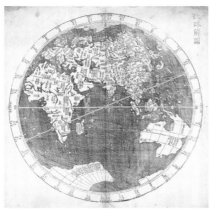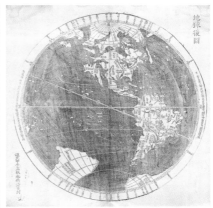

지구전후도(구9963), 국립중앙박물관(e-뮤지엄)

『지구전후도』 찾아보는 방법

국립중앙박물관에서 운영하는 e-뮤지엄(www.emuseum.go.kr/main)에서 '지구전후도'로 검색하면 국립중앙
박물관 소장 '구 9963'의 '양의상' 원문 이미지가 나오는데, 이를 누르면 지구전도, 지구후도, 황도남극성도의 이
미지를 볼 수 있다.

도남북항성도 모두 서양에서 근대의 지식을 기초로 제작된 것을 중국에서
한자로 바꾸어 다시 편집하여 인쇄했고요, 최한기 선생이 중국의 것을 수집
하여 저에게 똑같이 목판에 새겨 달라고 한 것이었어요. 최한기 선생이 꽤
부자라서 비싸고 아주 단단한 대추나무 판목을 구입하여 새겼기 때문에 아
주 세밀하게 그려낼 수 있었는데요, 제가 고민해서 제작하여 판매한 상품은
아니었어요.

궁금이 그러면 선생님이 고민해서 제작한 세계지도 상품은 없었던 건가요?

김정호 아니오, 있어요. 제가 만든 여지전도(輿地全圖)란 세계지도의 이미지를
가지고 왔습니다.

궁금이 선생님, 저게 선생님이 제작한 세계지도라고요? 음⋯, 지구전후도와
비교해 보면 많이 다른데요? 혹시 지구전후도보다 일찍 만드신 건가요?

김정호 지구전후도보다 나중에 만들었고요, 그렇다면 느낌이 뭔가 이상하죠?

여지전도(민속29887), 국립민속박물관(e-뮤지엄)

사회자 제가 봐도 좀 이상했는데요, 지구전후도보다 나중에 만들었다고 말씀
하시니까 이해할 수 없는 측면이 꽤 많은데요? 우선 북아메리카와 남아메
리카, 태평양이 그려져 있던 지구후도 부분이 완전히 사라졌고요, 다음으로
중국과 우리나라의 모습이 실제보다 훨씬 크게 그려져 있고요. 마지막으로
아프리카와 오세아니아, 인도양 등이 실제보다 너무 작게 그려졌어요. 실제
의 모습과 비슷했던 지구전후도를 목판에 새겼던 선생님이 제작한 것 맞는
지 의심스러울 정도로 다른데요….

김정호 그럼 왜 지구전후도와 다른 저런 세계지도를 그렸을까요?

궁금이 음… 혹시 이거 아닌가요? 잘 팔기 위해 구매자의 구매 욕구를 불러일
으킬 수 있도록 실제의 모습을 좀 바꾸었다….

김정호 바로 그거예요. 대다수 양반들이 믿지 않는 지구전후도처럼 그리면 아

주 일부의 선각자들은 구매하겠지만 대다수의 사람들은 외면할 것이라고 생각해 바꾼 거예요. 여기서 서양에서 제작한 근대 세계지도가 우리나라에까지 들어오는 데 얼마나 걸렸는지 이 문제부터 알려 드리고 싶네요.

궁금이 얼마나 걸렸는데요?

김정호 생각보다 엄청 빠르게 들어왔어요. 서양인들은 중국, 좀 더 구체적으로 이야기하면 명나라와 청나라에 대해 처음에는 무역이 아니라 기독교 선교의 관점에서 엄청 관심을 가졌고요, 선교를 잘하기 위해 서양의 앞선 과학 지식을 적극 활용했어요. 그런 과학 지식 중에 가장 눈에 띄는 것 중의 하나가 바로 세계지도였고요, 서양 선교사를 중심으로 서양의 세계지도가 중국에서 간행되기 시작해요. 1602년에 그 유명한 대형의 세계지도인 곤여만국전도(坤輿萬國全圖)가 마테오 리치(Matteo Ricci, 1552~1610)와 중국인 이지조(李之藻)에 의해 명나라의 수도인 북경에서 간행되는데요, 1603년에 사신으로 갔던 이광정(1552~1629)과 권희(1547~1624)가 구입하여 우리나라로 들어와요. 엄청 빠르죠?

궁금이 예, 생각보다 엄청 빠른데요?

김정호 엄청 빨랐어요. 그것만 그런 것이 아니라 이후에도 서양의 세계지도는 중국에서 다시 제작되어 우리나라로 유입되었는데요, 서양의 세계지도에 대한 지식 유입이란 측면에서만큼은 우리나라가 많이 늦었거나 적었다고 볼 수 없어요. 그런데 문제는 이런 서양의 세계지도 지식에 적극적인 관심을 보인 지식인이 극히 드물었고, 그런 관심을 실제 정치·외교의 현장에서 구체적으로 실현하려고 했던 정치가가 없었다는 점이에요. 요약하면, 실질적인 지식으로서가 아니라 지적 호기심 정도의 수준에서만 머물렀기 때문에 그 영향력은 미미했어요. 다만 그동안 알아 왔던 중국과 주변 나라 이외에 다른 세계가 있다는 사실에 대해서는 다른 인식이 형성되기 시작했는데요, 지도 제작에서는 그런 인식이 변형되어 그려진 원형천하도란 세계지

원형천하도, 규장각한국학연구원

동람도식 소형 지도책 계통 속의 원형천하도 찾아보는 방법

규장각한국학연구원 홈페이지에서 '바로가기 구(舊) 원문검색서비스 → 고지도 → 필사본(기타)'로 들어가면 조선지도(古 4709-32) 1종, '목판본(기타)'로 들어가면 동국여지도(古 4709-96), 동국여지도(想白古 912.51-D717), 여지도(古 4709-58), 지도(가람古 912.5-J561), 조선지도(古 4709-38), 조선지도첩(古 4709-11), 팔도지도(古 4709-73) 등 7종이 동람도식 소형 지도책 계통이며, 그 안에서 '천하도' 또는 '천하총도'라고 이름 붙여진 원형천하도의 원문 이미지를 볼 수 있다.

도가 새롭게 제작되어 유행했어요. 우리가 그동안 알고 있던 중국과 그 주변 나라를 넘어서는 지역에 서양에서 들어온 새로운 세계지도의 지리 지식이 아니라 고대 중국의 지리서이자 신화서라 할 수 있는『산해경(山海經)』의 괴상하고 기이한 나라로 대체하여 보여 주려고 한 지도였어요.

궁금이 동람도식 소형 지도책 속에 우리나라 전도, 도별도 8장, 중국도, 일본국도, 유구국도와 함께 수록되어 있었다고 했던 그 원형천하도를 말하는 거죠?

김정호 맞아요. 원형천하도는 조선에서 가장 많이 제작되어 가장 많이 유통되던 동람도식 소형 지도책 속에 수록되어 있었기 때문에 당시 우리나라 양반들의 세계지도에 대한 인식을 대표했어요. 다른 말로 하면, 극히 일부의 지식인을 제외하면 원형천하도와 다른 모습이나 내용을 담고 있는 세계지도는 쉽게 받아들여지기 어려웠다는 이야기예요. 자, 이쯤 되면 지구전후도를 그렸던 제가 왜 여지전도와 같은 세계지도를 제작해서 판매하려 했는지 이해할 수 있지 않나요?

사회자 아… 이제 이해할 수 있게 된 것 같습니다. 지구전후도를 기초로 하면서도 일반 양반들의 구매 욕구를 자극할 수 있는 내용과 형태로 변형시켰다는 것이죠?

김정호 맞아요. 바로 그렇게 했어요. 먼저 당시의 양반들이 거의 믿고 있지 않던 남북아메리카와 태평양은 완전히 생략했어요. 다음으로 당시의 양반들은 아직도 중국이 세계의 중심이고 우리가 그다음이라고 믿고 있었는데요, 이에 부합할 수 있도록 중국과 우리나라를 실제보다 훨씬 크게 그려서 지도의 가운데에 배치했어요. 대신 실재하는 것을 어느 정도 알고 있지만 중요한 지리 지식으로 여기고 있지 않던 아프리카와 인도양 등은 실제보다 훨씬 작게 그렸어요. 다시 말해 사실에 입각하여 그리면서도 당시 중요하게 여겼던 지리 지식을 확대 강조하고, 잘 받아들이지 않는 지리 정보는 생략하거나 축소해서 그려 넣었다고 보면 돼요. 지도의 외곽에도 꽤 많은 지리 지식을 기록해 넣은 것이 보일 텐데요, 모두 중국을 중심으로 내부와 바로 주변 지역에 관한 내용들이에요. 지도의 모습은 서양의 지리 지식이 일부 첨가된 세계지도의 형식을 취했지만 문장으로 보여 주고자 하는 내용들은 기존의 세계관에 입각하여 중국과 주변 지역의 것으로 한정했어요.

사회자 충분히 이해하겠습니다. 수선전도를 할 때 거리와 방향의 정확성이 아니라 구매자들에게 구매 욕구를 불러일으키는 이용의 관점에서 보면 이해할 수 있을 거라고 말씀하셨던 것과 같은 맥락으로 보면 되는 거네요.

6

21세기에 '김정호다움'의 의미를 되새긴다면…

사회자 여지전도란 세계지도는 서울지도인 수선전도처럼 선생님답지 않은 지도로 오해할 수 있지만 이용의 관점에서 보면 선생님다운 지도였다고 정리하면 될 것 같습니다. 이제 오늘의 시간이 다 끝나가고 있는데요, 긴 이야기보다는 짧은 임팩트가 있는 한 마디나 한 문장이 선생님의 마음을 더 잘 정리할 수 있을 것 같아서 지난주의 14부 때처럼 청중께서 짧게 질문하고 선생님께서도 짧게 대답하는 자리를 갖고자 합니다. 질문 있으신 청중께서는 손 들어 주십시오. 뒷줄 맨 끝에 앉아 계신 분 짧은 자기소개와 질문 부탁드립니다.

청중 1 안녕하세요. '역사 환생 인터뷰, 김정호 편'의 의미를 마지막으로 정리하는 질문을 할 수 있게 되어 영광으로 생각합니다. 저는 서울 청현고등학교에서 지리 교사로 있는 사람인데요, 짧게 질문드리겠습니다. 선생님께서는 낮은 신분 출신이면서도 대단한 업적을 남기셨는데요, 4차 산업혁명이 이야기되고 있는 21세기의 우리나라 사람들에게 들려주고 싶은 말이 있다면 무엇일지 듣고 싶습니다.

김정호 지리 교사께서 지리나 지도에 대해 질문하시지 않고 4차 산업혁명의 세계 속에 살고 있는 21세기의 여러분들에게 제가 어떤 말을 들려드리고 싶은지 질문해 온 것이 참 인상적이네요. 150년도 더 전에 살았던 제가 뭐 드릴 말씀이 있겠습니까마는 지구 전체적으로 무한 경쟁이 일상화된 21세기는 인류 역사에서 최초로 '창의적인 것'을 일상적으로 요구하는 신개념의 시대가 아닌가 합니다. 제 신분은 낮았지만 제 삶은 항상 잘 팔 수 있는 상품의 아이디어를 만들어 내야 했고 그것을 토대로 신제품을 늘 개발하려 했던 그런 삶이었다는 사실이 우리나라 사람들에게 조금이라도 용기를 줄 수 있으면 좋겠습니다.

사회자　정말 간단하게 대답하시네요. 신제품을 늘 개발하려 했던 선생님의 삶이 '창의적인 것이 무한 경쟁의 무기가 되는' 이 시대의 사람들에게 용기를 줄 수 있으면 좋겠다…. 그냥 말씀 그대로만 들으면 될 것 같습니다. 그럼 앞줄 가장 앞쪽에 앉아계신 분, 역시 간단한 자기소개와 질문 부탁드립니다.

청중 2　안녕하세요. 저는 경기도 화성시 비봉면에 귀향하여 살고 있는 사람입니다. 15부 전체적으로 우리가 역사의 상식이었다고 여겨 왔던 것들의 상당수가 잘못된 상식이라는 것을 참 많이 알려 주셨습니다. 앞으로 제대로 된 역사의 상식을 다시 세워 나가려 할 때 어떤 자세를 취해야 하는지 말씀해 주시면 감사하겠습니다.

김정호　음… 제가 보기에는 그 시대에는 너무 평범해서 기록되거나 유물 유적으로 남지 않은, 기록되거나 유물 유적으로 남았더라도 주목받지 못했던 역사의 배경에 관심을 더욱 많이 기울인 후 역사를 연구하면 좋겠습니다. 이 프로그램이 15부로 진행된 '역사 환생 인터뷰, 김정호 편'이었음에도 저의 작품을 본격적으로 이야기하기에 앞서 무려 6부에 걸쳐 기존의 잘못된 역사의 상식을 수정해야 했는데요, 앞으로는 그런 일이 없었으면, 아니 없어지지는 않더라도 많이 줄었으면 좋겠습니다. 이를 위해 우리나라의 역사뿐 아니라 인류 보편사로서의 문명사에 대한 상식을 많이 키워갔으면 좋겠습니다.

사회자 네, 이제 진짜 마지막으로 앞줄 가운데에 앉아 계신 분 간단한 자기소개와 질문 부탁드립니다.

청중 3 안녕하세요. 저는 수원 수성고등학교에 재학 중인 2학년생입니다. 선생님의 삶과 작품에 대한 왜곡 대부분이 슬픈 근대 때문에 이루어졌다고 말씀하시는 것을 인상 깊게 봤는데요, 그것을 극복하려면 앞으로 우리 청년들이 어떻게 해야 하는지 말씀해 주시면 좋겠습니다.

김정호 이 질문에 대한 대답의 절반은 이미 두 번의 대답 속에 들어 있다고 생각하고요, 나머지 절반은 이렇게 하고 싶습니다. 슬픈 근대는 우리만 경험한 것도 아니고 역사의 도도한 흐름에서 몇백 년 뒤지는 것도 세계의 역사 속에서 흔하게 있는 현상 중의 하나이니, 이제는 생각의 사대주의(事大主義)에서 완전히 벗어나 여러분들의 머리와 가슴을 믿고 역사를 새롭게 바라보기를, 그리고 미래를 향해 자신 있게 나아가기를 바란다고 말씀드리고 싶네요. 이미 생각의 사대주의에 너무 경도되어 잘 고쳐지지 않는 기성세대를 믿지 마세요. 아직도 무궁무진한 창조력을 발휘할 수 있는 여러분들 자신을 믿으세요.

사회자 제가 더 정리할 필요 없이 여러분들께서 들으신 그대로 선생님의 이야기를 생각하시면 될 것 같습니다. 이제 진짜 끝내야 할 시간입니다. 15부를 함께해 주신 역사 도우미 궁금 씨도 마지막 소감 한마디 해 주시면 좋겠습니다.

궁금이 그동안 15부를 함께 하면서 개그맨으로서의 제 자신을 돌아보게 되는 좋은 계기였던 것 같습니다. 개인적으로도 그리고 요즘 개그계 전체적으로도 약간 침체된 느낌인데요, 동료들과 함께 고민하면서 열심히 나아가 보도록 하겠습니다. 그동안 감사했습니다.

사회자 궁금 씨와 마찬가지로 저도 아나운서로의 제 자신을 돌아보게 되는 좋은 계기였던 것 같습니다. 마지막으로 '역사 환생 인터뷰, 김정호 편'의 주인 공이셨던 김정호 선생님의 말씀을 들어 보겠습니다.

김정호 지난 15부 동안 제 이야기를 신나고 즐겁게 할 수 있어서, 그리고 여러 분들이 진지하게 들어 주셔서 정말 감사했고요, 정겨웠던 이승의 삶 일주일 동안 잘 정리하고 제가 돌아가야 할 하늘나라로 잘 돌아가겠습니다. 그동안 고마웠습니다.

사회자 김정호 선생님께서 정겨웠던 이승의 삶이라고 말씀해 주시니까 사회 자로서 다행이라는 안도감이 듭니다. 그동안 새로운 역사와 지도, 그리고 지리지 이야기를 정말 잘 들려주셔서 감사하고요, 일주일 동안 이승의 삶 잘 정리하시고 하늘나라로 무사히 잘 돌아가시길 기원 드립니다. 15주 동 안 우리 '역사 환생 인터뷰, 김정호 편'을 사랑해 주신 시청자 여러분께 진심 으로 감사드리고요, 우리 역사방송은 한 달간 재정비를 거쳐 새로운 주제의 '역사 환생 인터뷰'로 다시 만나 뵐 것을 약속드리며, 이만 인사드립니다. 안 녕히 계십시오.